# 文学人类学新论
## ——学科交叉的两大转向

唐启翠 叶舒宪 编著

中国文学人类学理论与方法研究系列丛书

复旦大学出版社

本丛书为国家社会科学基金重大招标项目
"中国文学人类学理论与方法研究"（10&ZD100）　　结项成果

上海市新闻出版专项资金
上海交通大学文学人类学研究中心、神话学研究院
上海市社会科学创新研究基地——中华创世神话　　资助项目
中国社会科学院比较文学研究中心

# 序　言

　　文学人类学是在20世纪后期的跨学科研究大潮中涌现出的一门新兴交叉学科。孕育其生长的学术潮流可概括为两个学科领域的研究转向：一是文化人类学研究的文学转向，又称人文转向；二是文学研究的人类学转向，又称文化转向。自文学人类学诞生之日起，对后一个转向的探讨就成为研究者入门的"过关考验"，相关的探讨和争鸣一直不断。[①]而对前一个转向，属于文化人类学学科史的范畴，目前国内关注者很少。即便是在文化人类学的学科内部，对此方面的探讨也显得凤毛麟角。造成这种不平衡局面的原因，主要是从业者的知识结构方面的缺陷。如国内的师资方面，文化人类学科班人员较少，属于小众的学科。而文学人类学的研究队伍，基本上以高校和科研院所的中国语言文学专业人士为主。语言文学专业的限制，使得他们较少考虑另外的一门新学科即文化人类学的学科史情况。这是本书从开篇就致力于陈述人类学的文学转向的初衷。只有充分从两大专业方面理解了转向所具有的学术史意义，才能为文学人类学这门新兴的交叉学科找到立足的理论基础。

　　20世纪德语世界中最有影响力的思想家兼神学家潘能伯格（Wolfhart Pannengberg）在其《人是什么——从神学看人类学》中开篇就说："我们生

---

[①] 参看［美］乔纳森·卡勒：《文学理论》第三章"文学与文化研究"、第八章"属性、认同和主体"，李平译，辽宁教育出版社，1998年，第45—57、113—125页；［美］理查德·比尔纳其等：《超越文化转向》，方杰译，南京大学出版社，2008年；［美］詹姆逊：《文化转向》，胡亚敏等译，中国社会科学出版社，2000年；萧俊明：《文化转向的由来》，社会科学文献出版社，2004年；关于文化转向在亚洲研究中的表现，可参看余英时的文章："Clio's New Cultural Turn and the Rediscovery of Tradition in Asia", A Keynote Address to the 12th Conference, International Association of Historians of Asia, University of Hong Kong, 1991, pp.10-30。

活在一个人类学时代。一门关于人的广泛的科学是当代思想追求的主要目标。一大批科学研究部门为此联合起来。"① 既然生活在一个人类学时代，那么人类学所要追求的问题"人是什么"，就同时成为所有人文学科的共同问题。作为人学的文学，当然不会例外。"但事实上，人是什么这个问题，今天再也不能从世界出发得到回答，而是回到人自身。因此，关于人的科学获得了史无前例的重要性。"② 面对诸如政治人类学、法律人类学、艺术人类学、历史人类学、宗教人类学、医学人类学、教育人类学之类的新兴交叉学科如雨后春笋般出现的现状，我们不得不承认，文化人类学这一门学科获得了超越其他学科的重要性。这门只有在20世纪才获得长足发展的新学科，本身就是史无前例的，也是最能引领其他学科发展方向的。

和上述这些与文化人类学相结合的人文学科相比，文学人类学作为一种有组织的、持续发展的学术潮流，似乎仅仅在中国大陆获得一定的学科合法性身份。在中国以外的地方，文学人类学似乎不如历史人类学和艺术人类学那样兴旺发达，只是散见于个别的、零星的研究著述之中，没有相应的学术机构或学术组织，也没有在高等教育的专业科目中有所体现。进入新时期以来，文学人类学不仅在我国高校的研究生招生方向上得到官方认可，在中国社会科学院研究生院的重点教材中，《文学人类学教程》这种属于新潮和小众的专业教科书也赫然在列。2012年教育部还举办了"全国高校文学人类学骨干教师讲习班"（永川：重庆文理学院），一门跨学科的新知识通过师资培训的方式，开始向全国的相关专业进行推广。基于这种"风景这边独好"的新学科状态，开创并逐步完善新学科理论的任务也就责无旁贷地落在这一批走出单一学科界限的尝试者和先行者肩上。"中国文学人类学理论与方法研究"项目能够在国家社科基金重大招标项目首次从对策研究转向基础理论研究之际获准立项，突出显示出中国学者在尝试自己建构本土化的新理论形态。

为什么传统的文学研究在近半个世纪以来明显走向文化研究呢？马克·史密斯认为文化人类学的核心概念"文化"能够溢出本学科，成为再造

---

① ［德］潘能伯格：《人是什么——从神学看当代人类学》，李秋零等译，上海三联书店，1997年，第1页。
② 同上书，第2—3页。

整个人文社会科学的工具，主要在于当代人对文化的思考确实提供了以往的学科视野所没有的东西——"一个打破学科思维模式、熔铸一个后学科取向的新机会"。①早在2003年问世的《文学与人类学——知识全球化时代的文学研究》一书中，笔者就试图对20世纪后期日益明显的重要学术趋势——从学科界限分明的文学研究发展为打破学科的文化研究，作出学理性阐释，从知识全球化这个背景上说明文化研究是适应知识重新整合的时代需求的必然现象。这对于解决长期困扰学界的争议，以及回应各种"文学危机论"和"比较文学学科危机论"，提供了直接的理论回应。②随后几年，在编撰第一部文学人类学专业研究生教材的过程中，又对20世纪以来的人文社会科学的人类学转向问题，作出学术系谱学的描述，撰写成近五万字的专章。③遗憾的是，对人类学学科的文学转向问题，并没有给予足够的关注。

有鉴于此，本书的主要目标是，从学术史的脉络上梳理清楚两大学术转向及其相互关联，重点论述人类学的文学转向及其方法论意义，尤其注重将文化视为一种符号文本的阐释人类学范式，能给文学与文化的关联问题带来怎样的启示。通过回顾中国文学人类学产生的条件和新世纪以来的研究拓展情况，总结其理论建构的方向和基本内容——围绕文化文本、大小传统再划分、文化的符号编码程序、神话历史、四重证据法等学术关键命题，展开论述和讨论。在继往开来的意义上，对文学人类学今后的研究方向和学术前景作出某种规划预期和展望。

就文学人类学理论建构的意向而言，中国的人文学界在西学东渐以来的知识背景下，其理论建树方面一直处于非常尴尬的境地。一般而言，介绍和接受西方理论居多，本土一方的原创性理论建构却显得寥寥。除了教科书类型的高头讲章式"准理论"以外，确实拿不出什么像模像样的成理论体系的东西。这种局面极大挫伤着从业者的理论雄心。既然理论思维不是我们的强项，又何必以己之短去竞争他人之长呢？而没有先进理论的聚焦和引领作用，我们的文学和文化研究又怎么能跟上这个时代的变迁，拿出有

---

① ［英］马克·史密斯：《文化——再造社会科学》，张美川译，吉林人民出版社，2005年，第3页。
② 叶舒宪：《文学与人类学——知识全球化时代的文学研究》，社会科学文献出版社，2003年。
③ 叶舒宪：《文学人类学教程》第二章"20世纪文学学科的人类学转向"，中国社会科学出版社，2010年，第39—83页。

厚重底蕴和学术分量的研究成果呢？后殖民主义理论家阿吉兹·阿罕默德认为：在过去的四分之一世纪里，一项几乎涵盖所有英语国家文学研究领域的显著发展成果，便是理论生产的高度繁荣。"理论的爆炸作为一种对话和重构，其主要方面已经成为一种融入了欧陆思想成果的杂糅：本雅明、法兰克福学派、语言学、阐释学、现象学、结构主义、后结构主义、沃罗西洛夫/巴赫金学派、葛兰西、弗洛伊德，以及拉康式的弗洛伊德，等等。"①当代的理论生产所围绕的新关键词已经今非昔比，不再是什么审美、文学性、修辞术、风格、趣味，而是"反经典""文化民族主义""文化认同""少数族裔话语""多元文化主义""跨文化认知""离散"等一系列来自文化人类学的术语。在这种后现代、后结构主义和后殖民主义的现实语境中，没有相关的人类学的基础知识，是无法理解和应对当代的理论生产新浪潮的。用乔纳森·卡勒的说法，我们必须面对1960年以来发生的事实：

> 从事文学研究的人已经开始研究文学研究领域以外的著作，因为那些著作在语言、思想、历史或文化各方面所作的分析都为文本和文化问题提供了更新、更有说服力的解释。这种意义上的理论已经不是一套为文学研究而设的方法，而是一系列没有界限的、评说天下万物的各种著作……"理论"的种类包括人类学、艺术史、电影研究、性研究、语言学、哲学、政治理论、心理分析、科学研究、社会和思想史，以及社会学等各方面的著作。②

卡勒还认为："成为'理论'的著作为别人在解释意义、本质、文化、精神的作用、公众经验与个人经验的关系，以及大的历史力量与个人经验的关系时提供借鉴。"③本书也希望在这一意义上陈述文学人类学的理论，即能够实际地为他人的研究提供解释问题的借鉴，而不希望做成一套高头讲章式的空疏无用的"准理论"。

---

① ［印度］阿吉兹·阿罕默德：《在理论内部》，易晖译，北京大学出版社，2014年，第2页。
② ［美］乔纳森·卡勒：《文学理论》，李平译，辽宁教育出版社，1998年，第4页。
③ 同上。

中国文学人类学的理论关注集中体现在如下两个方面：

一是关于文化文本的符号编码论——大传统的非文字符号解读，和小传统的文字文本解读的相关性、因果关系、神话历史等。希望通过这样的文化符号的历史分析视角，厘清口传文学与书面文学、民间文学与作家文学的母子关系，同时厘清文化文本与文学文本的母子关系。二是关于方法论的，即四重证据法。在这方面，本重大项目的一个子课题就是《四重证据法研究》，所以本书在理论分工的意义上，侧重承接已经先行出版的《文化符号学——大小传统新视野》一书的理论研究思路，集中关注前一方面的梳理和建构。至于与"神话历史"主题相关的著述，则收录在南方日报出版社的"神话历史丛书"中。

以下试用一个结构图来表示本书的内容与文学人类学理论及方法的总体关联：

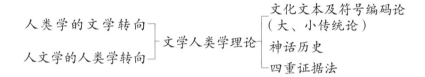

叶舒宪

# 目 录

## 上编　人类学的文学转向

### 第一章　人类学的文学转向：从伯克到格尔兹 ……003
一、超越科学主义：格尔兹和人类学的转向 ……003
二、思想源泉：从维特根斯坦到伯克 ……007
三、伯克对文化阐释理论的启示 ……009
四、跨学科引领创新：伯克与格尔兹的共同经验 ……016

### 第二章　当代英美人类学的文学转向 ……019
一、范式转移：科学民族志的危机 ……020
二、承前启后：《写文化——民族志的诗学与政治学》的话题延续 ……023
三、当代实验民族志文类 ……026
四、女性写文化 ……036
五、世界体系与多点民族志 ……040
六、数字化时代的民族志 ……043

### 第三章　文化批评与人类学的文学转向 ……050
一、表述危机与人类学写作的实验时代 ……050
二、写作：文学转向的契机 ……054
三、焦点问题：真实与虚构 ……058

## 第四章　表述与建构：民族志写作的文学性 ......062

一、文学转向与民族志的文学性 ......062
二、虚构的图像：英国早期人类学写作 ......064
三、文化阐释：美国民族志的探索 ......070
四、主观描述：法国民族志写作 ......074
五、作为文学的人类学 ......076

## 第五章　主体性与人类学写作的温度 ......081

一、动情/不动情：人类学写作的四场争论 ......082
二、我/非我：写作中的人类学家 ......086
三、冰点/沸点：人类学写作的温度 ......093

## 第六章　诗性与民族志成为作品的可能 ......097

一、诗性智慧：民族志知识范式的转向 ......099
二、诗性自我：民族志研究的共通经验 ......104
三、诗性逻辑：民族志研究的文化手段 ......112
四、诗性写作：民族志传记 ......118

## 第七章　文学之翼：人类学文学转向的思考 ......125

一、人类学的文学转向 ......125
二、书写或表述：人类学内在的文学性 ......133
三、养料与助手：人类学史中的文学 ......137
四、科学与文学：人类学与生俱来的两翼 ......140

# 中编　文学的人类学转向

## 第八章　当代中国文学思想的人类学转向 ......145

一、文学创作的人类学转向 ......145

二、文学人类学在中国 ……146
　　三、四重证据法与文学人类学的前景 ……153

## 第九章　当代中国文学研究的人类学转向 ……156
　　一、文学人类学与中国古典文学的重释 ……157
　　二、文化诗学：回归文学的文化维度 ……160
　　三、中国少数民族文学研究的人类学转向 ……163

## 第十章　文史"故事"中的人类学 ……170
　　一、"文学"反思：文化大传统视野 ……170
　　二、西王母"故事"的人类学性 ……176
　　三、文学文本：人类学的另一种田野 ……185

## 第十一章　当代日本文学的人类学转向 ……187
　　一、再现《金枝》：《1Q84》和《水死》 ……187
　　二、《金枝》密码及其文学影响 ……192
　　三、杀王：古老主题的现代呈现 ……197

# 下编　交叉与创新

## 第十二章　开放与超越：文学人类学的超学科性 ……205
　　一、思维之镜：认知共性与表述多样性 ……206
　　二、原型之制：从文本到文化 ……209
　　三、方法之技：从国学考据到四重证据 ……213

## 第十三章　整合与拓展：探求文学人类学的新发展 ……217
　　一、从跨学科研究到新兴交叉学科 ……218
　　二、问题与方法：再文学化与人类学化 ……220

三、发展趋势：立足本土与国际对话 ......223

**第十四章　反思与推进：中国文学人类学的理论建构** ......227

　　一、范式转向：从中国神话到神话中国 ......228

　　二、四重证据：文化文本的立体建构与阐释 ......234

　　三、神话历史：历史记忆的原始传统回归 ......243

　　四、大小传统：人生识字糊涂始的突破与觉悟 ......254

　　五、玉教：华夏文明核心价值观传播的驱动力 ......265

　　六、N级编码：中国文化的编码与解码自觉 ......278

　　七、玉教新教革命：从物质与精神上再统一中国 ......287

**第十五章　图像、器物与文化文本** ......296

　　一、从文学文本到文化文本 ......296

　　二、物与图像：重新讲述"世界故事" ......298

　　三、从文化符号学看"物的叙事" ......312

**附录　《文学与人类学之间：跨学科话语》述评** ......316

**参考文献** ......333

**编写说明** ......351

上　编

# 人类学的文学转向

# 第一章
# 人类学的文学转向：从伯克到格尔兹

> **内容摘要**
>
> 19世纪后期诞生的人类学在20世纪中后期发生研究范式的革命性转向，从"人的科学"转变为文化阐释学。追溯阐释人类学派对这场转向的驱动之功，离不开其代表人物格尔兹所受到的文学和修辞学研究方法的影响。本章分析美国的文学批评家肯尼思·伯克给格尔兹创立文化阐释学带来的重要学术启示，从戏剧主义、视角主义、隐喻与文化文本的建构这三个方面，剖析人类学的文学转向（或"人文转向"）的理论根基，从而揭示文学批评给人类学方法大变革带来的思想启迪。

## 一、超越科学主义：格尔兹和人类学的转向

克利福德·格尔兹（Clifford Geertz，1926—2006）是美国人类学家，以开创阐释人类学学派而著称。20世纪后期以来，该派的学术影响力与日俱增，在文化人类学之外也产生相当广泛的反响。格尔兹已经成为人文社会科学方面被引用率最高的当代学者之一，其中国际学界引用最多的一部书是其论文集《文化的解释》。格尔兹在该书中提出，人类学以认知文化为己任，需要努力建构一种探索意义的阐释性学科，而非寻找逻辑公式的实证科学。他发展了赖尔的"深描"理论和帕森斯的社会行动结构理论，认为民族志是

阐释性的，它所阐释的对象是社会话语流，这种阐释在于努力从一去不复返的场合中抢救这种话语的"言说"，把它固定在阅读形式中。①民族志可以而且应当追求类似于文学写作中的细节真实。这一系列理论创见，引导着人类学这门学科在20世纪后期发生根本的转向。

1983年春，57岁的格尔兹在美国斯坦福大学做了四场纪念讲座，主题为人类学者的文本写作。分别讨论列维-斯特劳斯、埃文思-普里查德（E. E. Evans-Prichard）和马林诺夫斯基等人的民族志写作问题。1987年，这些讲座稿经过增订后，结集为一部书，书名为《论著与生活：作为作者的人类学家》。这个书名把人类学家的民族志书写和文学创作之间的异同问题凸显出来。人类学在19世纪后期产生的初衷是要效法自然科学的范式，建立一门"人的科学"（The Science of Man）。格尔兹不再将人类学家视为科学家，而是视为作家（author），这样的视角转换意味着人类学这门新学科的研究范式及理论方法的大转向。笔者称为"人类学的文学转向"或"人文转向"。

在《文化的解释》中，格尔兹特意强调人类学写作具有多层阐释的意义，包括本土人才能作出的第一层次的阐释。"由此看来，人类学著述是小说；说它们是小说，意思是说它们是'虚构的事情'、'制造出来的东西'——即'小说'的原义——并非说它们是假的、不真实的或仅仅是个'想象'的思想实验。"②就此而言，民族志的真实不可能是照相式的真实，其真实程度只可能是介乎小说的真实和报告文学的真实之间。这样的类比自然引发出人类学家的写作与文学写作的因缘。

《文化的解释》书中还提道："如果你要根据亲眼目睹的爪哇小佃农冒着热带暴雨翻地或摩洛哥裁缝在20瓦的灯泡下为土耳其式长袍刺绣的情景，连篇累牍地报道群众所受到的剥削，这还是有价值的。如果因此说它让你知道了一切（使你处于某种道德上优势，并由此蔑视那些道德上处于劣势的

---

① ［美］克利福德·格尔兹（Clifford Geertz）:《文化的解释》，纳日碧力戈等译，上海人民出版社，1999年，第22—23页。(Clifford Geertz的著作译介入中国时，不同译者对其姓名的汉译有小异，或格尔茨，或格尔兹，或吉尔兹，本书统一用格尔兹。)

② 同上书，第17—18页。

人),那就只可能是长期离群索居的看法。"①这一引文与1987年版《红楼梦》电视剧的两个相衔接的镜头十分相似:第一个是晴雯带病深夜给宝玉补孔雀服,第二个是贾府的佃户深夜冒雪给贾府交租。一个远在美国的当代人类学家在摩洛哥所做的田野调查会与中国古代四大名著之一《红楼梦》改编的电视剧有如此近乎一致的情景,还是很能让人引起深思的。作进一步的对比发现,引文强调的是民族志者从所见的场景中可得到的信息是有限的,民族志者不能轻易下道德判断,否则会陷入孤陋寡闻的危险;而电视剧作品有意将这两个镜头并置,一定程度上反映了劳动人民所受到的剥削。不过联系上下文来看,晴雯补衣,是晴雯倔强要强的性格以及对宝玉的一片深情所致,并非一个孤立的事件或标志,《红楼梦》不是反映阶级剥削和压迫的作品。同理,当人类学家面对具体而微的异文化场景或文化现象时,孤立地截取片段同样有以偏概全之嫌。因此,理解文化现象,有时像要解读一部作品:"分析工作就是理清意义的结构……它本应更像文学批评——并确定这些意义结构的社会基础和含义。……民族志是深描……民族志者事实上所面临的是大量复杂的概念结构,其中许多相互迭压,纠缠在一起,它们既奇怪、不规则、又不明确……从事民族志就像解读一份手稿——陌生、字迹模糊、充满省略、前后不一致、可疑的更改和带偏见的评语,但它并非用习惯上的表音字符写成,而是用行为模式的例子临时写成的。"②人类学和文学在此种意义上的重合为人类学的转向提供了一个崭新的方向。文本细读的方法、对象征与意义的追求让人类学学科超越了科学主义。

格尔兹认为,了解一门科学,首先要看的不是它的理论和发现,而是它的实践者做的是什么。人类学的实践者做的正是民族志。民族志的发展史上有三个时代:第一个时代主导精神比较自由,内容大多是浮光掠影的印象式记录;第二个时代主导精神标榜民族志的科学性,要求以专业的素养深入社会进行参与观察,讲求民族志文本的科学性;第三个时代主导精神是对民族志写作科学性的反思,民族志者更倾向于坦白自己写作的背景并充满自我反

---

① [美]克利福德·格尔兹:《文化的解释》,纳日碧力戈等译,上海人民出版社,1999年,第25页。
② 同上书,第10—11页。

思,具有后现代特色。①格尔兹的文化阐释既具有科学性的一面,又具有反思和超越科学性的一面,介乎后两个时代之间。

在他之前,民族志的写作以马林诺夫斯基作为"科学民族志"的典范。而在格尔兹写作《文化的解释》各篇的20世纪60年代,恰逢列维-斯特劳斯继富有浪漫主义特色的人类学笔记《忧郁的热带》之后,进入《野性的思维》——文化结构主义建构的时期。不论是引向功能主义还是结构主义,虽然这两位代表人物的人类学笔记中都有类似文学随笔一样的文本(这在格尔兹看来是非常有意义的),但他们努力的方向却是一种实证主义、科学主义的探索方式。格尔兹对此深表怀疑。就《野性的思维》来看,列维-斯特劳斯用结构主义的方法研究原始人类的思维,将原始思维视为充满智慧、理性和逻辑的;现代科学思维不过是原始思维链条上的一环。格尔兹认为,这本享誉极高的思维研究著作,其中描述的高等科学不过是《忧郁的热带》中英雄探险的"十分简单的转换",这与卢梭《社会起源论》之于《人类不平等的起源和基础》一样,寻求的是"人类社会不可动摇的基础",而这个基础根本不是社会意义上的,而是心理上的——一种理性的、普遍的、永恒的因而也是道德的思维。格尔兹用"古典信念的现代化表白"以及"是蜕变科学还是炼金术"的怀疑来反思结构主义以看似科学的方式传达出的依旧富有古典色彩的想象。②

对于文化研究,格尔兹不主张套用模式、结构等理论性的框架。同样,在20世纪60年代主导美国社会科学领域的帕森斯的结构功能论,在格尔兹看来也过于高蹈和理念化,他认为帕森斯并不是太有文化意味,"而是根本就和文化不搭边"。③文化并不是整合价值体系中的行为范式,文化是流动的,并能对行为本身有潜在制约作用;倒退回抽象的理论不是研究文化的有效方法。文化的解释是符号性的,因而追求的不是探索规律,而是寻求对特

---

① [美]詹姆斯·克利福德、乔治·E.马库斯编:《写文化——民族志的诗学与政治学》,高丙中等译,商务印书馆,2006年,第15页。
② [美]克利福德·格尔兹:《文化的解释》,纳日碧力戈等译,上海人民出版社,1999年,第410—415页。
③ Jeffrey C. Alexander, ed., *Interpreting Clifford Geertz: Cultural Investigation in the Social Sciences*, New York: Palgrave Macmillan, 2011, p.2.

定文化文本的意义解读。这是人类学放弃自然科学导向,转向文学批评和人文阐释的关键。格尔兹最有名的研究即对巴厘岛斗鸡的描述,就主要体现为一种文化分析,这种分析将文化视为一个文本,像解读一部文学作品那样对文化进行细读和深描。整体上看,格尔兹的文化阐释理论至今仍然能够显示出强大的生命力,其根源在于他的研究路径对整个人文社会科学传统的范式有重要的反思和改造,并努力寻找有效的新范式,使文化文本研究与寻找逻辑公式的实证科学有所区别。

## 二、思想源泉:从维特根斯坦到伯克

综观格尔兹的学术生涯,这种转向与超越既有不自觉的时代熏陶,更有格尔兹对自身价值的追求。根据格尔兹《烛幽之光——哲学问题的人类学省思》可以看出,维特根斯坦的语言哲学给予他很大的启示。维特根斯坦的《哲学研究》以及其后的遗著很大程度上影响了他的学术追求。维特根斯坦认为:"自然和文化环境的复合体,对世界的任何一种特定理解,都是以那些环境为先决条件的。""光滑的冰面上没有摩擦,但正因为如此我们没有办法行走。我们想走就要回到粗糙的地面上。"④ 这几乎就是人类学研究的宣言——用自己的双脚踏上粗糙的田野,放弃在黑格尔式的冰面上滑行。这引领了格尔兹的整个学术道路。究其原因,维特根斯坦是语言哲学的代表人物,其《逻辑哲学论》强调哲学必须面对语言问题。弗雷德·印吉里斯(Fred Inglis)认为维特根斯坦让格尔兹放弃了"浪漫主义的心理学",即"理解他人的关键在于了解他对这个世界的想法和感受",维特根斯坦认为这种理解是虚假的,"理解必须建立在语言基础上,如果不是,也是在象征行为上"。⑤ 这些都启示着格尔兹对符号和象征形式的关注。

给予格尔兹思想启示的还有诸多前贤,正如他自己在《烛幽之光》中

---

④ [美]克利福德·格尔兹:《烛幽之光——哲学问题的人类学省思》,甘会斌译,上海人民出版社,2013年,第4页。
⑤ Fred Inglis, *Clifford Geertz: Culture, Custom and Ethics*, Cambridge: Polity Press, 2000, pp.45-46.

说:"一个人认为自己大无畏地走在全新的方向,一抬头就发现他从未听过的各色人等都在同一条路上前进。语言学转向,诠释学转向,认知学革命,维特根斯坦和海德格尔式的余震,库恩和古德曼的建构主义,本雅明,福柯,格夫曼,列维-斯特劳斯,苏珊·朗格,肯尼思·伯克在语法学、语义学、叙事理论……所有这些使对意义的关注成为所有学者具有的可接受的先入之见。"①因而,格尔兹从韦伯那里借鉴的"人是悬挂在自己编织的意义之网上的动物"的观念让他成为"合乎潮流的人"。②在格尔兹看来,文化正是这些网,文化是符号性的,是由意义和象征构成的象征体系,因而文化分析是可以探索意义的阐释性科学,而非实证科学。"意义,这个我们曾经巴不得交给哲学家和文学批评家去摆弄的难以捉摸、界定不清的虚假存在,现在又回到我们的学科的核心部分来。就连马克思也引用卡西尔,甚至实证主义者也引用肯尼思·伯克。"③除了维特根斯坦,对格尔兹的转向有着重大启发作用的就是肯尼思·伯克。印吉里斯认为格尔兹从伯克的跨界研究和语言戏剧主义收获良多。④而格尔兹在自己的论著中更是多次提到伯克对其思想的启发与引领。如在其《论著与生活:作为作者的人类学家》前言的结尾这样写道:

> 最后,代替冒昧的献词,我仅想提及一个人的名字,他在书中没有被引用,与本书及我本人也没有直接关联,但他的作品却几乎无处不是本书的主导性灵感,他就是 Kenneth Burke。⑤

格尔兹认真地讨论人类学家如何写作问题的专著,为什么其理论灵感却

---

① [美]克利福德·格尔兹:《烛幽之光——哲学问题的人类学省思》,甘会斌译,上海人民出版社,2013年,第17页。
② [美]克利福德·格尔兹:《文化的解释》,纳日碧力戈等译,上海人民出版社,1999年,第5页;克利福德·格尔兹:《烛幽之光——哲学问题的人类学省思》,甘会斌译,上海人民出版社,2013年,第17页。
③ [美]克利福德·格尔兹:《烛幽之光——哲学问题的人类学省思》,甘会斌译,上海人民出版社,第14页。
④ Fred Inglis, Clifford Geertz, *Culture, Custom and Ethics,* Cambridge: Polity Press, 2000, pp.50–52.
⑤ [美]克利福德·格尔兹:《论著与生活:作为作者的人类学家》,方静文、黄剑波译,中国人民大学出版社,2013年,第2—3页。

是来自人类学以外的领域？他特别想表达由衷谢忱和敬意的这位美国学者肯尼思·伯克，一般被认为是文学批评家或修辞学家。他是怎样给格尔兹人类学研究带来重要影响，从而间接地驱动人类学这门学科转向的？这是在讨论阐释人类学派时不容忽视的学术源流问题。

其实，早在斯坦福大学系列讲座之前十多年，格尔兹就开始关注人类学家与文学家的相似性，关注民族志写作与作家创作的相关性。在1973年问世的《文化的解释》一书中，曾7次引用或提及肯尼思·伯克。其中引用较多的是伯克1941年的著作《文学形式的哲学》( The Philosophy of Literary Form )。在该文集的第一篇《深描：迈向文化的阐释理论》末尾处，格尔兹是这样提到伯克的：

> 如果说本书收集的论文还具有什么重要性的话，它不在于所说，而在于所见：不仅人类学，而且整个社会研究，都对符号形式作用于人类生活的兴趣，有了巨大增加。意义，这个我们曾经巴不得交给哲学家和文学批评家去摆弄的难以捉摸、界定不清的虚假存在，现在又回到我们学科的核心部分里来。就连马克思主义者也引用卡西尔；甚至实证主义者也引用肯尼思·伯克。[①]

下文将具体梳理肯尼思·伯克与格尔兹的思想关系，说明阐释人类学理论建构的一个重要学术来源。

## 三、伯克对文化阐释理论的启示

肯尼思·伯克（Kenneth Burke，1897—1993）是20世纪美国著名的文学批评家和修辞学家，同时也是一位出色的作家、哲学家、社会学家。他的文学批评著作有《反论》《永恒与变化》《对待历史的态度》《文学形式的哲学》等。20世纪40年代后，他开始投身于对人类行为动机的考察，著有

---

① ［美］克利福德·格尔兹：《文化的解释》，纳日碧力戈等译，上海人民出版社，第33页。

《动机语法》《动机修辞学》和未完成的《动机的象征》，后期的《作为象征行动的语言》又关注到文学批评的问题。伯克的文艺思想与英美新批评派很接近，比如在《永恒与变化》中，他从修辞学的角度出发，对新批评中经常使用的概念如"讽喻""提喻""转喻""隐喻"进行了重新厘定。不过在伯克看来，从文学内部去探讨这些概念是不够的，应该将其运用到对人类的普遍关系的研究之中。正如布朗（Merle E. Brown）所说："对于伯克来说，形式和统一都是抽象的，他必须走出形式主义和诗学，去寻找与诗歌相关的个人或社会的因素。正因为如此，他将诗歌的形式主义归纳为修辞的形式主义，从而认为新批评因为过于关注形式而显得狭隘。"① 可以说，肯尼思·伯克虽然从文学批评的概念出发，关注的却是文学外部的文化、社会关系问题。这在英美新批评内部并不是第一个，比如"燕卜逊在首部《含混的七种类型》中的第六、七种含混的类型借助了社会历史背景等揭示文学语言的内涵"。② 不过伯克似乎走得更远，他试图将马克思主义和弗洛伊德主义组合在一起，形成一个庞大的"象征行动"体系。在《反论》中，他就提出他想要探讨的是"笼统意义上的象征性动机和语言活动"。在《对待历史的态度》中，作者同样秉持着"将技巧批评与社会批评合二为一的"纲领。在《作为象征行动的语言》中，伯克认为他的批评是"超出严格意义上的文学批评领域"的，因此韦勒克认为"他根本不是一位文学批评家，而是一位哲学家，他的论著……涵盖了人类的各项努力"。③ 将这种思想登峰造极的是他对人类行为和关系的动机研究。《动机语法》是其代表作，书中他借用来自戏剧五要素的概念，将修辞行为按照戏剧五要素进行分析，从中寻找一种动机的语法进而理解人类的动机。因为伯克的修辞学实际上包括了人类行为的方方面面，通过人与人的"同一"性质而使修辞得以达成，因而扩展了亚里士多德以"劝说"为目的、以演讲为主要形式的修辞观。作为新修辞学的代表，他将修辞作为象征行为的一个分支，将修辞扩展到社会科学领域。这对格尔兹关于文化的阐释有很大的启发作用。以下分三点作具体说明。

---

① Merle E. Brown, *Kenneth Burke*, Minneapolis: University of Minnesota Press, 1969, p.40.
② 胡燕春：《"英美新批评派"研究》，中国社会科学出版社，2010年，第100页。
③ ［美］雷纳·韦勒克：《近代文学批评史》第7卷，杨自伍译，上海译文出版社，2009年，第235页。

### (一)戏剧主义:"五位一体"与"深层斗鸡"

格尔兹对"文化的阐释"的概念缘起有如下表达:"文化是表演的文件……具有公众的性质……一旦我们将人类行为看成符号行动……是具有重要意义的行动——关于文化是模式化的行为,还是一种心灵的框架或二者混合的问题也就失去了意义……我们要问的是它们的含义是什么。"① 他认为对文化的唯物主义或唯心主义的争论是没有实际意义的,文化本身就是一种有意义的行动,人类学家要做的就是揭示出这种意义。

《动机语法》主题之一就是关于意义的本质问题。伯克认为,事物、概念、行为——或许所有经验的部分——都具有意义,部分原因在于我们把其"放置"于其他对于我们来说有意义的事物、概念和行为关系中……存在于这个"簇"里的关系是意义的源泉。② 那么如何探究意义呢?其实就可以归结为"放置"这些事物、概念和行为的方式问题。"放置"的方式,肯尼思·伯克把它归结为戏剧主义。戏剧的五要素是:行动、行动者、手段、场景、目的。这五个要素互相分离又相互统一。通过"五位一体"的组合方式和侧重点的不同就可以分析出人类行为的动机不同,而这个动机就像语法一样,规定了意义的指向。从哲学层面上来看,五个要素的凸显呈现出不同的认知模式:如果场景决定了行动(凸显场景),那就是唯物主义的观点;如果凸显动作者,那就是唯心主义的观点;如果凸显工具,那就是实用主义的观点;如果凸显目的,则是神秘主义的观点。③ 因此,不同的要素凸显则代表着不同的价值选择,代表了人对于意义建构的方向。"伯克强调从这五个要素入手来分析动机,将我们的注意力引向人类行动领域,而不是无灵的运动领域,它有助于探讨人的选择和道德行为。这恰恰是科学和自然主义哲学逻辑演绎所不能做到的。戏剧主义并不企图追求那种科学意义上的实证知

---

① [美]克利福德·格尔兹:《文化的解释》,纳日碧力戈等译,上海人民出版社,第11—12页。
② 邓智勇:《修辞理论与修辞哲学:关于修辞学泰斗肯尼思·伯克研究》,学林出版社,2011年,第9页。
③ Kenneth Burke, *A Grammar of Motives*, Berkeley: University of California Press, 1969, pp.227–274.

识,而是作为引导人们去理解并阐释人的动机的方法。"① 这不但暗含了对科学主义与实证逻辑主义的批判,也为文化阐释的方法提供了切实可行的路径和方法。

格尔兹在描述巴厘岛斗鸡这个文化现象时,直接将其总结为:"斗鸡,尤其是深层的斗鸡根本上是一种地位关系的戏剧化过程。"② 在外族人看来不过是一种赌博的斗鸡游戏,实际上反映的是宗族之间的对抗和同盟。对赌双方要押注的公鸡,以及公鸡的战斗性,都不是主要的参考依据。如果是自己宗族选出的公鸡,即使力量稍弱也要押注。因为深层的斗鸡往往都来源于制度化的敌对关系,参与中心赌博的人都是其族群的真正领导者。而深层斗鸡之所以能够引起很大的社会破坏力,也是因为这种制度化的敌对关系在比赛中也遭遇了一些挑战,使得战火升级……在这里,格尔兹对当地人斗鸡动机选择的揭示可谓详尽而具体:深层斗鸡的行动者是族群的领导人;行动是斗鸡;工具是公鸡;目的就是赢得金钱和荣誉。相比之下,荣誉比金钱更加重要。场景一般在斗鸡场的最内层,因而押注旁观者甚多,也更为隆重。格尔兹对文化的阐释实际上暗含了对行为动机五要素的描述和细化,构建出一个社会关系网络,从而细致入微地揭示出巴厘岛民行为的意义所在,破解了看似无头绪的地方文化图景。伯克所提示的"戏剧主义"方法在此大放异彩。

### (二)视角主义:修辞过程与民族志书写

《动机语法》的另一主题是"放置"的方法所体现的视角主义。在认识论上,伯克有"不协调而获视角""训练出来的无能"等理论。"不协调而获视角"就是通过理性的安排,把本属于一个特定范畴的词语挪开,隐喻式地用于另一个不同的范畴里,从而获得新的理解。在认知论的依据是,"人们认识事物总是根据自己已有的图式以某种视角认知事物"并赋予一定意义

---

① Ross Wolin, *The Rhetorical Imagination of Kenneth Burke*, Columbia: University of South Carolina Press, 2001, p.152.
② [美]克利福德·格尔兹:《文化的解释》,纳日碧力戈等译,上海人民出版社,第496页。

（就像一张黑白图，盯住黑白两个区域看到的图形是不一样的）。① 所谓"训练出来的无能"就是一个人在经受了一定的专业知识学习或训练之后，表达必须依靠"术语屏"（也就是不同的职业心理），那些术语把人们引入某个领域，进而以某一个视角理解事物。在以上两个理论的基础上，比德里达早二三十年，肯尼思·伯克就提出了富有解构意味的命题：赤裸的事实并不表示任何意义，只有陈述才有意义。在陈述中，人们选择问题并对它进行阐述，其实也就是从某一个视角去理解事物。这是一个真正的修辞过程，是构建意义的劝说过程。

在自传《追寻事实》中，格尔兹描述自己是如何作为一个外来者对印度尼西亚的派尔以及北非的塞夫鲁进行田野调查的。这些新兴国家或地区正在经历动荡或剧变。作为一个人类学家，"我们一方面是社会变迁的调查者、分析师、裁判和编年史家，一方面也是被改变的对象。这就是事实。因此数字、细节、逐字摘录对人类学家来说都是必要但并不充分的。所谓的问题——正确性、根据、客观性、真相存在于其他地方。而这些问题或者说宏达的理念意味着什么呢？是事物之间如何联系的经过加工的意象"。"我决定将派尔展现成政治斗争的场所，将塞夫鲁描绘成道德风俗场景。我们对现实的感知，不可避免地来自于我们谈论它的方式。""我们需要担心的不是事实匮乏，而是意象的枯竭。"② 从格尔兹十分具体的描述中，可以看出他的修辞哲学旨趣：第一，在社会科学领域，他否认了客观记录与真理的一致性。第二，他将真理建构在人类学家的意象建构中，也就是修辞中，即"我们对现实的感知，不可避免地来自于我们谈论它的方式"。第三，意象的建构也就意味着一种视角的建立，将塞夫鲁描绘成道德风俗场景就是通过道德风俗的视角去理解塞夫鲁社会。第四，格尔兹担心意象的缺失而不是事实的缺失，正是因为在任何层面上的陈述都是对事实的某一视角的描述，是修辞行为也是劝说过程，因此意象的匮乏就会导致修辞的失败。总之，肯尼思·伯克对事实建构的推想为格尔兹阐释的合理性提供了学理依据，其所蕴含着的早期

---

① 邓智勇：《修辞理论与修辞哲学：关于修辞学泰斗肯尼思·伯克的研究》，学林出版社，2011年，第98—100页。

② ［美］克利福德·格尔兹：《追寻事实》，林经纬译，北京大学出版社，2011年，第18—20页。

解构思想也与格尔兹对结构主义的不满不谋而合。

### （三）隐喻与文化文本的建构：从伯克到格尔兹

修辞过程是如何展开的？伯克特别考察了几种修辞格，其中最为重要的是隐喻，他认为隐喻实质上就是一种特定视角。因为当你运用一个隐喻时，就是在用另外一个喻体的术语去理解本体。换言之，"就是用一种其他事物看待某个事物的方法"。①在格尔兹看来，将塞夫鲁描绘成道德风俗场景就是一个隐喻的例子，用斗鸡习俗代表巴厘岛社会同样是一种隐喻。格尔兹认为斗鸡是一种社会关系的戏剧化过程，这就是将巴厘岛斗鸡设置为一个社会关系的隐喻，并从社会关系动态和挑战上去解释斗鸡活动的文化隐义。

格尔兹是如何在理论上看待这种隐喻作用的？答案很简单，即将文化视为文本，将文化分析变成文本分析。斗鸡场中的杀戮和人们焦躁不安的情绪都可以看作文本性的，这是因为它不是准确描绘一个客观现象，而是描绘事物在人们想象中是什么样的——它实际上指涉的是社会关系的冲突和人们在社会关系中受到挑战时的那种焦灼。也就是说，人们为之疯狂的事物存在着一个有所指涉的想象空间。就像《西游记》中的妖魔可以指涉人间的困窘，文学文本可以激起人们对指涉空间的思考，文化文本也一样。只不过文化文本不是用书写的或口传的，而是活生生上演的戏剧化现实。人类学家不能被表面现象所迷惑，而是要像文学批评那样去努力发现文本的指涉空间，去阐释其背后的意义。

如果说阐释人类学比伯克的修辞学有什么更大的学术创意，那就是从隐喻出发，引申出有关文化文本的理念。格尔兹在《文化的解释》第15章末尾，再次展开文化文本与文学文本的类比。他写道："以这种方式表述事物使人必须用类似隐喻的方式重新关注其自身，这种方法将文化形式（cultural forms）的分析……转换成一种一般性的透视文学文本的方法。"②接下来陈述

---

① 邓智勇：《修辞理论与修辞哲学：关于修辞学泰斗肯尼思·伯克的研究》，学林出版社，2011年，第105页。

② Clifford Geertz, *The Interpretation of Cultures*, New York: Basic Books, 1973, p.448.

的是巴厘岛斗鸡与莎士比亚戏剧《麦克白》、狄更斯小说《大卫·科波菲尔》的社会效果之对比。格尔兹引用弗莱（Northrop Frye）《受过教育的想象》一书中的话说：

> 诗人的职责不是告诉你发生过什么，而是什么在发生：不是什么已经发生了，而是总在发生的那类事情。他告诉你典型的、重复出现的事件，或亚里士多德称之为普遍的事件。你不能通过《麦克白》去获知苏格兰的历史——你只能通过它去理解一个男人在得到王位却失去灵魂之后的感觉是怎样的……①

就此而言，所有的文学文本都是文化文本构成的有机部分。"一个族群的文化是由许多文本构成的整体，而这些文本也是一些整体。人类学家努力从此类文本所归属的那些人的肩头上去阅读这些文本。"②基于如此的认识，人类学的文学转向可以得到一种里程碑式的宣告。一个世纪以来的人类学家的工作性质，正在这种宣告声中发生着全面的改变。格尔兹在讲到文化文本的分析时不厌其烦地提到或引用文学批评家的观点，包括新批评派的伯克、燕卜逊、布鲁克斯和原型批评的奠基人弗莱，也就不足为奇了。在文学批评理论与人类学之间，虽然好像有学院派的专业鸿沟阻隔着，但是这一鸿沟却没有挡住志在打通文史哲的人类学家格尔兹。阐释人类学派之所以能够产生超越学科和专业范围的广泛影响力，破除学科本位主义的融会贯通，应该是当代最重要的人文学经验之一。

肯尼思·伯克本身也是一位小说家和诗人，这样一位带有文人色彩的修辞学家在涉入社会科学领域之时，必然带有他的文学视角。应该说，他在文学与社会科学之间的跨界尝试，实际上非常有效地引导着后来者格尔兹。以上三个方面的梳理将有助于理解阐释人类学创始人格尔兹是如何"青出于蓝"的。在格尔兹的著作风靡国际学界之际，不应该忘记其学术前辈兼启蒙者肯尼思·伯克，及其筚路蓝缕之功。

---

① Clifford Geertz, *The Interpretation of Cultures,* New York: Basic Books, 1973, p.450.
② Ibid., p.452.

## 四、跨学科引领创新：伯克与格尔兹的共同经验

从伯克到格尔兹的共同经验是：跨学科研究引领学术创新之路。伯克从文学批评和修辞学出发，走向社会行为的动机和意义问题；格尔兹从人类学的民族志出发，走向隐喻修辞和文化文本。两者殊途同归的学术经历，预示出一个前瞻性的教育大方向：走出现代教育的学科本位主义窠臼，培养人文通才式的创新型学者。

从本章的讨论中可见，从文学文本的角度去阐释文化，是阐释人类学派的重要理论贡献。对文本的重视，特别体现在本章开篇介绍的格尔兹后期的作品《论著与生活：作为作者的人类学家》中。其实早在《文化的解释》第一章"深描"中格尔兹就引用了一个自己记录的民族志片段：一个犹太商人、一个柏柏人酋长与一个法国士兵的冲突事件。对这个事件起因、过程和结局进行了所谓"深描"之后（对这个故事的解释和阐释是以一种背景知识呈现的，并融入故事之中），格尔兹认为，这个故事是极有文学文本性质的，从某个特殊的角度看，和福楼拜的小说《包法利夫人》没有区别：一个是记录，一个是虚构，但本质都是"造物"的。人类学家不但是文学批评家，进一步地，其撰写的民族志本身也是文学作品。因此，人类学家是作家兼批评家。在20世纪的人类学学科史上也有过"人类学诗学"一派，"以人类学家的文学创作为基础和前提，其根本宗旨是用诗学和美学的方法去改造文化人类学的既定范式，使之更加适合处理主体性感觉、想象、体验等的文化蕴含"。① 格尔兹更进一步，希望消除横亘在学科间的专业鸿沟，让作家、文学批评家与人类学家的身份得到某种重合。20世纪80年代中期以后，有关《写文化——民族志的诗学与政治学》的学术讨论如火如荼，将"写"与"文化"直接对应，即在后现代视野下，将阐释人类学与后殖民写作的文化政治对接起来。

---

① 徐杰舜问，叶舒宪答：《人类学与文学的互动——人类学学者访谈录之十二》，《广西民族学院学报（哲学社会科学版）》2001年第23卷第5期。

如果说在格尔兹的眼中，人类学家是作者和阐释者，那么到了《写文化——民族志的诗学与政治学》，人类学家在某种程度上更是干预者和入侵者，民族志更带有"反思"意味，从而经验的客观修辞让位于自传、反讽的自我写照。可以说，从作者身份到批评方式，从修辞手段到体裁选择（传记式），民族志的写作与研究都受到文学专业方面的强力渗透。

这种渗透也是双向的，在文学领域发生的人类学转向，也是更加引人注目的新趋势。首先，从文学创作上来看，出现了民族志小说，这些小说关注"地方"和"族群"，具有民族志般的文化记忆功能，格尔兹提出的"地方性知识"正在成为人类学和文艺创作共同探索的新知识领域。其次，人类学开阔了文学研究的视野，扩大了文学知识的范围。更多的他者，正在"从沉默的大多数"变成文学史或文学人类学关照下的新热点。"美国特拉华大学教授恩尼格就认为，文学人类学的研究方法不是把文学当作一个自足的实体而从内部去研究，而是把文学当作社会的实体，从外部背景的关联中去研究。文学的概念应该扩大，使之能包含各种书写文本，还有语言的文本。"[1]正是在这个角度上，文学研究得以关注到口传文学的领域，"民族志诗学"应运而生。再次，格尔兹将文化看作文本，反过来看，文学文本也是文化文本。正如安吉里斯（Rose De Angelis）所说："文学既是文化的创造者，又是文化的产物。"[2]对书写文学的研究更注重挖掘其文化语境，比如文学与仪式的关系，文学与治疗、禳灾的关系，[3]多方面立体揭示文学产生的文化土壤，从而可以对文学的功用和价值作出新的语境还原式的认识。

总之，文学和人类学的双向互动方兴未艾，这种互动给双方面的学者带来跨学科研究的更多契机。从知识全球化和再本土化的大趋势看，文化文本和文化阐释，从一开始就是中国文学人类学研究会同仁们所关注的问题。[4]近二十年来，从理论上关注文化文本及阐释，到如今针对中国文化和华夏文

---

[1] 徐杰舜问，叶舒宪答：《人类学与文学的互动——人类学学者访谈录之十二》，《广西民族学院学报（哲学社会科学版）》2001年第23卷第5期。
[2] Rose De Angelis, ed., *Between Anthropology and Literature*, New York: Routledge, 2002, p.2.
[3] 参看叶舒宪：《文学人类学教程》，中国社会科学出版社，2010年。
[4] 参看叶舒宪：《文化与文本》，中央编译出版社，1998年，第1—22页。

明的实际情况,倡导融合多学科知识的新方法论——四重证据法,并努力建构本土化的新理论——文化文本的多级编码程序论,[①]我们正在努力尝试构建一个中国版的文化文本新理论体系。

在人类学的文学转向和文学的人类学转向的相互作用过程中,学术史的梳理不应该忽略文学批评家对人类学家的影响这一方面。肯尼思·伯克的名字对国内学界而言还是十分陌生的。他第一次进入汉语学界的"出场仪式"甚至是以妖魔化的方式展开的,他起初被当成资产阶级学术的反面教员形象,在20世纪60年代初被译介到中国来。其被翻译为中文的第一篇著述是《心理与形式》。[②]如今看来,重审人类学的文学转向过程,需要对伯克的理论贡献刮目相看,对其代表著开启新的译介工作,就成为推进学术史研究的一项补缺性的基础任务。

---

[①] 参看叶舒宪、柳倩月、章米力编:《文化符号学——大小传统新视野》,陕西师范大学出版社,2013年。
[②] 参看中国社会科学院文学研究所编:《现代美英资产阶级理论文选》,知识产权出版社,2010年,第140—151页。

# 第二章
# 当代英美人类学的文学转向

**内容摘要**

在人类学内部批评与后殖民主义等人文思潮的夹击下,科学范式的民族志出现危机。20世纪70年代之后,越来越多的学者探讨作为文本的民族志的诗学问题,并加入实验民族志写作队伍。《写文化——民族志的诗学与政治学》引人注目的特点是对民族志修辞性的关注,这体现了当代人类学的"文学转向"。当代民族志更具有反思意识和突出主体性,呈现出民族志诗歌、民族志小说、民族志戏剧等多种样态。以《女性写文化》为代表,当代人类学界全面反思性别本质主义,并建构女性主义民族志的经典谱系。数字视频、社交网站、博客等新技术则为"写文化"提供了新的民族志形式。

1984年,美国人类学学者詹姆斯·克利福德与乔治·E.马库斯(George E. Marcus)在新墨西哥州州府圣菲(Santa Fe)主持召开了一次关于民族志文本打造的高级研讨会。1986年,圣菲研讨会的会议论文结集成书——《写文化——民族志的诗学与政治学》。这本书在人类学界掀起了一场大论争,并享有"人类学思想的分水岭"之誉。《写文化——民族志的诗学与政治学》甫一出版,美国学者鲍勃·希尔特(Bob Scholte)便敏锐地指出,《写文化——民族志的诗学与政治学》体现了当代人类学的"文学转向",它将成为经典之作。历史验证了鲍勃·希尔特的预言,《写文化之后》(1995)、《女性写文化》(1997)、《超越写文化》(2010)之类学术著作的出现证明,《写文化——民族志的诗学与政治学》已成为人类学界一部不可绕开的经典;而且,当代人类学的文学转向也在不断深化延续。

## 一、范式转移:科学民族志的危机

"民族志学者的工作是什么?——他写。"① 克利福德·格尔兹一语道破人类学家与民族志写作的紧密关系。不可否认,不少现代人类学家与文学存在着不解之缘:马林诺夫斯基喜爱阅读康拉德与詹姆斯·弗雷泽的作品;玛格丽特·米德、爱德华·萨丕皮和露丝·本尼迪克特视自己集人类学家与作家身份于一身;20世纪二三十年代的超现实主义运动吸引了马塞尔·格里奥勒(Marcel Griaulle)、安德烈·夏弗纳(Andre Schaeffner)、莱里、保罗·李威特等民族志作家的参与。② 不过,这更多地被视为人类学家业余的文学爱好而已,人类学者的立身标志主要是"民族志"。《写文化——民族志的诗学与政治学》之所以体现了当代人类学的"文学转向",正因为圣菲研讨会的任务是"通过展示解读和写作民族志的不同方法而引入一种对民族志实践的文学意识"。③

不过,在解释人类学之前,人类学界通行的还是科学范式的民族志,学界尚未对民族志的文学性问题作出充分反思。科学范式的民族志的奠基者是马林诺夫斯基,他曾在新几内亚特别是特罗布里恩群岛做过长时间田野调查,其《西太平洋的航行者》一书是科学范式民族志的经典之作。与19世纪"坐在摇篮椅上"的老式学者不同,在异文化地区通过长期田野调查获得第一手资料并撰写民族志,成为新一代人类学家的必修课。

---

① [美]克利福德·格尔茨:《文化的解释》,纳日碧力戈等译,上海人民出版社,1999年,第22页。
② 参看[美]乔治·马尔库斯、米开尔·费彻尔:《作为文化批评的人类学:一个人文学科的实验时代》,王铭铭、蓝达居译,生活·读书·新知三联书店,1998年,第172—176页。
③ [美]詹姆斯·克利福德、乔治·E.马库斯编:《写文化——民族志的诗学与政治学》,高丙中等译,商务印书馆,2006年,第315页。

但20世纪60年代之后,科学范式的民族志及其田野工作方法受到严重质疑。第一种质疑指向田野工作,早期有关田野工作的批评试图揭示田野工作的各种尝试与各种缺陷,总体而言不是作为方法论批评而存在。列维-斯特劳斯的《忧郁的热带》(1955)与马林诺夫斯基的田野日记《一本严格意义上的日记》(1967)的出版,引发了一场旷日持久的争论。马林诺夫斯基在日记中称当地人为"黑鬼",并多处显露出对当地人的鄙夷与痛恨。他的日记引发了一些围绕其本人道德性格的讨论,同时引发了如何获得地方性知识的认识论反思。[①]20世纪70年代出现的一系列新的田野反思作品以更坦诚的态度反省田野工作中的知识获取过程,代表作为保罗·拉比诺的《摩洛哥田野作业反思》(1977)等。拉比诺是克利福德·格尔兹的学生,他所从事的田野作业属于格尔兹摩洛哥田野项目的一部分。拉比诺的任务是负责调查塞夫鲁周遭部落地区,之后他撰写了民族志《象征支配:摩洛哥的文化形态与历史变迁》(1973)。《摩洛哥田野作业反思》记录了拉比诺从事田野调查的经历,讲述了他与不同资讯人(莫里斯·理查德、易卜拉欣、阿里、马里克等)的交往故事。

第二种质疑关涉民族志与政治的纠葛,它一方面质疑人类学与殖民主义的关系,另一方面批评人类学在处理历史情境与政治经济问题时的迟钝与无能,代表作为戴尔·希姆斯(Dell Hymes)编的《重构人类学》(1969)、塔拉勒·阿萨德(Talal Asad)编的《人类学与殖民遭遇》(1973)、埃里克·沃尔夫的《欧洲与没有历史的人民》(1982)等。《人类学与殖民遭遇》分为通论与案例两部分,案例包括东尼日利亚、斐济、北罗德西亚、坦桑尼亚等地区。阿萨德在"导论"中指出,有不少非欧洲人到西方学习,接受其价值观与假设,却没有一个欧洲人类学家被争取到其所研究的文化一边,原因在于世界权力的辩证法:人类学家固然有功于保存当地文化遗产,但也间接支撑了殖民体制。[②]

于是,民族志"科学"的面纱被揭开了,人类学知识的客观地位受

---

① [美]克利福德·格尔兹:《地方性知识》,王海龙、张家瑄译,中央编译出版社,2000年,第70—92页。
② Talal Asad, ed., *Anthropology and the Colonial Encounter*, London: Ithaca Press and Humanities Press, 1973, p.17.

到威胁。新的民族志如何阐释文化？解释人类学应运而生，提供了一种新的民族志观念。法国哲学家保罗·利科尔（Paul Ricoeur）在《文本的模式：作为文本的富有意义的行为》（1971）一文中提出，行为本身——作为富有意义的行为——可以成为科学研究的对象。①解释人类学视文化为文本，既重视当地人的意义阐释，又重视反思人类学家依据访谈对象的解释所进行的意义建构过程。克利福德·格尔兹在《深描说：迈向文化的阐释理论》（1973）一文中明确提出，人类学写作本身就是阐释，本身就是"虚构"（fictions）。格尔兹特别说明，虚构的产物，是说它们是"某种制造出来的东西"，是"某种被捏成形的东西"，而不是说他们是假的、非真实的，或者仅仅是"想象"的思想实验。②按照格尔兹的看法，人类学解释本身就是建构对所发生之事的一种理解。因此，民族志描述具有四个特点：（1）它具有阐释性；（2）其阐释对象为社会性话语流；（3）这种阐释包括努力从逝去的场合中抢救对这种话语流的"言说"，用可供阅读的形式加以固定；（4）它是微观的描述。③根据这四点，《深层游戏：关于巴厘岛斗鸡的记述》即可视为解释人类学的一个民族志范例。

克利福德·格尔兹的《论著与生活：作为作者的人类学家》（1988）一书的前四章出自其1983年在斯坦福大学的演讲。该书选取列维-斯特劳斯、埃文斯-普里查德、露丝·本尼迪克特等人类学家为对象，探讨民族志中"作者-功能"在文本中如何显现以及作者创作的作品究竟为何等重要问题。以《忧郁的热带》为例，格尔兹视其为一个出类拔萃的多重文本：它是一本游记、民族志、哲学文本、改良主义宣传册、有些刻意的象征主义文学文本，所有的文本类型交织产生出一个"探索故事"。④

在更为宏大的意义上，民族志范式转移与整个人文学科的思想变革有关。20世纪70年代以来，新历史主义、后结构主义、后现代主义、后殖民

---

① ［法］保罗·利科尔：《解释学与人文科学》，陶远华等译，河北人民出版社，1987年，第212页。
② ［美］克利福德·格尔兹：《文化的解释》，纳日碧力戈等译，上海人民出版社，1999年，第17—18页。
③ 同上书，第23页。
④ 参看［美］克利福德·格尔兹：《论著与生活：作为作者的人类学家》，方静文、黄剑波译，中国人民大学出版社，2013年，第35—69页。

主义众多思潮汹涌澎湃，冲击着语言客观表述现实的旧有观念，从而引发所谓的"表述危机"（crisis of representation）。海登·怀特的《元史学》探讨19世纪欧洲史学的历史想象，挖掘出潜藏于19世纪欧洲史学的文学模式：传奇、悲剧、喜剧及反讽。随着结构主义影响力的逐渐消退，后结构主义大行其道，雅克·德里达、雅克·拉康、米歇尔·福柯、让·鲍德里亚、理查·罗蒂等思想家的影响力超出哲学界，辐射至文学理论界、人类学界及其他学术领域。后殖民主义理论促使人类学家深刻反思异文化表述，如爱德华·萨义德在《东方学》一书中揭示西方对东方的建构，又如约翰·费边在《时间与他者》一书中揭示人类学如何利用进化论时间模式建构其客体。

## 二、承前启后：《写文化——民族志的诗学与政治学》的话题延续

在《写文化——民族志的诗学与政治学》出版之前，当代人类学的文学转向已初露端倪。1972年，詹姆斯·布恩（James Boon）已出版《从象征主义到结构主义：文学传统中的列维-斯特劳斯》。此后，越来越多的人类学家开始关注民族志文本的写作问题，探讨民族志文本的叙事与修辞，其中包括柯文·德耶尔（Kevin Dwyer）、乔治·马库斯、詹姆斯·克利福德、爱德华·布鲁纳（Edward Bruner）、理查德·汉德勒（Richard Handler）、斯蒂芬·韦伯斯特（Steven Webster）、文森特·克拉帕扎诺等。① 一些人类学家加入民族志实验写作队伍，或是明确地集中探讨文本形式和阐释性质二者间

---

① Kevin Dwyer, "On the Dialogue of Fieldwork", *Dialectical Anthropology*, 2, 1977, pp.143-151; Vincent Crapanzano, "On The Writing Of Ethnography", *Dialectical Anthropology*, 2, 1977, pp.69-73; George Marcus, and Dick Cushman, "Ethnographies as Texts", *Annual Review of Anthropology*, 11, 1982, pp.25-69; James Clifford, "On Ethnographic Authority", *Representations*, 2, 1983, pp.118-146; Edward Bruner, "Ethnography as Narrative", in Victor Turner and Edward Bruner, eds., *The Anthropology of Experience*, Urbana: University of Illinois Press, 1986, pp.139-154; Richard Handler, "The Dainty and the Hungry Man: Literature and Anthropology in the Work of Edward Sapir", *History of Anthropology*, 1, 1983, pp.208-231; Steven Webster, "Dialogue and Fiction in Ethnography", *Dialectical Anthropology*, 7, 1982, pp.91-114.

的关系，或是不时地提到阐释问题，或是较为分散地探讨认识论关切。

据乔治·马尔库斯与米开尔·费彻尔（Michael J. Fischer）的划分，当时的实验民族志可分为三类：一是心理动力民族志，代表作如罗伯特·莱维（Robert Levy）《塔希提人：岛民社会的心智与经验》（1973）、奥贝耶斯克（Gananath Obeysekere）《美杜莎之发：关于个人象征符号与宗教经验的一项研究》（1981）等；二是现实主义民族志，代表作如肖斯塔克《尼萨：一个昆人妇女的生活及诉说》（1981）、文森特·克拉帕扎诺《图哈米：一个摩洛哥人的形象》（1980）、米歇尔·罗萨尔多《知识与激情：伊龙哥特人的自我概念和社会生活》（1980）、布拉德索尔（Bradd shore）《萨拉伊鲁雅：一个萨摩亚人的神话》（1982）等；三是现代主义民族志文本，代表作如柯文·德耶尔《摩洛哥对话》（1982）、法弗雷特-萨达（J. Fvret-Saada）《致命的言语：博卡吉人的巫术》（1980）以及伊安·马伊耐波与拉尔夫·布尔麦尔《我的卡兰乡村之鸟》（1977）等。①

以民族志权威问题为例，詹姆斯·克利福德在《论民族志权威》一文中探讨了四种民族志权威模式：体验式、解释性、对话式、复调式。体验式权威基于对异文化的"感觉"，如马林诺夫斯基强调他的在场以及他的理解来自对当地人日常生活的沉思。格尔兹关于巴厘岛斗鸡的记述是解释性权威模式的代表作。在克利福德看来，解释人类学固然对民族志权威的"陌生化"有功，但仍然难逃殖民表述批评者的责难。对话式模式民族志倾向表述研究情境与对话场景，代表作如法弗雷特-萨达的《话语、死亡、命运》（*Les mots, la mort, les sorts,* 1977）等。巴赫金曾用"复调"一词指称陀思妥耶夫斯基小说的诗学特点，克利福德也借用"复调"一词指称具有杂语喧哗特点的民族志。《皮曼萨满教与卡西姆病》是复调式民族志的代表作，该书有四个作者：人类学家Donald M. Bahr、萨满Juan Gregorio、解释者David I. Lopez以及编辑Albert Alvarez。②乔治·马尔库斯与狄克·库什曼（Dick Cushman）在《作为文本的民族志》（1982）一文中则提出了评价民族志权

---

① 参看［美］乔治·马尔库斯、米开尔·费彻尔：《作为文化批评的人类学：一个人文学科的实验时代》，王铭铭、蓝达居译，生活·读书·新知三联书店，1998年，第71—112页。
② James Clifford, "On Ethnographic Authority", *Representations*, 2, 1983, pp.118-146. 乔治·马库斯与狄克·库什曼在写作《作为文本的民族志》一文前读过该文的未刊稿。

威的三个标准：一是建立叙事性在场；二是设想文本结构；三是资料表述的预编码。①

《写文化——民族志的诗学与政治学》引人注目的特点是对民族志修辞性的关注。尼采说过，真理是一支由修辞组成的大军。民族志书写受语境、修辞、制度、政治、历史等多重因素支配，宣称民族志表述的透明性和体验的直接性未免显得天真乐观。詹姆斯·克利福德直截了当地指出，民族志的真理本质上是部分的真理。②克利福德还指出，任何文化描写都是"此乃关于彼的（充满色彩的）故事"，在内容与形式上，民族志写作都具有寓言性。③为此，他还特别揭示了一种"民族志田园诗"的回溯性结构。克拉帕扎诺将民族志工作者比拟为赫尔墨斯，通过具体分析三个民族志文本：《北美印第安人的举止、习惯和传统》《意大利游记》《深度游戏：关于巴厘岛斗鸡的记述》，他揭示了民族志描述中对颠覆因素的掩饰。玛丽·露易丝·普拉特剖析了民族志写作中的一些修辞法及其由来的话语传统。通过个案解读，她集中探讨了民族志写作中个人叙述与非个人叙述之间的关系，进而考察这种话语建构的历史。雷纳托·罗萨尔多通过细致解读埃文斯-普里查德的《努尔人》与勒华·拉杜里的《蒙塔尤》，探讨民族志修辞问题。在《族群与关于记忆的后现代艺术》一文中，迈克尔·M.费希尔通过分析大量的族群自传，总结出族群自传的一系列技法：双焦或视角互换、多重现实并置、互文和交互参照以及通过家族相似作比较。

《写文化——民族志的诗学与政治学》内部存在着多种声音。不可否认，《写文化——民族志的诗学与政治学》存在着偏重文本分析和文学分析的倾向。这一倾向招致一些学者的批评，乔纳森·斯宾塞（Jonathan Spencer）认为，这种倾向有陷入空洞的批评或元批评的危险。当然，赞赏者不乏有之，如布瑞尔·尼卡拉斯（Brill Nicholas）认为，《写文化——民族志的诗学与政治学》中的认识论争辩有助于电影研究。

---

① George Marcus & Dick Cushman, "Ethnographies as Texts", *Annual Review of Anthropology*, 11, 1982, pp.25-69.
② ［美］詹姆斯·克利福德、乔治·E.马库斯编：《写文化——民族志的诗学与政治学》，高丙中等译，商务印书馆，2006年，第35页。
③ 同上书，第136页。

## 三、当代实验民族志文类

《写文化——民族志的诗学与政治学》之后的民族志文类形式多种多样，包括诗歌、戏剧、虚构性小说、自我民族志、自传、回忆录、反思性小说、叙事性拼贴、田野回忆录、日记、关于故事写作的故事、新新闻主义的实验版本、书面形式的土著口头叙事以及杂体文本等。①

### （一）民族志诗歌

早期人类学家中从事诗歌写作者以爱德华·萨丕尔与露丝·本尼迪克特较为著名。本尼迪克特以安妮·辛格尔顿（Anne Singleton）的化名写作。20世纪60年代，一批具有自我意识的人类学诗人出现，其中包括斯坦利·戴蒙德（Stanley Diamond）、邓尼斯·泰德洛克（Dennis Tedlock）、戴尔·希姆斯、加里·施耐德（Gary Snyder）以及保罗·弗雷德里希（Paul Friedrich）等。20世纪80年代，不少人类学学术会议设置了诗歌朗诵专场。1985年，美国人类学协会出版了诗集《反思：人类学之缪斯》（*Reflections: The Anthropological Muse*）。其后，伊万·布莱迪又推出了续集《人类学诗学》（1990）。《人类学与人文主义季刊》每年还刊出不少人类学家的小说和诗歌。如今，一些人类学家新秀也加入民族志诗歌写作队伍，如梅丽莎·参曼（Melisa Cahnmann）、诺米·斯顿（Nomi Stone）、阿德丽·库舍罗（Adrie Kusserow）等。

不少人类学诗歌讲述了人类学经验，唤起敬畏、惊奇、尊重等审美体验。这些人类学诗歌还打破了作者与读者的等级界限，创造了一种平等分享经验的语境。梅丽莎·参曼曾在美国双语学校工作，她在《少数族裔教师的致歉》一诗中表达了作为一个外来者的教师与当地社区的疏离经验。

---

① Norman Denzin, *Interpretative Ethnography: Ethnographic Practice for the 21st Century*, Thousand Oaks: SAGE Publications Ltd, 1997, pp.199–200.

亲爱的魏玛丽，恐怕我们撒谎了。
我们没有教你如何隐瞒
日特爱德药店的薪水并藏到多明各银行。我们没有告诉
你如何找到室友或者是给寝室加把锁或者是如何
在日落后独行，如何在兄弟的葬礼上耷拉脑袋，如何修补
起居室中敞开的弹痕累累的匣子。
我们没有告诉你，
你不像你的老板能讲英语，
也不像你的堂兄弟能讲西班牙语。
……亲爱的魏玛丽，
很抱歉。
我们没有生活在你
处于破房子与压迫之间的镇子。
我们不像你，我们不知道，
如何眨巴着迷人的棕色眼睛在破碎的防弹玻璃后生存。①

　　这首诗暗示了魏玛丽居住的小镇之危险：这个小镇入室抢劫横行，枪战是家常便饭，她的兄弟已经丧命。同时，这首诗也透露了作为少数族裔的魏玛丽的尴尬处境及其生活的艰难：她的英语与西班牙语都不流利，17岁就成为孤儿，一个小时赚5.5美元。这首诗还传达了民族志诗人有心无力的心情。
　　又如，肯特·梅纳德的《新生》一诗表现了男性人类学家出现在只有女性参加的仪式时的尴尬境遇。

女人聚集在一个
被三十年的烟与烘干谷物熏黑的厨房。
她们嘴里仍含着牙刷，
妻子们伸着懒腰打着哈欠。我是那个坐在那里
受罪的男人，观察着女人做着女人的活；

---

① Melisa Cahnmann, "Ghetto Teachers' Apology", *Anthropology and Humanism*, 31(1), 2006, p.83.

> 我的妻子认识这些妻子们。天快要亮了……①

再如戴蒙德的《萨满之歌》以萨满的话开头，再转向熊："你可知道熊／他的身体，我的灵魂。"在诗句中，诗人把"他的身体"与"我的灵魂"并置，"自我"与"他者"的视角同时展现。②

《路易莎·梅的生命故事》是劳雷·理查森在深度访谈之后创作的一首长达5页的叙事诗，讲述未婚妈妈路易莎·梅的生命经验。保罗·弗雷德里希的《职业灾害的墨西哥》一诗直接展现农药对一位印第安农民的伤害："……杀虫剂喷向／科利马幼果树的细根，／辛苦流汗，／膝盖累弯，／深深呼吸，／——他绝不怀疑／毒药／将渗入他的脑筋。农场主也不怀疑，／夕阳时分伴他身旁的女士也不怀疑，／看着，并艳羡那印第安人的二头肌，／意想年轻妻子／在尚热的尸身旁——它的抽搐／——回到村庄——之后。"③

人类学家兼诗人阿德丽·库舍罗曾在南苏丹为因战火而流离失所的孩子创建学校。她称自己的诗集《避难所》为民族志诗歌，其《头骨树》一诗为《美国最佳诗选》收录。《头骨树》第一节截取南苏丹一个触目惊心的画面，呈现了一个男孩躲在土里的场景："他爬下来，双手挖了一个土坑／像一条蛇滑进去，除嘴之外盖好整个身体。"诗的第二节通过追问点出南苏丹内战的惨象：

> 他知道南苏丹的其他地方已炸得千疮百孔吗？
> 堆满骨头链的头骨树，
> 成堆的瘦骨嶙峋的"失散男孩"
> 像鬣狗一样涌向埃塞俄比亚，
> 嘴里的舌头肿胀，大得像蟾蜍。

---

① Kent Maynard, "Newborn", *MacGuffin*, 18(1), 2001, p.46.
② ［美］伊万·布莱迪编：《人类学诗学》，徐鲁亚等译，中国人民大学出版社，2010年，第218—233页。
③ P. Friedrich, "Industrial Accident: Mexico", in J. I. Prattis, ed., *Reflections: The Anthropological Muse*, Washington: American Anthropological Association, 1985, p. 102.

1981年，人类学家米歇尔·罗萨尔多在菲律宾吕宋岛做田野调查时因失足坠入河床而不幸逝世。十九年后，她的丈夫——人类学家兼诗人雷纳托·罗萨尔多写作了《孟嘉阳的征兆》一诗以纪念亡妻。在朋友的鼓励下，他接着写作了一系列诗歌回忆这一事件，并结集为《雪莉亡故之日》。雷纳托用"人类学诗歌"（antropoesía）指称具有民族志感性的诗歌。他还指出，描述是"人类学诗歌"的核心要素，"人类学诗人"要像民族志作者做田野研究一样仔细观察。《雪莉亡故之日》中，雷纳托通过他人的叙述展现雪莉之死前后的经历，其中包括村落成员、士兵、神父等。以《图克巴乌》为例：

> 我年纪大了，从背到腿都疼，
> 疼痛剧烈时，纳托带我去位于班邦的医院。
> 那里的低地人讲伊洛卡诺语，我假装听不懂
> 并听到他们计划趁我睡着时杀死我，只因为我是一个伊龙哥特人。
> 在卡基杜根，当我讲话时，人们认真倾听。我是巴克特之子，
> 她嫁给了称我为长嘴鱼的瓦加特。
> ……
> 医生建议纳托留在旅馆，但他在医院睡着，
> 如同我在卡基杜根说话点着头，像一个兄弟，他没有抛弃我。①

当然，民族志诗歌写作具有一定难度。写作者需要专门的诗歌写作训练，多向一些优秀诗作学习，不断提高诗歌写作水平。

### （二）民族志戏剧

民族志中的表演性文本称谓不一，德雷克·佩吉（Derek Paget）称之为"民族志表演"（ethnoperformance），吉姆·米恩查科斯基（Jim Mienczakowski）称之为"民族志戏剧"（ethnodrama），维克多特纳称之为"表演与反思人类学"，还有的学者称之为"表演民族志"。民族志戏剧代表

---

① Renato Rosaldo, *The Day of Shelly's Death*, Durhum and London: Duke University Press, 2014, p.21.

作为吉姆·米恩查科斯基的《同声大喊》（*Syncing Out Loud*，1992）与《打碎》（1993），以及劳雷·理查森与恩斯特·洛克里奇（Ernst Lockridge）合著的《海怪》（*The Sea Monster*，1991）等。2005年，约翰尼·萨尔达尼亚（Johnny Saldaña）编就的《民族志戏剧：现实剧场选》出版。

与书面形式的传统民族志相比，民族志戏剧提供了更通俗易懂与更贴近公众的专业解释。不仅如此，民族志戏剧还把所有权交还给资讯人。以戏剧《剧场与社区：三个场景》为例，贝克、麦考尔与莫里斯运用半故事讲述的形式，展现他们工作的合作性。在"序幕"中，三个社会学家带着脚本进入一间学术会议厅，开始谈论。

**洛里**：现在每个人都说芝加哥非常之热。嗯，其实是因为非股权剧场。

**迈克尔**：1978年，明尼阿波利斯/圣保罗是一个富得流油的剧场市镇。那里曾经有不少好东西。

**霍威**：圣弗朗西斯哥有一个与许多小中心小市共有的问题，那就是我们有许多有天赋的好演员。①

这一片段显示了剧本中分析的问题，即剧场、工人、团体、社区与制作及缩水的国家剧场场景之间的关联。再如吉姆·米恩查科斯基与S·摩尔根合撰的两幕剧《痛饮：酒瘾的挑战》，该剧地点设置为戒瘾中心，共讨论了18个人物，其中的人物对话来自访谈。该剧由护理系与戏剧系学生表演。每一次表演之后，都会邀请观众评论戏剧并发表他们对剧中问题的理解。戏剧以玛利亚手持半瓶波旁威士忌开场，接着转向玛利亚与两个护士的对话。

**护士甲**：能告诉我你的名字吗？

**玛利亚**：玛利亚。

---

① H. S. Becker, M. M. McCall, and L. V. Morris, "Theatres and Communities: Three Scenes", *Social Problems*, 36（2）, 1989, p.93.

**护士甲：** 你几岁开始喝酒？

**护士乙：** 什么时候喝酒成为你的问题？①

在这一戏剧中，资讯人、观众、康复专家共同参与，共同构建与分享戏剧的意蕴。

还有一种较为先锋性的"自传"性民族志戏剧（mystory）。它具有蒙太奇特点，充满了对话、音乐及取自作者生活史的各种意象。同时，它也邀请观众参与表演，讲述自己的故事。于是，演员与观众之间的界限消失了。只要条件允许，可以尽量安排更多的读者参与表演。因为存在着不同的读者与不同的解释，每一次表演都不同。当然，这类文本的创作存在一定难度。常见的开端是个人遭遇到的问题情境，如在自传性戏剧《重新界定子宫内膜异位/重新界定自我》的开场，医生、自助团体、家庭成员、初恋谈论着丽莎的处境。这一剧本为观众提供了一些台词，并以丽莎对子宫内膜异位的重新界定告终。

**丽莎：** 子宫内膜异位的一个新定义：当它强化性格并使人重新评价社会建构的性别化自我，它就是一种授权的条件。个体的解决成为集体的行为。不再有分类的受害者。不要贴标签。不再有好女孩。

**家庭协会：** 她从来不像其他女孩。②

这出戏剧上演后，许多观众受到触动。

### （三）自我民族志

生命史研究是民族志的重要分支。最早讨论生命史研究的经典著作是约翰·多拉（John Dollard）的《生命史的原则》（1935）。L.戈特沙尔克（L. Gottschallk）等学者合撰的《史学、人类学与社会学中私人文件的运

---

① J. Mienczakowski, and S. Morgan, *Busting: The Challenge of the Drought Spirit*, Brisbane, Australia: Griffth University, Reprographics, 1993, p.1.

② Norman Denzin, *Interpretative Ethnography: Ethnographic Practice for the 21st Century*, Thousand Oaks, California: SAGE Publications Ltd, 1997, pp.117-118.

用》(1945)、L. 兰内斯(L.Langness)的《人类学学科中的生命史》(1965)与《生命：一种人类学路径》(1981)等著作是生命史研究领域的重要参考文献。美国早期的生命史研究主要关注印第安人与欧洲移民。其后，北美和中美洲的印第安人生命史研究主要是辨析与记录文化变迁。值得注意的是，20世纪80年代之后，生命史研究不减反增，而且涌现出一些新主题，如生命史的治疗性运用。与此同时，女性生命史研究得到强化。此类作品如卡洛琳·布雷特尔(Caroline Brettell)的《我们已流过很多泪：葡萄牙女性与移民》(1982)与《写在风中：一个母亲的生命史》(1999)、卡伦·麦卡锡·布朗(Karen McCarthy Brown)的《嬷嬷罗拉：布鲁克林的伏都女祭司》(1991)、露丝·贝哈(Ruth Behar)的《被转述的女性》(1993)与《动情的观察者：伤心人类学》(1996)等。[1]

伴随人类学的文学转向，生命史研究出现了反思性倾向。当代生命史研究的主要论题包括自我、真理与表述的文化建构、生命史研究的普遍性与特殊性、人物声音的问题等。同时，"自我叙事"(narratives of the self)、"自我史"(mystories)、"民族志传记"(ethnographic biography)、"自我民族志"(autoethnographty)等新概念应运而生。"民族志传记"概念出自米歇尔·赫兹菲尔德的著作《一幅希腊想象的画像：安德雷亚斯·尼内达克斯的民族志传记》(1997)，该书集民族志、传记、自传为一体。[2] "自我民族志"一词最早出自卡尔·海德(Karl Heider)的《人们做什么？达尼自我民族志》(1975)一文。其后，这一术语为学界所沿用，但其含义则众说纷纭。里德－达纳海(Reed-Danahay)将之界定为"一种将自我置身于社会语境的自我叙事形式"，它是本土人类学、族群自传、自传性民族志三者交汇的产物。它既包括关于个人所属群体的民族志，又包括具有民族志意旨的自传性写作。[3]

当代自传性田野记录数量庞大。专著类包括芭芭拉·安德森的《第一

---

[1] Deborah E. Reed-Danahay, "Autobiography, Intimacy and Ethnography", in Paul Anthony Atkinson et al., eds., *Handbook of Ethnography*, Thousand Oaks, California: SAGE Publications Ltd, 2000, pp.407–425.
[2] 刘珩:《民族志传记》,《外国文学》2012年第2期。
[3] Deborah E. Reed-Danahay, ed., *Autoethnography: Rewriting the Self and the Social*, Oxford: Berg, 1997, pp.1–20.

次田野工作：一个人类学家的不幸》、戴维·哈亚诺的《雨林之路：巴布亚新几内亚高地的鲜活人类学》、道格拉斯·雷贝克的《疯狗、英国人与犯错的人类学家：马来西亚田野工作》等。① 文集类田野记录一般围绕某个主题编撰，性或性别主题的当代文集包括T. L.怀特海与M. E.康威合编的《跨文化田野工作中的自我、性与性别》（1986）、奥拉雅·阿尔托基与C.F.埃尔-索勒赫（C. F. El-Solh）合编的《田野中的阿拉伯妇女：研究自己的社会》（1988）以及D.贝尔等学者合编的《性别化田野：女人、男人与民族志》（1993）等；儿童与家庭主题的当代文集包括茱莉亚娜·付琳等合编的《田野工作与家庭：建构民族志研究的新模式》（1998）等；以田野工作地点为主题的文集如菲利普·德维塔等合编的《远方的镜子：作为异文化的美国》（1993）等。

人类学家的自传是自我民族志的一个重要组成部分。列维-斯特劳斯的《忧郁的热带》广为人知，克利福德·格尔兹也在《追寻事实》一书中袒露其田野经验。20世纪90年代，《民族》与《人类学年评》发表了不少人类学家的自传。"疾病叙事"是一种较为新颖的人类学家传记性叙事形式，如罗伯特·墨菲在《沉默的身体》一书中讲述了自己的脊髓病，又如苏珊·迪吉亚科莫在《作为文化系统的生物医学：一个疾病王国中的人类学家》一文中提到他所罹患的癌症。②

当人类学家所研究的"土著"学会识字，越来越多的"土著"不满足于"被表述"的命运，开始撰写自我民族志。代表作如艾尔西·拉夫希的《一个土著母亲讲述新与旧》（1984）、奥尔·特皮利特·塞托提的《一个马萨伊武士的世界》（1986）、以斯帖·伯内特·霍恩与萨利·麦贝斯合撰的《艾希的故事：一个肖肖尼教师的生活与遗产》（1998）、维克多·蒙特卓（Victor

---

① Barbara G. Anderson, *First Fieldwork: The Misadventures of an Anthropologist*, Prospect Heights: Waveland, 1990; David M. Hayano, *Road Through the Rain Forest: Living Anthropology in Highland Papua New Guinea*, Prospect Heights: Waveland, 1990; Douglas Raybeck, *Mad Dogs, Englishmen, and the Errant Anthropologist: Fieldwork in Malaysia*, Prospect Heights: Waveland, 1996.

② Robert F. Murphy, *The Body Silent*, New York: Henry Holt, 1987; Susan M. DiGiacomo, "Biomedicine as a Cultural System: An Anthropologist in the Kingdom of the Sick", in Hans A. Baer, ed., *Encounters with Biomedicine: Case Studies in Medical Anthropology*, New York: Gordon and Breach Science Publishers, 1987, pp.315-346.

Montjo）的《见证：一个玛雅乡镇之消亡》（1993）等。①

### （四）民族志小说

最早的民族志小说应属阿道尔夫·班德勒（Adolph F. Bandelier）关于普布洛印第安人的小说《快乐的制造者》（1890）。其后，一些作家继续从事民族志小说创作，如美国作家左拉·尼尔·赫斯顿（Zora Neale Hurston）的《他们眼望上苍》、巴西作家安东尼奥·奥林托（Antonio Olinto）的《水屋》、卡洛斯·卡斯塔尼达的唐望系列小说等。当然，其中一些小说也引发不少争议。

不过，由于一些原因（如保护隐私等），一些民族志作者还是选择了民族志小说。当代民族志小说的代表有迈克尔·杰克逊的《巴拉瓦与鸟的空中之路》（1986）、约翰·斯图亚特（John Stewart）的《酒徒、鼓师与正派平民：特立尼达村的民族志叙事》（1989）、伊丽莎白·费妮亚（Elizabeth Warnock Fernea）的《希特·玛丽·罗斯的案例：一部来自中东的小说》（1989）、托比亚斯·赫克特的《追寻生活：一部民族志小说》（2006）、罗克珊·瓦齐（Roxanne Varzi）的《地下的最后一幕》（2016）等。托比亚斯·赫克特以民族志小说的形式写作《追寻生活》是迫不得已的选择。赫克特1992年在巴西累西腓市做过田野调查，在此基础上出版了民族志《街上之家：巴西东北部的街头儿童》（1998）。当他回访累西腓市后，发现大部分他熟识的街头儿童不是惨死就是被关入监狱或精神病院。之后，赫克特偶然遇见一个熟人（化名为布鲁纳·维雷斯莫），并打算与这位熟人合作撰写民族志传记。为此，他访谈了"布鲁纳"。离开累西腓市之前，他还鼓励她记录个人的思想与观察。三年后，赫克特已写好一千页的访谈，他意识到布鲁纳的不少叙述出自个人的编造、想象甚至幻象。因此，他不得不放弃原来的

---

① Elsie Roughsey, *An Aboriginal Mother Tells of the Old and the New* (ed. Paul Memmott and Robyn Horsman), New York: Penguin Books, 1984; Tepililt Ole Saitoti, *The Worlds of a Masai Warrior: An Autobiography*, Berkeley, CA: University of California Press, 1986; Esther Burnett Horne, and Sally McBeth, *Essie's Story: The Life and Legacy of a Shoshone Teacher*, Lincoln: University of Nebraska Press, 1998.

写作计划而改为写作一部民族志小说。①

提摩太·J.纳布（Timothy J. Knab）是一位人类学家，著有《巫师之战》（1995）、《疯狂的耶稣》(2004)、《地与天的对话》(2009)等。《巫师之战》共11章，其开篇具有悬疑色彩，叙事者"我"在圣马丁访问治疗师堂·英诺森时，得知一位来自圣安德烈的妇人请求英诺森对其女婿施行黑巫术。回到旅馆之后，"我"在担忧与疑虑中睡着了。两年后，"我"拜访另一位治疗师堂娜·卢比娅。卢比娅既信仰传统医疗方法，又信仰耶稣与天主教圣徒的治疗力量。卢比娅正患病，英诺森声称是因为巫师作祟，卢比娅请"我"帮忙。"我"帮卢比娅完成献祭，并在梦中进入地下世界。其后，卢比娅好转。"我"在获得关于地下世界与灵魂的知识之后，开始帮人治病，并且知晓了一段"巫师之战"的轶事。

亚当·阿什福斯（Adam Ashforth）的民族志小说《马杜莫：一个中了巫术的男人》(2000)主人公马杜莫是南非索韦托人，他是亚当·阿什福斯的朋友。马杜莫的兄弟相信了一位"先知"的指控，这位"先知"宣称马杜莫用巫术杀死了母亲。为此，马杜莫被赶出家庭。马杜莫确信自己中了巫术，他向祖鲁治疗师宗迪求救。最后马杜莫确信自己已被治愈，阿什福斯帮他付清昂贵的治疗费，并飞回纽约。小说共20章，第1章"马杜莫在哪？"以叙事者"我"拜访马杜莫家开篇，马杜莫的姐姐乌玛告诉叙事者马杜莫不再在家居住了。接着，叙事者回忆了"我"与马杜莫相识的经过。小说第1章像是民族志的楔子，第20章"离开与开端"像是民族志的结论。小说探讨了巫术在废除种族隔离制度之后的南非盛行的原因，按照马杜莫的说法：种族隔离时期人们可以将不幸归咎于白人，而在废除种族隔离制度之后，人们只能将不幸归咎于未知的外来力量。

人类学家罗克珊·瓦齐出生于伊朗，其母为美国人，其父为伊朗人。她在伊朗革命之后随父母定居美国。罗克珊的作品《地下的最后一幕》是一部关于伊朗地下戏剧的民族志小说，女主人公莱利（Leili）是德黑兰大学一个

---

① Tobias Hecht, *After Life: An Ethnographic Novel*, Durham: Duke University Press, 2006; R. Gay, "After Life: An Ethnographic Novel", *Estudios Interdisciplinarios de America Latina y el Caribe*, 20(2), 2009, pp.174–176.

具有自由思想的女生。在"伊斯兰道德"课堂上,老师提问"何时适合门外汉解释精神领袖的信条",莱利的回答是"任何时候"。之后,莱利结识一群文艺青年,他们共同排演了一出地下戏剧。据罗克珊自述,《地下的最后一幕》创作理念受到意大利"新现实主义"的影响。于她而言,民族志写作是一件极为严肃的事。她之所以选择"民族志小说"这一形式,是因为小说允许她不受检查地书写伊朗,允许她戏耍与挑战结局。

传统的民族志范式中,民族志作者以一种客观的、权威的、价值中立的面目出现,其"民族志之我"与"个体之我"相互分离。人类学家以"民族志之我"撰写的民族志可以发表在人类学刊物上,而其"个体之我"撰写的文学作品只能发表在文学刊物上。在这种学术氛围下,劳拉·伯汉农(Laura Bohannon)在出版其民族志之后,因为害怕有损职业声誉,她选择以伊莲诺·史密斯·伯文(Elenore Smith Bowen)为化名出版更为个人化的著作《回复欢笑》(1964)。事实上,很难在民族志中消除作者的个人印迹。序言、导论、致谢、参考文献以及正文的字里行间都会流露出作者的个人气息。实验民族志特别是自我民族志更注意揭示研究主体的自我心绪,更注重让研究客体发出自己的声音,以营造一种平等交流与合作的语境。在这种语境中,研究者与研究对象的理想关系是一种互为主体的关系。

## 四、女性写文化

《写文化——民族志的诗学与政治学》的不足之处是它未收录探讨女性主义民族志的论文。与会男性学者没有正视女性人类学家的贡献而遭到一些女性学者的批评。[①]

其实,女性主义民族志的源头可以追溯到19世纪激进女性主义者的游记。20世纪60年代之前,艾尔西·克露斯·帕森斯(Elsie Clews Parsons)、玛格丽特·米德、露丝·本尼迪克特、左拉·尼尔·赫斯顿、伊拉·塞

---

① Frances E. Mascia-Lees, "The Postmodernist Turn in Anthropology: Cautions from a Feminist Perspective", *Signs: Journal of Women in Culture and Society*, 15 (1), 1989, pp.7–33.

拉·狄罗丽雅（Ella Cara Deloria）等一些女性人类学家已撰写与女性主义相关的民族志，但并不显眼。在20世纪六七十年代，随着女权运动的不断发展，女性主义民族志逐渐崛起。

女性人类学者的一个重要贡献是民族志回忆录。最早出版的第一人称叙事的田野记录是爱丽丝·李·玛丽奥特的《更绿的田野：在美国印第安人中的经验》（1952）。人类学史存在着一个有意思的现象，一些男性人类学家携带妻子做田野调查，他们撰写"客观性"模式的民族志，而他们的妻子则撰写较为个人化的田野回忆与反思，如玛丽·史密斯的《卡罗的芭芭》（1954）、劳拉·伯汉农的《回复欢笑》（1964）、伊丽莎白·沃诺克·费妮亚的《酋长的客人》（1969）、玛格丽·伍尔夫的《李姆的房间》（1968）等。以伯顿·本尼迪克特（Burton Benedict）与玛丽恩·本尼迪克特（Marion Benedict）夫妻俩合著的《塞舌尔的男人、女人与钱》（1982）为例，该书分为两个部分：第一部分是玛丽恩以第一人称叙述她与塞舌尔算命师的遭遇，第二部分是伯顿·本尼迪克特关于塞舌尔经济的社会学描述。维斯维瓦兰在《界定女性主义民族志》（1994）一文中认为，早期女性人类学家通常使用第一人称叙事，一方面是出于交流或自我发现的考虑，另一方面则隐含了对实证主义假定的批判。① 此类民族志还包括让·布里格（Jean Brigg）的《绝不生气》（1970）与曼达·席塞拉（Manda Cesara）的《一位女人类学家的反思》（1982）等作品。

理论反思方面，1970年，女性人类学家佩吉·戈尔德（Peggy Golde）出版了一本反思女性人类学家田野经验的文集《田野中的女人》。在20世纪80年代，早期女性主义民族志的一些信条受到挑战。齐瑞·莫拉佳（Cherríe Moraga）等编辑的《这个叫做我的背的桥：激进有色妇女文集》（1981）和格洛丽亚·哈尔（Gloria Hull）等编辑的《所有的女人都是白人，所有的黑人都是男人，但是我们有些人是勇敢的》（1982）表达了有色女性主义者的情感、分析与政治观点。有色人种妇女研究者开始提出疑问：白人女性的民族志方法能否充分展示非白人妇女的声音而不落入种族主义的窠臼？社

---

① K. Visweswaran, *Fictions of Feminist Ethnography*, Minneapolis: University of Minnesota Press, 1994, p.23.

会学家朱迪丝·斯塔西（Judith Stacey）在《存在一种女性主义民族志吗？》（1988）一文中指出，由于研究者和研究对象之间的不平等关系，不可能存在一种完全女性主义的民族志，只可能存在一种部分女性主义的民族志。[1] 莱拉-阿布-卢格霍德（Lila Abu-lughod）的同名文章《存在一种女性主义民族志吗？》（1990）则持更为乐观的观点，她认为基于女性生活与故事的女性主义民族志是可能的。[2]

女性主义民族志同样关注"表述"问题。肖斯塔克的《尼萨：一个昆人妇女的生活及诉说》（1981）运用对话模式展开叙事，S.克雷泽（S. Kreiger）的《镜中之舞：女性群体中的认同》（1983）运用复调模式叙事，V.格里菲斯提出研究中运用戏剧手段，[3] 而玛格丽·伍尔夫（Margery Wolf）在《一个故事，三重讲述》中采用不同的叙事策略展开其台湾地区的民族志。作为"动情书写"的实践者，通过叙述外公去世、朋友切除子宫、幼年遭遇车祸右腿骨折的经历及在学术会议为动情书写辩护的经历，露丝·贝哈在《动情的观察者》一书中分享了她选择"动情书写"的心路历程。

还有一些女性人类学家力图彰显早期女性主义民族志的学术意义。卡马拉·维斯维瓦兰（Kamara Visweswaran）通过厘清性别（gender）观念探讨女性主义民族志史的分期。[4] 露丝·贝哈与狄波拉·戈登（Deborah A. Gordon）合编的《女性写文化》（1995）尤其值得注意。编者自称效仿《这个叫做我的背的桥》，拒绝区分创意性写作与批判性写作。《女性写文化》包括传记、自传、戏剧、诗歌、小说、田野笔记、游记、社会批评等各种表现形式。该书分四个部分：一是"超越自我与他者"；二是"另一种历史，另一种经典"；三是"人类学有性别吗？"；四是"旅途中的女性主义者"。《女性写文化》第二部分以艾尔西·克露斯·帕森斯、露丝·本尼迪克特、左

---

[1] J. Stacey, "Can there be a feminist ethnography?", *Women's Studies International Forum*, 77(1), 1988, pp.21–27.

[2] Lila Abu-Lughod, "Can There Be a Feminist Ethnography?", *Women and Performance*, 5(1), 1990, pp.7–27.

[3] V. Griffiths, "Feminist research and the use of drama", *Women's Studies International Forum*, 7(6), 1984, pp.511–519.

[4] Kamala Visweswaran, "Histories of Feminist Ethnography", *Annual Review of Anthropology*, 26, 1997, pp.591–621.

拉·尼尔·赫斯顿、露丝·兰蒂斯（Ruth Landes）、巴巴拉·迈尔霍夫（Barbara G. Myerhoff）、爱丽丝·沃克等女性学者与作家为个案重构了"女性写文化"的"另一种历史，另一种经典"。其中，本尼迪克特、米德、赫斯顿、狄罗丽雅四人都是弗兰茨·博厄斯的学生。她们都厌烦当时民族志的客观声调。以赫斯顿为例，赫斯顿在《骡子与人》中运用对话体以及故事讲述等多种文学技法，而故事讲述形式赋予资讯人拥有比民族志作者更具权威性的声调。赫斯顿在佛罗里达州珀克县（Polk County）做田野调查时，她自称为私酒贩卖商的女人。这一身份方便她接近一些男人，但也给她带来性命之危——两个女人（Ella 和 Lucy）试图在一次舞会中杀死赫斯顿。格雷西拉·赫尔南德（Graciela Hernández）认为这一事件象征性地表现了对民族志作者权威的质疑。①

20世纪80年代之后，人类学界全面反思性别本质主义，如米歇尔·罗萨尔多的《人类学的应用及滥用：女性主义与跨文化理解之反思》（1980）与朱迪斯·巴特勒（Judith Butler）的《性别麻烦》（1990）等。一些女性主义民族志关注性别展演的形成，如F.哈里森（Faye Harrison）的《三个女人，一种斗争》（1990）、J.琼斯（Joni Jones）的《作为他者的自我》（1996）、狄波拉·卡普昌（Deborah Kapchan）的《市场上的性别：摩洛哥女人与传统的重新表达》（1996）、玛丽·玛格丽特·司迪丽（Mary Margaret Steedly）的《无绳悬挂》（1993）、罗安清（Anna Tsing）的《钻石女王的领域》（1993）等。一些女性主义民族志关注多元性身份（multiple positioning）问题，探讨混血身世、民族传统以及种族地位等因素如何影响认同，如阿布-卢格霍德的《书写女性世界：贝都因故事》（1993）、露丝·贝哈的《被转述的女性》（1993）、吉琳·娜拉衍（Kirin Narayan）的《本地人如何成为一个本土人类学家》（1993）、卡马拉·维斯维瓦兰的《女性主义民族志的虚构》（1994）等。一些女性主义民族志关注女性职业文化与工作中的妇女，如露易丝·蓝菲尔（L. Lamphere）的《从职业女儿到职业母亲》（1987）与

---

① Graciela Hernández, "Multiple Subjectivities and Strategic Positionality: Zora Neale Hurston's Experimental Ethnographies", in Behar Ruth and Deborah A. Gordon, eds., *Women Writing Culture*, Berkeley: University of California Press, 1995, pp.148-165.

帕特里夏·查薇拉（Patricia Zavella）的《妇女职业与芝加哥家庭》（1987）等。还有一些女性主义民族志关注妇女的大众文化参与，如A.阿佳妮（A. Ajani）的《反对反向身份》与普尔尼玛·曼克卡尔（Purnima Mankekar）的《电视传奇与一个妇女的愤怒》（1993）等。此外，同性恋文化与场域中的性也成为当代女性主义民族志的流行议题。

## 五、世界体系与多点民族志

随着全球各个地区之间的经济交往与文化交流日益密切，全球一体化进程日益加快。沃勒斯坦提出"世界体系"理论，他认为应该在16世纪以来的资本主义世界经济发展的历史语境中理解第三世界。"世界体系"理论启发人类学者在更宏观的框架中理解自身的民族志研究。继沃勒斯坦提出"世界体系"理论之后，埃里克·沃尔夫以其《欧洲与没有历史的人民》提供了一个人类学版的"世界体系"叙事。就构建民族志的田野地点而言，存在着两种民族志：多点民族志（multi-sited ethnography）与单点民族志（single-sited ethnography）。[①]单点民族志作者选定单一地点来构建文本，多点民族志则自觉地植根于"世界体系"语境中，走出单点民族志模式，跟踪物、身份、文化意义的流通。对当代地方文化与社会变迁感兴趣的民族志作者而言，单一地点的研究在世界体系观中已显露出局限性。

在理论资源上，福柯的"权力/知识"与"异乡"（heteropia）概念、德里达的"播撒"概念、德勒兹与伽塔利（Felix Guattari）的"根茎"（rhizome）概念以及利奥塔的"并置"概念为"多点民族志"注入理论活水。在具体操作上，影视作品的生产与接受研究、科学技术的社会文化研究、流散研究、发展研究等形形色色的跨学科研究为"多点民族志"提供了启发性范例。[②]以科学技术的社会文化研究为例，布鲁诺·拉图尔（Bruno

---

① 参看［美］詹姆斯·克利福德、乔治·E.马库斯编：《写文化——民族志的诗学与政治学》，高丙中等译，商务印书馆，2006年，第209—239页。

② George E. Marcus, "Ethnography in/of the World System", *Annual Review of Anthropology*, 24(1), 1995, pp.95–117.

Latour）与唐娜·哈拉维（Donna Haraway，又译堂娜·哈拉维）的研究极具引领示范作用。唐娜·哈拉维的赛博格（cyborg）概念启发田野研究者思考作为研究对象的并置地点。仅就20世纪90年代人类学界而言，稍举数例体现多点研究趋向的科学技术文化研究成果：繁衍与繁衍技术研究领域，代表作为费伊·金斯伯格（Faye Ginsburg）与雷纳·拉普（Rayna Rapp）主编的《孕育世界新秩序：繁衍的全球政治》（1995）；医疗人类学的流行病研究领域，代表作为玛莎·巴尔什姆（Martha Balshem）的《社区中的癌症：阶级与医学权威》（1993）；互联网等电子传媒研究领域，代表作为阿尔图罗·埃斯科巴（Arturo Escobar）的《欢迎光临网络世界：赛博文化的人类学笔记》（1994）与乔治·马库斯主编的《联结：世纪末的媒介联姻》（1996）等；环保主义与毒性灾难研究领域，代表作为弗朗索瓦·佐纳本（Françoise Zonabend）的《核半岛》（1993）、金·拉夫林（Kim Laughlin）的《改造科学，想象博帕尔》（1995）以及卡特琳·斯图亚特（Kathleen Stewart）的《苦涩的信心》（1995）等；生物技术与重大科学项目的研究领域，代表作为保罗·拉比诺的《PCR传奇：一个生物技术的故事》（1995）等。

　　多点民族志的叙事策略存在着多种技法。第一种技法是以人为线。这一技法在移民研究中较常运用，代表作为罗格·劳斯（Roger Rouse）的《墨西哥移民与后现代性的社会空间》（1991）等。第二种技法是以物为线。譬如跟踪商品、礼物、金钱、艺术品等研究对象的流通，代表作为西敏司的《甜与权力》（1985）等。当代艺术世界研究中，运用以物为线技法的多点民族志代表作为克里斯托·斯泰纳（Christopher. B. Steiner）的《流动的非洲艺术》（1994）、玛尔塔·沙维格里亚诺（Marta E. Savigliano）的《探戈与激情的政治经济学》（1995）以及乔治·马库斯与弗莱德·迈尔斯（Fred Myers）主编的《文化交流：重塑艺术与人类学》（1995）等。第三种技法是以隐喻为线，若所跟踪之物属于话语领域或者思维模式，则可以通过符号、象征、隐喻的流通引导民族志设计。埃米莉·马丁（Emily Martin）的《弹性之躯》（1994）是这一技法的代表作，她在著作中探讨了美国20世纪40年代以来的免疫观念。第四种技法是以情节、故事或寓言为线。乔纳森·波亚林（Jonathan Boyarin）主编的《重构记忆：时空的政治》（1994）是这一技法的代表作。第五种技法是以生命历程为线。米开尔·费希尔与迈赫边-阿科迪（Mehdi Abedi）合著的《谈辩穆斯林：关于后现代性与传统的文化对话》（1990）第一部分"口述生活世界"就运用了这一技法。第六种技法是以冲突为线。奥斯丁·萨拉特（Austin Sarat）与托马斯·凯恩斯（Thomas Kearns）主编的《日常生活中的法律》（1993）是这一技法的代表作。①

以艺术品的流通为例，莉恩·M.哈特在《三面墙：地区美学和国际艺术界》一文中描述了印度女性绘画的三个场景。位于印度家庙中的"第一面墙"上的绘画是一种女性仪式艺术，主要用于娱神；位于北美中产阶级家庭的"第二面墙"上的绘画是一种旅游艺术品，购自印度某手工艺村；在巴黎一家博物馆的"第三面墙"上的绘画则被赋予了高雅艺术和天才艺术界的光环。②

乔治·马库斯主编的"新选集"（Late Editions）年刊（1992—2000）通过有意识地选题，以新的民族志形式探讨了文化、地缘政治、体制的变化。譬如，"新选集"第1卷为《危险的国家：关于文化、政治与国家的对话》，第7卷为《技术科学想象》，第8卷为《2000年的归零》。马可-安东尼·法尔逊（Mark-Anthony Falzon）主编的《多点民族志》（2009）收录了新近多点民族志研究的相关论文，如卡洛琳·加特（Caroline Gatt）的《多点民族志理论/实践中的空间与环境关系》、维尔纳·克劳斯（Werner Krauss）的《地方化气候变迁》、英吉·霍夫兰（Ingie Hovland）的《传教士寻踪》以及卡仁·伊萨克森·里奥纳德（Karen Isaksen Leonard）的《变迁中的地点：多点民族志的优势》等。③以卡仁·伊萨克森·里奥纳德的研究为例，其《变迁中的地点》一文主要考察海德拉巴（Hyderabad）移民的生活状况、社会记忆及身份认同等。海德拉巴邦本是印度最大的土邦，印巴分治后海德拉巴邦解体。20世纪60年代，海德拉巴人大量移民至巴基斯坦、英国、澳大利

---

① George E. Marcus, "Ethnography in/of the World System", *Annual Review of Anthropology*, 24, 1995, pp.95-117.
② [美]乔治·E.马尔库斯、弗雷德·R.迈尔斯：《文化交流：重塑艺术和人类学》，阿嘎佐诗、梁永佳译，广西师范大学出版社，2010年，第150—176页。
③ Karen Isaksen Leonard, "Changing Places: The Advantages of Multi-sited Ethnography", in Mark-Anthony Falzon, ed., *Multi-sited Ethnography*, Farnham: Ashgate Publishing Limited, 2009, pp.165-180.

亚、加拿大、美国、科威特及阿联酋等地。从20世纪90年代至21世纪初，卡仁耗时十余年跟踪调查八处田野调查点（包括本土在内）。她指出，多点民族志研究具有多方面的优势，其中一个方面是意识到研究初始假设的局限性。卡仁最初的研究设定是跟踪凝聚力文化的形成。通过多点民族志研究，她发现所谓"海德拉巴特性"（Hyderabadiness）在新定居地的演化极为不同。卡仁指出，多点民族志的另一个优势是有助于比较身份重构的侧重点。譬如，在巴基斯坦的第一代海德拉巴移民倾向于压制自己的海德拉巴认同，第二代移民则以地域性认同取而代之；在英国，海德拉巴移民不觉得自己是黑色英国同盟成员，他们仍忠实于德干兼容并包理想，并不建造或参加特殊的清真寺，并且把宗教视为私事。

近年来，国内学者已经有意识地运用"多点民族志"研究路径，如黎相宜的美国海外华人研究、童根兴的"苯中毒"事件研究与萧楼的T市灰色青年群体研究。萧楼在浙江T市选取了三个田野调查点：海港区J区、工业区H区以及商贸区L区，从而揭示灰色青年群体在城市、乡村和流动社区的不同类型。① 受"多点民族志"启发，赵旭东区分出"场所民族志"与"线索民族志"两类研究路径，并视"线索民族志"为一种自我提升的民族志叙事新范式。

## 六、数字化时代的民族志

21世纪之初，出现了一些新的民族志典范，如金·富尔顿（Kim Fortun）的《博帕尔之后的游说》（2001）、亚德里安娜·佩特里娜（Adriana Pertryna）的《曝光的生活》（2002）、罗安清的《摩擦：全球关系的民族志》（2004）、萨巴·曼胡德（Saba Manhood）的《虔诚的政治》（2004）、乔·比尔（Joao Biel）的《生命》（2004）、约瑟夫·马斯克（Joseph Masco）的《核试验地边缘》（2005）、比尔·莫勒（Bill Maurer）的《有限的互惠生活》（2005）等。这些新的民族志典范反映了民族志文类的不确定状态，而乔

---

① 萧楼：《城市、乡村和流动社区中的灰色青年研究》，《中国青年研究》2009年第8期。

治·马库斯则用"巴洛克"一词来指称这种状态的特征。这些民族志具有如下共同特征：一是阐发民族志场景的田野故事；二是反复阐发主题理论；三是观察者参与公共文化；四是具有文化史倾向；五是关注日常生活领域，通常描述特殊主体的体验以及他们在组织与历史事件中的认同；六是道德化的观点。①

如何在21世纪打造相应的民族志？金·富尔顿指出，民族志可以像技术一样挑战现存秩序，呼唤关于主体性、社会与文化的新秩序，民族志也可以为我们带来现在所不知道的未来。②乔治·马库斯指出，当今民族志项目形成的条件主要有6种：一是合作的必要性与冲动；二是双重代理；三是接受田野框架内的小众；四是不完备性与规模；五是新兴的时间性（the temporality of emergence）；六是设计的魅力和工作室作为与田野工作目标相关实验的合法形式。③以伯克利大学"当代人类学研究"（Anthropological Research on the Contemporary，简称"ARC"）协作实验室为例，这一实验室由保尔·拉比诺与他过去的学生斯蒂芬·柯立叶（Stephen Collier）及安德鲁·拉科夫（Andrew Lakoff）共同创立，主要致力于共同探究当代生活、劳动以及语言形式。乔治·马库斯在加州大学欧文分校创建的"民族志中心"则发展了一种多点工作室模式。该中心创建了一个"民族志设计工作室"（The Studio for Ethnographic Design），该工作室目前关注的一个项目为美国与墨西哥边界的界河污染问题。

随着数字技术的日新月异，超媒体（hypermedia）、网上问卷调查、数字视频、社交网站、博客等新事物为"写文化"提供了新的民族志形式与研究手段。

## （一）数字化时代的民族志表述形式

超媒体技术为读者提供了更具阅读能动性的文本，因而建立了一种新型

---

① George E. Marcus, "Ethnography Two Decades after Writing Culture: From the Experimental to the Baroque", *Anthropological Quarterly*, 80(4), 2007, pp.1127-1145.
② Kim Fortun, "Ethnography in Late Industrialism", *Cultural Anthropology*, 27(3), 2012, pp.446-464.
③ George E. Marcus, "The Legacies of Writing Culture and the Near Future of the Ethnographic Form", *Cultural Anthropology*, 27(30), 2012, pp.427-446.

的民族志作者与读者关系。人类学学者最初尝试运用超媒体技术整理田野材料，之后开始运用可读光盘（CD-ROM）技术制作民族志，其后发展为运用数字多功能光盘（DVD）技术，此类民族志如彼得·比耶拉（Peter Biella）与他人联合制作的《Yanomamö 交互光盘：斧头乱战》（1997）及比耶拉本人制作的《Maasai 交互光盘》（2005）、萨拉·品克（Sarah Pink）的《斗牛士的发辫》（1997）与《交织生活》（1999）、杰伊·卢比（Jay Ruby）的《橡树园的民族志研究》（2003）与《泰勒一家》（2004）及罗德里克·库佛（Roderick Coover）的《网络中的文化》（2003）等。

以《Yanomamö 交互光盘：斧头乱战》为例，Yanomamö 是位于委内瑞拉境内亚马孙河流域的一个村庄，他们与世隔绝，不时发生争斗。1974年，蒂娅·阿希（Tim Asch）和拿破仑·夏格农（Napoleon Chagnon）拍摄了一部民族志电影《斧头乱战》。之后，彼得·比耶拉等学者为这部电影添加了图片、地图、参与者的家族谱系、图表及一些短文等信息。光盘播放时，屏幕会出现四个窗口，左上方为电影窗口，其他窗口会根据用户选择出现图片与人物介绍等相关信息。不过，《Yanomamö 交互光盘》没有呈现 Yanomamö 印第安人的自我经验表述。

相比之下，杰伊·卢比的《泰勒一家》更具反思性意味。《泰勒一家》属于"橡树园故事"系列。泰勒一家是非裔美国人，属于中产阶级，居住在芝加哥市近郊橡树园。《泰勒一家》用户界面共有三个模块：导言、文本、视频。其文本模块包括杰伊·卢比的表述、当地人关于芝加哥非裔美国人历史与处境的表述，视频模块包括泰勒一家的介绍、尤兰达（Yolanda）和克雷格（Craig）的故事及尾声。在视频模块导入部分，卢比向泰勒一家讲述拍摄的用意并与他们探讨个人感受。导入部分之后是一个文字文本，卢比表示自己缺乏拍摄经验，因此背景声与光线处理得不够专业。接着是对泰勒一家的访谈，这一访谈体现了研究者与研究对象互为主体性的关系。①

罗德里克·库佛的《网络中的文化》虽然没有像《泰勒一家》那样具有浓厚的反思性意味，但其长处在于其文字文本与图像文本互补性很强。

---

① Pink Sarah, *The Futher of Anthropology*, New York: Routledge, 2006, pp.109-128.

它包括三个部分：第一部分"蒙太奇隐喻与制造世界"讨论了三部民族志电影；第二部分"收获"是一篇关于法国勃艮第葡萄收获的图文；第三部分"遮蔽的叙事"是关于加纳研究的田野笔记、照片与电影。"遮蔽的叙事"第5页给出一张图像，其文字部分描述了不同的音乐团体之间的竞赛，并且表现出这些音乐家使用前殖民地空间表演的反讽意味。又如在丰收节的叙事部分，库佛提供了一段当地酋长关于丰收节的描述，其文字部分则介绍丰收节的表演时间、地点与参加者，其背景部分是一张丰收节表演的图像。

数字化时代民族志的另一种形式是动态档案网站。"松茸世界研究团体"的网站记录了来自世界各地有关松茸的故事。麦克·富尔顿与金·富尔顿创设的"哮喘病档案"（The Asthma Files）是一个数字化的民族志实验项目，它以文字、音频与影像为媒介，提供哮喘病患者、哮喘护理者、不同学科的科学家关于哮喘的多重理解与体验。阿兰·麦克法兰（Alan Macfarlane）与马克·杜林（Mark Turin）共同创立"数字喜马拉雅"（Digital Himalaya），提供喜马拉雅地区的民族志资料，该网站现有3 000多张照片、100多个小时的电影及若干音乐资料。该项目第一阶段共有5个电影资料库：威廉姆逊图片集、富勒-海门多夫电影集、那伽影碟、塔克资料库、塔米资料库。该网站还提供与喜马拉雅地区研究相关的期刊论文下载，这些期刊包括《藏学学报》《欧洲喜马拉雅研究学报》《尼泊尔语言》《尼泊尔时代》等数十种。①

**（二）数字化时代民族志的研究路径**

随着电脑与互联网的普及，越来越多的人沉溺于虚拟世界。《第二人生》《安特罗皮亚世界》《魔兽世界》《模拟人生》《王者荣誉》等虚拟世界类游戏得到不少玩家的青睐。在虚拟世界中，玩家可以改变外表、性别、身份，拥有现实世界中不可企及的能力，实现个人梦想。研究虚拟空间文化成为人类学的一个新课题。与采用问卷调查、参与式观察、实验的研究报告相比，基

---

① M. Turin, "Salvaging the Records of Salvage Ethnography: The Story of the Digital Himalaya Project", *Book 2.0*, 1(1), 2011, pp.39–46.

于亲身体验的自我民族志更能呈现玩家的游戏感受。

《第二人生》是美国林登实验室于2003年推出的一款虚拟现实类游戏，曾经风靡一时。美国学者理查德·科德基尔（Richard Kedzior）叙述了他在《第二人生》中的打扮体验。

> 我很激动，为如此多的选择而倾倒。整个经验就像一场改造现实秀。即便我意识到只有我的"阿凡达"享受如此待遇，由于某种原因好像是我在享受。知道我能无限制地改变自己的外表，我尝试了每一个选择。我花了十分钟决定自己鼻子的形状。花了四十分钟塑造自己的形体之后，我已经精疲力竭了。①

在计算机领域，"阿凡达"指的是玩家在虚拟世界中的化身。正如民族志工作者需要被所研究的文化接受为"自己人"一样，玩家需要精心装扮自己的"阿凡达"，为之创造有个性的身份，才能为虚拟共同体所接受。在设计好自己的"阿凡达"之后，一些玩家可以选择只拥有一个"阿凡达"，而另一些玩家可以选择拥有多个"阿凡达"，这就产生了多重视点。个别玩家甚至为自己的"阿凡达"设立博客。科德基尔在虚拟世界中遇到有人建议他为"阿凡达"改换性别，通过使用"玛丽莲化妆盒"，他的"阿凡达"变身为迷人的女性。

> 我们传送到那里的一瞬间，男性阿凡达们靠近我们，并开始窃窃私语。作为女性，与他人联系较为容易。但我对以女性面目出现感到不舒服，因为像是在欺骗这些家伙。②

博客与微博也可以运用于数字民族志研究，如凯瑟琳·克里斯蒂安等

---

① Robert V. Kozinets, and Richard Kedzior, "I, Avatar: Auto-netnographic Research in Virtual Worlds", in Michael Solomon and Natalie Wood, eds., *Virtual Social Identity and Social Behavior*, Armonk: M.E. Sharpe, 2009, pp.3-19.
② Ibid.

学者以 31 个医学生为研究对象，观察他们的"推特"使用情况。①一些虚拟社区的博客对研究非常有用，如国内的"天涯社区"。研究者可以利用博客搜索引擎（如 blogger.com），不过对搜索结果需要进一步的观察研究。研究者可以与一些博主讨论问题，也可以把自己的研究成果写在博客上供浏览者评论。民族志网站（ethnography.com）提供了大量的民族志博文。美国堪萨斯州立大学的"数字民族志博客"由米歇尔·韦奇（Michael Wesch）提供视频、新闻、出版物等民族志信息，该网站还会向"YouTube"网站上传研究者的视频。澳大利亚皇家墨尔本理工大学的"数字民族志研究中心"也建设了一个"数字民族志"网站，提供项目介绍、出版物及一些数字民族志等信息。②

数据挖掘技术与民族志视野的结合产生了所谓"民族志挖掘"（ethnomining）研究路径。"民族志挖掘"一词为雷恩·艾珀斯帕奇（Ryan Aipperspach）及其合作者所造，他们通过这一研究路径探究家庭环境中无线笔记本电脑与空间运用的关系。民族志学者希瑟·福特（Heather Ford）与两位数据学家合作研究维基百科数据来源，其研究路径同样属于"民族志挖掘"。③

一千个人类学家就有一千种民族志。这是一个多元文化的时代，也是一个众声喧哗的时代。当今的民族志作者更具有"反思"意识，他们意识到民族志所建构的不过是"部分"的真理，但是他们并没有放弃表述自我与表述他人的希望，并试图采用多种表述策略，以呈现文化的多样性。正如斯蒂芬·泰勒所言："后现代民族志是一种合作发展的文本，它由一些话语碎片所构成，这些碎片意图在读者和作者心中唤起一种关于常识现实的可能世界的

---

① Katherine C. Chretien et al., "A Digital Ethnography of Medical Students Who Use Twitter for Professional Development", *Journal of General Internal Medicine*, 30(11), 2015, pp.1673-1680.
② Dhiraj Murthy, "Digital Ethnography: An Examination of the Use of New Technologies for Social Research", *Sociology*, 42(5), 2008, pp.837-855.
③ Heather Ford, "Big Data and Small: Collaborations between Ethnographers and Data Scientists", *Big Data and Society*, 1(2), 2014, pp.1-3; Ryan Aipperspach, Tye Lawrence Rattenbuy, Allison Woodruff, Ken Anderson, John F. Canny, and Paul Aoki, "Ethno-Mining: Integrating Numbers and Words from the Ground up", *Technical Report, Electrical Engineering and Computer Sciences*, University of California at Berkeley, 2006.

创生的幻想，从而激发一种具有疗效的审美整合。"① 当代人类学的转向不限于"多点民族志"、女性主义民族志或数字民族志，但它们却都秉持了《写文化——民族志的诗学与政治学》所体现的对话、合作以及开放的精神。正是这种精神引导着民族志作者面向现实，面向未来，不断探索。

---

① ［美］詹姆斯·克利福德、乔治·E.马库斯：《写文化——民族志的诗学与政治学》，高丙中等译，商务印书馆，2006年，第166页。

# 第三章

# 文化批评与人类学的文学转向

> **内容摘要**
>
> 人类学如何写作异文化，人类学又如何作为文化批评的工具发挥效用，是20世纪中后期整个人文社会科学都面临"表述危机"的强力挑战和冲击下人类学亟待解决的重要问题。《作为文化批评的人类学》即以此为核心问题而展开，阐释了人类学发展走向"实验时代"的必要性和可能性：既有的具有广泛包容性和普遍性意义的"大理论"框架已经"无法解释生活在地方社会中的人们对全球体系运作作出的反应所具有的变异性"，因此人类学领域涌现出前所未有的多样性书写和研究，而所有这些多样性书写既是民族志实践影响的结果，也激励着民族志实践的新发展。这是导致人类学向文学（人文）转向的原因所在。

## 一、表述危机与人类学写作的实验时代

什么是文化批评？

笔者希望用两个当代写作的案例先间接地回答这个问题，然后再介入国际人类学界的理论探讨观点。第一个案例是美国人类学家玛格丽特·米德《萨摩亚人的成年》末章的一段论述："我们一直在逐条对比我们的文明和萨摩亚人的文明，以便从这种对比中获得某种启迪，来改善我们的教育制

度。"①文化比较与对照中蕴含着不同价值观和生活方式的相互碰撞。对于白人研究者而言，土著文化的镜子本身就能反照和批判自己的文化现状。《萨摩亚人的成年》最后是以如下论断结尾的：

> 每一个群体都不把自己的习俗看成是唯一符合伦理的神谕，当每一群体都欢迎气质相同的人加入自己的行列之际，我们便会认识到个人选择和普遍容忍的极其重要的意义了。这种意义是一个异质文化所能获取的，同时，也只有一种异质文化才能获取。萨摩亚只知道一种生活方式，并把它原封不动地传授给自己的孩子。那么我们——掌握着多种生活方式的人们，——能否让自己的后代在各种生活方式之间自由地做出自己的选择呢？②

在米德的问话中充满着对自己国家民族文化现状的反思与前瞻。这种借镜文化他者反观自身的做法，就是所谓文化批评的核心要义。

第二个案例是2003年发生在中国的一次学术访谈。访谈者是中国文学人类学研究会副会长、《广西民族学院学报（哲学社会科学版）》的主编徐杰舜教授，答问者是青年少数民族作家潘年英。访谈稿以《笔记人类学：我的情有独钟——人类学学者访谈录之二十四》为题发表在《广西民族学院学报（哲学社会科学版）》第25卷第5期。③潘年英在答问中表明自己的作者立场：在人类学思想指导之下的文学写作，至于是否能算作文学人类学写作，还没有理论上的把握。当徐杰舜问及他的具体写作案例时，潘年英这样回答说：

> 当然可以。除上海文艺出版社2000年出版的三本一套系列所谓的"人类学笔记"外，我还有2001年出版的《文化与图像》和即将出版的《西南田野笔记》……
> 我想要表达一种什么思想和观点呢？我想说，在我们伟大祖国的

---

① ［美］玛格丽特·米德：《萨摩亚人的成年》，周晓虹等译，浙江人民出版社，1988年，第185页。
② 同上书，第195—196页。
③ 参看潘年英：《在田野中自觉》，民族出版社，2006年，第51—67页。

西南地区，有着众多的形式各异的原生文化和文明形态，在我看来，这些文化和文明现象并不像我们某些学者和官僚想象的那么原始，那么落后，而是一种具有高度和谐和巨大活力的生态文化系统。应该说我们对这些文化系统的价值和认识是极为有限的——虽然现在我们的各级文化干部和政府官员多少都看出了其潜藏着的巨大的旅游开发价值，但仅仅从旅游开发的角度认识这些原生文化形态肯定是远远不够的，甚而从某种意义上说，这样的认识可能将导致对这些文明和文化的彻底毁灭和伤害，最终断送我们整个民族生存和发展的前程。

……苗族侗族文化的完整继承和运行机制，最终保证了这一方水土的纯洁和干净。或者说这就保证了藏富于生态的文明模式得以存在和沿袭的可能性，进而改变了抗战和红军的命运。去年我被香港凤凰卫视台《纵横中国》栏目邀作嘉宾，谈到贵州苗族侗寨的自然生态至今保持完好的原因时，主持人问我主要原因是什么？我说主要原因是：贵州土著民族敬畏自然，而不像汉族或一些西方民族那样，认为自然可以征服可以控制，人类是万物之灵，可以无往而不胜。可西南土著从不想征服自然战胜自然，他们只想利用自然并跟自然保持一种和谐关系。当然了，建立在这样一种观念基础之上的苗侗人民，是不可能产生像资本主义那样先进的生产力的，社会经济发展水平当然也十分滞后，但是，我的问题是，人类只有选择资本主义才能获得幸福吗？人类只有进入高度发达的信息化社会才能通达天堂吗？答案显而易见。好了，回到我的最初话题，西南土著文化与文明的价值何在？我为什么那么执着地关注这片地域？答案同样显而易见。①

从国内少数民族生态文化的立场反观现代化的开发政策，批评汉族和西方人的自然观，进而批评资本主义的生产和生活方式，这就是一位文学人类学写作者自觉追求的文化批评。用他自己的话说，他原来只是一个写手，人类学的知识全部是自己通过阅读和自修而得来的。笔者认为这也是大多数中国的文学人类学从业者共同的知识经历——从文学专业出发，自学人类学

---

① 潘年英：《在田野中自觉》，民族出版社，2006年，第62—64页。

专业。

马尔库斯和费彻尔合著的《作为文化批评的人类学》通常被看作后现代人类学的开山之作和代表作之一。此书通过对《东方学》和《玛格丽特·米德和萨摩亚》两部著作的批评展开讨论。在作者看来，虽然赛义德力求在《东方学》中驳斥西方人在表述非西方社会时所带有的偏见色彩，但由于文化立场的双重性，这样的论述最终以对西方不加区分地暴戾攻击和不自觉的民族中心主义排斥而惨淡收尾。至于《玛格丽特·米德和萨摩亚》，作者从中获取了两个人类学亟待解决的重要问题：一是人类学如何写作异文化；二是人类学如何作为文化批评的工具发挥效用。这两部著作同时涉及了异文化与文本化之间的矛盾和沟通，而这正是20世纪社会文化人类学者承诺给广大西方读者的启蒙要义，即拯救异文化与反思文本化。《作为文化批评的人类学》围绕这两个目的相关方面展开讨论，并在此基础上阐释了人类学发展走向"实验时代"的必要性和可能性。

以"实验时代"的必要性和可能性为逻辑起点，两位作者首先阐述了社会现实由于处在急剧变化的世界之中而产生的表述危机。在马尔库斯和费彻尔看来，这一危机绝非只局限于人类学中，实际上整个人文社会学科都受到强有力的挑战和冲击。过去那种具有广泛包容性和普遍性意义的"大理论"框架已经"无法解释生活在地方社会中的人们对全球体系运作作出的反应所具有的变异性"，①因此人类学研究出现前所未有的多样性变化和多样性书写，而所有这些多样性研究都受到民族志实践的影响，同时也激励着民族志实践的发展。这正是导致人类学向文学（人文）转向的原因所在。

为了解释民族志实践的重要功用和巨大贡献，两位作者将论述的重点引向下一阶段，即民族志实践的产生、发展过程以及解释人类学的出现。马尔库斯和费彻尔在论述中表明，对于20世纪社会文学人类学者承诺的启蒙要义来说，由于异文化的消失并不能否定民族志的社会价值和文化价值，因此拯救异文化之说实际上更准确地体现为描述异文化。人类学实验的发展趋势

---

① ［美］乔治·马尔库斯、米开尔·费彻尔：《作为文化批评的人类学：一个人文学科的实验时代》，王铭铭、蓝达居译，生活·读书·新知三联书店，1998年，第26页。

之一就是"对过去表述异文化差异的肤浅与不足作出回应",[①]以便逐渐胜任描述异文化的当代人类学任务。作者用整个第三章的篇幅来阐释描述文化根本差异的最有效方式,即建立在个人情感与自我观念而非公共仪式与符号信仰之上的文化考察——当然这其中又有诸多分类。人类学实验的发展趋势之二是针对政治、经济、历史对被研究者的渗透现象作出回应。受到政治策略、经济发展以及传播媒介影响的被研究者,他们不可能再被当作远离所谓文明中心的边缘人而存在,政治、经济、历史等看似外部力量的冲击,却已经内化为被研究者生存状态和文化状态的一部分。因此马尔库斯和费彻尔提出,在全球的政治经济背景环境中进行文化描写,是人类学民族志实验的发展方向之一。上述两个发展方向分别是描述异文化的两条支线,而这两条支线的汇合点则是对文化批评的"回归",同时也是对本书主题的回归——人类学的文化批评作用。在第五章和第六章两章的篇幅中,两位作者对人类学文化批评的传统进行了梳理,同时也对不同的人类学文化批评方法陈列优缺,作出了较为详细的解释。

从作者罗列出的19世纪至20世纪60年代左右的文化批评方式的演化来看,文化批评由于不懈地实验而逐渐改善。但实验并非一帆风顺,作为描写异文化的有效途径,民族志的优势未被完全开发和认可,仍处于实验阶段。虽然马尔库斯和费彻尔对人类学文学转向的必要性和迫切性进行了解释,但正如任何一门学科面临扩展和转型时所面对的一样,有关文化为何需要被"描写"、如何得以被"描写"的质疑和反思不断出现。其中包括对人类学文学转向本身的质疑,也包括对部分概念的廓清。人类学的研究为何会借鉴并进入文学的领域,乃至成为一门被描述和修辞建构、解析的人文学科,这首先要从人类学本身的性质和目的说起。

## 二、写作:文学转向的契机

迄今为止,文学人类学的新学科实践大体上被划分为两翼展开的态势:

---

[①] [美]乔治·马尔库斯、米开尔·费彻尔:《作为文化批评的人类学:一个人文学科的实验时代》,王铭铭、蓝达居译,生活·读书·新知三联书店,1998年,第70页。

一是以文学的方法进行人类学民族志写作实践;二是以人类学的方法进行文学和文化批评的实践。①在当代中国,前一翼的主要代表人物有来自贵州大山里的侗族作家潘年英。他因为常年从事田野行走和人类学写作实践的突出成绩,在中国文学人类学研究会第四届年会(贵州民族学院,2008年)上当选为副会长。

2004年9月14日,这位从西南山区走出来的作者被邀请到北京大学社会学与人类学研究所做一场学术报告,题目是《土著者说》。潘年英在讲座中介绍自己文学人类学写作的第一个个案是"高坡研究"。高坡是贵阳市郊49公里处的一个苗族乡,历来以贫困和扶贫典型而闻名。以往的人类学家来这里调研,主要是研究和展示黔中苗族的文化风俗。潘年英的问题意识是:高坡的苗族为什么贫困,又为什么常年屡次扶贫却扶不起?在一年的田野考察之后,他写作《百年高坡——黔中苗族的真实生活》一书,其结论部分是三句话:高坡是地域形成的高坡;高坡是民族形成的高坡;高坡是历史形成的高坡。所谓地域形成的,指高坡处在喀斯特熔岩地貌区,山势陡峭,不利于农业生产。所谓历史形成的,指当地贫困现状有其历史延续性。苗族最初居住的地方不是高坡,而是当今的贵阳市中心。700年前,贵阳只是一个大苗寨。1292年元朝统治者到这里来屯军,贵州的唯一一块平原就成为蒙古族大军的驻地,导致当地苗人"作乱"。遭到镇压之后,剩余的苗人就逃到高坡去了。那时的高坡还是一片茂密的原始森林。苗人依据森林生态休养生息,再度形成山林狩猎的生活传统。所谓民族形成的,指1458年高坡的狩猎苗民在一次狩猎活动中,其民族性礼俗被汉人误读,以为是聚众造反,于是被朝廷官府调集周边各省的大军围剿、镇压,以至于灭族。据明朝文献记载,有一万余名苗族男子被杀害,妇女被卖为奴隶,部分儿童被阉割后送入北京的皇家宫廷服务。残存的苗民继续依托高坡的森林生态延续至今。直到1958年"大跃进"年代砍伐林木,森林遭到毁灭,水土流失,苗民不得不在山地间改种水稻维生。但因山地雾多,光照不足,水稻产量极低。贫困的现状就

---

① 分别参看:周泓、黄剑波:《人类学视野下的文学人类学》(上),《广西民族学院学报》2004年第5期;李菲《新时期文学人类学的范式转换与理论推进》,见徐新建主编:《人类学写作——中国文学人类学研究会第四届年会文辑》,四川大学出版社,2010年,第216页。

由此陷入恶性循环之中。

在该次讲演完成后的问答环节中，一位研究生提问说："你觉得你的身份究竟是一个土著利益的代言人呢，还是一个忠实于客观记录和描述的人类学者？"潘年英的回答是："我的身份是整合统一的，而不是分裂的。我认为人类学对我最大的启发是，学会换位思维，然后才使我进一步接近所谓客观的记录和描述。从'他者'角度看问题，肯定要比从自我角度出发的记录和描述要客观得多。而只有我们的表述更接近事实真相的时候，我们才能称得上是土著民族利益的代言人。"①

这种现象是耐人寻味的。来自我国作家队伍的人类学写作者也不免要追求科学范式所要求的"客观"，而西方科班出身的人类学家（如前章所述的玛格丽特·米德和列维-斯特劳斯等）却在自觉突破"客观"准则的束缚，走向自传和游记类的人类学写作。究竟哪一种写作更为合理，初学者们面对这些不同的榜样，应该何去何从呢？

四川大学的徐新建教授曾在中国文学人类学研究会第四届年会上通过"写作的人类学性"和"人类的写作性"两个角度对有关"人类学写作"的疑问作出过正面回应：正是因为人类自身所具有的写作性，或者称为表达性，才锻造了我们如今能看见的彩绘、雕像、建筑甚至文学作品。②人是具有表达和书写欲望的，需要通过不停地记录、书写、塑造来反映自身，从而完成自我认知和自我肯定。这个观点很有意思，对于人类来说，创造出、记录下的事物除了具备实用性能以外，都暗含精神文化上的价值。因此，创造既是对社会生活的满足，也是对自身精神欲望的满足。人类社会中一切被缔造、被保留、被衍生成文明文化的东西，也就是说一切被人类学纳入研究范围的东西，都是通过写作（表达）呈现出来的，人类学和写作自然保持着密不可分的关系。

这样的思考提示出人类学文学转向的一个重要台阶，但如果仅以此作为说明民族志写作是人类学研究目前最有效的途径却不够集中和有力。上述观

---

① 潘年英：《土著者说》，见《在田野中自觉》，民族出版社，2006年，第83—84页。
② 参看徐新建：《人类学写作：科学与文学的并置、兼容》，《重庆文理学院学报（社会科学版）》2011年第3期。

点中的"写作"表达呈现出大量非文本的状态，而民族志写作虽然包括各类影像和图像资料（参看本书第十五章有关图像叙事与文化文本的论述），但更多地却是以文字文本的形式出现。人类的写作性更注重强调一种缔造或建构的本能，而并非只是书写，因此理由依然不够充分。对此我们不妨回到作为人类学文学转向标志的《写文化：民族志的诗学与政治学》一书。它同样从始源、本性的角度出发来解释这个问题，不过相对而言更加偏重于对"文本书写"的解释。该书导言中写道："我们（人类学研究者）不是从参与观察或（适合于阐释的）文化文本开始的，而是从写作、从制作文本开始的。"[1]实际上，文本本身就是记录方式的一种，民族志的书写不可能不受文本写作方式的影响，这是其一。再者，如上述所说，人类创造文化的目的之一在于满足自我认知和自我肯定的欲望需要，对映射现实社会和隐喻精神文化的研究都需要向文学修辞借鉴叙事分析的方法，无论是物的叙事还是文本叙事。第三，人类学的文学转向是"文学的"方法在整个人文学科开始流行的大背景下的产物，是对学科跨界和学科扩展的及时适应和有力回应。因此，民族志写作由于其文学性描写的特点和人文学科主流的发展而向文学方法求助，再加上《作为文化批评的人类学》中提到的表述危机带来的迫切性，人类学的文学转向成为一种时代趋势。

　　厦门大学人类学系彭兆荣教授在20世纪末带领研究生到贵州瑶麓做田野调研后，出版了两项成果：《文化特例——黔南瑶麓社区的人类学研究》和《寂静与躁动——一个深山里的族群》。前者是按照人类学著述的科学规范模式写成的田野报告，包括生态环境、人口密度、家庭结构、婚姻生育、社会组织、象征系统等方面。从其各章节的结构看，无异于一部人类学教科书的体例。作者是彭兆荣和研究生牟小垒、刘朝晖。而后一部书则是彭兆荣个人独自写作的田野笔记，文学专业出身的他又回到所擅长的文本领域。文化变迁是后一部书的主题，书名中的"寂静"，代表着传统的不变部分，让人联想到文学中无数的寂静的山林；而"躁动"，无疑指向飞速变化的现实。二者之间形成一种审美感觉上的张力。作者没有想到的是，这部非规范的田

---

[1] ［美］詹姆斯·克利福德、乔治·E.马库斯编：《写文化——民族志的诗学与政治学》，高丙中等译，商务印书馆，2006年，第30页。

野笔记式文本,给作家潘年英的文学人类学写作带来很大的刺激。表现在一篇题为《无尽的田野》的书评中,潘年英这样说道:

> 当我手捧着这本装帧精美的《寂静与躁动》,在我的书斋我的摇椅里愉快地展开阅读的时候,我心中充满了对人类学研究和写作的无限向往和怀念。我觉得人类学的魅力岂止在于其学科视野和方法的独特,其本身固有的人文情怀以及在写作和表达方面的自由和多种可能,都是其他学科所无法比拟的。①

这一段话可以说明,一批又一批当代文学家开始对人类学产生出浓厚的兴趣,他们的积极参与又将对人类学写作和当代文学格局带来积极的变化。

## 三、焦点问题:真实与虚构

人类学文学转向的焦点集中于民族志的书写与分析上,而文学转向最大的疑惑就在于写作的虚构性问题。换言之,如何平衡民族志书写虚构性与真实性的关系将是回答人类学文学转向疑问的重要议题。真实与虚构的界定究竟如何,要回答这个问题本身就有困难,而当人类学写作受到文学写作影响开始呈现出各色各样的形式时(比如《作为文化批评的人类学》中提到的"心理动力民族志""现实主义民族志""现代主义民族志"等),情况就变得更加复杂。

首先我们要捋清文学作品中真实与虚构的问题。正如上一节所述,"人类学写作"一词之所以受到质疑,与文学写作的虚构性有莫大的关系。但这一观点其实忽视了真实与虚构的相对性和可操作性。若说真实,怎样才算真实?如果说文学上的真实,打个比方,两个人对话,即使将二人所说全部记录在案,一字不落,包括神态动作,都如复制一般,也不可能做到绝对的

---

① 参看潘年英:《无尽的田野:文本表述的多种可能》,见《在田野中自觉》,民族出版社,2006年,第250—255页。

真实。且不说这本身就是不可复制之事,就是将动态的活动转换为静态的文字,严格算来已经是两种截然不同的形式,文字记录下的真实性该如何判断又成为一个问题。又或者说历史上的真实,一般而言历史是最要求真实性的学科,然而依然要区分行为的真实和文字的真实。历史事件永远不可能做到真实还原,因为一旦发生就再无可能重现,因此历史的真实是另一种形式的真实,是站在写史者的角度上和读史者的角度上的不同真实。人类学写作和民族志研究也是如此。正如马尔库斯和费彻尔提出,民族志的批评应该具备多角度的视野,研究者、报道者和被研究对象的声音都应该得到重视,写作出发点作为研究者的一方同样需要被囊括进民族志的分析范畴,如此一来,研究者的书写是真是假,是无意虚构还是刻意虚构,[①] 都是民族志批评的一部分,也是人类学研究的一部分。

但这并不是说民族志的书写可以像文学创作一样仅凭个人意愿而为。虽然文学作品的优劣通常与其社会文化内涵也有深远的关系,但完全依照个人情感而创作的作品同样会得到身份认可。民族志写作则与此不同。虽然相对于政治、经济、历史背景对民族志的影响,马尔库斯和费彻尔更强调个人、自我与情感对传达异文化经验的重要意义,但完全忽视政治、经济、历史恰好是被批评和被反思的对象。两位作者认为:"民族志的任务首先在于:为获得历史的政治经济学理解而重塑我们占主导地位的宏观理论。"[②] 而被视为人类学文学转向标志的《写文化——民族志的诗学与政治学》也提到,田野工作所要求的自我投身(engagement)和正式的民族志描述所要求的自我隐身(self-effacement)之间的矛盾需要个人性叙述与客观化描述相结合的手法来加以调解。[③] 同为表达欲望的外化形式,民族志写作与文学写作最本质的区别在于,民族志的表达欲望要求针对整个人类社会,而单纯的文学写作虽然极有可能具备此种能力,但并不要求必须如此。文学创作一旦上升到历史和

---

[①] 比如《写文化——民族志的诗学与政治学》中《寻常之地的田野工作》一文中所涉及的民族志案例。
[②] [美]乔治·马尔库斯、米开尔·费彻尔:《作为文化批评的人类学:一个人文学科的实验时代》,王铭铭、蓝达居译,生活·读书·新知三联书店,1998年,第127页。
[③] 参看[美]詹姆斯·克利福德、乔治·E.马库斯编:《写文化——民族志的诗学与政治学》,高丙中等译,商务印书馆,2006年,第62页。

族群的高度，比如神话，比如史诗，那么它们身上的民族志特征就会非常明显。同样，一旦民族志深入细节描写和场景描写，对意义复杂性和多种可能性进行充分认识和多重实验，那么它们身上的文学性特征也将非常明显。由此可见，民族志写作与文学写作最根本的区别并不在于真实性与虚构性的矛盾，人类学写作依然是人类学文学转向的重要台阶。

从上述几个方面的叙述可以看出，《作为文化批评的人类学》以民族志写作为人类学实验时代的推动手段，从而将文化批评作为其与生俱来的重要功能和最终目的，无疑是具有现实意义的。正如译者前言所说，在全球化、均质化的背景下，对异文化的探寻已经达到了表述危机的程度，为了更好地解决这一问题，民族志写作实验应运而生，并且由于对深描的运用和重视而促进了人类学的文学转向，扩展了学科领域。更值得注意的是，书中有一小段对民族志诗歌、电影和小说的描写，特别是对电影的提及。电影属于影像资料，同样属于写作（表达）方式的一种。电影和文学创作一样，具有虚构性的特征，但它与文字文本的写作不同，是另外一种形式的表达方式。它的不同之处在于影像化地表现文化，以及在视觉上吸引消费者注意，这也同样是它的优势所在。但影像资料（包括图像和影视）相对于文字文本而言属于新兴的写作（表达）工具，虽然它同样是一种被建构起来的文本，同样遭遇了剪辑、隐喻、修辞的问题，但作为叙述工具的时间毕竟不长，对于其是否能够成为民族志写作中的实验新领域，仍然是需要考察和探讨的问题。国内的人类学者庄孔韶在《文化与灵性》中提出这样的问题：人类学的文字撰写与影视表现有什么关联和区别？他的回答是，这两种表现手段是互补的，由此建构出把握和理解不同文化的新范式。"人们总是发现，一张胶片上的影像一万句话也解说不尽，同样，一段文字的寓意可能超过一万幅画面。意即文字和影像是以不同的符号系统传达与交换信息。其内涵、主客体交流，以及表达手法都是我们比较研究的兴趣所在。"[①]

比庄孔韶的观点更为鲜明的是，到美国哥伦比亚大学人类学系攻读人类学专业硕士学位的王海龙，在涉猎人类学的新兴分支学科后，连续写出《人

---

① 庄孔韶：《文化与灵性》，湖北教育出版社，2001年，第113页。

类学电影》①和《视觉人类学》两部著作,提出"把学问写成诗,把诗写成学问"的理想化目标。②关于视觉人类学与人类学电影的关系,他是这样解说的:"视觉人类学是近年来在欧美社会科学界新兴起的一个名词。它包括三个大部分即人类学摄影、人类学电影和人类学电视。总之,它囊括了以视觉形象为媒体来传导人类学理论内容为目的几大领域。"③目前有关人类学电影的方法争论主要集中在一点上,它应该以人类学的科学目的"求真"为终极目标还是以电影艺术的"审美"为主要目标。就人类学学界的情况而言,求真的学术要求无疑处于压倒性的优势地位。

总体而言,作为一部实验性的作品,《作为文化批评的人类学》虽然存在一些缺陷,但在人类学历史上具有重要的转折意义。至于这些缺陷,到1986年本书出版为止,人类学的实验仍处于不断发展和更新的状态,就像作者自己说的,知识总是在螺旋式上升,"通过重新发现旧的问题,我们可以对自身业已热切经历的时代作出回应,使之表述我们对与世界上史无前例的变迁感相联系的学科实践状况的不满"。④因此我们也有理由相信,在实验依然马不停蹄朝前发展的今天乃至以后,这些问题终将得到重述。三十多年过去了,当今世界已经全面进入所谓移动互联网时代,新媒体和自媒体在以人们始料不及的速度普及流行开来。中国的文学人类学从业者如何从本土文化巨大变迁的现实出发,对这个"人文学科的实验时代"作出自己的回应,特别是在探求中国声音的文化批评方面如何作为,应该是大家共同思考的问题。

---

① 王海龙:《人类学电影》,上海文艺出版社,2002年。
② 王海龙:《视觉人类学》,上海文艺出版社,2007年,第339页。
③ 王海龙:《人类学电影》,上海文艺出版社,2005年,第5页。
④ [美]乔治·马尔库斯、米开尔·费彻尔:《作为文化批评的人类学:一个人文学科的实验时代》,王铭铭、蓝达居译,生活·读书·新知三联书店,1998年,第27页。

| 第四章 |

# 表述与建构：民族志写作的文学性

> **内容摘要**
>
> 就人类学研究操作程序而言，人类学的文学转向属于民族志写作实践范畴。自人类学诞生的那一刻开始，民族志书写就是一种文学式叙述，而不是客观书写。不论是英美人类学派，还是法国人类学派，几乎所有的人类学写作都是一种建构他者文化与自我的双重过程，因此民族志书写在本质上具有文学性，而不是科学的实验报告。文学转向本质上是对书写权威的质疑，但这并不意味着对田野考察的否定，也并不提倡一种权威的叙述范式，而是强调人类学书写模式的多样性。

## 一、文学转向与民族志的文学性

很长一段时间内，人类学被视为一门自然科学，因而以"硬"科学的方法来对待研究对象，以至于人类学者时常宣称田野考察是区分人类学与人文科学，尤其是文学的主要标志。但这种论调在20世纪50年代遭到了人类学者埃文思-普里查德（E. E. Evans-Prichard）的强烈批判，人类学继而被质疑为一门具有"文化翻译"意味的伪自然科学。[①]在更多学者眼中，人类学

---

① ［英］梅瑞·威·戴维斯、皮埃罗：《视读人类学》，张丽红译，安徽文艺出版社，2007年，第141页。

是一门人文科学,拥有类似于自然科学家收集精确数据的研究手段,但也扮演了文学家阐释意义的角色。随之而来的一个问题就是,如果人类学不属于自然科学,而是一门人文科学,其根据是什么?换言之,人类学与其他人文科学,譬如文学或哲学之间的共性何在?自然,这是一个看上去很老套的问题,似乎没有讨论的必要性。但在后现代开始对元叙述的质疑,人文学科的表述危机波及人类学领域,我们发现宏大理论根本无法解释具体的文化细节之后,这个问题便无可置疑地摆在面前。因为它关涉人类学的书写历史,以及民族志实验文本与修辞的合法性问题。

首先要强调的一点就是,探讨人类学的文学转向并非是为了凸显人类学的"人类学性"而故作高调,更不是尝试着在文学与人类学之间贴上一张"跨学科研究"的标签而为之,最为根本的目的是,我们要探寻人类学何以成为"人类学"。回答这个问题的前提是对人类学的"文学转向"作明确界定,因为"文学转向"这个词语在当下的某些话语表述中已经变得模糊,失去了确切的含义与所指。不过,这个术语与人类学研究的操作程序密切相关,我们还得返回人类学的田野考察。

尽管传统人类学的四个基本学科之间在方法论上存在巨大差异,①但都以田野考察为基本立足点。如果将田野考察作为一种互动的进程,那么人类学者的研究行为就可以划分为前田野、田野、后田野这三个

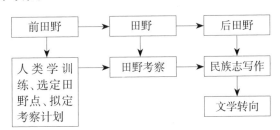

图 4-1　人类学工作流程简图

阶段。前田野指的是人类学者在进行田野考察前的各种准备阶段,包括人类学训练、田野考察点的选定和相关考察计划的拟定;田野则是指田野考察中所进行的各种工作;后田野主要是指民族志的写作。"文学转向"隶属于后田野的民族志写作实践阶段。我们可以用一张简图来表示文学转向在人类学工作程序中所隶属的位置(图 4-1)。

从上图能够看出,后田野进程中的民族志写作是人类学工作的最后阶

---

① 这四个基本学科分别为文化人类学、体质人类学、语言人类学和考古人类学。

段，也是涉及本书有关"文学转向"的情境所在。所谓人类学的"文学转向"，其实主要是针对人类学写作的实践性行为而言的。确切地说，这个术语指的是人类学者在写作过程中赋予文本一种明确的文学虚构性意味，并非局限于指运用文学批评的理论、方法与表现手法所进行的民族志写作。它属于人类学表述机制——权力或话语——范畴的探讨。"而正在生发的民族志的文学意识则在某种程度上会具有更为重大的意义，这不仅是因为作为职业活动的写作之特出地位在人类学中从来没有像在历史学中那样是当然之事，而且还因为这种意识产生在这样一种时刻：20世纪社会与文化人类学更为宏大的理论工程正处于混乱之中；不仅是知识的文本表述，而且产生这些表述的职业过程，都成了学科的争论焦点，并都受到质疑。因此，从文学角度对民族志加以审视，就不只是一种对过去占据主导地位的表述惯例进行去神秘化，而是使更多的东西都成问题了。或者更确切地说，这种批评使得研究和写作过程中对各种选择所进行的实验和探索都合法化了，而这种实验和探索是应该与在当代人类学思想中影响甚大的解释性分析模式的各种主张和抱负同等重要的。"①在此意义上，我们要解决的一个核心问题就是：从表述视角而言，人类学写作或民族志的本质是什么？或者还可以这样探讨，究竟是什么促成了人类学的这种文学性叙述趋向？问题的探讨离不开具体的写作与文本，那么就从人类学的写作历史开始追溯吧。

## 二、虚构的图像：英国早期人类学写作

一个众所周知的事实是，人类学诞生的社会语境是欧洲的殖民主义活动，对欧洲文化"他者"的征服中产生了一系列具有政治性诉求的民族志文本。这种具有意识形态意味的人类学书写行为具有虚构性和想象性，其表述也具有窥探他者文化秘密的猎奇性色彩。在这种情境下，早期的人类学写作类似于探险家的游记，主观地描述异类文化并制造一种欧洲文化形象，当

---

① ［美］詹姆斯·克利福德、乔治·E.马库斯编：《写文化——民族志的诗学与政治学》，高丙中等译，商务印书馆，2006年，第316页。

然，其中不乏一些想象性的因素，比如对食人族之类的表述。从这个层面而言，早期的人类学著述在本质上是文学式的，民族志只不过是文学写作的一种类型罢了，因为它与"客观真实"之间还有一定的距离，同时使用了文学描述的手段来表述异文化。这样的例子很多，不可能一一列举，姑且以弗雷泽的《金枝》来作简单分析。

毋庸置疑，《金枝》是一部伟大的人类学作品，就连一向爱挑剔的人类学者埃文思-普里查德也无法否认这一点，尽管他对弗雷泽不无批评。就研究手段而言，"人类学方法论的中心主题是如何利用'本国'语言再现'其他'文化的问题"。[①] 说得确切一些就是，人类学要借助于他者文化的考察来反观本土文化，只不过中间经过了语言表述的转换。在这个层面上，弗雷泽的《金枝》不啻为一本典型的人类学论著，它比任何人类学的民族志都要经典。何以如此？因为弗雷泽使用了文化进化论的观点对"金枝"这种文化现象作出阐释，他要解决的核心问题就是：为何在古罗马的内米（Nemi）湖畔会存在杀死祭司的奇特习俗？但另外一方面，《金枝》又是一本颇有争议的论述，受到了众多人类学者的批判，甚至有不少人类学者认为弗雷泽的思维方式是"假如我是一匹马"式的。[②] 撇开这些不说，《金枝》引起众多质疑的关键还在于它所使用的表述手段并非是人类学的客观表述法，而是讲述故事的方式，也就是文学式的阐释法。虽然弗雷泽自己曾经不止一次地标榜他采用了比较法，但实际上，《金枝》从最初的两卷本直到后来的十二卷本，一直都采用了文学描述的手法来阐释"金枝"这种文化现象。也就是说，弗雷泽用一种讲述故事的方式来阐释古老的"金枝"风俗。故事的核心围绕着三个问题进行：其一，为何古罗马内米湖畔狄安娜神庙里的祭司不只是一个祭司，还拥有一个"森林之王"的称号？其二，为什么阿里奇亚的祭司在就任职位之前，必须先杀死他的前任？其三，为何在杀死前任之前，又首先要折取一段叫作"金枝"的树枝？[③]《金枝》就是以这三个问题为中心而讲述了

---

① ［韩］金光忆：《人类学研究方法》，见周星、王铭铭主编：《社会文化人类学讲演集》（上），天津人民出版社，1997年，第232页。
② ［英］E.E.埃文思-普里查德：《原始宗教理论》，孙尚扬译，商务印书馆，2001年，第29页。
③ ［英］J.G.弗雷泽：《金枝》，徐育新等译，新世界出版社，2006年，中译本序，第4页。

世界各地的神话故事与风俗，其间还穿插了民间传说与仪式表述，类似于一部百科全书式的文化小说或诗史。从这个意义上讲，《金枝》其实不单是最早的人类学阐释文本，更是一部文学巨著，它讲述了世界各地文化与宗教的历史，其语言与想象力丝毫不逊色于任何文学作品，它创造的文学意象（如金枝、生命树、替罪羊等）与其他文学文本和意象一样具有想象力，而其视野也更具有穿透力，超出了一般文学作品所传达的知识范畴。与后期人类学者不同的是，弗雷泽没有从事野外的田野考察，而是在图书馆里完成了资料的收集，尔后以一种富有想象性的文学写作手法将这些资料加以分类，创作了这部关于人类宗教历史发展的巨著。也就是说，弗雷泽使用的那些二手资料，即那些到欧洲殖民地旅行的官员、传教士与观光者的游记来撰写关于"金枝"的风俗。这其实类似于拼接马赛克的展示工作，姑且不说其资料来源的可靠性，这种按照写作意愿将资料加以分类并组合的写作方法，其实就类似于文学创作的手法。只不过其中缺少了主观的想象。但就实质而言，关于"金枝"习俗在世界各地文化中不同的衍变版本，以及各个故事之间的联系，是研究者弗雷泽建构出来的。资料本身不能够说话，代替它们的是弗雷泽的编排和阐发。从这个角度来看，《金枝》这部篇幅巨大的书确实首先应被看作文学文本。就人类学著述而言，应该属于前民族志时代的民族志。

说到田野作业时，也许有人会反驳说，因为弗雷泽没有从事过田野考察，《金枝》无法客观还原原住民居住的文化空间与情境，因而无法归入人类学文本之类。这种论调下所包含的一种潜在的认识论就是，田野工作是人类学区别于文学的主要标志，只有田野才是获取知识的客观途径。通过田野考察，人类学者才能够写出具有客观真实性的民族志。这种认知在某种程度上具有一定的道理，同时也"没有人想要贬低田野调查的成就。而且由于这些调查不可能再被重复，它们的成就是越发的珍贵了。几乎没有什么地方幸存下无掺杂形式的原始祭仪"。[①]但另外一方面，人类学不单单是关于文化的客观考察与记录，它还是关于文化的写作，在某种程度上具有一种自我建构的意味。尽管田野是原住民的生活空间，但田野考察行为却属于人类学者，考察者自身的学术涵养决定了其田野工作方法与考察对象的选择，不同学者

---

① ［法］勒内·基拉尔：《双重束缚》，刘舒等译，华夏出版社，2006年，第10页。

眼中的田野是不一样的。

另外,"人类学家的知识总是带有偏见的,因为人们不可能告诉你每一件事情。某些文化中最优秀的东西对你来说是最难捕捉的。给你提供信息的人的知识无论如何总是不完全的,在某种意义上总是'错的'"。[①]在这个意义上,田野工作及未必是人类学写作真实性的可靠保障,田野也不是验证人类学者获取知识的唯一路径。需要指出的一点是,即使经过多年的田野考察,人类学者写出的民族志也未必就具有客观的真实性可言,而是不可避免地带有文学性——写作本身就是一种创造性行为——人类学书写依然是一种富有虚构性的文学文本,就连"科学民族志"的创始人马林诺夫斯基也不例外。

表面看来,马林诺夫斯基的论著《西太平洋的航海者》是一部具有浓郁功能主义色彩的人类学文本,但仔细阅读后便会发现,这部被称为"现实主义民族志"的文本却采用了航海历险的文学叙述模式来表述特罗布里恩德岛民的海上库拉贸易行为,将库拉的流动与原住民的海上交换行为文学化了。这样说来不免有些抽象,我们先看看《西太平洋的航海者》一书的整个叙述结构再说。该书共计22章,核心部分是从第7章到第15章,主要讲述库拉的流动。其他部分都是围绕库拉所作的铺垫性与后续性叙述。倘若再继续深入的话,就会发现,叙述库拉流动的这部分内容其实就是一部原住民与叙述者在海上漂流的历险小说,类似航海小说的写法。

文本的叙述者首先从库拉旅程的起航开始,一直到船队的返航,交换库拉的整个过程成为民族志表述的核心,叙述者同时在此过程中叙述了船队所经历的种种危险与经历。船队首先从锡纳卡塔出发,然后在穆瓦短暂停留,随后驶向皮鲁卢海湾,经过安福列特,进入特瓦拉和萨纳洛阿,停靠在萨卢布沃海滩,驶向多布,在多布进行库拉的交换,然后返航,整个过程可用一张简图来表示(图4-2)。从这个图中可以看出,库拉的交换过程类似19世纪文学家笔下漂流者的探险与猎奇旅程,只不过后者少了殖民暴力行径,而多了一份对非欧洲文化的观察。就在沿途的航海历险中,马林诺夫斯基叙述了特罗布里恩德岛人的库拉交换过程与风俗行为。这种表述其实不是从原住

---

① [爱尔兰]泰特罗讲演:《本文人类学》,王宇根等译,北京大学出版社,1995年,第47页。

民自身的认知视角出发,而是从民族志书写者自身理解的文化角度而表述的,因而具有一种主观性和虚构性。

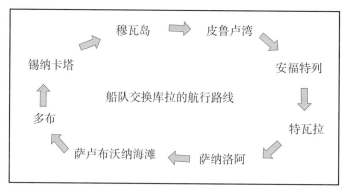

图4-2 船队交换库拉航线图

从这个方面来看,《西太平洋的航海者》其实是一部叙述性的文学文本,它讲述了特罗布里恩德岛屿的文化与习俗。这样看来,这部人类学文本也就很难说具有一种表述的客观性与真实性——也就是知识真实度的问题。虽然我们承认马林诺夫斯基拥有了真实的他者文化的田野,做了艰苦的田野考察,但在文本叙述的真实性上,《西太平洋的航海者》与弗雷泽的《金枝》其实并没有本质上的差别。二者皆为文学式的叙述文本,都虚构了一个异文化的场域。因为这两部人类学文本其实在代替原住民阐释对文化现象的理解,这种感知是间接而模糊的。这样的著述其实都是人类学者的自身理解式阐释,而不是原住民自己的解释。

另一方面,民族志文本的生产又是一种我者文化形象的自我建构过程,尽管这种创建是通过表述文化他者而进行的。但我们同时应该明白:"不同类型的阐释哲学,从狄尔泰、保罗·利科到海德格尔,都提醒我们,最简单的文化描述也是有目的的创造,阐释者不断地通过他们研究的他者来建构自己。"① 马林诺夫斯基在《西太平洋的航海者》一书中除了表述特罗布里恩德岛文化及其形象之外,还塑造了一个辛苦不堪的欧洲文化形象——民族志书

---

① [美]詹姆斯·克利福德、乔治·E.马库斯编:《写文化——民族志的诗学与政治学》,高丙中等译,商务印书馆,2006年,第39页。

写者——这种双重文化形象的建构在某种程度上也是文学式的。马林诺夫斯基一再强调民族志的科学性，并进而宣称："一个时代已经结束，在那样的一个时代里，我们可以容忍将原住民描绘为失真幼稚的漫画提供给我们。这种原住民的形象是虚构的，就像那些许多其他的谎言一样，已经被科学戳穿了。"① 但不幸的是，马林诺夫斯基《西太平洋的航海者》本质上是一部文学式的民族志文本，他本人在民族志写作中塑造了一个文化"我者"的形象——一位工作颇为艰辛但初步懂得了原住民语言的欧洲人类学者。这种文学式的文化"我者"表述模式一直延续到埃文思-普里查德的《努尔人》那里，后者又是一部文学式的民族志文本。

埃文思-普里查德继承了英国人类学派的功能主义风格，而其民族志看上去具有一种很强的科学意味，尤其是《努尔人》这个文本。② 没有人怀疑普里查德在非洲努尔地区从事田野工作的真实性，这种艰苦卓绝的田野考察充满了风险，但普里查德本人却用一种文学的修辞手段，将这种经历描述为奠定人类学学者权威地位的一种工具，从而制造了一个民族志工作者的神话。就像马林诺夫斯基一样，普里查德采用了一种老套而传统的思维模式，将自己视为非洲殖民地的探险者。与前者不同的是，普里查德并没有在行文中采取19世纪欧洲历险游记的方式来组织民族志，而是在导论中采用了第一人称来叙述其田野经历，并传达对努尔文化的体验与情感：1930年，普里查德先是遭遇风暴，行李运送遭遇意外，继而因征服军队搜查而被迫中断田野工作；1931年，普里查德重回努尔，但正值努尔社会中牛瘟疫盛行，因此被努尔人备加敌视，工作中断；1936年，他不得不再去努尔调查，完成工作。普里查德不断地抱怨："除了在整个研究中一直身体不适，在研究初期遇到了猜疑和不断拒绝、没有翻译人员、缺少足够的语法和词典以及未能找到通常的那种信息提供者以外，随着研究的进行，还产生了另外一个困难。当我与努尔人的关系较为友好、对他们的语言比较熟悉时，他们便不断地来造访我，男人、女人、男孩子，从清晨到深夜，我的帐篷里几乎每时每刻都有

---

① Bronislaw Malinowski, *Argonauts of the Western Pacific*, New York: E. P. Dutton and Co., Inc., 1961, p.11.
② Evans-Pritchard, *The Nuer: Modes of Livelihood and Political Institutions of a Nilotic People*, Oxford: Oxford University Press, 1940.

前来造访的人。"① 就在这种困境的表述中，普里查德却用文学笔调制造了一位权威的人类学者形象：饱受阻挠但意志坚定，最终理解了努尔人的价值观并概括其社会结构。这种形象已经成为一则现代民族志工作者牢不可破的神话，具有不可置疑的真实性。

## 三、文化阐释：美国民族志的探索

以上所述，不论是弗雷泽，还是马林诺夫斯基、普里查德，这些英国的早期人类学家的写作均有其文学性的一面。因为他们都采用了叙述的方式来建构研究图景，要么是拼接一幅异文化的图景，要么是制造一种充满了历险意味的田野场景，凸显民族志工作者的权威形象。尽管后来的功能学派强调民族志书写的科学性，但其书写却在不经意间使用了历险游记及个人性叙述手段来叙述其田野经历与遭遇，在某种程度上与文学的虚构效果几乎没有什么差别，因为民族志工作者在其中制造了一个献身于田野考察的坚强学者形象，该形象因而成为一个至高无上的权威神话。我们不好判断这种写作范式是源于传统还是一种职业思维模式，但可以肯定的是，自古典人类学派的写作开始，民族志书写就已经存在这种现象并一直延续到20世纪前半叶。这在英国学派的人类学写作中尤其明显，只不过很少有人注意或提出批评。撇开英国学派不说，美国的人类学派书写中也多少存在类似的趋向。"早期的美国民族志研究（19世纪晚期到20世纪30年代）种类很多，而且当时已存在充满实验风格的试探。阿道夫·班德利尔（Adolph Bandelier）以民族志陈述方式写出了关于普博洛印第安人的小说，弗朗兹·博厄斯以纪实性文学的手段拯救受到欧洲急剧变迁冲击的文化资料；弗朗克·库辛（Frank Cushing），热情沉浸于祖尼文化；露丝·本尼迪克特（Ruth Benedict）通过她的《文化模式》的写作把遥远的文化风格和情感组合成一个体系。"② 此外，

---

① ［英］埃文斯-普里查德：《努尔人》，褚建芳等译，华夏出版社，2002年，第16页。
② ［美］乔治·E.马尔库斯、米开尔·M.费彻尔：《作为文化批评的人类学》，王铭铭、蓝达居译，生活·读书·新知三联书店，1998年，第49页。

玛格丽特·米德的《萨摩亚人的成年》一书同样存在这种文学式的描写，但美国学派并没有刻意强调这种民族志工作者文学形象的塑造，直到格尔兹开始在其论著中坦白承认人类学写作对文学批评的借鉴，创造了一种类似于文学细节表述的人类学书写模式。

确切地说，格尔兹的"深描"方法与新批评学派所倡导的文本"细读"有某些类似之处，不同的是，格尔兹将对文本的解读转移到了对文化的描述，认为"深描"表述是文化现象的一种显微式手段："从极为简单的动作或话语入手，追寻它所隐含着的无限社会内容，解释其多层内涵，进而展示文化符号意义结构的复杂社会基础和含义。"①在关于异文化的理解上，格尔兹坚守"民族志是深描"的观点，即试图通过"深描"还原人类行为与文化现象的本原意义，继而揭示其内在的认知结构与社会话语取向。当然，这种"深描"的民族志写作模式并非是格尔兹的最终目标，也不是人类学研究的终极模式。他最后要追寻的，是对人类学写作的认知及其写作模式的突破。"简言之，人类学写作本身就是阐释，此外还有第二层和第三层的阐释（根据定义，只有'本土人'才能做第一层的阐释：这是他的文化）。由此看来，人类学著述是小说；说它们是小说，意思是说它们是'虚构的事情'、'制造出来的东西'——即'小说'的原义——并非说它们是假的、不真实的或仅仅是个'想象'的思想实验。"②在这个层面上，格尔兹作了一种宣言式的整合，将文学的虚构概念引入人类学写作实践之中，以此彰显民族志客观书写背后的人类学建构意识。

必须承认，"深描"也是一种文学意识，只不过它属于叙述模式层面，而不是文学的虚构性范畴。这样一来，格尔兹就将民族志从早期的精密科学范畴中解放出来，并由此将其转移到文学和阐释艺术领域；民族志学者也不再是马林诺夫斯基式的自然科学家，而是文化的阐释者或翻译者。而民族志的撰写，也不再是堆砌数据、罗列图表，而是使用一种文学式的叙述描写来表达关于文化的理解，以及文化体验与情感的阐释。

---

① ［美］卢克·拉斯特：《人类学的邀请》，王媛、徐默译，北京大学出版社，2008年，第107页。
② ［美］克利福德·格尔兹：《文化的解释》，纳日碧力戈等译，上海人民出版社，1999年，第17—18页。

不可否认的是，促使格尔兹此种文学意识转向的真实动机是人类学者对田野工作、民族志书写范式的反思，是基于对已经僵化的人类学写作模式的不满而生成的。在这种趋向的背后，是人类学将文化视为富有象征意味的符号系统，其意义是可以被理解并被阐释的，人类学者的阐释行为从而是一种不断建构意义的过程。这就赋予了民族志更为宽广的撰写方式与路径，也就意味着民族志写作的多样性。在这种意义下的人类学写作，在某种程度上具有一种后现代的意味，其文学意识也就愈加浓厚，甚至出现了"人类学诗学"与"民族志诗学"这样的流派。① 种种写作模式的核心所指是"后现代民族志"这一主题，而"文学转向"则是其宣言的关键性术语。催生这一趋向的机制则是后现代主义对于事物差异性的认同，以及由对元叙述怀疑而导致的对人类学写作范式的质疑。在此过程中，人类学者的任务也由格尔兹所说的"阐释"转向"对话"，民族志写作的核心由文学的虚构方法拓展到文学的叙述意识。

这样的行为其实在20世纪70年代已经开始展开，像上面论及的"人类学诗学"与"民族志诗学"的部分倡导者已经开始采取撰写小说、诗歌乃至歌曲的方式来表述自己关于异文化的理解、经验与情感。不过形成一种宣言式的论著，还是在《写文化——民族志的诗学与政治学》这部论著面世之后。克利福德和马库斯为代表的一批学者断言，"写文化"宣言提出的根本旨趣在于将文学的意识导入民族志写作实践之中，以此标示人类学著述的多元化。他们指出，事实上，所谓民族志的文学意识其实含有一种后文学的意味，因为正如米歇尔·福柯等人所争论的那样，文学自身也是一个临时的范畴，自17世纪以来一直是"复义"的代称，文学性因此带有一种文本多样性的内涵。另外，"打造民族志是一件手艺活儿，与写作的世俗之事相关"。② 实际上，在以往的人类学书写中，民族志已经成为人类学者的神话：客观、真实地描述文化的真实性，或者说以一种科学但不失客观的学术方法在表述一种文化真相。但一个基本的事实就

---

① 参看叶舒宪：《文学与人类学——知识全球化时代的文学研究》，社会科学文献出版社，2003年，第104—121页。
② [美]詹姆斯·克利福德、乔治·E.马库斯编：《写文化——民族志的诗学与政治学》，高丙中等译，商务印书馆，2006年，第34页。

是，人类学者不可能知道完整的真理，只能了解部分的真相而已。《写文化——民族志的诗学与政治学》所持的这种论调其实是对传统民族志书写的一种反思，也促使人类学者重新审视那些经典的人类学论著，试图在客观表述的背后发现人类学者的主观性叙述所带来的虚构性因素。这种意识由此促成了民族志实验时代的到来，也促进了人类学书写的文学转向。尽管克利福德等人的"文章并未声称民族志只是文学，不过它们确实坚持民族志向来是写作"。① 这样一来，民族志的写作就被转移到文学领域，书写问题就成为文学虚构与叙述的一个侧面，纳入跨学科探讨的议程。

这个问题的另外一面是，部分人类学者开始采取一种虚构的叙述策略，将一些属于文学的因素纳入民族志书写的范畴，创造一种新的民族志表述模式，进而颠覆真实与虚构之间二元对立的思维惯式。部分人类学者诸如马歇尔·萨林斯（Marshall Sahlins）就此宣称："我们的研究已足以说明，这种极端的二分法是无法与历史真实相契合的，因为这类对立所表达的都是同样错误的僵化思想。"② 这是萨林斯式的宣言，其目的在于将欧洲的历史与夏威夷的神话并接起来，创造一种并接结构（structure of the conjuncture）："它是一系列的历史关系，这些关系再生产出传统文化范畴，同时又根据现实情境给它们赋予新的价值。"③ 然后对二者进行情景综合。与一般人类学者的写作不同的是，萨林斯将这种人类学的文学意识转化为一种思维模式，并借用了欧洲学者的民族志来建构一幅文化图像：夏威夷的历史具有扮演性的特征，其社会结构自始至终都建立在对偶然性情景的系统化编排基础之上。库克船长之死，在欧洲人看来是一个真实的历史事件，但在夏威夷人的眼中，库克是他们的罗诺之神，杀死库克只不过是一种仪式性的神话罢了，他会复活并再度降临。萨林斯认为，库克船长事件既是历史的隐喻又是神话的现实。因为"夏威夷的历史经常重复表述自己，第一次它是神话，而第二次就成了事

---

① ［美］詹姆斯·克利福德、乔治·E.马库斯编：《写文化——民族志的诗学与政治学》，高丙中等译，商务印书馆，2006年，第55页。
② ［美］马歇尔·萨林斯：《历史之岛》，蓝达居等译，上海人民出版社，2003年，第199页。
③ 同上书，第163页。

件"。① 从人类学书写的角度看，萨林斯关于库克船长事件与夏威夷神话之间意义转换的解读，在某种意义上是将欧洲人视为神话的民族志解构了，但他同时将夏威夷人的神话纳入欧洲民族志历史事件之中，创造了一种将虚构性因素视为真实性事件的民族志书写模式。从这个角度而言，萨林斯的论著其实比那些立场鲜明的人类学理论性著述要更有说服力，也更具有人类学写作的文学意识。

## 四、主观描述：法国民族志写作

人类学书写中的叙述风格，尤其是主观描述与客观阐释之间的问题，一直是英美人类学界所探讨的热点问题之一，不过它以理论性话题而被提出，在写作实践上的实验则是在"写文化"讨论之后。相对来说，法国人类学界在后现代主义叙述意识的宣言方面显得不是很激进。但就在这理论性宣言相对沉寂的背后，却是写作实践上的一系列变革，比较富有自觉意识的是结构主义人类学者列维-斯特劳斯，尤为典型的是《忧郁的热带》这部人类学著述。

从写作的性质看，《忧郁的热带》与其说是一部人类学论著，倒不如说是一部游记式的文学文本。就文学性而言，它不亚于任何一部文学文本。作者列维-斯特劳斯在其中既使用了纯粹第一人称的个人叙述视角，又采用了描述式的手法，来阐释亚马孙河流域与巴西高地森林的人类社会形态及其文化。但这种主观的叙述视角当然不会掩盖作者本人的真实情感，以及他对于人类学田野考察的看法。他毫不掩饰地说道："我讨厌旅行，我恨探险。话说回来，我是考虑了很长一段时间以后，才终于决定这样做的。我最后一次离开巴西，已经是十五年前的事了，在这十五年中间，我好几次都计划开始进行我目前要做的工作，但每次都因为一种羞辱与厌恶之感而无法动笔。"② 这

---

① Marshall Sahlins, *The Historical Metaphors and Mythical Realities*, Ann Arbor: The University of Michigan Press, 1981, p.9.
② ［法］列维-斯特劳斯：《忧郁的热带》，王志明译，生活·读书·新知三联书店，2000年，第3页。

种文学笔法无意对抗当时主流人类学的客观表述方法，但在另外一面却为人类学的民族志书写模式亮起了一面旗帜，那就是，除了采用科学、客观的表述之外，人类学的写作其实还可以采用第一人称的叙述视角，这种叙述模式比客观的表述手段更具有表现力。也就是说，列维-斯特劳斯以自己的人类学书写实践向所谓的科学民族志神话划清界限。人类学写作在不动声色地转向一种记载个人情感与经历的文体风格，其文学性也就越来越浓郁。

　　这种叙述模式上的有意识行为其实是将田野视为一种写作体验与准备阶段，也就是说，田野所获取的并非是全部的真实性知识，而是局部的真理。从这个层面而言，田野考察这堵巨大的厚墙在一些人类学者眼中已经轰然倒塌。法国人类学者勒内·基拉尔（René Girard）甚至这样宣称："还有多久把田野调查当作人类学所有领域，包括原始宗教在内，最主要的能力标准？我们是否真的应该授予那些给我们这个地球上为数不多的正在萎缩但至少原则上仍可用于原始研究的地区带来了人口过度增长的人（主要是人类学家们）垄断这些基本上灭绝了现象的权力？当高速公路网和假日酒店在世界各处变得像这里一样无所不在的时候会发生什么？是否最后一个还能记起它们处于发展的早期阶段的人类学家退休时就宣布这门学科正式结束？是否对这门学科的新贡献从此将被禁止？"①当人类学将核心话题转移到民族志的书写探讨上时，勒内·基拉尔已经从人类学者的田野离去，开始将人类学者的民族志当作研究对象，从中寻找某种普遍性的法则。勒内·基拉尔关注的重点对象是人类学文本中的仪式与神话，他认为在许多仪式与神话中都存在一种未经言明的暴力。他果断地宣称："最初的暴力行为是所有仪式与神话意义的源泉。暴力行为是唯一真实的，它是自发而绝对的。可以这样来说，仪式与神话之间的暴力行为是同时进行的。"②这种结论的立足点是民族志文本，而不是对于原住民居住地展开的田野考察，在某种程度上它是一种文学化的行为，但这种举动却是对人类学田野真实性神话的祛魅。不管怎么说，基拉尔也加入对客观性的怀疑一方，不再将民族志视为真理的源头。

---

① ［法］勒内·基拉尔：《双重束缚》，刘舒、陈明珠译，华夏出版社，2006年，第10—11页。
② René Girard, *Violence and the Sacred*, Baltimore and London: The Johns Hopkins University Press, 1979, p.113.

## 五、作为文学的人类学

当然,就像列维-斯特劳斯一样,基拉尔并没有就人类学自身的写作问题进行理论上的深究,他们只是将这种文学意识与叙述策略运用在写作中而已。不过这并不意味着人类学者对民族志写作没有自己的创见。事实上他们对文本问题有着深刻的思考,并且提出了一些颇有见地的学说。这方面的代表就是爱尔兰人类学者安东尼·泰特罗(Antony Talow)。泰特罗率先倡导一种文本人类学的思路。他指出,由于人类学在叙述视角上有所改变,从对某一事物的客观描述转变到对某一事物的写作,它因此在有意识或无意识间成为一种自我建构的行为。因为人类学者自身对知识的把握是存在偏见的,民族志文本同样需要阐释。"本土的人类学家,自内部进行写作,合参与者与观察者于一身,不得不用一种在任何文学文本中都使用的诠释成规来解读。"[①]这就意味着,人类学书写是一种具有建构性的行为,在描述异文化的同时,人类学者同时也建构了自身。这样一来,民族志文本的真实性也不过是叙述的真实性,与文学的虚构不存在本质性的差异。基于这种思想原则,泰特罗提出了以民族志文本为研究对象的"文本人类学"(textual anthropology)新观点,意在倡导一种围绕以文本为中心的文化研究模式,使得人们能够明白重构他者文化的无意识过程。当然,所谓的文本,是指诗歌、小说、戏剧、日记、雕塑、绘画等。"文本人类学"将文本的写作视为一种具有创造性与虚构性的行为,同时也是建构他者与自我的过程。这种以创造性文本为研究对象的"文本人类学"已经将人类学的田野考察转换为书写的过程。在认识书写的性质方面,它与后现代人类学的基本精神是一致的。

就人类学研究历程而言,文学转向属于民族志写作实践范畴,它强调的是写作中的主观因素和虚构性,以及人类学书写对人类学家及他者文化的双重建构作用。说到底,探讨的是民族志的叙述意识及其策略问题。文

---

① [爱尔兰]泰特罗讲演:《本文人类学》,王宇根译,北京大学出版社,1995年,第48页。

学转向的本质是对人类学书写的科学性权威的质疑，强调叙述的多重性与多样性，但它本身并没有提出一致典范的民族志书写模式，而是倡导人类学研究者个人经验、情感与认知的感性描述，以及文学性修辞手法的加强。

总结本章的论述，从人类学诞生开始，民族志的书写就不是一种属于"硬"科学的客观表述，而是一种文学式的写作。英国古典人类学的代表弗雷泽的《金枝》因为缺少田野考察工作，使用文本资料来叙述，加之弗雷泽使用了一种文学式阐释法来表述和解说"金枝"习俗，使得《金枝》这部人类学论著成为文学式的民族志。当然，即便马林诺夫斯基进行了具有科学性质的田野考察，他的民族志文本《西太平洋的航海者》依然具有一种航海探险小说的意味，在表述他者文化的同时建构了一位欧洲民族志工作者的权威形象。这种倾向一直延续到埃文斯–普里查德的《努尔人》那里，后者使得民族志书写成为一个人类学者的神话。

英国学者们早期的这种无意识尝试到了20世纪60年代之后被美国人类学所深化，进一步演变为以格尔兹为代表的阐释人类学主张。格尔兹所倡导的文化"深描"方法在某种意义上类似于文学的细节描写式的显微研究法，它使得人类学书写由客观描述转变为主观阐释，人类学的文学转向开始在理论上被提出，并催生了"写文化"方法的出现。将这种文学隐喻意识彻底运用的是人类学者马歇尔·萨林斯，他创造了一种人类学的写作模式，将民族志文本中的神话作为一种历史的隐喻加以利用，从而使得人类学写作具有了一种叙述的真实性。

与格尔兹等人的革新同步进行的，还有法国人类学者列维–斯特劳斯，这位结构主义人类学者开始以游记的形式反思人类学写作的客观模式，《忧郁的热带》本身是一部以文学的主观叙述视角来表述个人情感、经历的人类学文本，在写作模式上有意突破了人类学的客观表述视角。法国人类学将这种批评精神发挥到极致，勒内·基拉尔甚至撇开田野考察，直接进入人类学文本之中，追寻民族志的神话与仪式背后蕴含的暴力痕迹，试图建立一种以古典学为基础的人类学研究模式。基于人类学写作对自我与他者文化的同步建构，爱尔兰学者泰特罗倡导阐释文本所蕴含的意识形态以及文本自身的建构过程，由此而建立一门以诗歌、小说、戏剧、雕塑、绘画为主的

"文本人类学",从而将人类学的研究对象从文化社会扩展到人类自身创造的文本。

由此看来,人类学写作或民族志文本从来就不一定遵循客观和科学的表述原则,而是保留主观的和文学的叙述。从某种意义说,人类学书写在本质上就是文学的,而不是纯科学的。所谓的文学转向其实是一种策略性的强调,或许本身就难免一定的误导作用。有关"写文化"方法的讨论,实质上是对元书写的颠覆与否定,也是对人类学成果表达方式的一种反思,带有清醒自觉的文化批判意识。但这并不意味着人类学研究从此就不需要进行田野考察了,它仅仅表明,田野考察之后的民族志本身并不能完全表述真相,人类学书写是一种建构他者与自身的双重过程。

在此,举出作为文学的人类学之极端案例——一位美国人类学博士候选人放弃博士学位论文写作,改写小说的事例——来为本章论述的内容论收尾,希望能以一个饶有文学趣味的结局,收到余音绕梁般的回音效果。

这位人类学专业的博士候选人名叫卡罗斯·卡斯塔尼达(Carlos Castaneda),出生于南美洲,后来移民美国,考入加利福尼亚大学洛杉矶分校人类学系,攻读专业学位。1960年为撰写博士论文,他拟先写一篇能够发表的论文《民族植物学资料》。他为此先到印第安社会进行调查,在沙漠小镇上偶遇一位印第安老巫师唐望。这一相遇改变了这位白人学者的一生。原来准备写西方学院式田野调查论文的他,竟然开启了随后的三十多年巫术门徒生涯。"弃学从文",不再撰写西方理性范式的学术论文,只写文学的自传小说,用夫子自道的讲述方式,述说他跟随印第安巫师唐望求学,从而洗心革面和重新做人的经历。其写作主题特别强调的是,原始文化精髓给文明人带来脱胎换骨一般的重新觉悟历程,这极富心理学体验色彩,颠覆了文明人自大的价值观。从小说《巫师唐望的教诲》开始,他一发而不可收,连续创作出系列的作品。如《战士旅行者:巫士唐望的最终指引》,讲述自己与巫师的相遇过程。

> 认识唐望时,我是个还算用功的人类学系学生,打算尽量多发表论文,开始职业人类学家生涯,攀爬学术的长梯。我决定第一步先收集美

国西南部印第安人所使用的药用植物资料。我准备撰写一篇名为《民族植物学资料》的论文。①

在撰写论文之初他首先请教本校的一位人类学教授,这位教授却认为,他应该从田野回到学科上来,这样才会大有用武之地:"我们正处于人类学的黄金时代。……人类学仍然是学术界的重心,所有其他学科都应该源自人类学。例如,整个历史学都应该被称为'历史人类学',哲学应该被称为'哲学人类学'。人应该成为衡量一切的标准。因此,研究人的人类学应该成为所有其他学科的核心。将来有一天会这样的。"②这是多么具有诱惑性的劝说,描绘出多么光明的研究前景。可是与巫师唐望的教导相比,就什么都不是了。唐望把巫术知识的整体目标描述为一种准备工作,目的就是要治疗这个病态的现代世界。娱人者未必能够自娱,娱神兼医疗者也未必能够治疗自己!这部小说对于理解文学的虚构叙事何以能够激发出巨大的神圣治疗能量,具有非同小可的意义。卡斯塔尼达小说中的一段话,可以看作极富文学性的人类学写作案例。这是卡斯塔尼达的导师的导师胡里安在剧团当演员时最爱说的一个故事,唐望每听到这个故事就会难过。

> 有一个深受沮丧之苦的人,前去寻找当时最好的医生。所有的医生都无法帮助他。最后他找到一个最有名的医生,一个能治疗灵魂的人。这位医生对他说,也许他能在爱中寻求慰藉,结束他的沮丧。那人回答说,爱不是问题,他完全不缺少爱。医生接着建议他也许可以去旅行,见识多彩多姿的世界。病人很诚恳地说,他已经到过世界所有的角落。医生建议他尝试一些嗜好,像是艺术、运动等等。那人的回答都一样:他已经试过一切。但身为一个好医生,他有了最后一个灵感。
>
> "啊!"他叫道:"我想到最好的方法,先生。你一定要去看我们这里最伟大的喜剧演员的表演。他会让你快乐得忘记一切沮丧。你一定要

---

① [美]卡斯塔尼达:《战士旅行者:巫士唐望的最终指引》,鲁宓译,(台北)张老师文化事业股份有限公司,2000年,第45页。
② 同上书,第45—46页。

去看伟大的加立克！（David Garrick，十八世纪著名英国演员）。"

唐望说，这人以前所未有的悲哀表情注视医生，然后说："大夫，如果这是您的建议，那么我就没救了。我就是伟大的加立克。"①

---

① ［美］卡斯塔尼达：《战士旅行者：巫士唐望的最终指引》，鲁宓译，（台北）张老师文化事业股份有限公司，2000年，第122页。

# 第五章
# 主体性与人类学写作的温度

>> 内容摘要

情动于中而形于言，本章通过美国人类学史上四场著名的争论，表述各种主观因素对写作的影响——形成写作者与文本作出"动情"解释的差异性。在田野与写作中，"诗与学术交织"的列维-斯特劳斯，"抵消偏见，精确而抛弃个人"的埃文斯-普理查德，在"我是我"与"我非我"之间纠结的马林诺夫斯基，在"彼岸写作"的本尼迪克特，他们的写作并不完全表述真理，而是双向构建了"他者"与"自我"文本。这些人类学写作既包含着冷静观察的"冰点"，亦包含热情感性的"沸点"，是"互镜理论"下的主体民族志。根据以上论述，我们提出"两种温度交织，四种文本互动"的民族志写作理念。

当前社会文化人类学的研究议题无论在风格、理论还是修辞上，都为这个时期的跨学科的热潮[①]所俘虏，后者的活动圈子和共同体继续成为人类学家寻求其研究的有效性和回应的首要领域。这些都超越了传统上规定人类学研究的那些主题和概念。20世纪80年代以来，美国"年轻一代人类学家作为专业人士的感觉和自我形象已经发生了变化。他们的研究伊始就已经

---

① 据马库斯20世纪70年代的观察，在人类学研究中，法国后结构主义者诸如福柯和巴尔特的影响、女性主义学者的成就、英国文化研究的重要性、创造一种结构主义的历史的努力（与当时盛行的马克思主义思潮相对），以及对田野工作的政治学的敏感（美国20世纪60年代短期骚动的结果之一），全都进入了人类学的学术领域。

不可避免地政治化了。激进主义，或者它对老式的不动感情的学者的挑战，已经成为大多数田野工作计划的先决条件之一",①密歇根大学人类学系教授露丝·贝哈于1996年出版《动情的观察者：伤心人类学》，②该著作中6篇极具情感的文章，③从题目到内容，均是人类学"激进主义"动情写作的表征。《波士顿环球报》的芭芭拉·费舍尔（Barbara Fisher）如此评价：露丝·贝哈让我确信，动情的民族志将会创造出比过去那种保持距离、不带情感的学院人类学更有意义的人类学。相对于"科学的"民族志文本，人类学写作，该"动情"还是"不动情"？作为作者的人类学者，"我是我"还是"我非我"？人类学者的写作，情感的温度是"冰点"还是"沸点"，几度合适？种种问题，我们以"人类学写作的温度"为题，从"动情/不动情""我/非我""冰点/沸点"三组词语，讨论在"人类学文学转向"中，民族志文本"两种温度交织、四种文本互动"的写作理念。

## 一、动情/不动情：人类学写作的四场争论

虽是以中国古代诗歌文论的方式出场，但《毛诗序》中"情动于中而形于言"的论述，对于包括"人类学写作"在内的任何一种写作形态，均具有概括性。"情动于中而形于言"，从根本上确立了人类学写作必然是动情之后的产物。于是在人类学写作中，"动情/不动情"的分类，并非"二元对立"的思维使然，在此，"不动情"只是一种情感上的冷淡，其本质也是"动情"的一种状态。由此可以说，人类学写作该"动情"还是"不动情"并不是一

---

① ［美］詹姆斯·克利福德、乔治·E.马库斯编：《写文化——民族志的诗学与政治学》，高丙中等译，商务印书馆，2006年，中文版序，第3—4页。
② 作者透过揭露自身的生命故事，反思其在西班牙、古巴及美国的田野工作，将洞察力、真诚及怜悯注入文中，把民族志与回忆录交织起来，并将反思人类学、女性主义自传性书写，以及多元文化与离散论述融会。参看［美］露丝·贝哈：《动情的观察者：伤心人类学》，韩成艳、向星译，北京大学出版社，2012年。
③ 6篇"动情"文章的题目如下：《动情的观察者》《死亡与记忆：从圣玛利亚到迈阿密海滩》《我的墨西哥朋友玛塔》《石膏里的女孩》《去往古巴：散居、回归与绝望的民族志书写》和《令人心碎的人类学》。

个问题,"动多少情"才是人类学写作"情感维度"的思考对象。

露丝·贝哈的"动情写作"并非个案,在乔治·E.马库斯的观察中,为了修正人类学家作为"关于遥不可及的异域的'他者'的专家"的身份合法性危机,①20世纪80年代以来美国人类学研究中,出现了"来源于日常生活的细腻观察和叙事,即民族志的基础材料,代替了对社会与文化的宏大理论或出于空想的叙事而成为主流"②的趋势。20世纪80年代以来美国人类学史上四场著名的争论,就是从民族志的基础材料出发,对人类学家及其重要著作的"动情"审视。

争论一:

德里克·弗里曼1983年推出的《米德与萨摩亚人的青春期——一个人类学神话的形成与破灭》一书,以其充分的田野研究经验向学界宣称:萨摩亚社会有着严格的基于血统的等级制度,有着对少女童贞的极度崇拜,自杀率和性侵犯行为发生率高,青春期冲突非常普遍……试图揭露玛格丽特·米德1928年完成的具有长期影响的著作《萨摩亚人的成年——为西方文明所作的原始人类的青年心理研究》的错误结论。在弗里曼看来,米德研究结论③的严重错误具有必然性,因为她着眼于"意识形态"的成功,一

---

① 此危机至少有两个方面的原因:一是人类学作为殖民主义的一部分,是人类学无法回避的,而且公众仍然把人类学家看作关于原始的、异域的和前现代社会的专家,即使他们对现代或当代世界作出了贡献,那也是因为这个传统的专业技能;二是1967年马林诺夫斯基的田野日记出版后,民族志"作为特殊而严密的调查方式所提供的科学文化见解"被质疑和反思。[美]詹姆斯·克利福德、乔治·E.马库斯编:《写文化——民族志的诗学与政治学》,高丙中等译,商务印书馆,2006年,中文版序,第5—6页。
② 同上书,中文版序,第6页。
③ 《萨摩亚人的成年——为西方文明所作的原始人类的青年心理研究》采用跨文化并置法(cross-cultural juxtaposition)对萨摩亚人的青春期与美国人的青春期进行了比较研究,将萨摩亚社会作为"青春期危机"的反例展现在世人面前,认为萨摩亚社会充溢着普遍的随和性,没有青春期的压抑与苦恼,男女之间的性爱更是"十分愉快的舞蹈"。至此,博厄斯的猜测"以往我们归诸人类本性的东西,绝大多数不过是我们对于生活其中的文明施加给自己的限制的一种反应"([美]玛格丽特·米德:《萨摩亚人的成年——为西方文明所作的原始人类的青年心理研究》,周晓虹等译,浙江人民出版社,1988年,序第2页)得以"证实","先天-后天之争"也以文化决定论的占据上风而告一段落。《萨摩亚人的成年》作为独具威力的"证伪实验",更是被奉为人类学"田野调查实验研究的经典之作"(人类学家E.亚当森·霍贝尔的评价,转引自[美]哈尔·赫尔曼:《真实地带:十大科学争论》,赵乐静译,上海科学技术出版社,2000年,第210页)。

心寻求能够"证明"文化决定论的解释,从一开始就违背了科学的立场与方法。①

争论二:

加纳纳什·奥贝赛克拉(Gananath Obeyesekere)1992出版《库克船长的神化》批评马歇尔·萨林斯关于夏威夷岛屿上谋杀库克船长的叙述,使作者和库克船长成为西方暴力和帝国主义的代理人。萨林斯在《土著如何思考:以库克船长为例》中反驳道:奥贝赛克拉假装成一个同样的"土著",打着为夏威夷人民说话的旗号,为了反对声称夏威夷人民把库克误作他们自己的罗诺神这样的诬蔑,他拼凑出这样一个在我看来不值一驳的历史个案。②

争论三:

人类学家大卫·斯图尔(David Stoll)揭露了由危地马拉的玛雅人、诺贝尔和平奖获得者丽格伯塔·孟珠(Rigoberta Menchu)1987年出版的著名纪实性著作《我,丽格伯塔·孟珠》中的失实之处。一位在孟珠著作的背景所在地拥有长期经验的人类学家大卫·斯图尔,在2000年出版了一个重要的案例,对孟珠有影响力的作品的准确性和资料的真实性提出了质疑。③

争论四:

记者派瑞克·特尼(Patrick Tierney)在他的《埃尔多拉多的黑暗》

---

① 参看 Derek Freeman, "Fa'apua'a Fa'amu and Margaret Mead", *American Anthropologist*, 1989, 91(4), pp.1017-1022.
② [美]马歇尔·萨林斯:《土著如何思考:以库克船长为例》,张宏明译,上海人民出版社,2003年,前言。
③ 《我,丽格伯塔·孟珠》是一部关于危地马拉的玛雅人遭受压迫和种族屠杀的纪实作品,它于1987年出版时曾经在美国产生了重大的影响。当时,多元文化主义以及针对多元族群认同和被统治地位而进行的斗争正处于美国自由/左翼的人文与政治话语的前沿,这部自传因此被看作关于一场巨大人权灾难的见证、翔实的资料乃至真理。在这场争论中表述再次成为利害攸关的因素:一种是传统意义上的人类学真理,以准确、客观的报道作为基础;另一种是"土著的"(native)真理,以生命参与的复杂情形以及讲述真理的体裁作为基础。在这场争论中,人类学真理(指还未被重新建构、没有受到"写文化"讨论影响的类型)反驳"土著"用他们自己的专门词汇和体裁述说的真理。这因而可以被看作这个时代一次成熟的争论,其中表述成为文化分析的批评目标,而竞争真理意义的政治利益在表述中是显而易见的。[美]詹姆斯·克利福德、乔治·E.马库斯编:《写文化——民族志的诗学与政治学》,高丙中等译,商务印书馆,2006年,中文版序,第12页。

（2000）一书中，对拿破仑·沙尼翁（Napoleon Chagnon）《雅诺玛玛：凶猛的族群》（1968）中关于雅诺玛玛族（Yanomamo）的民族志及生物医学研究——沙尼翁的研究是其中的一部分——的大背景所作的批判和曝光。《埃尔多拉多的黑暗》一书揭露，美国科学家曾于20世纪60年代在南美洲向大批土著印第安人注射一种致命性的麻疹疫苗，借此试验优生学理论。①

马库斯对以上争论的评论是："社会文化人类学中所有当代的民族志研究计划正在绘制和探索的就是：在生产关于特定的他者的知识时他们自身所处条件的网络。"② 以"情感维度"审视人类学家的民族志书写，玛格丽特·米德一心寻求能够"证明"文化决定论的解释，萨林斯在《土著如何思考：以库克船长为例》中带有愤怒情绪的反驳，关于危地马拉的玛雅人"表述"与"被表述"的争论，印第安裔"雅诺玛玛"人麻疹疫苗残酷实验的揭露，均是不同的写作者对"田野"与"文本"的差异性作出的"动情"解释（写作）。

写作，作为一种文字表述的综合机制，涉及各种不同层面上的相关因素：

> 语言结构：人类思想形成和表达的一般框架和条件。
> 言语表达：思想内容的语言实现结果。
> 个人风格：与作者个人身心气质倾向相关的特殊修辞学倾向。
> 历史时代：社会时空环境内的人际支配关系，它影响着作者思想的形成。

---

① 《埃尔多拉多的黑暗》讲述美国基因学家尼尔在委内瑞拉主导一个实验计划，向当地印第安裔"雅诺玛玛"人注射一种毒性极强的麻疹疫苗，引发大规模疫症。疫症爆发后，尼尔不准同僚向病人提供任何治疗，坚持这次任务目标纯粹是观察及记录疫症的发展情况，结果导致数千名"雅诺玛玛"人死亡。尼尔之所以这样做是因为他认为人类进入农耕时代前，聚居一起的社群人数较少，拥有"支配基因"的男性，可以拥有较多的女人，在繁殖过程中快速地传播及改良人类基因。相反，现代社会庸才太多，人类基因的素质难以迅速提升。换言之，尼尔显然主张社会分隔，让拥有优良基因的男性支配人类的繁衍。这种观点与纳粹科学家门格勒的优生理论同出一辙。引自《美曾注射毒疫苗杀害数千土著人》，《环球瞭望》2000年9月25日，网址：http://hsb.hsw.cn/2000-09/25/2000-09-25-17hqlw6.htm.

② ［美］詹姆斯·克利福德、乔治·E.马库斯编：《写文化——民族志的诗学与政治学》，高丙中等译，商务印书馆，2006年，中文版序，第14页。

认知方式：叙事表达和因果关系格式的时代特殊性。
价值语言：价值偏见和客观再现的混淆。
主体自由：作者在诸多主客观因素互动关系中的方向选择。
写作立场：作者在写作实践中最终的方向和策略的决定。
写作对象：实用目的和表现欲望的区别。
读者身份：被动消费和积极参与的区别。①

情动于中而形于言，言之不足，故嗟叹之，嗟叹之不足，故咏歌之，咏歌之不足，不知手之舞之，足之蹈之也。以上各项有关写作的主观层面，比如个人的语言结构、言语表达、个人风格、认知方式、价值语言、主体自由、写作立场和写作对象，均是写作文本"动情"的驱动力，即使在标榜"科学民族志"的写作中也是存在的。没有不动情的写作，人类学者的写作也是如此。

## 二、我/非我：写作中的人类学家

格尔兹在1988年出版的《论著与生活：作为作者的人类学家》中如是说："有的人描绘异文化是将其感官直觉转化为思维的对称，比如列维-斯特劳斯；有的人是将它们转化成一个非洲神瓮上的图案，比如埃文斯-普里查德；而有的人在描述它的时候，迷失了自己的灵魂（马林诺夫斯基式的民族志）。"②作为作者的人类学家——"我"，在田野中是全身心投入的参与者还是客观冷静的观察者？抑或是个两种情感状态均有的参与观察者？在田野后的文本写作中，作者与文本的关系是什么？观察者与被观察者间的关系是什么？"我"与田野、文本、被观察者间的这些关系的处理，均以一种写作的温度被读者所感知。

---

① ［法］罗兰·巴尔特：《写作的零度》，李幼蒸译，中国人民大学出版社，2008年，译者前言，第5页。
② Clifford Geertz, *Works and Lives: The Anthropologist as Author*, Standford: Standford University Press, 1988, p.77.

### (一)《忧郁的热带》里"诗性与学术交错"①的我

"我本想写一部幻想作品,可是没能做到。民族学家指责我做了一件业余爱好者的工作,公众则认为这是部博学的作品。这,我倒无所谓。一本书写完了,对于我,它也就死了。这么说吧,我只是投入了一场令人迷醉的仪式,它显示了我的思想的一个侧面。"②《忧郁的热带》之于克洛德·列维-斯特劳斯,在1939年是一部被命名为《忧郁的热带》但是因为缺乏想象力无疾而终的小说写作计划;在1955年是一部"想到哪儿,写到哪儿,不假思索地"一气呵成的仍然命名为《忧郁的热带》的游记,这部"非学术著作"初版,盛赞如潮,读者为其美妙神奇而如醉如痴。但学术界的同事们将《忧郁的热带》看作列维-斯特劳斯的一次"出轨",期待他返回科学领域。一直支持列维-斯特劳斯的人类博物馆馆长保罗·里埃认为他跑马到文学领域去了,失望之余,不惜与之绝交。但这一切都挡不住列维-斯特劳斯一举成名,成为公众人物。③

热带何以忧郁?"我讨厌旅行、我恨探险家"的开篇又如何解读?格尔兹是如此评价的:"在《忧郁的热带》中所叙述的旅行中,列维-斯特劳斯背负的是人类学田野民族志者的一种理想——民族志作者不明智地放弃自己的人性,力图从一个充满优越感的傲慢和疏远中去了解和估计他的研究对象:只有如此他才能把他们从特殊的未知中提炼出来,置于这种或那种文明之下去理解。"④细读《忧郁的热带》,结合列维-斯特劳斯在1934—1939年间调查热带巴西和1950年考察热带印度、巴基斯坦的田野经历,以及列维-斯特劳斯1939—1955年间三次婚恋、照料病父、职业生涯前途未卜的人生经历,我们提出了有别于格尔兹的判断。

---

① 赵红梅:《诗性与学术的交错——克洛德·列维-斯特劳斯〈忧郁的热带〉述评》,《广西民族研究》2015年第1期。
② [法]德尼·贝多莱:《列维-斯特劳斯传》,于秀英译,中国人民大学出版社,2008年,第256页。
③ 赵红梅:《诗性与学术的交错——克洛德·列维-斯特劳斯〈忧郁的热带〉述评》,《广西民族研究》2015年第1期。
④ Clifford Geertz, *Works and Lives: The Anthropologist as Author*, Standford: Stanford University Press, 1988, p.36.

或许是列维-斯特劳斯在《忧郁的热带》"结束旅行"部分所推崇的"遗忘","遗忘把残剩的片段记忆创造出种种繁复的结构,使我能达到较稳定的平衡,使我能看到较清晰的模式"的写作缘起,①让格尔兹将列维-斯特劳斯(我)看成一个与田野、他者"充满优越感的傲慢和疏远"的写作者。细读文本中列维-斯特劳斯(我)田野调查中遭遇的忧郁和历险,列维-斯特劳斯既同情印第安人的生活,更为其文化变迁和种族存续而担忧。列维-斯特劳斯(我)对调查对象"自然震撼""文化震撼"的表述,文字表述的诗性语言,比喻、象征、类比、联想文学修辞,以及理智性的反思,②使其(我)在《忧郁的热带》中,呈现为一个"诗性与学术交错"的列维-斯特劳斯(我),虽然文中的诗性语言在很大程度上遮蔽了不时流露的理性思索,但并不能遮蔽《忧郁的热带》作为一部结构主义倾向游记的特征。

### (二)"抵消偏见,精确而抛弃个人"的埃文斯-普理查德(我)

"有的声音很容易模仿,但是几乎难以描绘,它们如此特别地变化着,精确地展示着,准确地远离平庸……在那些人类学史上的大人物中,对那间遥远的牛津高级公共休息室来说,没有一个主人能比埃德蒙·埃文·埃文斯·普理查德更为伟大了。"③自信、肯定,表述简洁而精确,在写作中"抵消偏见,精确而抛弃个人"的埃文斯-普理查德,赢得了格尔兹的赞誉。

埃文斯-普理查德从1926年开始前往非洲的阿赞德人和努尔人中展开长期的田野研究,完成了关于阿赞德人和努尔人的一系列民族志作品,包括《阿赞德人的巫术、神谕和魔法》(1937)和"努尔人三部曲"——《努尔人——对尼罗河畔一个人群的生活方式和政治制度的描述》(1940)、《努尔人的亲属关系和婚姻》(1951)、《努尔人的宗教》(1956)。在《阿赞德人的

---

① [法]克洛德·列维-斯特劳斯:《忧郁的热带》,王志明译,生活·读书·新知三联书店,2000年,第39页。
② 列维-斯特劳斯说:"对欧洲居民来说,首先,新世界不是我们的,我们对那个世界的被毁灭这项罪恶要负责任,对于这一片广大的无辜的人类来说,欧洲文明等于是一个庞大无比的、也是无法理解的大灾难;其次,再也不会有另外一个新世界。"参看上书,第492页。
③ Clifford Geertz, *Works and Lives: The Anthropologist as Author*, Standford: Standford University Press, 1988, p.49.

巫术、神谕和魔法》一书中，埃文斯-普理查德从阿赞德人的视角出发，细致生动地描述了他们的巫术、神谕和魔法实践，并告诉读者，阿赞德人这些看似荒诞的巫术、神谕和魔法与所谓的科学体系并不冲突，巫术、神谕和魔法在阿赞德人的社会生活中起着核心作用，并且构成了一个完全连贯而理性的体系。在《努尔人的宗教》一书中，埃文斯-普理查德注意到了努尔人的神的阶层和社会阶层之间的关联，从努尔人的宗教被认为是"未开化或迷信的文化体"的表象出发，发掘努尔人抽象和复杂的神学体系。

埃文斯-普理查德（我）叙述的语气非常自信，非常肯定，他（我）利用的策略是，关注地方的日常生活，并在叙述中利用读者对日常生活经验接近的预设，尽可能简化自己的表述，去除掉任何有关倾向性的描述，使读者毫不察觉到自己被引导。他（我）偏好使用的平白简单的陈述句加深了这种日常性，压制了任何词语上的矛盾冲突，一切的叙述都是那么自然，那么清晰。这种建构策略使其语篇显示出强烈的直观性和形象性，并散发着一种淡淡的感觉：没有什么很特别的，都是平常不过的事儿。埃文斯-普理查德（我）之所以会觉得这么做非常自然，是因为他（我）相信向无知的大众提供野蛮人的丰富知识和事实根据，实际上也是一种启蒙，是人类学家受命的任务。这项任务很困难，人类学家（我）的田野调查必须跨越语言的障碍和个人偏见的障碍，彻底抛弃个人，抵消偏见。①

### （三）"马林诺夫斯基难题"：我是我与我非我

人类学界公认的马林诺夫斯基最大的成就，在于他所推动和确立的田野工作方法和民族志撰写方式。"关于文化的科学"理念所成就的"科学的民族志"，在1967年马林诺夫斯基生前日记出版后，引发了持续近二十年的争议，在学术史上留下了"马林诺夫斯基日记丑闻"，②激发了人类学界对

---

① Ibid., p.63.转引自杨清媚：《指向心灵的阅读——读格尔兹〈论著与生活〉》，《西北民族研究》2008年第4期。
② 马林诺夫斯基在巴布亚新几内亚和特罗布里恩岛考察期间，所记日记与他在严肃著作中对于当地人的态度相去甚远、充满矛盾。在日记中，随处可见他对当地人的鄙夷和痛恨（甚至有种族歧视的嫌疑），而且他还不断怀疑自己和工作的意义，并饱受情感、健康的困扰。参看［美］勃洛尼斯拉夫·马林诺夫斯基：《一本严格意义上的日记》，卞思梅等译，广西师范大学出版社，2015年。

民族志的主客体单向关系科学性的质疑。作为对"表述危机"的反思和回应，特别是1986年《写文化——民族志的诗学与政治学》问世以来，反思的、多声的、多点的、主客体多向的实验民族志作品得到发展。格尔兹对这位"奠定了现代人类学的理论和方法论基础的人类学家"的写作这样评价：他在写作中"迷失了自己的灵魂"，是指马林诺夫斯基式的民族志中典型的分裂症——内心真正是谁，而在外又想表现成谁，对这种区分意识得太过清楚；在田野中强调一种完全的浸没（immerse），抹去观察者与被观察者之间的距离，而在文本中却强调"我见证了"（I-Witnessing），是一种旁观者的证词。①

马林诺夫斯基（我）毕生都感到困难的问题——如何将那些散布在零星田地和丛林中的野蛮人，刻画成为一幅精确测量过的、有法制的社会事实？这并不是田野技术问题，也不是社会理论问题，甚至无关乎神圣的客体——"社会事实"，而是话语的问题：如何创作一种真实可信的表述？这是马林诺夫斯基给我们留下的最重要的遗产，也是最有争议的地方。②

"我是我"与"我非我"的"马林诺夫斯基难题"，在马林诺夫斯基（我）的文本中以对立的方式呈现：一个"我"是经验丰富的民族志作者和探险家，一个"我"是本土化了的土著代言人；一个"我"是绝对的世界主义的自我膨胀者，能见土著所见，听土著所听，想土著所想；一个"我"是完美的调查者，严谨、客观、冷静、精确。高度的罗曼蒂克和精确的科学主义，诗人的热情与解剖学家的理性，哪一个才是马林诺夫斯基（我）？

尾随马林诺夫斯基（我）从书斋和安乐椅中走进田野的一代代人类学者，以两种截然相反的方式③在尝试解决"马林诺夫斯基难题"。一类是"我就是我"：在文本中自我暴露，把马林诺夫斯基用以自我隐匿的日记形塑成一种有秩序的、公共的风格类型。一类是"我不是我"：在文本中竭力要消灭自我，然而实际上他们仍然属于I-Witnessing类型，只不过他们的自我被更深地隐藏起来而已。

---

① 杨清媚：《指向心灵的阅读——读格尔兹〈论著与生活〉》，《西北民族研究》2008年第4期。
② 同上。
③ 同上。

### (四)我,露丝·本尼迪克特:彼岸的写作

露丝·本尼迪克特(我)在成为人类学家之前是一个诗人,中学时代的本尼迪克特热爱文学,曾用笔名"安·辛格顿"发表了一些诗作。1905年,就读于瓦萨学院,主修英国文学,也接触到了文学评论和分析,比如尼采的《查拉图斯特拉如是说》就对其(我)后来的人类学观点的形成产生了一定影响。1921年,33岁的本尼迪克特进入哥伦比亚大学拜师博厄斯,攻读文化人类学。本尼迪克特前期的研究并不是基于田野调查之上,而往往是来自图书馆研究,仅在1922年对南加利福尼亚的塞拉诺人有过短期调查。她真正的田野工作是从20世纪20年代中期开始,先后到祖尼人、夸库特耳人、多布人以及阿帕切人的梅斯卡莱罗分支中从事田野调查。在这些调查中,她一方面记录整理大量即将消失的传说与仪式,另一方面逐渐产生文化形貌论的想法,启发了她对人格与文化的兴趣,她后期的大量著作和学术思想也是在此基础上形成的。①《文化模式》(1934)和《菊与刀》(1940)是其中最脍炙人口、最为畅销的学术著作。在今天的人类学学科史,这两本书使本尼迪克特置身于博厄斯历史文化学派当中,指向了"文化与人格"研究和文化相对论研究。但是格尔兹认为,②即使如此,本尼迪克特并不属于当时的任何一个学者群体。

格尔兹把《文化模式》与斯威夫特的虚幻讽刺小说《格列佛游记》相比,拿本尼迪克特(我)笔下的祖尼人、夸库特耳人、多布人与《格列佛游记》中的慧骃国、布罗卜丁奈格人和勒皮他人相比较,来讨论本尼迪克特(我)的文本建构策略及其风格之形成。他认为:本尼迪克特是在用虚构的小说来写民族志,也便能够理解她的论著通常都是一种社会批评模式,充满冷嘲和讽喻;而她所使用的修辞手法就是把文本化司空见惯的熟悉之物与未开化的奇风异俗相并置,而且这种并置是互换位置的。本尼迪克特在相反的空间里写作,存在着绝对的直率,建构了那些写在文本之外的隐喻。③

---

① 丁苏安:《露丝·本尼迪克特列传》,《民族论坛》2013年第8期。
② Clifford Geertz, *Works and Lives: The Anthropologist as Author*, Standford: Standford University Press, 1988, p.115.
③ Ibid., p.113.

我们把本尼迪克特的写作看成一种作者（我）在"彼岸的写作"。特别是《菊与刀》，本尼迪克特受到美国战争信息中心的委托，对日本人的国民性展开调查，但受到战时诸多因素限制，她无法前往日本实地调查。她于是把战时在美国拘禁的日本人作为调查对象，同时请教在日本生活过的外国人、日本专家，大量参阅书刊、日本文学及电影，最终写成报告。没有到过田野点（日本）的本尼迪克特，写作了一部备受田野点的文化持有者（日本人）关注的民族志作品，① 这实在是一次"彼岸写作"的巨大成功。本尼迪克特与当时其他学者的不同之处，恰是"因为她想要成为一个真正的社会科学家的企图和她本质上诗人气质的张力，由她的率直直接对接，给她带来了方法论上的困境，与她文本想表达的东西矛盾"。② 而如今，人们大多把《菊与刀》当成一种了解日本文化、进行学术学习的训练手册，而忽略了诗人本尼迪克特写作中的讥讽元素。格尔兹说，以一种斯威夫特、孟德斯鸠和凡勃伦等人的方式来看本尼迪克特，就会理解《菊与刀》不再是一种美化理性科学主义的策略，而是像她自己所说的，"让这世界苦恼而非让它转向"。③

在以上被国内学界划归为"科学民族志"时代的经典文本中，可以看到一种作者（我）写作中的主体身份的选择差异：列维-斯特劳斯在以《忧郁的热带》为代表的结构主义著作中凸显了一个"诗性与学术交错"的我；埃文斯-普理查德则极力抵消偏见，以精确简洁的民族志描述，抛弃了个人（我）的存在；马林诺夫斯基以及一大批"科学民族志"的追随者或反思者，在"我是我"与"我非我"的纠结和矛盾中，以"我就是我"和"我不是我"的不同向度，呈现主体身份在民族志作品中的位置；而露丝·本尼迪克特则以"彼岸写作"的身体位置，在社会科学家（人类学家）与文学家（诗人）的身份矛盾中，既看他者，亦观自我。

---

① 1946年，本尼迪克特把报告整理成《菊与刀》（*The Chrysanthemum and the Sword*）出版，立刻在日本引起强烈反响。1949年年初被译成日文，1949—1951年，日本多家杂志约请专家举行座谈，对此书进行评论。1951年此书被列入日本《现代教养文库》，至1963年已重印36次。1982年出版的一本介绍"日本学"名著的书中称赞此书是现代日本学的鼻祖，是文化人类学者研究日本的经典性著作。

② 杨清媚：《指向心灵的阅读——读格尔兹〈论著与生活〉》，《西北民族研究》2008年第4期。

③ Clifford Geertz, *Works and Lives: The Anthropologist as Author*, Standford: Standford University Press, 1988, p.127.

可见，当我们认真分析作者与文本间的关系时，学界对"科学民族志"所总结的且被学界广泛认同的结论——"经典民族志作者自信运用所谓'科学的方法'，获得了一种纯然的'客观性'，因而，他们所撰写的民族志是一种以客体为中心的民族志形式，其表述方法是'第三人称的、外部描写的、纯客观方法的、语音学的、行为性的、遥距感知经验的'"①——是不公允的。后现代人类学的批评家们认为：经典民族志（科学民族志）"没有给予作者一定的角色，如果有的话也只是在注脚和前言中提到作者，给他一点无足轻重的发言机会。出于极为重要的理论原因，目前民族志实验文本给予作者相当重要的角色，让他再现在关于其田野工作及其发现的陈述中，对自己的思考作出解说。作者的暴露已成为当前实验的深刻标志"。②这样的定论也是值得商榷的。

由此看来，人类学写作或民族志文本从来就不是客观的、科学的表述，而是主观的、文学的叙述；人类学书写在本质上就是文学的，而不是科学的。从本质上讲，文学转向不单是对元书写的颠覆与否定，它同时也是对人类学书写范式的一种反思。但这并不意味着人类学研究从此就不需要进行田野考察了，它仅仅表明，田野考察之后的民族志本身并不能完全表述真理，人类学书写是一种建构"他者"与"自我"的双向行为。③

## 三、冰点/沸点：人类学写作的温度

人类学写作是人类自我认知的一种文本呈现。人类学的看家本领"民族志文本"就是介于文学和科学之间的"过渡性文本"，在它的两头，分别呈现着另外两类文本，即"科学"和"文学"的文本。作为一门具有系统话语的学科，人类学也有自己的写作性，究其根本，那就是关于人的故事。在最

---

① ［美］克利福德·格尔兹：《地方性知识》，王海龙等译，中央编译出版社，2000年，第72页。
② ［美］乔治·E.马尔库斯、米开尔·费彻尔：《作为文化批评的人类学：一个人文学科的实验时代》，王铭铭、蓝达居译，生活·读书·新知三联书店，1998年，第68页。
③ 王倩：《人类学的文学转向——民族志书写的另一种思考》，《世界民族》2011年第5期。

根本的意义上，人类学的初衷也是讲述一个故事：人是什么。这才是"人类学写作"的关键所在。所有人类学的文本，无论是科学式的、民族志式的，还是文学式的，说穿了，最本质的内容无外乎就是一个关于人的故事。①人有悲欢离合，月有阴晴圆缺。写人的故事，写作者情感的温度，需要"冰点"的冷静还是"沸点"的热烈？究竟几度合适？

在人类学"写文化"的反思过程中，后现代人类学、实验民族志等学科探索，开始对人类学的公众身份进行重新定位，但"在西方文化的浸染之下，西方民族志作者所执行的自我批判的立场、思考方式、理论观点的本质及研究方法依然是西方的。就后现代人类学而言，'求知主体的对象化'依然是理论家的理念与愿望，而他们的民族志作品起码存在着如下三种弊端：第一，缺乏对主体的研究目的和文化背景的批判性反思。第二，缺乏对'求知主体'的整体展示。第三，分割了主体、客体、主客体关系三者之间的联结"。②

针对学界对科学民族志的批评和对后现代民族志的承续中出现的新问题，学者朱炳祥提出了"主体民族志"的概念和理论框架，倡导以郑板桥的"三竹"理论为基础的主体民族志书写。③首先是"眼中之竹"，这是主体感觉与知觉中的客观事物。就民族志主体而言，它是一种"知性主体"。其次是"胸中之竹"，这是主体立场、观念中的客观事物。就民族志主体而言，它是一种"观念主体"。再次是"手中之竹"，这是画家在运用表达技巧（即方法）所画出来的艺术品。就民族志主体而言，它是一种"写作主体"。同时以"互镜"概念作为"主体民族志"的认识论基础，达到"主体民族志"的"互镜"的民族志形式——在"主体"与"客体"相互映照的多重影像中，达成主体"认识自己"的目的。无独有偶，学者李立也曾针对"学者与村民的互动对村落意味着什么"这样的"主体"与"客体"的相互映照，以一个贵州村落为聚焦点，观察先他而来的学者在村落留下的"印记"，倾听村民如何表述这些"印记"，叙述学者与村民的知识生产故事，分析学者和

---

① 徐新建：《人类学写作：科学与文学的并置、兼容》，《重庆文理学院学报（社会科学版）》2011年第2期。
② 朱炳祥：《反思与重构：论"主体民族志"》，《民族研究》2011年第3期。
③ 同上。

村民对"地戏""村志"等地方知识所表述的话语特征,梳理20多年来学者与村民互动的脉络与谱系,探讨互动的动力、机制和意义,也对作者本人与村民的互动进行反思,具有"研究之研究"的反思色彩。①

而人类学的"写文化",从研究方法上总结,可归结到多重叙事的概念。②前些年提出的所谓"四重证据",一是传世文献,二是出土文献,三是人类学的口传与非物质文化遗产,四是图像和实物。现在从叙事学的角度看,也可以将文化书写分解成四或五种方式。文物典章制度实际上来源于宗教仪式的法器/道具,所以它也能够叙事,叫物的叙事。归纳起来说,这五种叙事就是口传叙事、传世的文字文本叙事、出土的文字文本叙事、图像叙事与物的叙事和仪式的叙事。

在这些理论成果的基础上,我们提出一种"两种温度交织、四种文本互动"的人类学民族志写作理念。两种温度交织,指民族志作者在田野调研、文本写作中,均是以感性的沸点和理性的冰点在认识、阐述他者文化,存在着"冰点"与"沸点"两种温度的交织,存在着"我"与"非我"的"马林诺夫斯基难题",亦即"主体民族志"所说的"知性主体"与"观念主体"。如何将"冰点"与"沸点"、"非我"与"我"、"知性主体"与"观念主体"进行相对客观、相对真实、相对完整的民族志呈现呢?"四种文本互动"是可供选择的方式之一。四种文本互动,指民族志作者在文献综述、田野调研、文本写作过程中,对同一个调研对象,在民族志作品中进行田野日志、研究报告、研究论著和影音文本四种文本交错呈现的互动书写——田野日志能将作者情感的沸点、知性主体的"我"进行呈现;研究报告、研究论著能把作者理性的冰点、观念主体的"非我"进行呈现;影音文本,包括研究中获得的照片、视频、绘图、录音等视觉和听觉资料所构成的文本,虽然影音文本也不可避免地带有"我"的情感和理性印记,但与田野日志、研究报告、研究论著主要以"文字文本"写作相比,影音文本在视觉、听觉上的文本补充,能让民族志文本的接受者较全面、完整地还原他者文化的世界——并在这四种文本的阅读对比中,对"田野与书斋""人类学者与他者""作者

---

① 参看李立:《在学者与村民之间的文化遗产》,人民出版社,2010年。
② 叶舒宪:《人类学的文学转向及"写"文化的多种叙事》,《百色学院学报》2009年第5期。

与文本"等"之间"的关系进行开放性的解读。

在此写作方法的指导下,人类学写作的"真实性"是处于不断变化之中的。一方面,人类学自诞生以来,民族志研究就一直把记录和反映"真实性"作为一项重要的历史使命和学科目标。由于社会历史的变迁,以及由此所引入的新的社会关系和结构因素,致使"真实性"呈现出复杂多变的样态。另一方面,人类学家在不同的历史语境中所关注的问题、采取的方法、形成的范式等,必然使他们在"真实性"样态的把握和反映上出现差异。既然"真实性"处于变化之中,那么,民族志对它的反映和解释亦在过程之中。同时,民族志研究的历史也构成了另一种"真实性"的学科样态——不仅包括认知理念的时代性样态、实践原则的差异性样态,而且还反映在民族志写作的范式性样态等;这些不同的样态无疑丰富了我们对客观世界的认识和反映。①

人类学的"文学转向",从实质上说,并没有"转",只是从正面肯定了人类学的文学性;人类学的文学转向,从形象上说,是人类学家对"写文化"以来人类学整体发展的历史趋向进行的一种理论修正,也是人类学这门学问因语言的承载表现为"写文化"问题后的理论思考。我们真正需要更深入追问的是:人类学家为何需要写作?

---

① 彭兆荣:《民族志视野中"真实性"的多种样态》,《中国社会科学》2006年第2期。

# 第六章
# 诗性与民族志成为作品的可能

**内容摘要**

随着人类学界对能动性和实践等概念的关注,传统的"客观"科学研究受到质疑,个体的自我意识和主体性受到全新的审视。本章系统梳理维柯"诗性智慧"及其对反思人类学的影响,以及近年来的民族志写作实践等,确认文化他者的创造性,分析文化他者在现实语境中展示自我的途径,探究"诗性"使民族志研究成为可能,以及使民族志成为作品的功能;旨在说明对自我意识的关注是认识社会和文化的另一条重要途径,考察个体的社会化过程同样是分析和认识社会结构和文化制度的重要维度。

西方启蒙运动之后,实证主义和经验主义便成为社会科学现代性的标志,客观的研究方法、对事物和现象的"真实性""普遍性"的分析与认识也成为纯粹的科学研究的手段和目的。这种经验的社会科学态度出于客观性的需要,似乎一味拒斥个体的主观意识,不能面对社会实践中千差万别的人的主体性。然而,事实上,社会科学所标榜的理性主义抑或经验主义都是以一个具有竞争意识、思考意识的"我"(I)为基础的,这个"我"能自主地进行系统的观察并开始理性的思考。这表明,社会科学中的经验主义或理性主义都必须面对自我的主观意识,这是一个不能回避的问题。对个体及其主观意识的研究正是社会科学真实性的重要维度,因为社会科学归根到底还是有关"人"的科学，无法脱离也必须勇于面对生产知识的主体以及现实语境。所以，尽管抽象的、脱离知识主体及其语境的客观科学研究一直在人类学界居于主导地位，但对这一纯粹的科学态度的批判在人类学界从来没有停止过。自我的主体性和他者的主体性以及二者的关系是人类学在漫长的田野调查中必须面对和反思的问题。

人类学的这一"自我"维度的重新关注对社会科学所产生的意义是普遍和深远的。唯其如此，西方的"自我"才能够踏上理解非西方"他者"的旅途，明显带有西方烙印的社会科学体系也才能够显现出真正普世的价值。而经典社会科学研究内含的事实与虚构、情感与思想、个体与社会等二元对立观念，在实践中其实是相互交融的，因为情感只能通过思想来形成，思想也往往包含着情感意义。因此，在注重考察文化机制对心性和思维模式的塑造作用的同时，社会科学也应该确认自我和情感在研究社会结构与文化机制形成过程中的重要意义，二者并不相悖。

本章借助意大利历史学家维柯有关诗性智慧的论述，首先是要从伦理和学理的角度对文化他者的创造性和自我意识加以确定，其次在于强调诗性[①]的手段类似于民族志研究所借助的种种文化的手段，这样就可以将这门学科的理论实践置于可操作、可比较、可反思的经验层面。

---

[①] 这里所用的"诗性"概念等同于"社会诗性"，与文化诗性（cultural poetics）有很大区别。社会诗性是人们认识自我、参与社会和历史进程的技艺形式，是日常经验的有效行为，是性格和人品的表现手段，同时也是自身优越性的展示。参看 Michael Herzfeld, *The Poetics of Manhood: Contest and Identity in a Crete Mountain Village*, Princeton: Princeton University Press, 1985, p.18。社会诗性一方面强调社会制度和结构对个体的自身经验、身份认同以及自我意识形成和塑造过程中的重要作用；另一方面强调个体通过对自我和情感的认识与分析来理解其折射出的或象征的社会制度和文化机制。人类学的研究在诗性的转向之前一直强调社会制度对个体的影响、塑造和制约，现在，人类学家所进行的事业就是要将这一方向扭转过来。因为在他们看来，情感与思想、个体与社会、欲望与意义并不相悖，我们完全可以通过前者来认知后者。文化诗性来自《写文化——民族志的诗学与政治学》一书的副标题，其实践者阐释的焦点集中在社会生活的文本性和角色扮演中被嵌入的显著审美意义和文化含义，文化诗性与文本性的联系太过紧密。事实上，费尔南德斯和赫茨菲尔德两位学者认为，文化诗性的学者也意识到了自身与文本分析过于密切的关系，因此在诗性后又加上"政治学"，但是诗性本身就意味着创造性，自然也就包含权力关系和政治因素，因此"民族志的诗学与政治学"本身就有重复累赘之嫌。参看 James Fernandez, and Michael Herzfeld, "In Search of Meaningful Methods", in H. Russell Bernard, ed., *Handbook of Methods in Cultural Anthropology*, Washington: Rowman & Littlefield Publishers, 2014, pp.95-96。

## 一、诗性智慧：民族志知识范式的转向

在意大利历史学家、语言学家维柯《新科学》的经典论述中，诗性包含三层意义：其一，就是要让一切科学和理性回到其村俗和神话的源头。诗性接近一种人的自然本性，未经雕琢修饰，但又不缺乏智慧和逻辑，因此暗示着真实和本源。其二，诗性就是要重新发掘一种与我们久已断绝的历史意识，①从"粗鄙""野蛮""荒诞"中去反观人性的智慧和光辉；而这一切都与氏族的、权杖的、盾牌的、神话的以及洪荒的原初先民的知识紧密联系在一起，诗性就是我们照见这些人、词与物之智慧的一缕光芒。其三，诗性是一种创造性。探究诗性就是要在原始初民中发现他们类似于诗人的创造性，"诗人"在希腊文里就是"创造者"。②维柯对智慧的本源也进行了考证，他认为智慧首先是一种功能，因为它主宰我们为获得人类的一切科学和艺术所必需的训练。此外，柏拉图将人引向最高的善者就是智慧的观点，使得维柯相信智慧是一种方法，一种根据神圣事物和善的知识对人的心灵加以认识的方法。

由此，诗性智慧在维柯看来就是异教世界最初的智慧，就像这些原始人所用的。③显然，维柯对诗性和智慧的知识谱系的梳理与考证在于说明，知识和智慧的发生在于引人向善，而这也是人脱离动物性之后所表现出来的自然本性（人性），所以知识最初就是人这一向善的本性，即这种最初的智慧，而非启蒙运动宣扬的理性。其次，因为最初的智慧是一种感觉到的和想象出的玄学，因此单凭经验的手段和理性的思考即可对知识加以实质性把握的想法简直就是一种虚妄。这也正是维柯试图抵制的现代理性使学者们认为他们

---

① 马克·里拉认为维柯对智慧的诗性特征的发现，使他确定了"理想的永恒历史"，也就是诗性神话讲述的真实历史。由此，他认为民俗传统共同的真理基础就是诗性智慧本身。里拉将诗性智慧的发现与语言学的考证等同起来，甚至将诗性智慧看作语言本身，这样的观点显然过于狭隘，可能也是他在论述诗性智慧时语焉不详、寥寥而过的原因。参看［美］马克·里拉：《维柯——反现代的创生》，张小勇译，新星出版社，2008年，第166—168页。
② ［意］维柯：《新科学》，朱光潜译，人民文学出版社，2008年，第159页。
③ 参看上书，第150—158页。

所知道的一切就和世界一样古老的种种虚骄讹见。再次，维柯并没有彻底否认现代理性，他只是反对现代理性的认知方式。因为智慧主宰着人类获得知识和认识心灵的途径，自然也就主宰着经验理性的认知方式和过程。这一过程应该是"凭凡俗智慧感觉到有多少，后来哲学家们凭玄奥智慧来理解的也就有多少"，[①]理智不能超越或取代感官，它只能是第二位的。

维柯在《新科学》中强调了人的感官、感觉、想象甚至情感在获得善和知识这一过程中的重要地位，对于当下人类学的理论实践有着重大的启示。

首先，它改变了经验和实证的民族志对文化和社会理性观察、客观分析并进而加以实质性把握的知识范式。文化他者的凡俗智慧能发现多少，观察者的玄奥智慧才能发现多少，维柯的这一观点拓展了民族志"诗性"的认识论维度，也是反思人类学关注他者自我的重要理据。民族志"科学/诗学"的认知和反思的维度以及其间的张力取代了传统的"自观/他观""客观/主观"等取决于观察者智力水平和理性深度的研究范式。人类学家通过社会交往直接进入"诗性"所要彰显的他者的智慧这一范畴，平等并且有感觉地对待他者这种"想象出的玄学"，因为这是知识得以建构的基础。

其次，维柯所言各民族的共同性或者本性与人类学意义的人类常识颇为相似——维柯认为，我们批判所用的准则，就是由天神意旨所教导的，对一切民族都适用，也就是人类的共同意识（或常识）。[②]人类学也致力于发现这些适用于一切民族的共同意识的准则，所以才将自己定义为"一门比较人类常识的学科"。[③]

再次，维柯的诗性智慧是有关认知经验来源的智慧，其诗性逻辑的观点使得文化他者表述自我、认知事物的种种修辞策略、村俗语言以及行为实践，成为我们理解他者和地方性知识的重要途径和文化手段。

总之，"诗性"的民族志研究最大限度地接近被现代理性所遮蔽的他者的最初智慧，重新发掘一种久已隔绝的知识考古意识，从而在我与他者两种类型的经验之间真正建立起一种共通的关系。

---

① ［意］维柯：《新科学》，朱光潜译，人民文学出版社，2008年，第150页。
② 同上书，第143页。
③ ［美］迈克尔·赫茨菲尔德：《人类学——社会和文化领域中的理论实践》，刘珩等译，华夏出版社，2009年，前言，第1页。

首先，诗性智慧这一概念经过人类学家的田野调查和民族志撰述实践，已经被赋予诸多新的意义。西方在这一研究领域中比较有代表性的学者是赫茨菲尔德，他本人曾经不止一次地宣称维柯对他所产生的直接的学术影响，并感叹这位西方思想家的学术地位没有得到相应的重视。① 维柯的努力，使赫茨菲尔德相信同样有必要对人类学进行一次词源学意义的考证，并认为这是人类学诗性的一个方面。他认为，具有引申意义的词源学考证揭示出思想交汇融合以及演变的过程，对发展至今已经十分混乱的学科源头的考证如同对文化的模糊性的正本清源一样重要。② 维柯考证诗性智慧的初衷就是为了防止知识、政治以及权力从其社会经验的根源中被剥离出来，从而抵挡学者们认为他们所知道的就如同世界一样古老的虚骄讹见。赫茨菲尔德从维柯的这一洞见中感悟到了理论与实践的关系，认为学者们提出的种种抽象理论只不过是社会实践的一种形式，如果将知识与理论从其得以产生的语境，即社会经验这一根源中剥离出去，就意味着"第二次野蛮时代的到来"。③ 维柯对真理和本源"知识考古学"式的探究使得赫茨菲尔德也探寻到了人类学之"原罪"的根源，他认为人类学部分源自对人类愚昧无知这一"本源"的确认以及之后试图消除他者"邪恶"一面的冲动才使得这门学科得到发展。④ 显然，人类学学科的知识考古同样在于消除学者们认为文化他者愚昧无知并试图对其加以拯救的虚骄讹见，重新认识到他者的诗性智慧，并将其作为自身的经验、知识和理论的一个重要的源泉。总之，人类学的诗性在赫茨菲尔德看来是对粗鄙的结构主义、民族主义、欧洲中心主义以及林林总总的笛卡尔式的二元体系的一种反对。⑤

其次，强调诗性就是为了同亚里士多德的纯粹审美维度的"诗学"观念相区别。我们不是在悲剧中去对情节、人物性格的形成演变和行为加以分析，我们分析的对象是现实的社会参与者（social actor），他们本身就参与了

---

① 刘珩：《民族志、小说、社会诗学：哈佛大学人类学教授迈克尔·赫茨菲尔德访谈录》，《文艺研究》2008年第2期。
② Michael Herzfeld, *Anthropology Through the Looking-glass: Critical Ethnography in the Margins of Europe*, Cambridge: Cambridge University Press, 1987, pp.192-193.
③ Ibid., p.81.
④ Ibid., pp.188-190.
⑤ Ibid., p.82.

社会历史的进程，以自己的行动展演着一幕幕鲜活生动的社会戏剧（social drama）。①这正如维柯所言，这些社会参与者正是那些依着自身的社会经验、在社会实践中发挥自己的创造性的"诗人们"。这些人在现实生活中的审美观念当然也是"诗性"的一个重要的审查维度，因为它决定了个体在展演时使用的语言以及诸多的表述策略，这是一种对待社会关系的审美观念。正是在这一意义上，赫茨菲尔德认为，事实上，诗性相对于传统民族志研究中的所谓实证性和物质分析而存在，从而重新审视叙事、手势、音乐、受访者的解释和表述策略等被忽略的方面，重构"道德"的而非"科技"的民族志撰述方式。②可见，诗性不但可以以考古学的方式来厘清这门学科的根源，去照见"被观察对象"的智慧，它更是反对古典科学和知识体系中自上而下的知识范式的有力武器；因为诗性发现大众不是国家意识形态的僵硬的教条主义者，他们是有自己主观能动性，并且能够对传统、规范进行创造性改造和利用的社会参与者，他们在被文化塑造的同时，自身也在塑造文化。

再次，诗性智慧这一概念在民族-国家这一语境中需要有现实的发展，因为民族-国家是大众进行展演的社会容器，日益显著地影响着他们的认知途径以及表述的方式和语言。为了对民族国家提供的资源、话语、民族主义、身份以及各种制度和规则加以创造性改造和利用，民众的诗性智慧被迫"转向"文化的亲密性层面（cultural intimacy）。赫茨菲尔德提出"文化亲密性"这一概念并将其界定为：某一群体所认识到的某一特定文化身份的诸多方面，这些特质的外在表现很让人难堪，却都是某群体内部赖以维持其共同的社会性和亲密性的基础。对权力运作的谙熟使得这些被剥夺了权力的贱民不但深信自己在藐视权力时表现出来的创造性，同时也深刻领会权力的恐吓效应。③民族-国家对凡俗智慧已经产生了集体影响，因此文化亲密性就可以从其衍生的诸如民族主义、政治话语、宏大的历史撰述、民族起源的神话、

---

① 特纳的社会戏剧理论在现实的生活情境中来安排个体的社会展演，因此更具有社会诗性的特点。个体在与自身文化所施加的束缚的对抗中所必须经历的四个阶段，即违犯、危机、矫正和再次融合这一过程性单位（processual unit），较为完整地揭示了个体与社会结构之间既对立又妥协的互动关系。
② Michael Herzfeld, *Cultural Intimacy: Social Poetics in the Nation-State*, New York: Routledge, 2005, p.28.
③ Ibid., p.3.

结构与规范、历史遗迹等纪念地点的建构,乃至博物馆及其展示的手段等种种新鲜事物的对立面,去发现这种智慧及其表述的途径。简而言之,文化亲密性就是用以分析规范在一个特定的群体中如何被创造性地曲解的,这种曲解的智慧反过来造成了今天的民族-国家,二者是一种共谋的关系。

如今,文化亲密性这一表示现代民族-国家语境下的民众所特有的诗性智慧的概念已经从其最初的起源地希腊,向越来越多的人类学田野地点蔓延并产生影响,学者们已经开始在全球化的背景下来考察这种亲密性。索伊萨(Levent Soysal)通过对柏林的一个土耳其穆斯林社区的考察,认为我们不应该将文化亲密性限定在民族-国家的语境中,事实上一种经过放大的社会性(amplified sociality)——索伊萨将其称作"公共的亲密性"(public intimacy)——已经成为20世纪末以来全球化的政治体系以及资本、货物和人员的国际流通所引发的普遍社会现象;生活在这一全球化时代的个体和群体正经受着全新的亲密性、社会性以及生活方式的模式,亲密性因此不仅仅局限在传统的家庭或社区与城市或国家的互动关系之中。[①]尼奥弗提斯托斯(Vasiliki Neofotistos)在考察了马其顿境内阿尔巴尼亚男性与马其顿女性之间的跨族情事之后,认为文化亲密性可以在不同的族群和不同的信仰群体与国家的互动中形成,因此多元的社会总会出现国家权力、文化亲密性和各种颠覆性的策略三位一体的局面。在她所引用的作为少数群体且信仰伊斯兰教的阿尔巴尼亚男性,与作为主流群体且信仰东正教的马其顿女性之间的情事的民族志材料中,我们可以看出文化亲密性内部的诸多对立、矛盾甚至不统一的方面。但正如尼奥弗提斯托斯所言,民众正是通过对这些错综复杂的关系采取技艺高超的处置的智慧,才使得国家的社会性得以表述出来,民众对所谓种种道德准则的违犯和所使用的伎俩(mischief)被官方所默许和合法化的过程正是国家得以存在的基础。[②]约翰逊(Irving Johnson)通过对马来西亚吉兰丹州一个泰族佛教社区建筑样式的考察,揭示跨界民族在应对国家有关地缘政治边界的划分以及国民身份的确认时所表现出来的智慧。约翰逊

---

[①] Levent Soysal, "Intimate Engagements of the Public Kind", *Anthropological Quarterly*, 83(2), 2010, p.377.
[②] Vasiliki P. Neofotistos, "Cultural Intimacy and Subversive Disorder: The Politics of Romance in the Republic of Macedonia", *Anthropological Quarterly*, 83(2), 2010, p.310.

认为，文化亲密性出现在国民文化模式以及官方历史与大众的现实经验的互动中，吉兰丹州的泰人所采取的种种亲密性策略同时凸显了作为泰族的文化身份以及马来西亚人的政治身份，如同很多跨界民族一样巧妙地回避了任何文化具体化的企图。① 上述一些与文化亲密性相关的人类学研究大致反映了"诗性智慧"在全球化背景下的研究方法和范式，言辞的、村俗的、情感的以及物质的（比如建筑）自我展现方式仍然是人类学去认识他者所依凭的文化手段。

## 二、诗性自我：民族志研究的共通经验

在经典的西方民族志理论和实践中，自我是一个可以理性观察和思考的个体，而作为被观察对象的文化他者往往是没有自我的，这些群体更多的是指一种在公共制度和文化体系之下的存在形式。进一步而言，没有自我意识的他者本身就缺乏主观能动性，他们是社会和文化的产物。否定个体社会参与者的能动性和自我意识的"社会中心主义"弥漫在经典的民族志中，社会本身就是一个自给和自足的实体，完全不受其他因素干扰，这样的判断符合实证的人类学将他者的社会和文化具体化、类型化并进而把握其实质的认识论立场。

他者的自我在民族志中的显现是随着象征人类学和阐释人类学开始关注个体与社会发生关系时所使用的手段。包括米德和特纳等学者在内的"符号互动主义"学派关注更具有认知能力的"我"（I，也就是米德所谓的"主我"）在同社会发生关系时所借助的象征性手段，而格尔兹领军的阐释人类学则更关注个体与社会发生关系时所借助的文化手段，二者都注意到了他者在行为和实践层面所体现出来的主观能动性。真正将他者的自我作为人类学认识论和方法论的重要范畴和概念提出来加以分析、阐释、厘清，则要等到后格尔兹时代民族志研究"反思"的转向。按照科恩（Anthony Cohen）的

---

① Irving Johnson, "New Mosaics on Old Walls: Intimacy and Architecture along the Malaysian-Thai Frontier", *Anthropological Quarterly*, 83(2), 2010, p.272.

观点，以拉比诺和克莱潘扎诺为代表的反思人类学家对自我进行反思的自我意识已经成为他们关注他者自我的重要手段。[①] 人类学界围绕自我概念的辨析已经成为这门学科历史发展的分水岭，反思人类学的基本命题的提出直至普遍理论形成的逻辑过程都建立在这一基础之上。对他者自我的认识和关注从伦理和道义的层面确认了他者对本学科所作的思想和理论贡献，从而使得民族志更像是凸显道义的"书写"形式，而非科技性的数据统计和分析文本。相应的田野调查中与他者的社会交往过程和事件也成为当下民族志研究必须认真思考和细致陈述的问题。

克莱潘扎诺的"民族志式的交往"（ethnographic encounter）、拉比诺的"交流的阈限"以及杜伊尔的"事件+对话"等，就是要在动态、情境化的过程中反思人类学家与同样具有自我意识的他者这一主体的关系，因为这关系到民族志在"转述"或"书写"社会事实时的真实性和权威性。此外，文化他者在展现自我时所借助的象征性手段、文化手段以及本章所论述的诗性手段也成为民族志研究的重要方法，我们借此可以从地方性知识形成的过程考察自我的社会化过程，并最终达到分析社会和文化的目的。

文化他者的自我在当下的民族志中并没有一个统一的称谓，显然不能将其称作"非西方的自我"或者将其描述乃至简约成具有西方理性和个人主义色彩的自我。本章将其称作"诗性的自我"，目的是想以维柯有关诗性智慧的认识为一种知识范式，探讨当下民族志容纳自我的理论空间和实践场域。维柯所生活的时代还没有自我、个体意识和个性等流行的社会科学术语，但这并不妨碍维柯洞见到自我其实就是人的本性的产物，因为维柯总是将自然（本性）看成生育或发展，所以任何脱离人这一物质基础和肉体经验的所谓自我和个性在维柯看来肯定是荒谬的。将这一认识稍加扩展便会认识到任何脱离人的本性和生活实践的所谓理论和知识同样也是荒谬的。人类学家在田野调查过程中与他者不再是观察与被观察、研究与被研究的关系，而是主体之间的交往和互动关系，认识到他者诗性的自我意识并进而对共同人性的体认，成为民族志研究的共通经验。

---

① Anthony Cohen, *Self Consciousness: An Alternative Anthropology of Identity*, London: Routledge, 1994, p.70.

人类学对自我的认识，主要源于社会科学对心灵、自我以及社会关系的研究，以及人类学家长期与他者接触的田野经验。要让自我向诗性回归就必须重新回到人的自然本性和社会实践这一起点上，探讨个体与社会的关系，从而揭示出个体的创造性。要认识个体首先就必须认识自我（self）。米德认为，"自我，作为可成为它自身的对象的自我，本质上是一种社会结构，并且产生于社会经验"。相应地，个体获得自我意识的关键就在于"如何可能从经验上走出他自身以致成为他自身的对象"。①米德的这一定义表明，自我不是主观的意识，而是一种可以观察和意识的客观经验。自我的形成完全来自社会实践。不论是西方社会还是"原始部落"，人的自我的形成途径完全是一致的，都必须依附于语言、游戏和玩耍这三种社会交往情境。②特纳同样强调将自我作为一种经验的对象或者客体，特指个体自身经验在不同环境中延续的自我观念是特纳研究自我的关键词，他认为，自我观念是社会结构的某些方面介入个体行为并发挥作用的部分。③

　　特纳和米德一样都承认社会手段对自我意识形成的重要性，那么个体的创造性这一在维柯看来同生育、自然密切相关的人的本性又如何在社会的规范中体现出来呢？其实米德对自我的定义已经暗藏玄机，意味深远。他一再强调，为了意识到他自己，他必须成为他自己的一个对象，即作为一个对象进入他自己的经验，并且只有通过社会手段，只有通过采取他人的态度对待他自己，他才能成为他自己的一个对象。④显然，个体意识到自我的过程就是一个创造性的过程，这也算得上是人的本性之一。完全可以将此能力称作人的自我反思能力，⑤从而确认，反思能力并不总是属于观察和研究的一方。特纳在对自我观念的进一步论述中表明，自我观念不同于态度，因为后者带有采取行动的倾向。他认为，自我概念更像一个镜头，已经观察到的和期盼

---

① ［美］乔治·H.米德：《心灵、自我与社会》，赵月瑟译，上海译文出版社，1992年，第125页。
② 同上书，第122页。
③ Ralph Turner, "The Real Self from Institution to Impulse", *The American Journal of Sociology*, 81 (5), 1976, p.990.
④ ［美］乔治·H.米德：《心灵、自我与社会》，赵月瑟译，上海译文出版社，2008年，第203页。
⑤ 自我是作为自身经验可以反思的对象而存在于社会交往的情境中，反思也必须针对作为对象的自我，即米德所谓的"除非个体成为他自身的一个对象，否则他就不是反思意义上的自我"。参看上书，第125页。

中的自我形象通过这一个镜头受到检视,或被接受或被拒绝,与此相应的行为也会作出恰当的调整。①米德和特纳都主张在社会规范中去探寻同时作为主体和客体的自我,都认为自我反思、自我展现是自我存在和行动的关键,是使自我和社会发生联系的纽带,同时也是能动性的重要表现。

20世纪50年代以来,美国社会和文化人类学界对人类学研究中的主观和个体因素产生了越来越多的关注和兴趣,主要是因为人类学世界观的去客观化趋势。②此外,米德的符号互动主义和特纳主张的象征人类学使得人类学家可以通过考察个体所借助的种种象征性手段来分析文化他者"自我"的展现途径。罗萨尔多认为,我们永远也不可能知道人们为什么会按照他们的观念和方式来感知和行动,除非我们分析社会参与者在理解人的生命中所使用的种种符号——那些构成我们的思想以及社会存在观念的符号。③特纳的象征人类学同样致力于寻求个体参与社会、表达诉求、消解差异、升华精神与情感的仪式和符号,自我完全借助各种象征性的手段展现出来,所以在某种程度上,"符号促成了社会行为",④行为的过程也就是自我展现的过程。格尔兹在对巴厘岛的人、时间和行为的研究中也表达了类似的观点,他认为思维是一种公共活动,个人的生活是在文化观念中形成的,作为思想载体的符号所体现的意义原则上可以通过有系统的经验考察来发现。⑤但是格尔兹并

---

① Ralph Turner, "Articulating Self and Social Structure", in Krysia Yardley and Terry Honess, ed., *Self and Identity: Psychological Perspective*, New York: Wiley, 1987, p.120.
② 纳什进一步分析美国社会和文化人类学界"这一制度性的科学信念"衰退的原因,并总结为四个方面:第一,人类学家与自己研究主体之间的个体交往越来越密切;第二,人类学领域呈现出"民主化"的趋势;第三,同一种文化的多次田野调查和研究;第四,原住民的独立与自觉意识的展露。参看 Dennison Nash, "The Emergence of Self-Consciousness in Ethnography", *Current Anthropology*, 13(5), 1972, pp.529-531。
③ 罗萨尔多认为人类理解自身的方式并不是从一个内在的、与社会和外界相对独立的本质经验或体系中发生的,而必须依据自身在一个充满了意义、意象以及社会联系的世界或社会中所获得的经验,所有的人不可避免地都参与到这样的社会中。参看 Michelle Z. Rosaldo, "Toward an Anthropology of Self and Feeling", in Richard A. Shweder and Robert A. LeVine, ed., *Culture Theory: Essays on Mind, Self, and Emotion*, Cambridge: Cambridge University Press, 1984, pp.139-140。
④ [英]维克多·特纳:《戏剧、场景及隐喻——人类社会的象征性行为》,刘珩等译,民族出版社,2007年,第50页。
⑤ [美]克利福德·格尔兹:《文化的解释》,纳日碧力戈等译,上海人民出版社,1999年,第415—417页。

没有停留在"符号互动主义"上,而是将其推到可以经验地观察和阐释的层面,个人能动性因其对文化规则的阐释能力而展现出来。格尔兹的观点对于文化人类学有着开创性的贡献,之后的人类学家对能动性、实践和文化手段等概念更加关注,反思从此成为人类学研究和民族志撰述最为重要的概念。

格尔兹曾批评拉比诺、杜伊尔(Kevin Dwyer)以及克莱潘扎诺三人过度的自我展示而成为马林诺夫斯基的徒子徒孙,而詹姆斯·克利福德却辩称这三人因其作品的对话形式和不妄下定论的叙述策略,改变了这门学科传统的民族志权威性和"书写"的风格,是人类学等待已久的康拉德。① 事实上,格尔兹早就认识到了这种新的民族志书写形式,他将其称作人类学的文学维度和心理学维度的转向。他说,尽管将民族志视作文学或心理学的形式比较危险,却将人类学家从由来已久的自我/他者,也就是在这儿/在那儿的认识论二分法焦虑中解脱出来,从而关注自我/文本、作者/作家、个体/职业的关系。② 从中不难看出他对这种民族志的实践是持肯定态度的。格尔兹所谓"过度的自我展示"的批判虽然有失偏颇,但是他提醒我们,不能将民族志的权威性等同于作者所扮演的叙述者或对话者的角色,自我情感的投入和展现程度也不应该成为民族志权威性的试金石。③

反思的自我因此包含两个层面。一是民族志研究者反省已经明显介入田野调查并对诸多问题作出界定的人类学家的自我。在这方面作出开创性工作的是拉比诺及其代表作《摩洛哥田野调查反思》。拉比诺的田野作业反思读

---

① James Clifford, "On Ethnographic Self-Fashioning: Conrad and Malinowski", in Thomas C Heller, ed., *Reconstructing Individualism: Autonomy, Individuality, and the Self in Western Thought*, California: Stanford Uiversity Press, 1986, p.161.
② Clifford Geertz, *Works and Lives: The Anthropologist as Author*, Stanford: Stanford University Press, 1988, pp.1–24.
③ 对反思人类学的批判在学科内外都不曾停止。哲学家罗斯认为反思人类学主要在三个方面将概念混淆,没有作进一步的辨析。第一是自我呈现与权威性;第二是自我意识与自我批判;第三则是认识论和政治的表述。赫茨菲尔德在对本文的回应中部分赞同罗斯的观点,他认为,人类学这门学科一直致力于消除普遍主义的观念,这主要是考虑到普遍性可能会损害真实性。罗斯所担心的是反思人类学采取的谦恭诚恳的言辞可能是对普遍性加以伪装的一种策略,他提醒我们对此保持警惕,这一点是十分可取的。真实性常常是一个经过建构的具体化事物,在某种程度上同民族主义的诸多宣称相似。因此,任何撰述更真实的民族志的号召似乎总是有损于本身良好的初衷。参看 Paul A. Roth, "Ethnography Without Tears [with Comments and Reply]", *Current Anthropology*, 30(5), 1989, pp.557–563。

起来更像是在谈一个年轻学者如何经过田野调查这一通过仪式的历练而最终变成人类学家的。通过对摩洛哥自然景观、风土人情、细腻生动的人物（比如旅店老板、皮条客、乡绅以及宗教领袖等）的描写和刻画，作者巧妙地将自己融入这一幅生活的场景中，成为其中的一个角色，与各种人物周旋，甚至接受女人的性款待，时而神情愉快，时而沮丧抑郁。正是人类学家自我的去中心化，才使得他者的自我得以凸显出来。所以，将人类学家在民族志中的"角色"加以安排，同时注意叙述的策略，就能达到这一目的。二是反思应该针对人类学家对当地人生活造成的"扰动"以及如何对其加以评估。拉比诺对"扰动"的态度是积极的，他认为受访者受到交往的"干扰"被迫持续地反思自己的行为，将其客观化，从而把他的世界展示给我们，当我们更多地忙于这种活动时，他也就能更多地用一种新的方式体验自己的生活。①克莱潘扎诺则将这种扰动称为"民族志式的交往"（ethnographic encounter），他认为在这一交往的过程中与他者相遇如同日常生活中的任何相遇和交往一样，或者如同自己片刻反思自己的时候一样，总是一次复杂的妥协过程，相遇的双方都要默许一定程度的事实的存在。②交往和"扰动"使人类学家清楚地观察到了他者的自我反思的意识和过程，拉比诺和克莱潘扎诺这两部作品的意义就在于，人类学家对自我进行反思的这一自我意识已经成为他们关注他者自我的重要手段。

杜伊尔则试图用"事件＋对话"（events+dialogue）这一特别符合反思民族志撰述理想的模式来检视自己与一个异文化的个体之间的社会交往的情境和过程。他认为，"事件＋对话"的形式不但表明了自我与他者结构性的不平等关系，而且还表明自我与他者相互依存的关系，因为在对话中我们可以看到双方不断调整的过程：错误的开头，其间的迟疑以及重新导入话题，谈话时而连贯时而中断等。然而正是在这样的交往互动中，自我和他者的主体性或者自我意识才展现出来，双方在互动中适时进行调整，转变和发展自己的观点，创造性地理解和阐释各自代表的社会和文化，从而发展出一种时而

---

① 参看［美］保罗·拉比诺：《摩洛哥田野作业反思》，高丙中等译，商务印书馆，2008年，第51页。
② Vincent Crapanzano, *Tuhami: Portrait of a Moroccan*, Chicago: University of Chicago Press, 1980, p.139.

对立时而包容的关系。①非常有意思的是，杜伊尔也注意到了互为主体性的交往所产生的这一平等、相互依存和情感互通的感受，他将其称作"一种共通的经历",②克莱潘扎诺将其称作人的经验的共通性,③而拉比诺则将这种感受称作交流的阈限模式，是交往双方产生的一套共享的符号系统。④由此可见，已经介入田野调查的人类学家同他者的交往作为一种社会化过程在一定的社会空间中进行，是交往双方以人的经验而非人类学家和受访者这种研究与被研究、观察与被观察的关系为基础。在田野调查过程中，人类学家随时需要反思的也正是自己作为交往一方的身份、经历与另一方所共有的普遍性经验（即人的经验）。由于人的经验的共通性，交往的双方都可以借助对方认识自我和反思自我。所以克莱潘扎诺才感叹道，毫无疑问，在了解图哈米的过程中，我用一种迂回的方式也更多地了解了我自己以及我所生活的世界。⑤在特定的交往过程中通过双方的自我反思感受到人的共同经验，此时的自我最具有诗性，因为此时的自我同人的社会实践、情感的体验这些维柯所谓的人的自然本性紧密联系，两种类型的经验和文化得以融会贯通，而不必是精英的自我和意识对他者的经验、社会进行归纳、总结和评判。三位在摩洛哥从事调查的人类学家与他者建构的"共同经验"论证了维柯所谓的"各民族的共同性"，即起源于互不相识的各民族之间的一致观念必有一个共同的真理基础。⑥这个共同的真理基础就是反思自我的过程中显现出来的人性。

然而，这种通过交往来寻求人的经验的共通性时刻毕竟短暂、易变、时常断裂，难以把握。杜伊尔也意识到双方所建构出来的共享经验这一空间的不稳定性，因此他在最后一次对话的问题设计中表现出了这种焦虑。即便双方现在有很多共同的经历可以分享，但是在同一过程中分歧总是难以避免。他说，我必须自问，共有这一经验的对话双方在多大程度上是存在区别的?

---

① Kevin Dwyer, *Moroccan Dialogues: Anthropology in Question*, Baltimore: The Johns Hopkins University Press, 1982, Preface, pp.xvii-xviii.
② Ibid., p.215.
③ Vincent Crapanzano, *Tuhami: Portrait of a Moroccan*, Chicago: University of Chicago Press, 1980, p.23.
④ [美]保罗·拉比诺:《摩洛哥田野作业反思》，高丙中等译，商务印书馆，2008年，第145页。
⑤ Vincent Crapanzano, *Tuhami: Portrait of a Moroccan*, Chicago: University of Chicago Press, 1980, p.139.
⑥ [意]维柯:《新科学》，朱光潜译，人民文学出版社，2008年，第134页。

这一产生于特定时间和语境的经验在多大程度上是完整的、连贯的以及持续的？在多大程度上，这种共享是片面的、不平衡的以及短暂的？[①]拉比诺也坦承，交流常常是艰苦和局部的，中断和爆发挫伤着田野工作者和他的调查。[②]可能也正是这种对他者诗性的自我进行探求的艰难和局部性，他者自我意识凸显时刻的片面、短暂和模糊最终也挫伤了拉比诺对人类学的热情，进而对以格尔兹为代表的"审美时期"的人类学产生了审美疲劳。在一篇名为《超越民族志》的文章中，拉比诺批判格尔兹的美学观念仅仅是一种与形式相对的格式，是某种书写的能力、传达某种意象（而非检验标准化的表述）的能力，是唤起而非论战。尽管作者品位和风格的民族志本来应该只是人类学的一部分，现在竟成了全部。我们从这一类民族志中不能获得任何知识，只能看见人类学家自身的修养以及一条所谓宽容的准则，尽管我们能从这一人类学中知道事物的千差万别，但在我们是谁这样的问题上却保持沉默。[③]拉比诺对这种不痛不痒的人类学实践的失望，使得他更像是一个极力倡导回归经典的人，他希望人类学在现代社会中重新表现出应有的道义和英雄气概，像韦伯和尼采那样向充满抵触情绪的大众宣布历经艰难才获得的知识，而不是沾沾自喜地沉溺在自己的品位和风格中。当然，我们对这种情绪化的宣泄也不必太过当真，但它终究还是促使拉比诺走上了一条向福柯知识的"皈依"之路，这条路尽管也通向"诗性的智慧"，但却不尽然是人类学的手段。

众所周知，福柯写作的最终目的是要保卫自由和人的主体性，从而反对强加给我们长达几个世纪之久的个性以及完全独立自主的主体的观点。人这一观念在福柯看来，首先就是人的局限性（人的生命有限且短暂），人受制于劳动、生命和语言。但是人自身所受到的种种制约这种存在状态反而是其自主性的基础。福柯认为，我们只有通过他的词、他的机体、他制造的客体，

---

[①] Kevin Dwyer, *Moroccan Dialogues: Anthropology in Question*, Baltimore: The Johns Hopkins University Press, 1982, p.215.
[②] ［美］保罗·拉比诺：《摩洛哥田野作业反思》，高丙中等译，商务印书馆，2008年，第146—147页。
[③] 拉比诺将人类学的权威性的获得划分为三个时期，发现真相和事实（truth）的时期、道德伦理时期（ethics）以及由格尔兹所代表的审美时期（aesthetic）。参看 Paul Rabinow, "Beyond Ethnography: Anthropology as Nominalism", *Cultural Anthropology*, 3 (4), 1988, pp.358-360.

才能靠近他——首先，似乎正是它们（并且或许只是它们）才拥有真理。①受福柯这一观点的影响，拉比诺对人的这一异质性加以确认，他说，人正是因为被奴役所以才独立自主，正是因为生命的脆弱和有限短暂使得他能够取代上帝。②人的无限是因为他的有限，人的知识和自主性完全来自社会生产实践和肉体的经验，维柯教导我们要从后者去推衍出前者，而不是相反，这也就是他力劝"理性"社会中的大众去发现"诗性的智慧"，从而抵制住各种虚骄讹见的原因。维柯没有把他对诗性智慧的探究叫作知识考古学，但是他所凭借的支点也是词与物，他的目的同样是要捍卫人的（自然）本性。

当然，在本章中我们还不能像拉比诺那样超越民族志，从而走向思想、自我、人性的哲学和玄学维度，我们还是要借助文化的手段探寻诗性的智慧，让诗性牢牢地植根于人类学的田野调查和民族志撰述之中。在这一点上，拉比诺对格尔兹的批判过于偏激，有失公道，因为后者一直致力于用文化手段来理解他者。既然我们已经知道诗性智慧的存在，那么我们就可以通过诗性的逻辑来考察这种智慧的种种表达方式，因为诗性的逻辑也是一种凡俗的智慧，是文化他者日常生活和经验的重要成分。

## 三、诗性逻辑：民族志研究的文化手段

据维柯考证，"逻辑"来自"逻各斯"，其初意是寓言故事，而希腊文"寓言故事"一词派生于拉丁文"缄默或哑口无言"。因此，维柯断定，最初的民族在哑口无言的时代所用的语言必然是从符号开始，用姿势或实物与所要表达的意思保持联系。③所以，逻辑就是通过实物或姿势同所要表达但又哑口无言的事物建立起象征联系的智慧手段，即用以己度物的方式，让一些

---

① ［法］米歇尔·福柯：《词与物——人文科学考古学》，莫伟民译，上海三联书店，2001年，第410页。
② Hubert L. Dreyfus, and Paul Rabinow, *Michel Foucault: Beyond Structuralism and Hermeneutics*, Chicago: University of Chicago Press, 1982, pp.30.
③ ［意］维柯：《新科学》，朱光潜译，人民文学出版社，2008年，第172页。

不能言说的物体成为具有生命实质的真事真物，使它们也有感觉和情欲。① 对"未知事物"或"不可言说"的事物的认识和了解，大体相当于人类学所说的"地方性知识"，即地方性社会或个体如何用以己度物的方式认识外在于自我和社区的事物的途径。要注意的是，认识是以地方性知识为出发点和源泉的，所要阐明的不是超地方的社会和实体（比如民族-国家）如何塑造、影响了地方社会，而是地方性知识和个体如何"建构"、再现和阐释了超地方的社会，这多少有点类似安德森的"共同体"的想象过程。② "想象""认识""言说"某种哑口无言的事物所使用的诗性手段和策略就是修辞和比喻手段，对文化他者日常生活和行为中所使用的修辞和表述策略的人类学研究，就在于揭示地方性知识得以形成的方法和途径，从而对他者的能动性（即维柯所谓的作者或创造者的身份）加以确认，这已经成为人类学认识论的重要部分。③

维柯在《新科学》一书中列举了比譬、转喻、隐喻和暗讽四种诗性的比喻手段，指出一切比喻其实都是一切原始的诗性民族所必用的表现方式，原来都有完全本土的特性。④ 人类学家关注地方社会的比喻手段同样是要分析他者"推己及物"认识事物和展现自我的途径。如人类学者特纳将社会进程和历史事件看作仪式的隐喻，认为人们在仪式操演过程中对各种符号的象征

---

① ［意］维柯：《新科学》，朱光潜译，人民文学出版社，2008年，第174—175页。
② 安德森借用黑格尔的观点来说明早报已经取代了早上的祷告而成为现代人共同的仪式，他也注意到从积极层面主动建构和引导民族意识的是资本主义的生产关系、印刷技术的改良以及人类语言差异性这一天性相互作用的结果。参看 Benedict Anderson, *Imagined Communities: Reflections on the Origin and Spread of Nationalism*, London: Verso Editions and NLB, 1983, p.46. 但是普通民众通过报刊以及各种印刷品来"想象"国家这一共同体的具体途径，安德森却有些语焉不详的。赫兹菲尔德正是通过考察地方性的"闲言碎语"与媒体的"新闻"之间的关系来认识这一途径的。他认为，社区与外界、我者与他者、媒体新闻事件与乡村话语之间在村民的评论中建立了联系，村民们所熟知的本地区的历史、英雄人物和各种传统在对现实的评论（在某种程度上，评论就是gossip）中不断被赋予新意，重复叙述，诙谐的模仿和讽刺的语调便构成了村民的历史记忆和对当下的理解；这种历史的叙述和阐释方式绝对不像某些历史学家认为的那样陈旧过时、毫无新意，相反，这些事件对现代村民的想象产生了深刻的影响，他们将这些事件概念化，并同过去和现在所经受的苦难进行对比，这种对比的形式是村民接近和理解国家层面的宏大历史和事件的主要方式。参看Michael Herzfeld, "History in the Making: National and International Politics in a Rural Cretan Community", in De Pina-Cabral and John Campbell, ed., *Europe Observed*, Basingstoke: Macmillan in Association with St. Anthony's College, Oxford, 1992, p.107.
③ 刘珩：《民族志认识论的三个维度——兼评〈什么是人类常识〉》，《中国社会科学》2008年第2期。
④ ［意］维柯：《新科学》，朱光潜译，人民文学出版社，2008年，第177页。

性运用其实反映了特定的社会结构、规范以及观念。①医学人类学则在具体的治疗仪式中，分析身体通过各种比譬和隐喻与社会建立起来的种种象征意义。赫茨菲尔德认为，地方社会对疾病的认识和治疗也是一种道德评价的行为。身体与社会、疾病与失范通过"治疗"这一仪式过程象征性地联系在一起，治疗过程其实是将个体的状况重新安置在一种集体的秩序之中，此时治疗代表一种象征性的圆满形式。②

按照福柯的观点，个体的自我知识既是主观的又是客观的，他不再是古典时期的人，不是在表述世界的过程中形成的一个实体，也不是在话语这一专横的统一体中被完全忽视的安详宁静的东西，他现在既是组织者又是创造他自我形象的中心，在零散杂乱的语言间隙中创造这一形象。③人类学的大量田野调查表明，乡民们的行为、实践和话语往往都是比喻性的，他们总是将个体和社区作为了解未知事物的途径。地方性社会的民众总会借助各种比喻的手段，在过去与现在、地方与国家、父系亲属团体与党派组织之间发现相似性，建立起联系，并衍生出相应的历史意识和叙述方式，前者无疑成为他们理解和评论后者的手段。我们不应该将这些穿越时间、跨越等级的联系当作乡人愚昧、逻辑混乱的表现，而应当作他们运用比喻手段的历史表述方式：机智、幽默并且夸张。这正如赫茨菲尔德所言，一旦我们承认这些历史叙事的修辞手段，事实和精确的概念便会被一种斑驳芜杂（bricolage）的个体能动性观念所替代。大的历史苦难为乡民们的叙述提供了编年的语境，村民们因此得以将自身的得失同村庄、地区、克里特岛以及国家的得失相互印证，乡民的历史不再是稀有和宝贵的资源，而是需要检验的对象。④地方性社会民众在日常的生活中也通过各种隐喻的手段向人类学家显示他们认识历史和世界的方式，这就需要细心和敏锐的观察者发现这些"诗性手段"的象

---

① 参看［英］维克多·特纳：《戏剧、场景及隐喻》，刘珩等译，民族出版社，2007年，第27—50页。
② Michael Herzfeld, "Closure as Cure: Tropes in the Exploration of Bodily and Social Disorder［and Comments and Replies］", *Current Anthropology*, 27（2）, 1986, p.107.
③ Peter Kemp, "Reviewed Works: *Michel Foucault: Beyond Structuralism and Hermeneutics*", *History and Theory*, 23（1）, 1984, p.89.
④ Michael Herzfeld, "History in the Making: National and International Politics in a Rural Cretan Community", in De Pina-Cabral and John Campbell, ed., *Europe Observed*, Basingstoke: Macmillan in Association with St. Anthony's College, Oxford, 1992, p.109.

征意义。赫茨菲尔德注意到希腊克里特山区一个村庄的咖啡馆对于"土著"的全球眼光的培养和形成的重要意义,他认为当地的咖啡馆是一个政治竞技场,既是现实的也是表述的。人们不管出于什么原因到咖啡馆,咖啡馆都意味着一个危险的公共地带(有电视机可以看新闻,咖啡馆里挂着克里特、希腊甚至全世界的地图。地图最重要隐喻是:团结,建立在希腊四周都是潜在敌人基础之上的团结)。在咖啡馆中,不管是个人、整个村庄还是全体希腊人都暴露在敌人的阴谋之中。① 咖啡馆就这样被理解为当代社会人际关系互动的典型场域,是不少人类学者和社会学者常去调研的另类"田野"。

诗性逻辑的种种比喻手段已经展示出地方性知识形成的途径和其中的创造性,但是它的完全展现还取决于个体的行为、话语和实践,正是在这些对话式的、即兴的与现实和事件互动的时刻,村民们才释放出他们全部的智慧,我们可以将这些表现的时刻称作"社会诗性"或者"社会展演"。将社会诗性和社会展演的概念引入社会学和人类学的研究领域有三个方面的意义。

首先,社会诗性不同于特纳的"社会戏剧"理论,前者更关注人们日常行为和话语中的符号和象征意义,② 而不必刻意在特定的仪式中去找寻。诗性手段并非只出现在诗歌、文学作品、雄辩的演说或者某一英雄人物波澜壮阔、跌宕起伏的戏剧性人生之中,它往往取决于人们依照现实的情境进行展演的"时刻"或"瞬间"所迸发出的智慧之光。民族志的"诗性逻辑"在某种程度上确认了熟练运用修辞手段的文化他者"诗人""作家"或"雄辩家"的身份。③

其次,社会诗性强调特定的交往或对话情境。相对较为"静止"的社会戏剧理论而言,社会展演更加关注言语和修辞的运用,与听众的互动交往策

---

① Michael Herzfeld, *The Poetics of Manhood: Contest and Identity in a Crete Mountain Village*, Princeton: Princeton University Press, 1985, p.152.
② Michael Herzfeld, "The poeticity of the Commonplace", in Michael Herzfeld and Lucia Melazzo, ed., *Semiotic Theory and Practices: Proceedings of the Third International Congress of the IASS*, New York: Mouton de Gruyter, 1984, p.385.
③ 维柯也注意到了这种展演所具有的哲学和科学意义,他说,一切表达物体与抽象心灵的运用之间的类似的隐喻一定是从各种哲学正在形成的时期开始,证据就是在每种语言里精妙艺术和深奥科学所需用的词,都起源于村俗语言。参看[意]维柯:《新科学》,朱光潜译,人民文学出版社,2008年,第175页。

略,如何将自身隐喻性地投射到更为宏大的实体、历史的逸闻趣事以及同当地日常经验和思维方式密切相关的思想观念之中。笔者2001年在大理喜洲一带进行白族本主崇拜的田野调查时,曾就自我身份认同意识问白族村民觉得自己与汉族有什么不同。当地人总是津津乐道地谈起他们与其他白族村寨人的差别,并认为自己与邻近村子人的差别很大,从老年妇女包头的方式、打发女儿的嫁妆和娶媳妇的不同花费以及口音的细微差异等方面来说明自己与他们的不同,但都坚持认为自己除了饮食(可能指白族生吃猪肉的习惯)和语言之外与汉族没什么区别。①这样的言辞策略显然是将自己的身份向更大的民族-国家实体进行投射的诗性表述方式,同时兼顾了忠诚与地方性差异。此外,白族村民同时兼顾爱国主义和地方情结的表述方式说明,常常作为被研究一方的讲述者还会借助对话和交往的现实语境,通过模仿(parody)转变对话双方不平等的权力关系,在融合的表层形式中暗藏嘲弄和挑战其模仿对象的语义。②

再次,社会诗性在社会结构和个体能动性的紧张关系中才能更好地体现出来,从而更深入地揭示二者之间的关系。人类学长期以来注重社会结构和文化制度的考察研究,而忽略了人的个体意识。对个体能动性的关注则源于社会科学对自身的反思和批判,抽象的、脱离知识主体及其语境的客观科学研究受到质疑,经验的社会科学被阐释的社会科学替代,个体的自我意识和主体性受到全新审视。③对个体意识的分析和考察当然既不能脱离也不能否定社会和文化对个体的"规范"作用,但是却可以从相反的方向,考察个体是如何将社会"融入"自身的经验之中的,这自然也是以己度物的诗性手段。

---

① 刘珩:《在本主的庇荫下:大理白族本主崇拜研究》,中央民族大学博士学位论文,2002年,第28页。
② 克莱潘扎诺认为,模仿是"双重声音的词语",这一类词语必须当作两个谈话者的表述来阐释。其中一个谈话者的词语被第二个谈话者出于自身的目的占用,此时被占用的词语已经嵌入新的语义,但同时还保留着其原有的指向性意义。克莱潘扎诺想要说明,在人类学的交流和对话中,说话者B所说的话可能会突然给说话者A以启示,换一种角度看问题,从而极大地改变自己的观点、认识、自我意识甚至身份认同。参看Vincent Crapanzano, "The Postmodern Crisis: Discourse, Parody, Memory", *Cultural Anthropology*, 6(4), 1991, p.437, p.442。
③ 刘珩:《文学的人类学研究范式——评汉德勒和西格〈简·奥斯汀以及文化的虚构〉》,《文艺研究》2011年第7期。

这种诗性手段在布迪厄看来就是生活的艺术，他将这种生活的艺术称作"规范性的即兴而作"。① 从这一概念中我们可以看出布迪厄在调和社会规范与个体能动性这一矛盾统一体时所作的努力：实践具有社会规范性，但又不排除个体在具体实践中的即兴创作和发挥。社会实践中的这种即兴的诗性展演在某种程度上体现在矛盾的修辞（oxymoron）策略上，从而能够有效应对诸如"引以为豪的尴尬"、"贼的荣誉"（此处的"贼"是希腊克里特山区以相互盗窃为荣誉的民族）以及"作为违犯的规范"等困境。这些通常就是个体在日常社会实践中为自我开脱，对有违"社会规范"的行为寻求借口的表述策略。赫茨菲尔德将此类修辞策略称作"另类的规范"。他认为，"贼的荣誉"一类的短语暗示着不单单只有"贼"才面临这样的困境，事实上所有对无所不在的社会规范表现出原则性蔑视的群体都有相似的境况，这就要求他们发展出自身的"规范"形式，包括行为的伦理准则、组织的连贯统一以及社会的可预测性等方面，久而久之就演变成这一群体固定的表述策略。② 这种另类的规范通常利用了乡村对国家特有的忠诚这一模糊的意识地带，即：在道德层面同质，但在实用层面却相互冲突。在道德层面同国家的价值体系、法律和规范保持一致，但在实际操作中却屡屡加以违犯，后者才是在社

---

① 布迪厄的"惯习"这一概念其实也是依照某种规范的即兴之作。他认为惯习是一种处置的能力，这种"处置"产生并规范着实践和表述，但是处置自身也是一种建构的产物，比如受到以突出阶级特点的物质条件的影响。参看 Pierre Bourdieu, *Outline of a Theory of Practice*, Cambridge: Cambridge University Press, 1977, p.78。

② Michael Herzfeld, "Embarrassment as Pride: Narrative Resourcefulness and Strategies of Normativity among Cretan Animal-Thieves", *Anthropological Linguistics*, 30（3-4）, 1988, p.319. 赫茨菲尔德后来将这种另类的规范及表述策略称作"文化亲密性"（cultural intimacy），他认为文化亲密性的建构是双向的、交换的，有助于我们分析诸如模式、法律、制度、文化表述以及语言和穿着一类的阶级标记是通过何种策略来推行的，文化亲密性则部分来自对上述社会结构的应对、改造和策略性的自我展示。参看 Michael Herzfeld, *Cultural Intimacy: Social Poetics in the Nation-State*, p.47. 此外，文化亲密性还来自乡民对法律、制度和规则所包含的缺陷的认识，这就为他们自身的行为寻找到了恰当的道德借口。这一点在赫茨菲尔德对罗马居民所作的民族志描述中表现得很清楚，罗马蒙蒂（Monti）区的居民认为那些政客并非国民理念的化身，他们和世间的骗子没什么分别，这些人在社会上极强的活动能力往往来自他们与宗教和公民社会格格不入的各种道德缺陷。此外，国家所表现出来的对公民生命和利益的漠视，又为民众的麻木不仁和唯利是图的行为提供了道德借口，因此国家和平民其实是一种"结构性的共谋关系"，双方相互依存，共同构建了文化亲密性的不同层面。参看 Michael Herzfeld, *Evicted from Eternity: The Restructuring of Modern Rome*, Chicago: The University of Chicago Press, 2009, pp.117-119。

区内部被广泛认可和赞许的行为模式。这种展演的技巧和借口的表述策略事实上同时兼顾了地方性忠诚感和对民族-国家的认同意识，因为在利用国家层面的规范为自己的行为开脱的借口中，社会展演者找到了将自我同国家进行联系的方式和途径，也正是在对国家和官僚机构的嘲讽中，社会展演者才更加认同这些制度和规则，并将其融入自我的经验中。①

探讨民族志的诗性，并非一劳永逸地否定这门学科一个多世纪发展而来的"经验性"和"实证性"的传统，也并非要将现代理性所高扬的个人主义扫荡干净。本章所论述的民族志的诗性旨在提醒我们注意个体在实践中的千差万别，个体的思考和自我展示往往出现在与历史事件互动过程中所产生的"破碎""间隙"以及"瞬间"的经验时刻，这些同时也是"诗性智慧"产生的时刻。此外，诗性同时也是一种人的"共通性"的智慧，被雅各布森称为"诗性功能"的转喻和隐喻等修辞手段正成为包括文学在内的各人文学科追本溯源的重要手段。修辞使某种文本成为作品，因此才具有文学性。或许我们也应该仿照文学领域对"文学性"的追溯，探究"诗性"使民族志研究成为可能以及使民族志成为作品的功能。

## 四、诗性写作：民族志传记

格尔兹的阐释人类学确认了文化他者的主体性和能动性，人类学家的自我意识和情感展现也逐渐变得合法化，以书写他者主体性和社会实践为目的的生命史成为民族志的一种重要体裁。人类学从科学向阐释学的转向，成为人类学的文学转向最突出的表现之一。这在客观上也确认了小说家和文学批评家一类学者进入社会学、人类学和历史学等社会科学领域发挥影响并展开评论的合法性。以拉比诺、克莱潘扎诺以及杜伊尔为代表的反思人类学者进一步确认人类学家和文化他者在文化阐释过程中相互依存的

---

① Michael Herzfeld, "Irony and Power: Toward a Politics of Mockery in Greece", in James W. Fernandez, and Mary Taylor Huber, eds., *Irony in Action: Anthropology, Practice, and the Moral Imagination*, Chicago: The University of Chicago Press, 2001, p.77.

关系，田野调查和社会交往成为生命史撰述的基础和前提。"民族志传记"（Ethnographic Biography）这一概念在此背景下应运而生。所谓"民族志传记"，简而言之就是通过人类学的田野调查和研究方法对某一位主体（通常也是文化他者）的生活和经历进行描述的文本，目的是认识他者的社会和文化。这一体裁旨在对传统民族志的实践方式和表述策略进行改造和拓展，使其更符合现代社会科学对个体意识和主体性加以审视的需要。民族志传记因采用细腻生动和颇具文学色彩的笔触对主体的心理性情、社会交往、思想意识及感受欲望等方面进行描写和刻画，多少又具有文学传记的特点。

民族志传记是人类学的文学转向所产生的一种研究范式。这一范式集中体现了人类学后现代派对于文化、书写（表述）、事实与虚构以及社会与个体的全新阐释，展示了另一种社会和文化事实的理论预设：从宏大的历史叙事和有关各种思想的现实评论，转向对个体生命史的兴趣；从结构-功能主义的整体论观点，转向生活于结构中的个体和群体的主观意识；从实证、经验和科学的民族志阐释，转向修辞性和虚构性的描述，从而辩证地理解"事实的虚构"与"虚构的事实"之间的关系。文学不仅为这些转向提供了契机，也提供了现成的文本和理论资源。人类学的这一文学转向起源于当下社会科学对自身的反思和批判，抽象的、脱离知识主体及其语境的客观科学研究受到质疑，经验的社会科学被阐释的社会科学替代。小说和传记文学一类的文学作品，因其对个体心理、行为的描写，成为社会科学研究的"真实性"材料的重要来源。

民族志传记这一概念，在人类学学科内部也经历了一系列的知识和表述范式的演变过程。20世纪早期的人类学家，如克拉克洪（Clyde Kluckhohn）和保尔·拉丁（Paul Radin），开始对"个人文献"（personal documents）和"生命史"（life history）等人类学田野调查材料表现出极大的兴趣。生命史这一有关个人生活、经验、意识以及行为的文本，因其地位、作用和价值的特殊性，逐渐受到人类学家的重视。到了格尔兹领军的阐释人类学时期，个人的能动性进一步得到确认，相关的讨论逐渐深入人类学学科的认识论和方法论层面。随着人类学后现代"反思"的转向，田野调查不再是观察与被观察、研究与被研究的关系，而是人类学家与资讯人（或者潜在的"民族志传主")两个主体之间社会交往(social encounter)的过程和事件,这种交往已经成为民族志传记真实性的重要来源。正是在这样的学科历史背景之下,哈佛大学人类学系教授赫茨菲尔德进一步厘清了人类学与文学的学理关系,辨析了相关的重要概念,之后在其《一幅希腊想象的肖像:安德雷亚斯·尼内达克斯的民族志传记》(以下简称《希腊想象》)这一著作中提出了"民族志传记"的概念,并加以全面的阐释,其意图在于考察将文学和人类学两门学科并置之后对双方所产生的全新洞见。

从事文学和人类学交叉研究的西方学者主张文学和人类学的并置研究,一方面是因为"文学人类学"这一主张具有学科设定和规范的嫌疑;另一方面是因为并置更能够表达两种学科的不同观点和视角,在对话和互动过程中为彼此带来全新的洞察力,展现交叉研究领域的张力和不确定性。

赫茨菲尔德多次提到民族志和小说的并置这一观点,主要是因为《希腊想象》一书的传主是一个小说家,而作者本人是一个人类学家。传主安德雷亚斯出生于克里特岛山区一个具有反叛精神的牧羊人家庭,一生坎坷多变。他做过小商贩,"二战"期间因为领导驻扎在中东的希腊部队的哗变而被长期监禁,甚至一度被判处死刑。1952年他获得自由之后,又因为自己共产主义者的身份遭到社会的长期隔离。复杂的人生体验和曲折的个人经历,促使他最终从事小说创作,并在希腊文学界产生了一定影响。而作为人类学家的传记作者本人也长期在希腊的克里特岛从事田野调查,在一段时间之内两人都在克里特这一区域活动,彼此的时空经验部分是重合的,有一些感受也应该是相通的。所以将两人的经历、情感、活动的轨迹以及写作的动机放在一起加以对比,彰显了不同学科在书写文化和表述事实上的异同,从而形成了一种互补关系。赫茨菲尔德认为:安德雷亚斯的作品从一个陌生的视角阐述了我所熟知的诸多民族志问题,比如嫁妆和女性问题,民族主义以及有关血缘和亲属关系的诸多观念,我们在这些问题上的共同经验和体会产生出一种互补性,而非共同性。一个小说家有关个人感受的描述对人类学家而言是一种慰藉,因为后者在田野调查中与其他主体心灵相通、情感交融的体会往往受到抑制而无法表述。同时,民族志能引导小说家关注个体行为所受到的种种社会约束,主要是那些界定了什么是不证自明的或者自诩为普遍真理的特定文化观念对个体行为无形中的影响和操纵。①

然而不可否认的是，小说家和人类学家、小说和民族志有一个根本的共同性，这就是自我以及自我的行为实践与社会展演（social performance）的过程和策略。赫茨菲尔德在《自我／民族志：重写自我和社会》一书中认为，自传式的民族志（autoethnography）以表述一个为矛盾所困的自我为主旨，并且还要反映这一自我被驯服的过程，这同时也是"自观的我"的社会实现的过程。②因此在《希腊想象》一书中，小说家、人类学家和他们所观察、描述的主要群体——克里特牧羊人——自我的社会实现过程交融在一起，既是叙事的线索，又体现了社会和文化书写参与、互动的特点。传统的学科分类模式的界限因此变得模糊了，这样的文本既是历史的、叙事的，也是虚构的，或许也是真实的，因为它展示了主体经验中复杂而真实的重重关系。民族志传记这一文本的真实性，取决于它在多大程度上体现了事实被建构的过程，而自我和实践的多重矛盾和困惑应该是这种真实性的主要方面。

民族志传记因此为冲突的自我寻找到了释放、表述和展示的空间，人类学家可以像小说家一样侵入德国理论家伊瑟尔（Wolfgang Iser）"事实"的领地，一改此前如履薄冰的谨慎和矜持，进而考察自我表现的张力和空间，暂时摈弃了传统的学术和科学态度，以探索民族志书写的多种可能性。由于自我如何在社会化过程中被表述、投射、驯服和实现的过程，对于我们了解自我与民族志、传记的关系至关重要，因此赫茨菲尔德认为，自我在社会中诗学的实现方式（poetic realization）其实就是一个民族志式的自我展示过程。正是在这一意义上，民族志传记将一个固定的和类型化的自我体认（self-regard）转变成了一个充满诗意的过程。③剑桥大学的人类学家马瑞琳·斯特森（Marilyn Strathern）在《语境之外：人类学的虚构性叙述策略》一文中探讨了后现代人类学的书写特点。她认为：人类学写作必须弥合读者的经验与

---

① Michael Herzfeld, *The Portrait of a Greek Imagination: An Ethnographic Biography of Andreas Nededakis*, Chicago: University of Chicago Press, 1997, p.25.
② Michael Herzfeld, "The Taming of Revolution: Intense Paradoxes of the Self", in Deborah Reed-Danahay, ed., *Auto/Ethnography: Rewriting the Self and the Social*, Oxford: Oxford International Publishers Ltd.1997, p.180.
③ Ibid., p.193.

作者试图传递的他者经验之间的距离，因此人类学家总是忙着运用各种各样的表现手法，以便影响其读者的观点和信念。要进行描述就必须借助各种文学策略，也就是必须创作出具有说服力的故事，这就包括故事内部的构造、分析的组织、向读者介绍概念的顺序、不同类型被并置在一起的方式等。故事要有说服力就必须契合读者所处的社会和文化语境，因为作者不必再去建构一种语境来呈现自己的观点。例如早期的人类学家弗雷泽的作品，就是因为契合了当时的社会和文化语境而变得有说服力和格外流行。他找到了残存于现实生活中的过去的种种痕迹，将《旧约》作为一种文献，分析当代生活与过去实践之间的相似性，这些都不需要提出新的概念，而是当时通行的做法。[1]

马瑞琳·斯特森显然是要提示专业人士，民族志作为一种文本，同样也必须建构一个有说服力的故事语境，只不过不同时期的民族志建构这一语境的策略有所不同而已。所以，民族志传记并置的意义，还在于它揭示了人类学与文学、人类学家与小说家之间互为语境的关系。也就是说，观察者必须与被观察的一方、作者必须与描述对象保持一种互动和参照的主体间性的关系，从而形成一种巧妙的叙述策略。这方面的讨论，对于人类学者和文学作者而言都是富有启发性的。然而不可否认的是，受制于科学主义的信条，传统的民族志书写长期以来刻意在人类学家与其研究对象之间保持一定距离，并且创造出一种超验的或不证自明的语境，从而将后者排除在知识生产的机制之外，使得知识的生产成为某种特定的职业。与此不同的是，文学一类的作品在描述社会和文化现象时，从来不刻意隐藏虚构时所凭借的语境以及所借助的种种书写策略，因此作者与其描述主体、与读者就能够共同创造一种相互叙述和阐释的语境。

《写文化——民族志的诗学与政治学》一书深刻辨析了文化与书写的关系，指出任何民族志的书写都必然是一种基于事实的建构，是各种权力和话语关系妥协的结果，是文学修辞策略的运用，也都是事先预设了一个所要反思的道德层面，乃至当下社会的隐喻（"我"和"他者"的相似性）层

---

[1] Marilyn Srathern, "Out of Context: The Persuasive Ficitons of Anthropology", *Current Anthropology*, 28(3), 1987, pp.256–258.

面。民族志传记,则是对文化书写诸多观念的具体实践形式和一种先锋性的尝试。

首先,它认识到传统民族志中的事实是一方文化对另一方文化经过对抗、修改、限定、分类以及重新文本化的结果,因此通过两个主体之间的社会交往经验性地获取材料,之后在文本的书写过程中让这一交往的语境和事件显现出来,从而彰显事实得以产生的过程。这一过程同时是向读者开放的,读者通过主体间交往的诸多文化假设和经过"妥协"的文化事实来加以阐释。此时的文本不必是需要某种话语、权力、身份或者职业来建构和维系的事实,它是由作者、被描述的主体以及读者共同形成的一种人类学所谓的对话式的或复调式(polyphonic)的事实呈现的策略。

其次,民族志传记将自传、传记、民族志等多种文本融合在一起,在体裁上甚至学科上互为语境和参照系,这就形成了多重的解读和阐释的层面。透过这一形式,我们可以从个体、其所从事的职业以及所经历的更为宏大的历史和社会事件的不同层面来获得不同的文化景观(cultural landscapes),从而象征性地跨越学科、身份、我/他者、西方/非西方等诸多的界限。由此可见,文学与人类学的跨学科研究并非一定要去厘清学科的制度、传统、界限,然后再试图去打破这些界限。它可以采取一种另类的形式,即表述一个主体性的我如何在不同的制度、结构和规范中穿越,从而诗意地呈现自我在面对这些规范和界限时所体现的困惑、妥协以及整合的仪式过程(rite of passage)和能动性(agency)。

民族志传记这种从主体的个体意识、身份、职业、感受等"细枝末节"处去洞悉历史和文化的书写形式,对于久已习惯宏大叙事的中国人类学界而言是大有裨益的。当我们还在对田野工作和田野经验的真实性满怀虔诚、充满想象的时候,以实证主义和经验主义为标志的社会科学现代性在西方已经受到了广泛的批判和质疑。其实,对真理和事实的探究并非一定要去除"人"这一极其不稳定的因素,因为社会科学归根到底还是有关"人"的科学。正是在这一意义上,我们应该表现出格尔兹所谓的"我们在写作"的谦虚品德,像小说家一样去面对和呈现生产知识的主体以及现实语境。在此,本书第三章所提及的学者庄孔韶的"文化与灵性"问题,作家潘年英的"什么是文学人类学创作"问题,以及由美国作家兼人类学者卡斯塔尼达为代表的人类学小说创作的学科归属问题，还有本书没有展开专门讨论的中国大陆的人类学小说创作（从韩少功《马桥词典》到姜戎《狼图腾》，等等）问题，[①]均可以获得理论性再审视和再思考的契机。这些问题从不同层面凸显出两大学科交叉互动所催生的新知识增长点，值得从业者作长期的跟踪和探讨。

---

[①] 参看牛小梅：《人类学小说试论》，见史忠义等主编：《国际文学人类学研究》（"人文新视野"第五辑），百花文艺出版社，2006年，第83—94页。

# 第七章

# 文学之翼：人类学文学转向的思考

> **内容摘要**
>
> 目前学界所讨论人类学的文学转向，主要是指20世纪70年代以来阐释人类学，特别是80年代以《写文化：民族志的诗学与政治学》《论著与生活：作为作者的人类学家》等为代表的对民族志与文学关系讨论引发的论争，及其激发的三个层面的转向：民族志写作方式的多元化转向，人类学诗学、文学人类学等学术研究（人类学意义的文学创作及其研究）的转向，对人类学史中游记、史诗等文学意义以及人类学与古典学渊源关系的重新关注。本章从人类学内在的文学性、人类学史中的文学、人类表述自我的本性与文学的人类学性几个层面，重新探讨"人类学的文学转向"，认为科学与文学是人类学与生俱来的两翼，所谓"文学转向"更像是一种"复兴"，文学之于人类学的意义，也就是那个长期被科学范式所遮蔽的文学之翼，开始在重新体认之下焕发新的生机。

## 一、人类学的文学转向

美国人类学家克利福德和马库斯于1984年组织的"民族志文本写作"高级研讨会及论文集《写文化：民族志的诗学与政治学》，是学界讨论人类学"文学转向"的分水岭。人类学、史学、文学批评家汇聚一堂，深入讨论民族志写作与文学的关系，"通过展示解读和写作民族志的不同方法而引入一种对民族志实践的文学意识"。①表述、隐喻、寓言、象征、叙事等一系列文学惯用手法都影响了文化现象被描写和记录的方式，这些带有虚构性特点的写作策略从曾经被视为可经验、实证的科学、真实的经典民族志中被分析、凸显出来。由此，民族志写作以一种基于事实的象征性话语建构了田野工作的对象本身，这一文学属性行为，既是历史、政治、权力、话语等多重因素支配妥协的结果，也是文学修辞策略的具体运用。

> 民族志是混合的文本活动：它跨越不同的体裁与学科。本书中的文章并未声称民族志"只是文学"，不过它们确实坚持民族志向来是写作。承认民族志的诗学维度并不要求为了假定诗的自由而放弃事实和精确的描述。诗歌也可能是历史性的、精确的、客观的。②

人类学是一门寻找意义的解释科学，而不是寻找定律的实验科学。因此格尔茨明确反对实证主义的科学范式，支持越来越文学化的文化批评模式。强调民族志的"写作"特性，要求凸显人类学家对他者的想象、对材料的选择、对文本的架构、对叙述策略的取舍，这些活动都包含着相当浓厚的主观性色彩。

毋庸置疑的是，民族志所谓的"真理"当然只是如格尔茨指出的那样，是"部分的真理"，③宣称田野经验的直接性、科学性及民族志表述的透明性、真实性的做法未免天真，因为任何文化描写都是"此乃关于彼的（充满色彩的）故事"，内容和形式皆具寓言性。④被科学民族志所隐匿的"人"的主体性和主观性被重新确认，因而有"人类学思想分水岭"和"人类学文学转向的风向标"之誉。

这场关于"写文化"的论争以其对民族志写作和文学修辞、表述策略的聚焦，加深了人们对文化描述或表述的人为建构、选择、想象与虚构等性质

---

① ［美］詹姆斯·克利福德、乔治·E.马库斯编：《写文化——民族志的诗学与政治学》，高丙中等译，商务印书馆，2006年，第315页。
② 同上书，第55页。
③ 同上书，第35页。
④ 同上书，第136页。

的认识，传统人类学通过田野工作所建构的民族志权威受到质疑，并引发了一系列的反思，如人类学者应当描述什么、如何描述以及为什么要描述。由此激发了三个层面的转向。

第一个层面的转向是民族志写作方式的多元化转向，在具体的创作手法上，除了传统的论文式科学报告之外，文学和美学的方式也逐渐参与其中，诗歌、小说、戏剧、绘画、雕塑、影视等内容被用来展示田野工作者的观察、体验和情感，发展出某种可以包容描述者、被描述者等多重声音的民族志。《写文化——民族志的诗学与政治学》《写文化之后》《女性写文化》《作为文化批评的人类学》等著作讲述颇多，此不赘述。

第二个层面的转向是具有人类学意义的文学创作的转向。20世纪80年代以前，人类学家的文学创作大多刊发于非人类学刊物上，与田野考察伴生的文学作品也具有极强的私人性色彩，都与人类学学科领域不相交叉。随着人类学领域"阐释性"作品的增长，学界的情形开始扭转，以1982年12月人类学家兼诗人斯坦利·戴蒙德（Stanley Diamond）在美国人类学会年会上组织的首次人类学诗人朗诵会为起点和标志，美国人类学协会和《辩证人类学》（Dialectical Anthropology）、《美国人类学家》（American Anthropologist）、《人类学与人文主义季刊》等刊物开始频繁组织人类学诗歌朗诵与专题研讨会，并公开发表相关成果。[①] 人类学家和其他作者的具有人类学意义的文学创作开始走向前台，在人类学和文学批评中兴起人类学诗学、文学人类学和民族志诗学等研究流派。代表性作品如普拉提斯（Iain Prattis）编写的诗集《反映：人类学的缪斯》（1985）、伊万·布莱迪（Ivan Brady）主编的1986年费城会议论文集《人类学诗学》（1991）、波亚托斯（F.Boyatos）主编的1988年加拿大魁北克第11届国际人类学与民族科学会议论文集《文学人类学：人、符号与文学的一种跨学科新视角》（1988）、1986年创办的民族志诗学学术专刊《口头传统》（Oral Tradition）等。文学的概念和范围被不断扩大，各种书写文本（表现性的、描写性的、审美的）和非文字文本（口头

---

① ［美］伊万·布雷迪：《人类学诗学》，徐鲁亚等译，中国人民大学出版社，2010年，前言，第2—4页。

的、身体展演的、图绘的）等都被视作人类学素材而加以研究。① 进入20世纪90年代，文学与人类学之间关系的讨论更加深入，代表性作品如：凯瑟琳·A.艾希莉《维克多·特纳与文化批评的建构：文学与人类学之间》② 分析了人类学家特纳的主要理论如何应用于文学批评；保罗·本森编撰的《文学与人类学》③ 聚焦于民族志写作问题；约翰·利维特《诗与预言：人类学的灵感》④ 将预言、民间诗歌、文学与灵感文化现象学联系起来；罗斯·德·安格丽丝《文学与人类学之间：跨学科话语》⑤ 分别从民族志写作、仪式展演和旅行写作三个方面讨论文学与人类学在起源、资料、学科界限等方面的交集是如何形成的，又是如何为理解文学文本和人类学文本提供了创造性和新的可能性。

第三个层面的转向是人类学史中的文学内容（如游记、史诗、神话等）得到重新审视，人类学与古典学的渊源关系被重新评估。20世纪人类学学科属性及其与人文学科关系的讨论从未停止，而正本清源的最佳方式莫过于学科史的溯源，因此，在20世纪初出版了"牛津六讲"之《人类学与古典学》（1908）⑥《人类学史》（1910）⑦。前者汇集了著名人类学家伊文思、安德鲁·郎格、莫瑞、杰文斯、迈尔斯、弗雷泽等分别从考古图像符号、荷马及荷马以外的史诗、巫术、神话、希罗多德、净化仪式等方面论述的古典学对人类学的贡献；后者评述了自亚里士多德以来200多位奠定人类学基础的人类学家，勾勒人类学的发端、发展及其跨学科的属性和早期资料来源中文学、史学的贡献。1960年克拉克洪在布朗大学的讲演再次以"人类学与古

---

① 参看叶舒宪：《文学与人类学——知识全球化时代的文学研究》，社会科学文献出版社，2003年，第98—121页。
② K. A. Ashley, *Victor Turner and the Construction of Cultural Criticism: Between Anthropology and Literature*, Bloomington: Indiana University Press, 1990.
③ P. Benson, ed., *Anthropology and Literature*, Urbane: University of Illinois Press, 1993.
④ John Leavitt, *Poetry and Prophecy: The Anthropology of Inspiration*, Ann Arbor: University of Michigan Press, 1997.
⑤ Rose De Angelis, *Between Anthropology and Literature: Interdisciplinary discourse*, Taylor and Francis e-Library, 2003.
⑥ ［英］R. R. 马雷特编：《人类学与古典学：牛津六讲》，何源远译，北京大学出版社，2013年。
⑦ ［英］A. C. 哈登：《人类学史》，廖泗友、冯志彬译，山东人民出版社，1988年。

典学"为主题,讨论古典哲学、史学、文学等对人类学的贡献。① 同时,学界对早期游记的人类学价值也进行了深入的研究和讨论,如里德《旅者之心:从吉尔伽美什到全球化旅行》②、普拉特《帝国之眼:旅行书写与文化汇融》③、塞萨雷奥《当下层旅行:19世纪加勒比地区奴隶叙事与旅行写作》④、I.罗梅罗-塞萨雷奥《中魔的旅行者:混合文风与加勒比》⑤、马里奥·塞萨雷奥《人类学与文学:伙伴与私生子》⑥等从不同层面讨论了旅行写作的人类学性以及二者的关系。马里奥·塞萨雷奥(Mario Cesareo)甚至指出:

> 人类学不是邂逅或遭遇文学(跨学科建构将引导我们如此相信),而是由于文学才产生的。更确切地说,民族志是特定条件下旅行写作的结果。⑦

"写文化"带动的学术反思以及它所引发的当代人类学文学转向根基于更大的学术背景,即人类学的认识论和方法论从以列维-斯特劳斯为代表的结构主义主导向以特纳和格尔兹为代表的阐释人类学的转向。⑧ 产生于20世纪60年代的阐释人类学从建构文化整体理论转向反思民族志的田野工作和

---

① [美]克莱德·克拉克洪:《论人类学与古典学的关系:揭示希腊人的精神世界,透视人神如何共处》,吴银玲译,北京大学出版社,2013年。
② E. J. Leed, *The Mind of the Traveler: From Gilgamesh to Global Tourism*, New York: Basic, 1991.
③ M. L. Pratt, *Imperial Eyes: Travel Writing and Transculturation*, New York: Routledge, 1992.
④ M. Cesareo, "When the Subaltern Travels: Slave Narrative and Travel Writing in the Nineteenth-Century Caribbean", In L. Paravisini-Gebert, and I. Romero-Cesareo, eds., *Women at Sea: Writing and the Margins of Caribbean Discourse*, New York: Palgrave, 1999, pp.99-134.
⑤ Ivette,romero-cesareo, "Travelers Possessed: Generic Hybids and the Caribbean", in Rose De Angeli, ed., *Between Anthropology and Literature: Interdisciplinary Discourse*, Taylor & Francis e-Library, 2003, p.133.
⑥ Lizabeth Paravisini-Gebert, "Oriental Imprisonments: Habaneras as Seen by Nineteenth Century Women Travel Writers", Ivette Romero-Cesareo, "Travelers Possessed: Generic Hybrids and the Caribbean", M. Cesareo, "Anthropology and Literature Of Bedfellows and Illegitimate Offspring", in Rose De Angelis, ed., *Between Anthropology and Literature: Interdisciplinary discourse*, Taylor & Francis e-Library, 2003, pp.119-172.
⑦ M. Cesareo, "Anthropology and Literature of Bedfellows and Illegitimate Offspring", in Rose De Angelis, ed., *Between Anthropology and Literature: Interdisciplinary Discourse*, Taylor & Francis e-Library, 2003, p.162.
⑧ 叶舒宪:《文学与人类学——知识全球化时代的文学研究》,社会科学文献出版社,2003年,第32—33页。

写作，关注民族志实践和写作话语。其领军人物格尔茨提出"文化即文本"，将"文本"概念从文学研究领域引申拓展到人类学和文化研究领域，不仅带来人类学学科性质的变更——从取法于自然科学范式的"人的科学""文化科学"转向人文学意义的"文化阐释学"，而且完成了从传统的文学作品（书面文学）批评到肯尼斯·伯克文学文本（含口传的）解读，再到格尔茨文化文本（包括文字书写的和非文字书写以外的叙事，如口传、图像、实物、仪式展演等）人类学阐释的三级跳过程。[1]

文化被视为可以阅读的"文本"，这一理论上的飞跃不仅强化了研究对象的个体能动性，而且作为研究者或观察者的人类学家的作者身份也被凸显出来。在这一理论框架下，研究者更为关注的是文化意义之网的编织和文化规则的阐释，如对符号、仪式、宗教、法律、语言以及意义等的运用和支配。[2]尽管将民族志视为文学或心理学的形式比较危险，却将人类学家从由来已久的自我/他者，也即从"在此"（being here）与"在彼"（being there）的认识论二分法的焦虑中解脱出来，转而关注自我/文本、作者/作家、个体/职业的关系。[3]"文化文本"概念的提出，也正是20世纪80年代以来人类学"文学转向"结出的硕果。

不过，太阳底下无新事。发生在20世纪80年代的这场关于"写文化"方法的反思和转向，以及随之而来的民族志文体实验、人类学诗学、民族志诗学、文学人类学诸流派的学术转向等，实际上皆源于人类学长期对文学、美学、史学等方法的自觉或不自觉的关注与借鉴。换言之，民族志文体实验、对民族志文本叙事与修辞、他者的主体性和人类学家的主观性等的关注与实验，并非《写文化——民族志的诗学与政治学》首创，它不过是声势最大的一次集中讨论。正如美国人类学家威廉·亚当斯长期研究后所确信的："几乎没有什么人类学理念是所谓的新鲜事物，……我们不可能提出或回答我们的前辈没有遇到过的新问题。"[4]即使不认同"民族志写作方面

---

[1] 叶舒宪等:《人类学写作的多重含义：三种转向与四个议题》，《重庆文理学院学报》2011年第2期。
[2] Clifford Geertz, *The Interpretation of Cultures*, New York: Basic Books, 1973, p.5.
[3] Clifford Geertz, *Works and Lives: The Anthropologist as Author*,（Lectures delivered at Stanford University, Spring 1983）, Stanford: Stanford University Press, 1988, pp.1-24.
[4] ［美］威廉·亚当斯:《人类学的哲学之根》，黄建波等译，广西师范大学出版社，2006年，前言，第1页。

的实验与人类学有着同样悠久的历史",①至迟在19世纪晚期至20世纪30年代,已存在诸多实验风格的民族志,如阿道夫·班德利尔(Adolph Bandlier)民族志式小说、弗朗兹·博厄斯纪事文学式民族志、弗朗克·库辛(Frank Cushing)热情四溢的祖尼文化报告等。②即便是恪守科学、客观的克拉克洪,也在其《历史、人类学及社会学中个人文献的使用》中郑重提醒不可忽视民族志撰述"原始生活"中的主观性因素。③保罗·拉丁(Paul Radin)甚至极端地认为,真正可以接受的民族志研究,就是由土著社会的成员亲口讲述的个人生命史———一种更直接的主观性知识。④

20世纪60—80年代,文学批评和解释学领域的理论发展取代了语言学,成为人类学理论与方法新思想、新观念的策源地,人类学独一无二的研究方法——民族志——也从观察、记录、解释与描述的传统路数中脱身,作者的表述问题成为新的焦点。民族志被定义为一种"文学著作",它如何支配着人类学研究实践,以及民族志的创作者的经历、感知与表达,成为人类学内部讨论的焦点问题。⑤越来越多的人类学者开始关注、讨论民族志文本写作问题,如詹姆斯·布恩《从象征主义到结构主义:文学传统中的列维-斯特劳斯》(1972)⑥、格尔兹《文化的解释》(1973)⑦、《论著与生活:作为作者的人类学家》(1983)⑧、约翰·亨利格曼《文化人类学研究中的个人取向》(1976)⑨、拉比诺《摩洛哥田野调查反思》(1977)⑩、文森特·克莱潘扎

---

① 参看[美]乔治·马尔库斯、米开尔·费彻尔:《作为文化批评的人类学:一个人文学科的实验时代》,王铭铭、蓝达居译,生活·读书·新知三联书店,1998年,第9页。
② 同上书,第49页。
③ Clyde Kluchhohn and R.Angell, eds., *The Use of Personal Documents in Hisitory, Anthropology, and Sociology*, New York: Social Science Research Council, 1945, pp.162-163.
④ Paul Radin, *Autobiography of a Winnebago Indian*, New York: Dover, 1963, p.1.
⑤ 参看[美]乔治·马尔库斯、米开尔·费彻尔:《作为文化批评的人类学:一个人文学科的实验时代》,王铭铭、蓝达居译,生活·读书·新知三联书店,1998年,第22页。
⑥ James Boon, *From Symbolism to Structuralism: Lévi-Strauss in a Literary Tradition*, New York: Harper and Row, 1972.
⑦ Clifford Geertz, *The Interpretation of Cultures*, New York: Basic Books, 1973.
⑧ Clifford Geertz, *Works and Lives: The Anthropologist as Author*, (Lectures delivered at Stanford University, Spring 1983) Stanford: Stanford University Press, 1988.
⑨ John J. Honigman, "The Personal Approach in Cultural Anthropological Research", *Current Anthropology*, 1976, 17(2), pp.243-261.
⑩ Paul Rabinow, *Reflections on fieldwork in Morocco*, Berkeley and Los Angeles: University of California Press, 1977.

诺《民族志的书写》(1977)①、《图哈米：一个摩洛哥人的肖像》(1980)②、肖斯塔克《妮莎：一个昆族妇女的生命和言辞》(1981)③、乔治·马尔库斯《人类学研究中的修辞与民族志文风》(1980)④、《作为文本的民族志》(1982)⑤、斯蒂文·韦伯斯特《民族志中的对话语虚构》(1982)⑥、詹姆斯·克利福德《论民族志的权威》(1983)⑦、《论民族志的自我塑造：康纳德与马林诺夫斯基》(1985)⑧、爱德华·布鲁纳《文本、游戏和故事：自我与社会的建构与重构》(1984)⑨等，皆为此一时期具有代表性的理论探讨和文本实验，是人类学"写文化"反思、论争与转向的基础和预演。

以《写文化——民族志的诗学与政治学》为标志的人类学的文学转向，最引人注目的成就是基于民族志写作中修辞、叙事政治与策略等的讨论和反思。科学民族志所宣称的客观与真实受到质疑，文化描写或文化表述中的场景性、虚构性、人为选择性被置于聚光灯下，"民族志与游记叙述文体上的相似及其半文学的表述方式"被凸显出来。

然而值得注意的是，所谓"人类学的文学转向"一说，在定义上尚需要认真讨论。首先，民族志文体的"文学性"的讨论与实验由来已久，而且《写文化——民族志的诗学与政治学》中各位论者用以分析和研究的民族志文本早于此讨论或转向之前存在；其次，这里所言的"民族志的文学性"，着力点在修辞、想象、虚构、选材等方面；最后，也是最重要的，所言的

---

① Vincent Crapanzano, "The Writing of Ethnography", *Dialectical Anthropology*, 1977, 2, pp.69-73.
② Vincent Crapanzano, Tuhami, *The Portrait of a Moroccan*, Chicago: University of Chicago Press, 1980.
③ Marjorie Shostak, *Nisa: The Life and Words of a Kung Woman*, Cambridge: Harvard University Press, 1981.
④ George Marcus, "Rhetoric and Ethnographic Genre in Anthropological Research", *Current Anthropology*, 1980, 21(4), pp.507-510.
⑤ George Marcus, "Ethnographies as Text", *Annual Review of Anthropology*, 1982, 11 (11), pp.25-69.
⑥ Steven Webster, "Dialogue and Fiction in Ethnography", *Dialectical Anthropology*, 1982, 7 (2), pp.91-114.
⑦ James Clifford, "On Ethnographic Authority", *Representations*, 1983, 1(2), pp.118-146.
⑧ James Clifford, "On Ethnographic Self-Fashioning: Conrad and Malinowski", in *Reconstructing Individualism*, Stanford: Stanford University Press, 1985.
⑨ Edward Bruner, ed., *Text, Play, and Story: The Construction and Reconstruction of Self and Society*, Washington: American Ethnological Society, 1984.

"文学"显然是现代西方学科分类体系中与"科学"相对的概念,等同于主观与虚构,而与客观、真实的"民族志"间有着不可跨越的沟壑,并非文学本义。

## 二、书写或表述:人类学内在的文学性

在西方现代学科体系和知识分类系统中,人类学和文学原本分属于科学与艺术、客观与主观、真实与虚构等有着明确区隔的学科知识范畴。自"写文化"的风潮漫卷人类学学科之后,强调"文化文本"的阐释人类学和对后现代主义民族志"文学性"的讨论,带来了人类学者的立场转向。曾经以权威姿态发言的人类学家不再是科学的观察者和报告者,而成为一个事实的捕捉者和阐释者,所谓的民族志的"权威",其实源于作者对"权威感"的假象——他们以各种策略伪装成一个客观的报道人,在陈述事实的过程中将"主观"包装成"客观"。事实上,民族志文本生产过程通常都是在叙述(narration)与描绘(description)、自我(self)与他者(other)、虚构与科学诸多内外冲突中完成和呈现,这一本质使得民族志文本成为介于人类学(科学)与文学(艺术)之间交叉或混合性产物,甚至本身就是文学文本。"在把文本当作'文化制品'的现代思考方面,诗学从几个方面扩展到了人类学。一个明显的联系是,像其它学科一样,人类学是'文学的',因为它主要通过写作传达信息。这一文本基础使人类学在作品的构建、作品的权威性、在话语中的符号学应用和意义的创造,及所有与拟态(在作品中以任意形式对体验,尤其是或然性的表述和成功传达)有关的哲学和批评问题等方面与传统的诗学研究有着共同旨趣。"[1]因此,将人类学写作视为文学文本,并不是对知识的质疑,而是要引导我们理解知识是如何产生的。[2]

---

[1] [美]伊万·布雷迪:《人类学诗学》,张有春译,《中国都市人类学通讯》2002年第1—2期。
[2] [法]尼克尔·拉皮埃尔(Nicole Lapierre):《生活在他者中》,汤芸译,载《中国人类学评论》第4辑,世界图书出版公司,2007年,第36—40页。

在《论著与生活：作为作者的人类学家》一书中，格尔兹指出"应从文本出发去考察人类学者是如何写作的"，①不能再像那些对文本建构浑然无知者所认为的那样：一位正当的民族志学者所做的正当工作应该是去调查地点，然后带着调查点的人们如何生活的信息回来，并且以实用的形式，使这些信息在其专业领域发挥自身的效力，而不是懒洋洋地倚靠在图书馆的安乐椅中，去反思所谓的文学问题。②因为民族志与文学一样，都是作者高度个性化、风格化书写实践的产物。民族志文本的"日记病"根源于人类学家想要在字里行间展示自我亲历性地"生活在异域"的"可触摸般的真实"，然而作家却又清醒地意识到这只是一种表现性的"真实"，犹如盲人摸象抓此失彼，整体性呈现就不得不诉诸"想象"，并最终用文字把它们"表现"出来。③

由此可见，从在地亲历、文化文本阐释到作品呈现，需要的不再仅仅是进行实地科考的人类学，而是"一个新的语文学家——一个熟悉文本语境关联的专家——精通所有知识领域的通才，在其中，文本建构是核心行为：包括文学、历史、法律、音乐、政治、心理学、贸易甚至战争与和平"。④这其中，文学素养是至关重要的。罗德尼·尼德汉姆（Rodney Needham）甚至认为，在艺术与科学领域，只要有写作，"文本化"的步骤就不可避免，因此，哪怕是最强调科学性的文本也会不可避免地带有文学性。充满想象、精通文学和艺术的手笔对阐释人类行为以及撰写一个充分的、具有感悟力的文本是必要的。

> 如果我们想从人们日常交流中更深切地了解他们所想，就不要去读民族志，而要去看契科夫（Chekhov）、萨缪尔·贝克特（Samuel Bechett）和哈罗德·品特（Harold Pinter）的戏剧。人们并不很清楚这一点，我猜想是因为人类学具有唯理智论的偏见，是因为人们也忽略了

---

① Clifford Geertz, *Works and Lives: The Anthropologist as Author*, Stanford: Stanford University Press, 1988, Preface.
② Ibid., p.1.
③ Ibid., pp.142-143.
④ Clifford Geertz, *Interpretation of Cultures*, New York: Basic Books, 1973, p.32.

人最典型的特点，即人的想象飘忽不定、断断续续、充满幻想。①

更为重要的是，经典之所以经典，正是在于那些具有感染力和想象力的细致描写，尽管描写是虚构的，但"伟大的小说或戏剧总能吸引我们乐此不疲地深入进去，通过隐喻的力量，获得对人类以及人类状况的更深了解"。②

格尔兹通过对列维-斯特劳斯、马林诺夫斯基、普里查德和露丝·本尼迪克特四位人类学家的民族志文本的细读，发现即使在这些被奉为科学民族志的经典著作中，也深藏着文学的密码——《忧郁的热带》《野性的思维》是杰出的象征主义文学文本，《西太平洋的航海者》《努尔人》等是现实主义文学文本，《菊与刀》是讽刺文学文本。③

从历史的角度来看，早期的人类学家享有"文人"（men-of-letters）的美名并以此为傲，如弗雷泽、泰勒、哈里森、雷纳、穆勒、史密斯都曾把人类学当作研究语言和文学的科学。④玛格丽特·米德、爱德华·萨丕尔、露丝·本尼迪克特等，既是科班人类学家也是文学创作者。而当代一批有影响的人类学家如克利夫德·格尔兹、维克多·特纳（Victor Turner）、玛丽·道格拉斯（Mary Douglas）、列维-斯特劳斯、让·迪维尼奥（Jean Duvignaud）、爱德蒙·利奇（Edmund Leach）等，都对文学理论和实践感兴趣。他们各自以不同的方式来淡化艺术与科学之间的壁垒。⑤爱德华·泰勒学术渊博，文笔优雅，他于1865年出版的《人类早期历史》和1871年出版的《原始文化》这两部极具文学性与幽默感的人类学经典对现代思潮的兴起产生了深刻的影响。⑥再如格尔兹在文学性十足的《忧郁的热

---

① ［美］伊万·布雷迪：《人类学诗学》，徐鲁亚等译，中国人民大学出版社，2010年，第13页。
② H. Coward, and J. Royce, "Toward an Epistemological Basis for Humanisitic Psychology"，转引自［美］伊万·布雷迪：《人类学诗学》，张有春译，《中国都市人类学通讯》2002年第1—2期。
③ 李清华：《民族志文本与文学文本——格尔兹〈作品与生活〉的文本现象学》，《民俗研究》2013年第6期。
④ M.Freedman, *Main Trends in Social and Cultural Anthropology*, New York and London, Holmes & Meier Publishers, Inc,1979, pp.62-65.
⑤ ［美］詹姆斯·克利福德、乔治·E.马库斯：《写文化——民族志的诗学与政治学》，高丙中等译，商务印书馆，2006年，第32页。
⑥ ［英］A.C.哈登：《人类学史》，廖泗友、冯志彬译，山东人民出版社，1988年，第122页。

带》中发现了法兰西第三共和国的旅行文学家纪德（André Paul Guillaume Gid）、马尔罗（André Malr aux）、洛蒂（Pierre Loti），哲学家卢梭（Henry Rousseau）、马克思、弗洛伊德、休谟（David Hume）、尼采（Friedrich Wilhelm Nietzsche）、阿诺德（Matthew Arnold）、拉斯金（John Ruskin），以及象征主义文学家马拉美（Stephane Mallarme）等人的身影和思想资源。詹姆斯·克利福德（James Clifford）发现了人类学家马林诺夫斯基与小说家康拉德在经历和描述异文化的过程中的共性（或言马林诺夫斯基实际上是人类学的康拉德）。① 而斯坦利·戴蒙德沿着庞德开辟的诗歌道路，用诗歌探寻和记录他文化的原始状态和文化体验，身兼人类学和诗学两个领域的文化印记。②

可见，"文学"在此不再只是作为语言艺术的言说，或者说是人类学者田野作业之后所完成的民族志中文学修辞与策略的运用，而是与人类学家的感知、取舍、表述及其自身的文学素养和表述风格密切相关。在某种意义上，这是作为学科的人类学"文本化"过程中内在的文学性体现。同时，依照麦尔斯·理查德森的研究，人类学与文学之间还有更为深层的内在关联，即人类的表述本性："人是生物，具有经济特征，此外，我们还有同样基本的属性，即故事的叙述者。……每个人都是一则故事，就是说，说话是一种行为，行为是一种观察，观察也是一种描述，描述就是讲故事。我们民族志作者、人类学家或者是你和我，是具有有限理解力的参与观察者，我们要做的就是讲述人类的故事。"③ 就像吉尔伽美什的使命和命运一样："我们要把从他者那里得到的不完整、不完善的知识重新整理，在此基础上建构'故事'，辗转讲述与被讲述之间，这是延续和讲述人类故事的方式。"④ 这就是说，包括口头、书写、仪式等在内的讲述或表述不仅是人类学研究的素材，也是人类生命存在的基本特征，其呈现出来的"作品"就不仅仅限于书面"文学"，岩画、雕塑、建筑、服饰、歌

---

① James Clifford, *The Predicament of Culture: Twentieth-Century Ehtnography, Literature and Art*, Boston: Harvard University Press, 1988, p.102.
② ［美］伊万·布雷迪：《人类学诗学》，徐鲁亚等译，中国人民大学出版社，2010年，第219—233页。
③ 同上书，第205—213页。
④ 同上书，第203页。

唱、舞蹈、仪式、器物及其纹饰等所有人类生产的非语言交流符号系统,皆是人类表述或讲述自我的表现。研究方法的可操作层面则可将此归纳为人类学写作的口传、文字、仪式、实物与图像五种叙事或表述方式。①

如此,"文学"就超越了现代西方知识分类体系中的文学范式,不仅是更加适合处理主体性感觉、想象、体验等的诗学、美学方法或修辞策略,而且其本身就是一种符合某种人类学需求的"有史以来就伴随着人类的媒介",②是某一特定文化的符号系统的构成部分,③是把握一个民族的文化知识的众多途径之一,④是在人类学田野调查和写作中一直存在却长期被忽视了的观察者与被观察者的诗学维度。⑤因此,无论是人类表述本性使然,还是作为作者的人类学者的写作实践,"如果没有诗歌式的补足,科学的人类学就什么也不是。……尽管不够严密且充满不确定性,贯穿于人类学中的诗学可以指出更具自我意识、更令人满意的科学之路"。⑥这里贯穿于人类学中的诗学,即内在于人类学的文学之翼。

## 三、养料与助手:人类学史中的文学

人类学是多种学科知识、理论与方法交融汇通的学科。在人类学学科的滥觞之际,它只是史学家、冒险家、传教士留下的一堆杂乱的事实或猜想,是各种认真程度不同的业余学问家所喜欢涉猎的交叉地带;接着从混乱中产生了秩序,建立了许多门类和规则,但却不稳定、不完美;最后确立了学科理论与方法规范,然而"最精巧的人类产品"依旧不完满而论争不断。正如

---

① 叶舒宪:《人类学的文学转向及"写"文化的多种叙事》,《百色学院学报》2009年第5期。
② [德]沃尔夫冈·伊瑟尔:《走向文学人类学》,载[美]拉尔夫·科恩主编:《文学理论的未来》,程锡麟等译,中国社会科学出版社,1993年,第277—278页。
③ [美]葛林伯雷:《文艺复兴自我造型导论》,载中国社会科学院外国文学研究所《世界文论》编辑委员会编:《文艺学和新历史主义》,社会科学文献出版社,1993年,第80页。
④ F.Boyatos, *Literary Anthropology: A New Interdisciplinary Approach to People, Sign and Literature*, Amsterdam: Jhon Benjamins Publishing Company, 1988, p.332.
⑤ [美]伊万·布雷迪:《人类学诗学》,徐鲁亚等译,中国人民大学出版社,2010年,第53页。
⑥ 同上书,第50—51页。

1892年亚历山大·麦克里斯特（Alexander Macalister）在大不列颠人类学分会的演讲中提到的那样：

> 我的部分童年生活是在一个小镇度过的，小镇郊外有一片荒地，荒地上有一小块不规则的、没有篱笆的地方，那里立了一个布告牌，上面刻着"自由倾倒处"，把它译成南部语言，那它就是这样一个通知：垃圾可以在此倾倒。这个地方连同它的可忽略的无价值的破土丘以及周围住户的垃圾，成了附近的小孩们所喜爱的游玩场所，他们从胡乱扔了一地的破瓷残砖和牡蛎壳堆中发现一个玩具宝库……十年之后我经过这个地方，发现它已经面目全非了，在气味难闻的由各种垃圾堆积成的地基上，雨后春笋般地涌现出一排排小屋，最近我发现小屋也不见了，一家大工厂占据了原来的荒地，这家工厂生产着最精巧的人类技能的产品。①

麦克里斯特的描述，与其说是对家园的眷恋与怀旧，不如说隐喻了人类学学科的兴起与发展的历程。尽管19世纪以来，科学思维范式主导人类学一个多世纪，然而人类学来源甚广的研究群体和其特殊的研究对象注定了人类学学科属性及其与其他学科界限模糊的困惑和争论从无休止。

哈登在《人类学史》中将"史上人类学家第一人"的桂冠授予哲学家亚里士多德，而作为历史学家的希罗多德也被欧美人类学家尊为"人类学之父"。哈登在书中罗列了奠定人类学基础的200多位人类学者，他们分别来自哲学、史学、诗学、医学、解剖学、测量学、博物学、考古学、心理学、民族学、民俗学、宗教学、社会学、语言学、工艺学等学科，不少学者都是通才式的人物，其成就横跨数个领域，无法以单一学科为限。在盛行读万卷书行万里路的欧洲，这些精英除了带来各自学科的理论与方法，还以游历日记或笔记的方式为人类学贡献了最早的民族志。如瑞典博物学家林奈（linnaeus）年轻时徒步旅行北欧5 000英里，其旅行日记不仅记载了植物资料，还记录了大量有重大参考价值的人种学资料，并因此成为奠定人类学基础的重要

---

① ［英］A.C.哈登：《人类学史》，廖泗友、冯志彬译，山东人民出版社，1998年，导论，第1页。

人物。①

早期人类学的学科内容建立在两大基石之上：其一是人体解剖学、测量学和对考古遗物的探查，其二是由旅行者、探险家、传教士、地方行政官员采集的民族学资料。在1909年以前，人类学家也可以被分为两类：一类学者提供我们所需的事实，另一类学者则提供解释。前者通过精确的观察获得资料，累积了大量的详细情况。有时他自己既是旅行者又是探险家，通过巧言妙语或明智的沉默，打开土著民族心中秘密的大门。后者的学问也许是零零碎碎的，记忆也许是不精确的和自相矛盾的，但在零散和破旧的仪器帮助下取得了成就，不管是否是事实，是否正确，他们都学会了去观察，并叙述他们所看到的一切，并把似非而是的论调留给后人去证实。②历史学家希罗多德是第一类中最有名的人之一，而诗人卢克莱修是第二类的杰出者。其中让卢克莱修获得进化论人类学家称号的哲学长诗《物性论》的素材就是来自考古物证、口头传说和远游他国的旅行者所讲的故事。在此意义上，即使最严格的学科限制，恐怕也无法排除文学作品在早期人类学中的价值和意义。

难怪克拉克洪1960年在布朗大学的主题演讲中详细回顾了人类学与古典学的渊源和互相激发的关系后断定：人类学是混血怪物，它既可以单独代表人文科学、自然科学或社会科学，也可兼而有之，但在其原始范畴上却更接近自然科学和人文科学。一方面，文化人类学的直接源头可以追溯到启蒙时代的人文思想家如孟德斯鸠、伏尔泰、孔多塞；另一方面，人类学与自然科学、人文科学一样都致力于探究事物的深度和精度。简言之，人类学主要代表了整个自然科学自身无意识地延伸至由人文科学把守的传统区域的成果，③兼具自然、人文和社会科学而成为一种"之间"状态，这种"之间"状态某种意义上赋予人类学一种"既属于"又"不属于"原有学科的新属性。

人类知识的构成体系原本无所谓分科分界之说，在被强行人为分科之后，各学科间亦无清晰的界限，文艺复兴时期达·芬奇式的"百艺大师"（masters of arts）频频出现就是一个明证。构成人类学底色的自然、社会和

---

① [英] A. C.哈登：《人类学史》，廖泗友、冯志彬译，山东人民出版社，1998年，第16页。
② 同上书，第90—91页。
③ [美] 克莱德·克拉克洪：《论人类学与古典学的关系》，吴银玲译，北京大学出版社，2013年，第28—31页。

人文科学范式如此，人类学与历史、文学、美学等诸多学科亦如是，从过去到现在，本来模糊的界限被不断清晰化或不断模糊化。①现代人类学通过田野工作和民族志范式的确立，或明或暗地宣称自己更"科学"、更接近事实或真相，将文学性的修辞视为真实世界的附带现象排斥在外，这其实是虚构了一种纯粹的、直接的、不需要借助媒介的知识。正是这一立场致使人类学也开始陷入学科范式认同的窘境——当人类学内部开始关注、放大民族志写作中修辞的广泛存在时，不仅表述的危机来临，而且更糟糕的是，它所排斥的那些"文学性"的内容，其实一直如影随形，从未离开。人类学者在承认自己作为"作者"的事实后，再也无法逃离对自己文本的责任；与此同时，作为一门学科或职业，人类学永远不会成为像天文学那样的感情淡漠的科学，因为它的研究对象是人。这种将文化他者及其社会当作科学研究"物"的学科注定了人类学"一直在越来越接近，而不是远离人文学科的解释"。②很显然，人类不会不受扰乱人心的因素的影响，不能像实验室里的化学实验物质一样被观察。③作为人研究人的学问，人类学注定在人文与科学之间摇曳，更不用说"科学"本身也难逃人为建构与叙述话语的宿命。从这个意义上说，多学科的汇聚或跨学科的研究给予人类学多样性以学术支持和实验可能，"学科间的交融使人类学走向后现代哲学与文学的炼狱"，④是有其历史根基的。

## 四、科学与文学：人类学与生俱来的两翼

1977年罗兰·巴尔特在法兰西学院的就职演说中提道："不论科学与人文的相互争执处于何等程度……这种对立有一天可能会成为历史。"⑤对于巴

---

① 刘珩：《民族志·小说·社会诗学——哈佛大学人类学教授迈克尔·赫兹菲尔德访谈录》，《文艺研究》2008年第2期。
② [法]列维-斯特劳斯：《结构人类学》卷二，俞宣孟等译，上海译文出版社，1999年，第62、65页。
③ [苏格兰]安德鲁·兰格：《宗教的形成》，转引自[英]A.C.哈登：《人类学史》，廖泗友、冯志彬译，山东人民出版社，1998年，第121页。
④ [美]伊万·布雷迪：《人类学诗学》，徐鲁亚等译，中国人民大学出版社，2010年，第3页。
⑤ Roland Barthes, "Inaugual Lecture, College de France", in Susan Sontag, ed., *A Barthes Reader*, New York: Hill and Wang, 1982, p.464

尔特而言，尽管科学与文学不是来自同一个肌体、同一个欲望，甚至使用的不是同一种语言，但它们互相追随。从来就没有与文学毫不相干的科学，因为"学识的世界是一个完整的世界，……对我们而言，文学具有宏大的统一性，它曾使希腊人从中获得快乐，而今天的科学却把我们分割开来"。①

我们无法否认科学在当代学术光谱的中心地位，也不能否认现代科学的伟大发现所体现的文学力量。②尽管人类学中科学与文学的分野和互动至今仍未有定论，人类学内部对科学与文学的看法亦有两种互相对立的见解（一种坚持20世纪初物理学和自然科学的实证主义方法，另一种则坚持象征主义和阐释学方法），但毫无疑问，作为人文学中最具科学性、科学中最具人文性的人类学，科学与文学无疑是人类学与生俱来的两翼。前民族志时代，摇椅上的人类学家研究的资料来源于旅行家、探险家、传教士等人的游记或文献所载的神话、传说、史诗等，扎根于古典学领域，并深深地与文学纠结在一起。到了"写文化"的时代，民族志的"文学性"被重新提起，以往强行区隔开的人类学和文学的学科界限，在"文化"与"写作"这一共同平台上显得不堪一击。即使保持中立态度的人类学家，也认为民族志与文学文本和谐并置对双方都会产生全新的洞见——现存民族志为小说家提供丰富的素材和思想，小说家高度个人化的观点又能够弥合社会分析和现实经验之间的鸿沟。③

综上可见，从对人类学的文学性关注与凸显而言，《写文化——民族志的诗学与政治学》出版前后的确有此"文学转向"，但若从人类学史、人类学学科属性、人类学写作和文学本义而言，这一"转向"则更像是一种"复兴"，文学之于人类学的意义，也就是那个长期被科学范式所遮蔽的文学之翼开始在重新体认之下焕发出新的生机。

---

① Roland Barthes, "From Science to Literature", in Richard Howard, trans., *The Rustle of Language*, Berkeley: University of California Press, 1986, pp.3-5.
② George Levine, "Literary Science-Scientific Literature", *Raritan*, 1987(3), pp.24-41.
③ 刘珩：《民族志·小说·社会诗学——哈佛大学人类学教授迈克尔·赫兹菲尔德访谈录》，《文艺研究》2008年第2期。

中 编

# 文学的人类学转向

| 第八章 |

# 当代中国文学思想的人类学转向

> **内容摘要**
>
> 从学术史来看，多元文化视角虽然直接源于20世纪迅速兴起的一个学科——文化人类学，但其推广应用的领域几乎遍及人文社会科学的所有门类。当代中国文学理念和文学思想从一元论到多元论的重要变化，可用"人类学转向"来概括。本章从文学理论界和比较文学界新发展的视角，审视文学人类学的跨学科研究潮流，梳理其学术理念和研究范式的发生。西方知识体系的普世合法性问题的提出，使现代性建构的文学学科的贵族化取向受到后殖民主义的反拨。各民族着眼"地方性知识论"的本土观点，给国际文学研究带来多元文化视角的变革，体现于文学人类学的理论建构及研究实践。本章分析文学人类学派在中国的发展现状，评述其对人文研究方法论创新的贡献——"四重证据法"，以"黄帝号有熊"为个案，展望四重证据法在人文研究领域的应用前景。

## 一、文学创作的人类学转向

比较文学是文学诸学科中唯一以"比较"命名者。与之相应的文化人类学，则享有"比较文化"的别称。将这两个以"比较"冠名的学科界限打通，其交叉与融合部分即可命名为"文学人类学"。有国内学者认为，比较文学是各个民族国家从彼此封闭走向开放交流这种大趋势在文学研究领域催生的结果，并将这一趋势的发展前景称为"文学人类学"，以此来替代昔日的"世界文学"和"总体文学"等术语。文学人类学与文学理论及比较文学的关系，就像文化研究与文学研究的关系，需要用发展变化的眼光来审视。19世纪后期，文化人类学的兴起是以帝国主义全球殖民扩张和对原始文化的发现为前提的。它以科学态度和文化相对论的眼光重新认识"原始人"及其文化。人类学家关注文化他者，不仅给西方文化价值观带来影响，也为20世纪的文学艺术催生出"人类学想象"，并在艾略特、庞德、布列东等人的诗歌，高更、毕加索、摩尔等人的造型艺术，斯特拉文斯基的音乐，乔伊斯、福克纳、D. H. 劳伦斯、纪德、马尔克斯等人的小说中大放异彩，形成了从现代主义、超现实主义到魔幻现实主义的文学浪潮。

21世纪以来，作家、艺术家更加自觉地运用人类学想象和跨文化视角，催生出文艺创作的"人类学转向"——从21世纪的畅销小说《达·芬奇密码》到极具影响力的影片《阿凡达》，从村上春树的《海边的卡夫卡》《1Q84》到大江健三郎的《水死》等。当这类多元文化视角的作品借助文化产业的推动力向全球文化市场普及，一种从"民族文学"单一视野到"文学人类学"多元视野的文学典范转移现象，成为摆在文学理论研究界的一个新课题。

2012年，中国文学人类学研究会组织编写的《文化与符号经济》一书，作为学会专刊的第一种，由广东人民出版社出版。其对国际国内文艺创作中的人类学想象与人类学主题的现象，作出总体审视、评述和分析，将一批不可能进入大学文学课堂讲述的文艺创作对象，包括《哈利·波特》系列作品、《指环王》系列作品，乃至影视界的流行作品《黑客帝国》《大长今》《功夫熊猫》等，努力揭示这些国际流行作品受人类学思想影响的情况。

## 二、文学人类学在中国

自改革开放以来，中国大陆的比较文学得到复兴，并在1985年成立了中国比较文学学会。若将1985—2010年这二十五年的学科发展历程一分为二，则可以将1996年长春的第五届年会视为一个转折点。在这次年会上，学会领导倡议成立二级学会——中国文学人类学研究会。海南大学率先将文学人类学作为重点学科，启动了"文学人类学论丛"的编辑出版计划。[①]1997年，中国文学人类学研究会第一届年会在厦门召开，会上展开了学科交叉与互动的对话，对文学人类学的性质、研究范围与方法论达成共识。会议论文集《文化与文本》的编辑出版，推动了当代文史研究中的文化阐释潮流。

"文化文本"的概念，首先意味着对文本阐释的合理方式同样可以运用于对文化的阐释。中国文史研究的悠久传统以考据为核心方法，受到人类学转型的刺激后，从单纯的考据研究转向了文化阐释，发生了重要的范式转变。文学人类学研究会创立者们在20世纪末启动重新解读中国上古经典著作的研究计划推出了"中国文化的人类学破译"丛书。如《楚辞的文化破译》(1991)，重新解析了包括屈原的名字和《离骚》的字义在内的诸多疑难问题;《诗经的文化阐释》(1994)，解读了古汉语中"诗"的口传文化渊源及其与盲人祭司群体的特殊关系，辨析了华夏文化中诗歌的多样性文类系统及其与诅咒、占卜、祈祷、判案、求偶等文化活动的联系。此后，陆续有《老子的文化解读》(1994)、《说文解字的文化说解》(1994)、《史记的文化发掘》(1997)、《庄子的文化解析》(2005)等作品问世。文化阐释作为文学和历史研究的一种风气和潮流，波及整个学术界。从二十年前的语境看，当时接纳"文化阐释"派的不是古典文学界和文学理论界，恰是比较文学界中的文学人类学学者。如中国台湾著名人类学家李亦园院士所说，虽然中国在国际人类学领域处于后进地位，但在文学人类学方面却成果丰硕，还成立了全国性的学术组织，体现出一定的先锋性。为文学人类学研究者最为关注的难题是：中国学术传统如何在方法论上同外来的西学理论和范式形成有效的对话与结合。20世纪90年代中期逐渐成熟起来的"三重证据法"理论，立足于中国传统与西学比较方法的现实会通语境，是文学人类学趋向独立的方法论基础。所谓"三重证据法"，包括文字训诂考据为第一重证据，王国维等揭示的出土甲骨文、金文等为第二重证据，后增添人类学、民族学的非文本

---

[①] 由海南大学资助、社会科学文献出版社1999年陆续出版的"文学人类学论丛"共有八种，即《文学与治疗》《性别诗学》《神话何为》《神力的语词》《英雄之死与美人迟暮》《中国古代小说的母题与原型》《神话与鬼话》《文学与人类学》。

性参照材料为第三重证据。简言之,所谓"三重证据"指非文字的活态文化传承,包括口头传统和仪式等。

王国维于1925年在清华大学讲"古史新证"课时,提出利用地下出土的甲骨文探讨上古史的"二重证据法",给现代人文研究树立了创新的表率。随后有茅盾、苏雪林等用比较神话学的眼光研究汉籍中的神话,又有闻一多、郑振铎等取法弗雷泽派的人类学,重新解释中国古典。从王国维的《古史新证》,到郭沫若的《甲骨文字研究》,再到闻一多的《神话与诗》和郑振铎的《汤祷篇》,以及萧兵的《楚辞的文化破译》和叶舒宪的《诗经的文化阐释》等,三重证据法的应用呈现蔓延态势。历史学家杨向奎、饶宗颐和笔者等,曾分别提出三重证据的说法。在《诗经的文化阐释》中,作者以自序"人类学三重证据法与考据学更新"为全书起始,梳理出现代学人运用三重证据的研究经验,特别是人类学的比较文化视野,如何作为超越古人的第三重证据。经过十余年的探索,在21世纪之初,"四重证据法"应运而生,成为文学人类学者自我超越的方法论路标。文学人类学通常被理解为以人类学的视野思考和研究文学的学问。[①] 显而易见,这是文学研究者在人类学影响下探索的一个跨学科领域。一个多世纪的比较文学研究史,相对于在她问世之前的国别文学研究史,显然只能算是年幼的新生儿。文学人类学的发生,既有其国际跨学科潮流的大背景,也有中国现代学术的特殊需要的现实语境。简言之,一是19世纪后期以来蓬勃开展的多元文化比较的研究潮流;二是人类学的知识全球化整体视野;三是从人类学的文化相对主义到后殖民时代的全球公正理念的发展。三个方面缺一不可。知识全球化视野给单纯的一对一式比较(X比Y模式)带来挑战;后殖民主义批判有助于消解精英本位的文学观,启发学者去发掘长久以来被文化霸权所压抑的非主流的、无文字的、边缘族群的文学,从而将比较文学家设想的带有贵族化倾向及霸权色彩的"总体文学"观念,引向文学人类学的多元民主化方向。文学人类学研究者认为,沟通文本与口传、神话,仪式与现实存在,重构原始与文明、理

---

[①] 相关的论述可参看方克强《文学人类学批评》(上海社会科学院出版社,1991年)、程金城《文艺人类学的理论与实践》(民族出版社,2007年)、叶舒宪《文学人类学教程》(中国社会科学出版社,2010年)。

性与非理性之间的联系是该派批评的价值所在。21世纪问世的系列著作即体现出这样的探索,如徐新建的《山寨之间——西南行走录》(2004)、吴秋林的《众神之域》(2007)、孙文辉的《巫傩之祭——文化人类学的中国文本》(2006)、巴莫曲布嫫的《神图与鬼板——凉山彝族诅咒文学与宗教绘画考察》(2004)、吴正彪的《苗族年历歌和年节歌的文化解读》(2006)等。20世纪末以来,比较文学和整个人文研究领域出现的"人类学转向"正是百年积累下来的跨学科研究趋势的结果,是类似于20世纪初"语言学转向"的一种影响深远的学术转向,它预示了未来引导知识全球化视野和知识创新整合的潮流。进入21世纪,随着文学人类学研究的发展,在大陆初步形成了一个富有特色的新学派,并波及中国香港和中国台湾地区。中国社会科学院、四川大学、复旦大学、兰州大学、华东师范大学等先后设立的文学人类学(艺术人类学)方向的博士点和硕士点。四川大学、兰州大学、湖南科技大学和上海交通大学先后成立文学人类学研究机构,参与了"985"项目"文化互动与文化遗产"等课题研究。2005—2010年,文学人类学学派先后在湖南科技大学、西北民族大学、贵州民族学院和广西民族大学召开了中国文学人类学研究会第二至第五届年会,组织和协调全国从事相关研究的两支力量——语言文学研究者和民族学、民俗学研究者,将文学人类学的研究理念和范式推广到少数民族地区。目前,已在全国20多个省、市、自治区建立田野调研作业基地,希望将被现代学院派所架空的"中国文学"概念还原和落实到多民族活态文学的现实土壤中。

近年来的相关著述有杨朴的《二人传与东北民俗》(2001),容世诚的《戏曲人类学初探》(2003),彭兆荣的《文化遗产的理论与实践》(2008)、《岭南走廊:帝国边缘的地理和政治》(2009),徐新建主编的《灾难与人文关怀:汶川地震的文学人类学纪实》(2009)、《横断走廊:高原山地的生态与族群》(2009),叶舒宪的《神话意象》(2007)、《河西走廊:西部神话与华夏源流》(2009),高莉芬的《绝唱:汉代歌诗人类学》(2006)和《蓬莱神话》(2008)等成果。这些著述或把神话观念与仪式结合起来研究,或从古今文学叙事模式中发掘仪式原型,或深入民间考察至今还存活的仪式与信仰、神话的关系,将典籍记载中故去的神灵和现今庙宇中尚在供奉的活神联系起来,显示了人类学的仪式视角对于传统的文学批评方法的改造。彭兆荣的《文学与仪式》(2004),对于比较文学的主题学和形象学研究具有启发意义。在总结中国文学人类学的研究经验和在学科理论方面,程金城主编的《文艺人类学的理论与实践》(2007)、吴广平的《中国古典文学研究与文化人类学》等,从不同角度论述了人类学与文学研究的互动经验。《文学与人类学——知识全球化时代的文学研究》(2003),系统研讨了文学与人类学的跨学科关系。2010年,中国社会科学院研究生专业教科书《文学人类学教程》出版,该书立足于本土多民族文学再认识,为中国文学研究的知识创新提出了操作方略,着重强调了四重证据法的应用。

此外,与中华人民共和国同步诞生的中国民间文艺家协会(现有全国56个民族的注册会员8 000多人),是迄今为止全球少有的以收集整理民间口传文学为主要任务之一的官方机构。该协会多年来坚持在中国大陆2 800多个县级单位的范围里,大力开展以田野作业和口头作品普查为基础的人类学式工作。自2011年以来,作为民间学术团体的中国比较文学学会、中国文学人类学研究会,与作为国家学术机构的中国民间文艺家协会展开了有效的学术协作和互动。特别是民间文学专业在学科调整中被合并到民俗学(隶属于社会学),大陆高校的民间文学教学面临逐渐萎缩乃至被取消的危机,比较文学和文学人类学应自觉地承担起整合原有的民间文学专业和新兴的非物质文化遗产学科的打通任务,亟须建构一种新的包容性文学理论和文学史观,替代过去的文本中心主义的文学理论和忽略多族群互动的文学史观。希望重建后殖民时代的学术伦理既能兼顾书面小传统和口传大传统,又能兼顾占据中心地位的贵族化文学典范和各种边缘化的他者文学活态。在这方面,以研究原住民无文字社会而著称的人类学,恰好能够提供成熟的文化理论、学术伦理及研究方法之借鉴。[①]

文学人类学一派所强调的第三重证据,究竟包括哪些材料呢? 在20世纪90年代的最初表述是:传统文献之外的人类学田野调研资料,或称"民俗和神话材料"。[②] 从民间文艺视角出发,有学者称这些材料为"活态文化"

---

① 叶舒宪:《"世界文学"与"文学人类学"——三论当代文学观的人类学转向》,《中国比较文学》2011年第4期。
② 叶舒宪:《诗经的文化阐释》,湖北人民出版社,1994年,第5页。

（Living Culture）。①而进入21世纪以来，更流行的官方称谓以联合国教科文组织的命名"口传与非物质文化遗产"为主导，简称为"非物质文化遗产"或"非遗"。所有这些过去不登学术研究大雅之堂的民间口传资料，如果能够全面地整合起来，形成一个总体，其范围和数量丝毫不亚于文字的书面资料。笔者在2003年的《文学与人类学——知识全球化时代的文学研究》一书中对第三重证据的表述是："传世文献与考古材料以外的异文化参照材料，即民俗学、人类学的田野观察材料和跨文化的文献材料。"②这个表述突出的是三重证据法的跨文化比较方面。因为所有的文化他者的材料，都可以作为本土文化研究的参照系来使用。从另一意义上说，掌握文字书写的民族也有其从古至今流传的口传文学资料，这同样意味着展开比较研究的巨大空间。口传的资料经过田野调查过程笔录和书写，会变成新的书面文献。在当今的"数字化生存"时代，这些原本是民间口耳相传的东西，经过文字录入和数字化加工，成为电子文档数据库，其对学术研究的重要意义，就逐渐显山露水，呼之欲出了。

2014年2月28日，历经多年艰苦努力，中国民间文艺家协会主持的国家社科基金特别委托项目"中国口头文学遗产数据库"（一期）在北京举行成果演示会。笔者在发言中指出：中华文明五千年，民间文化占有半壁江山，但以往的知识人对此大体上缺乏认识。下文摘录中国民协刊物《民间文化论坛》的访谈实录，借以说明"中国口头文学遗产数字化工程"的实施意义，特别是对更新我们的文学观念和文化观念所具有的启示。

问：中国民间文学的"三套集成"的县卷本搜集整理工程，跨度10多年，涉及2 800多个县区，几十万人参与进来。请您谈谈，有哪些方面让您印象深刻，难以忘怀？

答：中国自西周时代就有官方组织的民间采风活动，后来以文字为媒介的书写文化形成经典，口传文化的地位遂一落千丈，风光不再。

---

① 参看乔晓光：《活态文化——中国非物质文化遗产初探》，山西人民出版社，2004年。
② 叶舒宪：《文学与人类学——知识全球化时代的文学研究》，社会科学文献出版社，2003年，第256页。

"三套集成"是前无古人的大规模全覆盖式的收集整理口头文学,意义非同一般。数以千计的县卷本虽然数量庞大,但是没有发行,也不公开,基本上无法发挥其信息传播作用。而2010年及时启动的中国口头文学遗产数字化工程,将会彻底改变民间口传文学在文化总体中的弱势地位,借助于新媒体的检索查找之便和全民共享性,其结果在未来的大数据时代将大放异彩!试想,古往今来的哪一个时代、哪一个民族的哪一个人,能够有幸拥有9亿字的海量口传文学作品随时翻检和查阅呢?自2011年以来,从燕郊的汉王公司作业车间,到北京西郊上地的汉王总部,我们中国民间文艺家协会的老专家团队风雨无阻,任劳任怨地努力工作,他们的智慧和敬业精神让我永远铭记。

问:中国民间文艺家协会是一个视野开阔、责任心强、能够与时俱进的民间社团。数据库工程就是这个优良传统的延续和体现。请您谈谈在"后三套集成时代"民间文学的抢救与保护以及学术研究还有哪些新的问题?我们应该如何应对?

答:对中国民间文艺家协会来说,民间文学是我们所熟悉的本行,但是中国口头文学遗产数字化工程是一个与时俱进的新鲜事物,大家以前连想都没有想过。目前一期工程已经完成,但是如何高效地利用和发挥,还是值得探讨的问题。需要组织高端研讨会,学习和熟悉这一新事物,认识其超前的知识观革新意义,让业界和新媒体界的专业人士参与讨论。通过一段时间试用,总结经验,发现问题,为二期的再分类工作作好准备。如果条件允许,还需要扩大收集范围,拾遗补阙,对目前的4 905册书进行增补。这将是一个长期而艰巨的任务。

问:作为民间文学研究者,在当下工业化、城市化快速推进的历史时期,您有没有需要格外提醒的地方和方面?数据库工程对于继承优秀传统文化,弘扬传统美德,以及中华民族的精神家园的健康发展,会发生怎样的影响?

答:过去的一百多年,中国人基本上跟随西方现代性强势文化反过来革自己传统文化的命。如今情况正在发生改变,本土文化自觉的呼声已经从个别人类学家那里传播到党和国家高层领导的口中,形成新的文化兴国国策。民间文化是传统文化保存最多、最丰富的领域,也是我们不再盲从西方文化路径、重新找回自己的文化精神家园的依据。面对9亿字的口头文学大海，我们每一个人其实都只是小学生。光是熟悉56个民族和记住2 800多个县的名称，就相当于学一门外语了。可以预见的是，谁在新生事物面前勤于学习和善于学习，谁就能够获得更大的回报。我希望把数据库当作呈现和理解中国文化内部多样性的最佳教材，其意义将大大超出一般性地普及民间文学知识。①

以上引述表明，民间文学的调查和研究与文学人类学研究之间是一种你中有我、我中有你的交织融合状态。

## 三、四重证据法与文学人类学的前景

就发展前景看，文学人类学有两个学术生长点，即文学思想和研究方法的更新。在文学思想方面，要启发本土文化自觉，引导人们对中国文学的重新认识。受到20世纪后期反思人类学派和后殖民批判的影响，研究者积极反思、解构西方中心主义的学科范式，倡导本土文化自觉，并充分利用人类学的多元视野反观和重估本土经典文本与非物质遗产的文化资源价值，起到了学术先导作用。文学人类学学者认为，20世纪以来的西方思想正在经历"东方转向""原始转向"和"生态转向"；以法国学者利奥塔为代表的后现代知识观，对应的则是全球文化寻根运动。在学院派中倡导人类学的"地方性知识"新视角，能够启发对本土文化的自觉和重新认知。在方法论方面，文学人类学研究者注重将人类学方法与本土学术传统的考据法结合再造。三重证据法的影响，不仅限于文史研究，也给其他学科带来启迪。如法学方面的证据学探讨。在21世纪初，文学人类学研究者再度倡导四重证据法，吸取了人类学的"物质文化"概念，将出土或传世的古代文物及图像资料作为文献之外的第四重证据，探究失落的文化信息，以期重新进入中国的文明史和史前史。《熊图腾》和《神话意象》两书即是应用四重证据法的实例。《熊

---

① 刘加民、叶舒宪：《大数据时代的民间文化保护与研究》，《民间文化论坛》2014年第2期。

图腾》在整个欧、亚、美三大洲的广阔背景中探讨熊图腾崇拜的源流，以及它与中国文明起源、中华祖先图腾（黄帝有熊氏、鲧禹启化熊或熊化）的关系，在利用比较文学的跨文化优势推进本土文化的阐释方面有开拓作用，使得传世古文献中被误解的和无解的难题获得被重新审视的新契机。例如，司马迁在两千年前记下华夏共祖黄帝号"有熊"，但没有说明原因。古籍中记载的夏王朝三代帝王鲧、禹和启的神话叙事中都有"化熊"或"熊化"的母题。战国时代楚国的30位国君要在登上王位之际改称"熊某"。《周礼》所记上古跳神仪礼——傩，有法师"蒙熊皮"的规定。我们将以上传世文献的记载称为研究的第一重证据。但仅靠这些文献证据还无法说明黄帝号"有熊"的所以然问题，正如希腊神话研究本身无法说明阿尔忒弥斯女神的祭司为什么要身披熊皮的问题，这就需要广泛借助第二、第三和第四重证据所提示的参照材料。

第二重证据，系指新出土的汉字记录。这是古代学者所没有见到的一些珍稀文本。除了甲骨文和金文以外，20世纪后期出土的大量战国秦汉时代的竹简帛书，成为今日学者有幸看到的新文献材料。如在上海博物馆收藏的楚国竹书《容成氏》中，有讲述中国历史第一王朝的开创者大禹建立五方旗帜的叙事。其中，东、南、西、北四方旗帜以日、月、蛇、鸟为标志，大禹自己的中央旗帜则以神熊为标志。二重证据表明熊旗乃是夏朝的国旗，熊是夏人的图腾，这就给传世文献中的鲧、禹化熊母题提供了有效的解释。

第三重证据，系指口传与活态的礼仪和民间文化等，包括民族学材料。中国功夫中有模拟飞禽和猛兽的组合招法，称"鹰熊合练"。夏、商、周三代的宗教雕塑中屡屡见到坐熊和鹰熊、鸮熊等合体形象。汉字中代表生命能量和能源的"能"字，原来就是专指熊的本字。神医华佗创立的五禽戏中有"熊戏"，让人依照仿生学原则模仿熊的动作来进行养生修炼。凡此种种，联系成为一个熊图腾崇拜的文化整体。

在今日的现代汉语中，熊除了本义外，已经蜕变成骂人的词语。可是在文明的源头和早期，熊曾经是没有狮子存在的东亚地区最为神圣的动物。依靠第四重证据——考古学发现的新石器时代女神庙供奉的真熊头骨和泥塑熊像，我们得以了解失落的文化真相。如果在欧亚大陆上寻觅熊神崇拜的遗迹，还可以举出三万年前法国南部肖维岩洞（Chauvet Cave）祭坛熊头和彩绘神熊出洞图像。据人类学和神话学的分析，熊之所以在数万年前就被狩猎的人类祖先所神化，是因为熊冬眠的习性被理解为拥有死而复生的生命能量。汉字"能"本义指熊的事实，再次地说明了神话联想的发生根源。就这样，依靠四重视野的多元证据，我们得以阐明几千年来莫名其妙的"有熊"和"化熊"叙事，找出华夏文明在前农业时代的古老信仰根脉。

就理论建构而言，对四重证据法的学术发生史进行全面审视，将给未来的文学人类学发展带来广阔空间，有效地促进跨学科的多元视角研究。目前，《民族艺术》杂志自2008年设置的固定专栏《神话与图像》为四重证据法的探究提供了展示园地；2009年立项的中国社会科学院重大项目"中华文明探源的神话学研究"代表着四重证据法的拓展和应用情况：将"神话"概念从民间文学的小范畴中解放出来，确认为文化传统的元编码或原型编码，使之充分发挥打通文史哲和宗教、心理学等学科界限的工具利器。[①] 目前，这一方法的应用正在进行多学科打通研究的尝试。2010年8月由南方日报出版社推出的"神话历史丛书"，体现了文学人类学研究群体的这种新的探索方向，即以神话概念作为重新贯通文史哲的思想工具。

---

① 参看"文明起源的神话续研究丛书"：叶舒宪：《中华文明探源的神话学研究》，社会科学文献出版社，2015年；王倩：《神话学文明起源路径研究》，中国社会科学出版社，2015年；谭佳：《神话与古史——中国现代学术的建构与认同》，社会科学文献出版社，2016年。

# 第九章
# 当代中国文学研究的人类学转向

**内容摘要**

20世纪80年代后期，以文学人类学的提出为标志，中国文学研究阵营中出现了人类学转向的萌芽。90年代以后兴起的文化诗学和少数民族文学研究，进一步深化了研究者对文化人类学这门新学科的兴趣。前者在有关"文化"的理解、对于文学现象的文化解释、文学观念的起源研究方面，均受到人类学的强烈影响；后者则直接借用人类学的理论与方法研究中国少数民族文学，特别是无文字民族的口传文学。

20世纪后期，受到文化人类学理论与方法的冲击，西方思想界和学术界出现"人类学转向"的趋势，其影响在人文、社会科学诸领域均有不同程度的体现。从中国来看，自20世纪80年代后期以来，史学、文学、艺术学等领域也明显出现人类学转向的苗头，逐渐演变成为一种学术趋势。不过，相比较史学而言，文学领域的转向问题目前尚未引起足够重视。本章拟以近年来中国文学研究中的几种个案为对象，就当代中国文学研究的人类学转向作一番延伸性考察。需要指出的是，这里所谓"人类学转向"并非当下文学研究的唯一趋势；在人类学转向之外，并不排除其他转向的存在。此外，文中论及的仅仅是上述转向中具有代表性的几种个案，因篇幅所限，对其他与人类学转向有关的研究无法逐一论述。

## 一、文学人类学与中国古典文学的重释

在新时期以来的中国文学研究领域,文学人类学研究团队是一支非常显著的力量,他们立足于中国本土传统,以跨文化、跨学科的广阔视野对中国文学进行重新审视,相继推出了"中国文化的人类学破译"(湖北人民出版社,1991—2009)、"文学人类学论丛"(社会科学文献出版社,1999)、"文化人类学笔记丛书"(上海文艺出版社,1999)、"神话历史丛书"(南方日报出版社,2011—2016)等系列著作,在学界引发了广泛的影响。

中国文学人类学兴起于20世纪80年代后期。从知识谱系来看,文学人类学新一代学人一方面继承了20世纪前半叶郑振铎、闻一多等学者开创的治学传统,利用西学中的新学科知识,如人类学、神话学、宗教学知识,对国学的老对象,包括《诗经》《楚辞》《山海经》《老子》《论语》《墨子》《庄子》《春秋》《国语》《管子》《吕氏春秋》《史记》《汉书》《后汉书》《淮南子》《说文解字》《尔雅》等在内的中国古文学和文化典籍进行重新诠释;另一方面,又受80年代"理论热"的促动,将以加拿大批评家弗莱(Northrop Frye)为代表的神话-原型批评引入国内,最终形成了中国文学人类学极富个性的批评理念和研究实践。

就具体学术范围而言,文学人类学涉及文学研究的诸多领域,比如文学理论方面的文学的发生、文学的功能、文学与仪式、文学的表述问题等。不过,其中影响最大的是对中国文学元典,尤其是上古经典的文化重释。从萧兵对"中国文化的人类学破译"书系所作的一段述评中,可以看出中国文学人类学研究旨趣的一些侧面:"这个系列的体例要求必须由严格而细琐的语言文字的训诂、解判入手,赓续乾嘉诸老无征不信的考据学传统,而又决心以较新的人类学理论、材料与方法对中国上古(主要是先秦,有时也顾及汉魏)素称神秘晦奥的典籍(或'文化现象')做现代性的阐释。"[①] 正是基于

---

① 王孝廉等:《关于叶舒宪等"中国文化的人类学破译"丛书的笔谈》,《海南大学学报(社会科学版)》1995年第4期。

这种学术取向，萧兵将自己以《楚辞》为中心的一系列研究命名为"新考据学"，而叶舒宪则在王国维提出的"二重证据法"之外，又先后提出"第三重证据"和"第四重证据"，体现出对文学人类学的独特方法论的自觉和不懈追求。

中国文学人类学试图解决的主要问题之一是作为西学的人类学如何与中国本土的学术传统相对接，从而实现中国古典学术资源的现代性转化。众所周知，中国传统的文学研究主要有两种范式：一种是诗文、小说评点，一种是训诂考据。20世纪初，受西学东渐的冲击，上述两种范式均面临挑战。就前者而言，由于主要建立在文学接受者的主观感悟之上，缺少系统性与理论自觉，因而在西学的冲击下难免式微。相对而言，在清代乾嘉时期臻于极盛的考据学则由于秉持"求实征信"的原则，体现出一定的科学性品格；在20世纪初，当以实证主义为主调的西方学术范式传播到中国时，便有了向现代性转化的可能。不过，传统考据学自身的局限也是非常突出的，有论者指出："清代中后期不少治诸子的学者擅长文献考辨和文字训诂，但他们除了盯着文字文献之外，对民俗民风基本不屑一顾，对口头传说也不加采信，他们只满足于'四部之学'而轻视'四野之学'，这束缚了他们的胸襟，限制了他们的视野。"① 此外，由于科举制的废除，旧式的读经教育被新兴的西式教育所取代，现代人的知识结构与传统的考据学也因此发生了断裂。当然，相对于乾嘉诸老而言，现代学者也自有其优势："尽管从总体上看，乾嘉学者式的渊博和小学功力已经不可再得了，但是新时代的学人自有超越前贤的优越之处，那就是新材料、新视野和新方法。"② 针对传统考据学的局限与今人和古人知识结构上的断裂，文学人类学研究者一方面在古典文学的重释中增加了文化的维度，从宏观的文化背景中对种种文学现象作出前无古人的新诠释；另一方面，又不断拓展证据的疆域，在20世纪初王国维所提出的以地下出土甲金文为主的"二重证据"之外，又增加了"第三重"和"第四重"证据——前者指广义的民族学资料，后者指考古出土的实物、图像——从而真正形成了一种跨文化的"人类学"研究的立体性知识视野。中国古典文学

---

① 戴建业：《"诸子还原系列"的学理意义》，《文学评论》2012年第1期。
② 叶舒宪：《人类学"三重证据法"与考据学的更新》，《书城》1994年第1期。

中一些聚讼不已的难题，借助"四重证据法"所提供的全新视角，便有了重新"破译"的可能。

比如，《楚辞·天问》中"夜光何德，死则又育？厥利维何，而顾菟在腹"几句，是针对远古流传下来的月亮神话发问。由于年代久远，这一神话的初始形态已不可详知，《天问》中的这段典故便成为千古之谜。自汉代以来，不断有学者试图对"顾菟"作出解释，但往往各执一词。到了20世纪30年代，闻一多在《天问释天》中运用了大量语言学、训诂学证据，认为"顾菟"是"居诸"等词的音变，仅指蟾蜍而不兼指兔子。①自此以后，学者多采用闻一多说。汤炳正也以训诂材料为据，却又提出"月兔"实为"月虎"之说。②如此一来，对"顾菟"的解释便发展为三种。1973年长沙马王堆西汉墓帛画的发现，为"顾菟"的训释之争带来了转机。根据这幅古画，一轮红日上有只乌鸦，一弯新月上有一只蟾蜍和玉兔。长沙本为楚国故地，帛画中神话题材年代也与《天问》写作时间相去不远，人们自然会把画中描绘的月亮神话同《天问》的相关内容联系起来，对以往训释上的争议重新进行考察。帛画表明月兔与月蟾未必对立，二者可以并存。再参证跨文化的民族志资料，可以看到月兔与月蟾是世界性的文化现象，在美洲、非洲的许多原住民中间，都流传着类似的神话。另外，从美国考古学家金芭塔丝《女神的语言》一书来看，早在欧洲史前时代，蟾和兔已经是死亡与再生女神的象征，这和"死则又育"的月亮神话显然是基于相同的神话思维。借助上述证据，可以认为"顾菟"即指月蟾和月兔两种神话动物。③类似的研究还体现在萧兵对《诗经·大雅·生民》有关后稷出生时被"三弃三收"的解释，对"离骚"二字本义的解说；叶舒宪对上古时期"诗""风""雅""颂"等关键概念的发生学解释，对《庄子》篇章结构中的神秘数字循环模式（如七、十九、七十二等）的分析，对《道德经》中的"道""德""返""归"等主题词的文化分析，等等。

---

① 参看闻一多：《天问释天》，载《闻一多全集》（第5卷），湖北人民出版社，1993年，第511—515页。
② 参看汤炳正：《屈赋新探》，齐鲁书社，1984年，第261—270页。
③ 叶舒宪：《知识全球化时代的"古典文学"及其研究》，《社会科学战线》2001年第6期。

## 二、文化诗学：回归文学的文化维度

20世纪90年代以来，国内出现一些倡导文化诗学的学者，主要代表有童庆炳、李春青、顾祖钊等学者。在文化诗学的发祥地北京师范大学，目前已推出"中国古代文论的文化渊源""文化与诗学"等系列丛书，此外还主编有《文化与诗学》辑刊。这种现象标志着中国文学研究在经历了短暂的"审美转向"之后，开始向文化维度自觉回归。

关于文化诗学提出的原因，据童庆炳先生的表述，首先是出于中国当下的现实需要。随着市场经济的推进和消费时代的到来，人文理想出现了前所未有的侵蚀和消解现象。这种情况下，有必要从文学的"内部研究"和审美批评，转向对文学所由发生的历史文化语境的把握和分析。[①]笔者以为，除上述原因外，中国文化诗学的崛起还有一个不容忽视的因素，即来自人类学领域的影响。对世纪之交的中国文艺学界而言，在摆脱意识形态干预的同时，打破"内部研究"的偏狭，无疑是亟须解决的一个问题。而人类学的核心命题"文化"，正是走出这一困境的有效参照。因为"文化"作为一种具有广泛包容性的概念，可以容纳比意识形态与审美判断更为丰富的社会、历史内涵，从而还原文学现象本身的复杂性。尽管国内文化诗学研究呈现出不同特色，不过，这一研究取向与文化人类学之间的种种契合仍然有迹可循。

### （一）对于"文化"的理解

自1871年爱德华·泰勒的《原始文化》面世以来，"文化"一直是人类学界津津乐道的话题。早期学者受进化论思潮的影响，试图将世界各个地方的文化按其"文明"程度的差异纳入同一个坐标，由此构筑起人类文化"单线进化"的宏大命题。后来的学者则深入异文化中的田野现场，亲自体验文化对人的种种形塑和规约，从而对人类文化有了更加务实的认识。尽管不同时代的学者对文化的理解存在差异，有关文化的定义也层出不穷，不过，对

---

① 童庆炳：《新理性精神与文化诗学》，《东南学术》2002年第2期。

文化的这些理解中都涵盖了人类社会所有习得、共享的观念和行为。①

国内致力于文化诗学研究的学者也对"文化"的内涵进行了探讨。在《文化诗学是可能的》一文中，童庆炳将"文化"的定义归纳为三种：第一种是泰勒、马林诺夫斯基等所持的"广义的文化概念"；第二种是《现代汉语词典》等所界定的"狭义的文化概念"；第三种是卡西尔从符号学角度界定的文化概念。尽管作者认为"以符号义的文化概念来审视文学是最为可取的"，却又对第三种概念进行了扩充：按符号义的文化概念，文化的样式主要有语言、神话、宗教、艺术、科学、历史六类。还可以包括政治、哲学、伦理、道德、教育、民俗等。②其实，这种经过泛化后的文化概念，与其说是卡西尔式的，不如说更接近于人类学。从人类学自身来看，20世纪后期的学者对早期"文化"概念有所扬弃，其中起关键作用的正是符号学。克利福德·格尔兹就曾说道："我所采纳的文化概念本质上属于符号学的文化概念。"③从童庆炳等学者对"文化"的理解中，显然可以看到人类学方面的重要影响。

### （二）寻求文学现象背后的文化解释

李春青曾经谈道："我们借用'文化诗学'这个概念是为了倡导一种阐释方法。这种方法简单说来就是将阐释对象置于更大的文化学术系统之中进行考察。就古代文论（或古代诗学）而言，就是要将文论话语视为某种整体性文化观念的一种独特表现形式，因此在考察其发生发展及基本特征时能够时时注意到整体性文化观念所起到的巨大作用。"④对于文化诗学的这种认识与格尔兹的解释人类学有异曲同工之处。兴起于20世纪60年代的解释人类学，一改早期人类学的科学性追求，将文化视作具有多层复杂意义的解释系统；人类学者所能做的，不是如自然科学家那样去寻求研究对象的客观规律，而

---

① 庄孔韶：《人类学通论》，山西教育出版社，2002年，第20页。
② 童庆炳：《文化诗学是可能的》，《江海学刊》1999年第5期。
③ ［美］克利福德·格尔兹：《文化的解释》，纳日碧力戈等译，上海人民出版社，1999年，第5页。
④ 李春青：《在文本与历史之间——中国古代诗学意义生成模式探微》，北京大学出版社，2005年，第11页。

是透过外在的符号系统,去理解深藏于其后的种种起支配作用的价值和观念。基于此,格尔兹援引了吉尔伯特·赖尔的"眨眼"比喻,提出了民族志写作的"深描"说。① 尽管格尔兹对"深描"没有作出明确界定,不过从其具体论述看,"深描"首先应该是一种阐释学方法,即将研究对象置于特定文化的意义网络中进行理解。有意味的是,童庆炳先生在对文化诗学的解释中,也举出一则习见的事例加以说明。

> 北京作为一个对象,从不同地点看北京,所看到的是不同的北京。从天安门广场看到的是政治的北京,从王府井看到的是商业的北京,从故宫看到的是历史的北京,从首都钢铁厂看到的是工业的北京,从北大的"未名湖"畔或荣宝斋看到的是文化的北京。文化诗学是企图把几个"窗口"所看到的景物实现一种融合,从而从总体上把握文学。②

显然,同格尔兹笔下的"眨眼"隐喻类似,"北京"在这里是一种包涵多重所指的文化符号;如果从不同角度、不同"先见"切入,同一符号会呈现截然不同的意义。据此,我们不妨把各种文学现象视作承载着特定意义的符号系统,而所谓文化诗学,正是试图对这些文学现象作出"深描",以实现对特定历史、文化情境中作家、作品的深度理解。③

### (三)文学观念的起源研究

文化诗学不仅重视中国正统的儒家文化等精英传统对文学的形塑作用,而且深入史前文化,对中国文学观念的生成作纵深考察。这种取向比较典型的例子是顾祖钊的研究。在《华夏原始文化与三元文学观念》一书中,作者深入中国文学观念所由产生的华夏原始文化背景中,对中国文学理论中

---

① 参看[美]克利福德·格尔兹:《文化的解释》,纳日碧力戈等译,上海人民出版社,1999年,第6—11页。
② 童庆炳:《文化诗学的学术空间》,《东南学术》1999年第5期。
③ 罗志田曾谈道:"一般而言,人类学的特长是能够进入异文化,则其与训诂学有异曲同工之处。"循此思路,如果将历史上的文学文本看作逝去的"他者"的一种表述,文化诗学便是对"他者"的一种跨时空理解,这也正是文化人类学的宗旨所在。参看罗志田:《往昔非我:训诂、翻译与历史文本解读》,《文艺研究》2010年第12期。

的一些基本范畴作了文化探源。比如对于"诗言志"的产生，作者先从古代巫术文化演变的角度，论证了《尚书·尧典》的真实性，进而联系当时的巫文化语境，确定"诗言志"的"志"并非"人的意志"，而是"天的意志"，从而对这一古老的诗学命题提供了新的解释。①再如，作者通过跨文化比较，认为《易经》的爻辞之中有许多原始诗歌，可以说是《诗经》作品的源头。②这种研究思路其实正是早期文化人类学者的典型风格："初期的民族学③研究，都是以'原始''简单''无文字'的'初民社会'为研究对象。那个时候，直至20世纪中叶二战结束前，民族学热衷于研究人类的起源、宗教的起源、法律的起源、婚姻的起源等。"④在具体的个案解析中，作者也援引了许多考古学与民族志资料并运用图腾、巫术等理论进行参证，体现出明显的人类学知识取向。可以说，这方面的研究潮流在当代中国呈现方兴未艾的状态，有许许多多没有打出"文学人类学"或"艺术人类学"旗号的研究，实际上是自觉或不自觉地受到文化人类学的启迪而发生研究范式的转向的。

## 三、中国少数民族文学研究的人类学转向

进入21世纪以来，中国少数民族文学研究受到越来越多的关注。在一定程度上可以说，由汉民族文学研究的一枝独秀，到少数族裔文学研究的广泛开展，本身便是对当下文学批评人类学转向现象的一种折射，因为正是文化人类学最早发现文化"他者"的意义并试图进行解释。从早期人类学者对远方的原住民社会及其文化的观察记录，到20世纪后期人类学本土研究的兴起，人类学一直对边缘族群和少数族裔文化保持着浓厚兴趣。就文学而言，作为汉民族"他者"的众多少数民族，其创作和口传文学往往并非单纯

---

① 参看顾祖钊：《华夏原始文化与三元文学观念》，北京大学出版社，2005年，第75—78页。
② 参看上书，第88—95页。
③ 这里所谓"民族学"即"文化人类学"。有关民族学与文化人类学的关系，参看王建民：《中国民族学史》上卷，云南教育出版社，1997年，第3—6页。
④ 杨圣敏：《民族学是什么》，《新疆师范大学学报（哲学社会科学版）》2012年第1期。

的审美对象，而是作为族群历史记忆的载体代代相承，其中积淀着丰富的文化意蕴。正是由于少数民族文学的这种特殊性，不断有研究者深入田野之中，采用人类学理论和方法对其收集、整理和进行解读，"神话思维""文化功能""仪式""图腾""结构"才成为少数民族文学批评中频频出现的术语。

### （一）人类学理论的引入

文化人类学从19世纪后期形成至今，基于不同的研究立场、观点和方法形成了众多学派。从中国少数民族文学研究来看，这些学派都产生过不同程度的影响。限于篇幅，本章仅选取其中影响较著的几种理论加以分析。

#### 1. 仪式理论

仪式行为是人类最古老的社会实践之一，从遥远的史前时代直到今天，几乎所有文化中都不断传承并创造着某些仪式规范。正是由于仪式行为跨时空的普遍性，才使其成为人类学的主要研究领域之一。在当今学界，一提到"仪式"，人们自然而然地会想起人类学。自新时期以来，我国翻译的研究仪式的西文著作大约有数十种。中国文学人类学研究会副会长、厦门大学人类学系的彭兆荣教授撰写了多部介绍人类学仪式的理论著作，[①] 以及《文学与仪式——文学人类学的一个文化视野》[②]这样的专题著作。从中国少数民族文学来看，诸如民歌、神话和史诗等文类本身往往并非纯粹的文学文本，许多都是作为仪式活动的伴生物而出现，因而很有必要从仪式角度对其进行研究。比如，徐斌《格萨尔史诗说唱仪式的文化背景分析》一文，便是从史诗演唱前艺人举行的仪式入手，对史诗产生的文化背景进行分析。[③]需要指出的是，仪式不仅仅呈现为当下性的展演行为，还会作为一种"集体记忆"在一个族群的文学传统中不断再现，从而衍化为一种"仪式原型"。当下许多研究者正是通过对文本中情节元素的分析，来构拟文本背后的仪式原型。这种研究取向已经成为一种"范式"，被不同的研究者反复采用。蒙古族学者乌日古木勒的专著《蒙古突厥史诗人生仪礼原型》可以作为这种范式的代表。作者

---

[①] 参看彭兆荣：《人类学仪式的理论与实践》，民族出版社，2007年。
[②] 彭兆荣：《文学与仪式——文学人类学的一个文化视野》，北京大学出版社，2004年。
[③] 徐斌：《格萨尔史诗说唱仪式的文化背景分析》，《西南民族大学学报（人文社科版）》2006年第8期。

通过对蒙古-突厥史诗中求子、英雄特异诞生、英雄接受考验和英雄再生四组母题的研究，阐明了史诗背后潜在的共同模式。这一模式的原型，正是人类历史早期或当代土著部族中仍在盛行的成年礼仪。① 目前，中央民族大学林继富教授带领的团队正在展开中国民族民间文学的文化记忆研究项目，可作为这方面的一个代表。

2. 族群理论

人类学中的族群研究兴起于20世纪60年代，先后形成了"根基论"与"工具论"两种主要的理论范式。前者主要包括西尔斯、格尔兹等学者，认为族群认同主要来自根基性的情感联系；后者主要有德斯皮斯、哈尔德及柯恩等学者，基本上将族群视为一种政治、社会或经济现象，以政治与经济资源的竞争和分配来解释族群的形成、维持及变迁。② 族群作为人类基本的存在属性，总会经由某些符号系统表达出来，文学便是人类表达自己族群归属感的主要载体之一。中国各少数民族作家一方面从属于特定的族群，许多作家甚至有自己的母语；另一方面，他们又深受汉文化的熏陶，多数人也在从事汉语写作。这种矛盾处境决定了少数民族作家处于汉/非汉两种文化的边缘地带。正是由于少数民族作家族群身份的这种特殊性，族群认同问题成为近年来少数民族文学研究中的热点。2005年在广西南宁召开的第二届"多民族文学论坛"，主要议题之一便是少数民族作家的身份认同问题。从具体研究来看，许多学者借助文本细读，对作品中传达出的族群认同问题进行解析。在《谁是少数民族作家？——对作家"民族身份"的文学人类学考察》一文中，作者刘华将中国作家的"民族身份"问题放置在现阶段的中国语境以及多学科的背景之下，通过对作家的个体书写与整体性各层面之间的矛盾、多民族国家与多民族国家文学，以及少数民族文学与作家之间的表述与被表述关系的考察，分析其"身份"问题的历史性、可变性和情境性。③ 周翔在《当代台湾原住民作家的身份认同》一文中，通过对历史文献和文学作

---

① 参看乌日古木勒：《蒙古突厥史诗人生仪礼原型》，民族出版社，2007年。
② 王明珂：《华夏边缘》，社会科学文献出版社，2006年，第18—19页。
③ 刘华：《谁是少数民族作家？——对作家"民族身份"的文学人类学考察》，《民族文学研究》2006年第3期。

品的仔细分析,就中国台湾地区原住民作家的族群认同问题进行了考察。①由于中国台湾地区族群关系的复杂,每一位原住民作家都处于多层次认同场景之中,因而对中国台湾地区作家族群意识的分析,也便具有了重要的人类学意义。在一定程度上说,阅读中国台湾地区原住民作家的文学作品也是一次田野体验过程,这与王明珂等学者所提出的"在文献中作田野"自然有着某种暗合。②叶舒宪与陈器文合编的《宝岛诸神——台湾神话历史的古层》一书,也对中国台湾地区原住民的口传文学作出分族群的透视,如邹族和鲁凯族的口传史官制度问题,绍族口传的日月潭神话,排湾族、卑南族的乐园神话等。③居住在中国台湾地区中央山脉日月潭畔的绍族,目前人口仅有数百人,属于世界上现存人口最稀少的族群之一。在开放旅游之前,大陆人很少知道绍族的存在,甚至没有听说过这个名称。如今在文学人类学视野下,绍族文学的面貌终于回归到中国文学的整体之中。

3. 图腾理论④

"图腾"现象最早发现于北美印第安人中间,后来在大洋洲、北非、太平洋岛屿的原住民中间也发现类似现象。由于英国人类学家麦克林南、弗雷泽等学者的研究,图腾成为人类学中一个重要的研究领域。20世纪一些影响力很大的人类学家,如马林诺夫斯基、博厄斯、涂尔干、列维-布留尔、列维-斯特劳斯等都曾涉足这一领域。20世纪初,一些学者将图腾理论运用到中国的神话研究中。正如有学者指出:"世界各民族神话中,无不充斥着神异动物和半人半兽形象、人兽婚和人兽变形之类的母题等令科学理性尴尬的内容,由于图腾学说提供了一个沟通人和动物之间的理论桥梁,因此,从其产生之日,就成为神话学家手中的利器。"⑤在当下中国少数民族神话研究

---

① 周翔:《当代台湾原住民作家的身份认同》,《民族文学研究》2006年第2期。
② 王明珂:《历史事实、历史记忆与历史心性》,《历史研究》2001年第5期。
③ 康德民:《原住民口传史官制度》,见陈器文等编:《宝岛诸神》,南方日报出版社,2011年,第57—70页;吴靖苡:《日月潭神话:绍族的祭典仪式》,见陈器文等编:《宝岛诸神》,南方日报出版社,2011年,第117—132页。
④ 这里仅就图腾理论在少数民族文学研究中的运用略作分析,对这一理论的限度不予置评。国内学界对图腾理论的反思与批评,参看常金仓:《古史研究中的泛图腾论》,载《二十世纪古史研究反思录》,中国社会科学出版社,2005年,第89—110页。
⑤ 刘宗迪:《图腾、族群和神话——涂尔干图腾理论述评》,《民族文学研究》2006年第4期。

中,有不少学者也采用图腾理论,对其中许多今人难以索解的文化现象进行解释。比如,始见于东晋常璩所撰《华阳国志》的"九隆神话"是中国西南地区少数民族中最著名的神话之一,讲述了古哀牢国一妇人"于水中触一沉木,遂感而有娠"的故事。对于这一神话的研究,除从历史的维度对其演变的微观过程进行梳理外,另一主要视角便是援引图腾理论对其中的神异诞生母题进行解读,石钟健、萧兵、李炳海等学者都作过这种尝试。①类似的研究还有王雅荣《"猴玃抢妇"故事渊源新探》、刀承华《傣族古代文学中的动物图腾崇拜》等。前者在对汉语古典文献中所载"猴玃抢妇"故事进行追溯的基础上,认为该故事反映了汉晋时期生活在蜀南及西南地区羌族的猿猴图腾崇拜及抢婚等社会习俗;后者则通过对傣族古代神话、传说等多种文本的分析,揭示出这些叙事后面所隐含的图腾崇拜观念。就连明代小说《西游记》中的神猴形象孙悟空,原来也和中国西部氏羌族群的猴祖神话(今日的藏族和古代的党项人都崇拜神猴或猴祖)相关,而不只是印度史诗中神猴形象的直接移植。

(二)田野调研的自觉

从早期人类学者主要依靠旅行家、传教士的日记和报告寻求对"异文化"的认知,到20世纪初马林诺夫斯基"参与观察法"的确立,田野作业终于成为人类学的学科标志。甚至有学者认为:"'田野'使得人类学研究有别于诸如历史学、社会学、政治科学、文学和文学批评、宗教研究,尤其是文化研究等与人类学相关的学科。人类学与上述学科的区别与其说是在于研究的主题,还不如说是在于人类学家所使用的独特方法,即基于参与观察的田野调查方法。"②应当看到,随着人类学向人文社会科学的不断渗透,田野调查在今天远非人类学的专利,越来越多的学科也将这种方法移植到本领域的研究中。在中国少数民族中间,由于至今传承着大量"活态文学",因而人类学意义上的"参与观察"自然成为研究者的主要方法之一。与20世纪

---

① 石钟健:《论哀牢九隆族和洱海民族的渊源关系》,载《民族研究文集》,民族出版社,1996年,第310—335页;萧兵:《中国文化的精英》,上海文艺出版社,1989年,第379—387页;李炳海:《部族文化与先秦文学》,高等教育出版社,1995年,第76页。
② [美]古塔、[美]弗格森:《人类学定位》,骆建建等译,华夏出版社,2005年,第3页。

50年代全国性的民族文学调查相比,当下的少数民族文学采录更加注重田野方法的规范。乌日古木勒就曾以田野方法为主要标志,将国内蒙古史诗的研究划分为两个阶段:第一阶段从20世纪50年代到90年代初,这个阶段基本从文学的视角搜集、整理和研究蒙古史诗;第二阶段从20世纪90年代末开始,国内蒙古史诗的调查研究中开始借鉴、引进人类学田野调查方法和口头程式理论以及表演理论。①

近年来,中国史诗研究界涌现出一批有分量的田野报告性质的著作,如黄中祥《传承方式与演唱传统:哈萨克族民间演唱艺人调查研究》、阿地里·居玛吐尔地《〈玛纳斯〉史诗歌手研究》、哈拜《哈萨克阿肯》、朝戈金《千年绝唱英雄歌——卫拉特蒙古史诗传统田野散记》、杨恩洪《民间诗神——格萨尔艺人研究》等。另外值得注意的是,一些学者还对民族文学调查与整理中的缺失作了深入反思。彝族学者巴莫曲布嫫的长文《"民间叙事传统格式化"之批评》正是这种反思的代表作。作者认为,国内外学者对彝族史诗的研究长期存在两种偏向:一种是将史诗作为研究彝族历史、社会等的旁证材料;一种是单纯作为文学作品来看待。这些整理过程忽视了史诗本来所属的彝族传统的内部规定性及演述场景。作者所要表达的学术诉求,正是回归史诗的田野现场:"通过田野研究,从民间鲜活的口头史诗演述活动去复归文本背后的史诗传统,并建立一种'以表演为中心的'史诗文本观和文本阐释。"②突厥语民族文学专家郎樱在《田野工作与非物质文化遗产保护——三十年史诗田野工作回顾与思索》一文中则以自己多年的田野经历为个案,对少数民族文学调查采录中的田野规范与困境进行了思考。不难看出,文中所提出的"亲身体验""参与观察""点面结合""追踪调查"以及进入田野前的"学术准备""理论预设"等具体要求,与人类学经典民族志的生成过程无疑有着种种契合之处。③近年来,在多民族文学的田野调查方面,最有意义的发现有:贵州麻山苗族长篇史诗《亚鲁王》、重庆巫溪县汉

---

① 乌日古木勒:《中国蒙古史诗研究对人类学田野调查方法的借鉴》,《民族艺术》2002年第3期。
② 巴莫曲布嫫:《"民间叙事传统格式化"之批评(中)——以彝族史诗〈勒俄特依〉的"文本迻录"为例》,《民族艺术》2004年第1期。
③ 郎樱:《田野工作与非物质文化遗产保护——三十年史诗田野工作回顾与思索》,《江西社会科学》2008年第9期。

族史诗《巫咸孝歌》（一名《巫咸孝文》）等。这些活态的民间口传作品在笔录为文字后，长达数十万字，其篇幅相当于《荷马史诗》，甚至更长。它们存在于21世纪中国民间的现实情况，对于中国文学史无史诗说的偏见提供了有力的反驳，对于反思中国文学整体格局也具有十足的启示意义。

上述反思表明，在人类学影响日益显著的今天，少数民族文学研究中的田野工作也在自觉向人类学规范靠拢。这种"田野自觉"正是当代中国文学研究人类学转向的一个重要表征，其所带来的田野新风正在改变着中国文学的整体观念。

# 第十章
# 文史"故事"中的人类学

> **内容摘要**
>
> 文学是对人类创造的文化符号系统的归纳与演绎,固态文学与活态文学在不同的历史时期担任着不同角色。按照人类发展的规律,先有活态文学,后有固态文学。因此,当人类学研究将视角转向文学时,首先关注的就是文学发生的最初面貌,以文学是人学的立场来理解文学中的文化价值,并"再造"文学。本章以西王母在华夏治疗观念中的角色为切入点,结合《山海经》《汉书》等传统文史作品中的"故事",揭示神话背后的文化观念。通过西王母治疗神话案例,说明人类学研究如何到文学中去寻找线索,提示文学对人类学研究的特有作用。

## 一、"文学"反思:文化大传统视野

在"literature"这个英文单词传入之前,"文学"一词已经在中国存在了,但两者内涵并不完全相同。要区分西方语义的"文学"和中国文化语义的"文学",就要反思现代性的文学与文学史观,因为一个世纪以来文学的西化造成了"文本中心主义、大汉族主义、中原中心主义"的观念误区,[1]由

---

[1] 叶舒宪:《文学人类学教程》,中国社会科学出版社,2010年,第95页。

此，活态文学、多元族群文学和口传文学的地位就被一再边缘化，而事实上它们原本应该是中国文学值得骄傲的组成部分，更是"非物质文化遗产"最珍贵的题材。

文学人类学者指出，作为华夏文明最早的书写文本、最早的史书、最早的经典之一的《尚书》，其现存的大部分内容多为君王言语活动的口传记忆，在"典、谟、训、诰、誓、命"六种"文体"（语体）中，非但没有能比附于西方的"散文"概念，反而"训、诰、誓"这些篇名多为"言"说的产物。①

再从字义上来考察"文"的起源，甲骨文的"文"象形一个胸部写画着"心""×""∨"之形的人，白川静认为这可能表示死者胸前用朱色水彩画上巫术性装饰符号，既防死者之灵从遗体逸出，又祈祷死者的复活。之后这种仪礼性的彩绘成为文身，"文"从此有了美丽的色彩、纹样、色调、装饰之义。②按照这种观点，"文"的起源中包含着对一种表现形式赞美的意思，但并不以书写为其本义。

20世纪50年代，钱谷融先生发表《论"文学是人学"》，引发一场旷日持久的大讨论，虽然这些讨论基本上都围绕着文学的性质展开，而很少触及对文学形式的质疑，但学者们对文学回归人的呼求却愈加强烈了。

刘为钦认为"人学"是考察文学的一个维度，但不是全部。文学的内容和形式都含有"自然"的成分，而"人学"的内涵也不仅限于文学的范畴之内。③"人学"本身是个无边无际的宏大概念，作为学术探讨其实并不太合适，它更适合作为价值观的论述。但不可否认的是，文学从来都不是遗世独立的：从内容上，它包罗万物，既表现人也表现自然；从形式上，它可以是单一的书写，也可以是包含着口头、图像、音乐、舞蹈的整套仪式。文学的创造主体是人类，它最初并不是为了供人欣赏而诞生的，自从结构主义和符号学运用于文学理论后，可以通过分析的方法来大致一窥文学最初的功能。但比起分析法的有效性，更为重要的是对文学初始功能的认同意愿，这意味

---

① 叶舒宪：《文学人类学教程》，中国社会科学出版社，2010年，第100页。
② ［日］白川静：《常用字解》，苏冰译，九州出版社，2010年，第390页。
③ 刘为钦：《"文学是人学"命题之反思》，《中国社会科学》2010年第1期。

着打破文学固有的疆界，甚至是对文学史的重新书写。

至今，媒体上仍然把那些成功的作家称为"最会讲故事的人"，这一讲一写的差别，直接体现了文学的口头传统，讲唱传统贯穿了人类文明数千年，但"讲"却因为传承的不稳定性输给了"写"。没有文字的民族靠讲唱口授延续着文明。生活在历史边缘的人，或曰"被历史遗忘的人"——平民、妇女、儿童并非真的不存在，他们在帝王书写文明之外不曾被记录，因此可能使历史研究失去了组成延绵文明的重要对象。尚流传于民间的故事大多数都产生了变形、误传，与最初的样子差之千里，因为它们都是通过口授传播和留世。书写从某种程度上是在某个历史阶段固化了、记载了、拯救了离散脆弱的口头文学，好比蒲松龄听着故事写下《聊斋志异》，格林兄弟寻访民间记录下了德国民间故事集，出版《儿童与家庭童话集》，后来成为深受孩子们喜爱的《格林童话》。就在1998年，联合国教科文组织与中国民间文艺家协会授予四川一位会说1 000多则民间故事的老人魏显德"中国十大民间故事家"称号。而他与兄弟魏显发也被称为中国的"格林兄弟"。的确，"写"能记录"讲"，但没有被记录下来的"讲"并不因此而失去文学性。

固态文学与活态文学在不同的历史时期担当了不同的角色，根据人类的发展规律，必是先有活态文学再有固态文学，在共同登上历史舞台后，两者互为依存，共同为文学的家园浇灌出缤纷的花朵。

接下来再看一下固态文学的历史轨迹。最早的华夏书写经典《尚书》就是大量对口头材料的固化，创作不是从写下第一个字开始的，而是从口说开始的。《尚书》包含了之前对帝王文明的积累，它的"文学"创作过程早已启动。根据现有的考古资料，中国的文字体系的诞生，以商代甲骨文的出现为代表。这个历史学"标准答案"也为中国文学设立了判断标志——文字之后才有文学。张光直提出过一则关于考古空间和时间的概念："考古学上的空间既是一个经验性的实体，也是一种对过去的经验实体的重建；而考古学上的时间，则是考古学家受众相对于科学时间的一种工具，它与经验实体及史前人类都没有什么内在联系。"[①] 也就是说，大量甲骨卜辞的出现是文字出现

---

① ［美］张光直：《考古学：关于其若干基本概念和理论的再思考》，生活·读书·新知三联书店，2013年，第15页。

的一段时间上的"稳定态",在没有被考古学证明为"稳定态"的商代之前,疑似记录手段的出现也正在被考古学家们发现。1984年,挖掘"夏墟"的考古学家在山西襄汾的陶寺遗址居住区编号为H3403的灰坑内发现一件残碎的陶扁壶,残陶器上有着朱红彩毛笔的笔画痕迹,发掘者根据残器沿断茬涂朱一周,推断书写字符时扁壶已残。而书写的这个"字"与甲骨文和金文的"文"字在形体和结构上十分相似,各位考古专家反复推敲,始终没有统一答案。数年前在陶寺建筑区又出土一件朱书陶扁壶残片,①让人不得不猜疑陶寺朱书到底是不是文字。即使承认是早期的文字,仅有一两个或三四个字而不成体系,也无法展开叙事信息方面的研究。

根据现有的认知手段,对文学进行形式上的分类、起始时间上的确认,都是徒劳而充满争议的,也许正因如此,学者们最热切讨论的还是回归文学功能的本质。它应人的需求而生,但既然被称为文学,说明它应该有完整的逻辑和表现形式。孔子曰:"诗,可以兴,可以观,可以群,可以怨。迩之事父,远之事君,多识于鸟兽草木之名。"②文学最初的重要作用,就是包括治病和救灾在内的文化整合与治疗功能,是"人通过法术性的语言实践获得精神的自我救援与自我确证"。③在这个功能的指引下,唯有通过人类学与考古学的方法,才能在多重证据中构建出文学降生的最初面貌。

中国的"文学"不等同于西方的"literature",那边厢,西方学者对文学转向的讨论也早已开始。米歇尔·福柯提出的知识考古学具有鲜明的代表性,他认为文学分析的单位不应该是某一时代的精神或感觉,不是文学教科书上一直运用的"团体""流派""世代"或者"运动",也不是将作者的生活和"创作"结合起来的交换手法中所塑造的人物,而应该是一部作品、一本书、一篇文章的结构。④也就是说,文学的意义不在文字里,也不在传统的文学单位里,它们具有历史学和社会学的多重属性。特里·伊格尔顿是西

---

① 许宏:《何以中国——公元前2000年的中原图景》,生活·读书·新知三联书店,2014年,第23—25页。
② 张燕婴译注:《论语》,中华书局,2006年,第268页。
③ 叶舒宪:《文学人类学教程》,中国社会科学出版社,2010年,第219页。
④ [法]米歇尔·福柯:《知识考古学》,谢强、马月译,生活·读书·新知三联书店,2007年,第4页。

方马克思主义文学批评最重要的代表人物之一,他在《文学理论导论》一书中系统梳理20世纪以来西方文学批评发展演变的脉络,主要包括了现象学、解释学、接受理论、结构主义和符号学、后结构主义以及精神分析——20世纪的重要文学理论不外乎将人作为主体的参与过程。在伊格尔顿看来,"纯文学理论"只能是学术神话,"文学经典"以及"民族文学"的无可怀疑的"伟大传统",是一个由特定人群出于特定理由而在某一时代形成的一种建构(construct)。文学的价值不是永恒的。"人们可能会把一部作品在一个世纪中看做哲学,而在下一个世纪中看做文学,或者相反。人们对于他们认为有价值的那些作品的想法当然也会发生变化。"每个社会,每个时代,每个读者都按照自己的出发点解释文学。①就如中国的《黄帝内经》这部作品,按照伊格尔顿的文学理论,它并不具备作为文学的稳定性,也不具备绝对的价值性。它的问答体裁显示了它最初作为口传形式被记录的特点,《论语》也是如此。《黄帝内经》在古代社会作为医学经典的地位无可厚非,在现代社会,西医取代中医成为医疗制度的主宰者,它的医学实践的参考价值受到冲击,但这些都不影响它作为文学研究对象而产生巨大的价值。文学是意识形态的产物,无论是原始时期的祝祷和祭祀,还是当今商业社会的雇佣型写作,文学都是创作者意识形态的注入产物,创作者并不仅限于"版权著作人",也包含了接受者的期许和机构的议程设置。

自古以来,为文学下定义的人的身份至少有三类:一是文本的"原创者";二是原始文本在多级传播过程中的创造者;三是文本及表演的受众。以藏族英雄史诗《格萨尔王》为例,原创者的身份已不为人所知,史诗是神话时代的文化遗产,有理由相信,它的创作是由一个或数个群体累积完成的。千百年来,史诗的传播者是一些被称为"神授艺人"的民间讲唱者,他们大多目不识丁,却以一些神秘的形式——例如托梦——学会了史诗的唱词和音律,每次表演的过程都带着某些随机性,没有一次表演是一模一样的。美国人类学家理查德·鲍曼用表演的"新生性"来解释这种现象。而完整的《格萨尔王》史诗长达百万行,每一次讲唱都只是表现其中某个或某几个情节,

---

① [英]特雷·伊格尔顿:《二十世纪西方文学理论》,伍晓明译,北京大学出版社,2007年,第10—11页。

有时候是由观众点名来决定的——观众的赞许或许会让原本应该结束的表演继续下去,在乡野间的"舞台"上,观众经常会充当文化表演范围的划定者。

类似《格萨尔王》的口头文化表演在全世界都可以被发现,受众会自发地展现出对某些内容和形式的特别偏好,即便这种偏好与原创者的初衷背道而驰,但成就的却是古老文学的生命力。经典之所以成为经典,是因为它在特殊历史时期起到的重要作用被认可,当它履行完文学的功能之后,受众的审美需求却不会为了迎合经典而勉强维持。随着最后一位《格萨尔王》的"神授艺人"嘎藏智化去世,后来的《格萨尔王》便只活在录音带和作为民间文化抢救下来的纸面上。如今在藏区仍然可以欣赏到作为旅游节目保留的《格萨尔王》讲唱表演,但其性质只是民间非物质文化遗产罢了。

另一个典型的例子是上演于公元前468年雅典酒神大节舞台上的《俄狄浦斯王》。剧作者是索福克勒斯,他经历过刻骨铭心的雅典大瘟疫,在德国人类学家瓦尔特·伯克特看来,戏剧《俄狄浦斯王》是在大瘟疫面前的禳灾叙事,这是索福克勒斯的高明之处——通过戏剧叙事来完成净化仪式。[①] 无疑,《俄狄浦斯王》在古希腊舞台上所展现的意义是非凡的,因此它获得了当年酒神大节的头等大奖。而今,俄狄浦斯王被改编成歌剧等艺术形式,仍然在世界各地上演着,但它的禳灾价值已然失却,只是作为戏剧经典而延续。

显然,《格萨尔王》和《俄狄浦斯王》的审美价值已经与它们最初上演和传播时期大为不同,伊格尔顿提醒道:不可仅仅以我们自身的立场来对待一切文学,不同社会中文学的机制是不同的。所谓的文学的"永恒魅力"也是不存在的,现代人无法与古希腊人一样欣赏古希腊戏剧。[②]

《格萨尔王》和《俄狄浦斯王》的例子也是对文学研究的一种提示,当研究者局限于语言文字本身的技巧时,可能并没有意识到作为研究对象的文本不是"真实"的。所谓的不真实,蕴含着两个风险,第一个就是伽达默尔所说的,作者的意图不可能穷尽,在文本进入另一个文化背景或历史时期,

---

① 叶舒宪:《戏剧文学的救灾解难功能:〈俄狄浦斯王〉与〈窦娥冤〉对读》,《百色学院学报》2010年第1期。

② Terry Eagleton, *Literary Theory: An Introduction*, Blackwell Publishers,外语教学与研究出版社,2004, p.8, 10.

出离于作者或当时读者的意义就会发生。①第二个就是口头语言表达与文字文本的差距导致的失真,即海德格尔指出的,语言先于个体主观性(主体)而存在,显现了比语言表象更为真实丰富的真实,语言超越了沟通工具本身。②在传统文学观的指导下,手持书写文本来理解《格萨尔王》和《俄狄浦斯王》,而不结合区域文化的历史、生态、神话和信仰,是断然退回不到作者对灾难的恐惧心理、对族群生存的担忧和期待的。没有对"神授艺人"的抢救性访问,是不可能获取神话历史如何通过持续的展演而得以延续的体验和认识的。人类学的田野观念带给文学研究的启示,于此可见一斑。

回到"什么是文学"这个主题,文学是对人类创造的文化符号系统的某种归纳、演绎与再造,由于符号与象征没有永恒的对应,所以文学也没有永恒的价值判断。从某种程度上说,文学可以分为"好的文学"和"坏的文学",正如某些艺术被称为"美术"(fine art)。"好的文学"在一定历史阶段能够解决人类群体的精神困惑,安抚心灵,舒缓痛苦,赋予勇气,给予希望。"坏的文学"与情感和教化的需求背道而驰,或者几乎不起作用,或者多发生负面作用。文学的形式与书写没有必然联系,但书写是保存文学的理想方式之一。文学在人类的创造性活动中被启蒙,它的历史和人类文明的历史一样长。在此,请暂且忽视考古学上的时间概念。除了一些通过文物表现出来的神话观念,我们至今还没有得出有关石器时代文学的系统认识。就活态文化提供的证据看,文学的功能起始于人类对治疗和禳灾的需要,由人类求生存、求发展的内在动力驱动,从这个意义上说,文学确实是人学的一部分。人类毕竟是整个宇宙中唯一能够讲故事的物种。

## 二、西王母"故事"的人类学性

在讨论人类学视野中"大文学"的价值之后,我们发现,人类学研究者

---

① Terry Eagleton, *Literary Theory: An Introduction*, Blackwell Publishers, 外语教学与研究出版社, 2004, p.61.

② Ibid., p.55.

不仅从文学中汲取灵感，寻找证据，同时，他们也乐于向文学靠拢，以文学的形式推广人类学的社会价值。

在新史学研究的大版块下，社会史、文化史的成果日渐丰富，成为独树一帜的新势力，很大一部分原因，就是因为其解决了人们对正史之外的好奇心。笔者出于研究的需要，阅读了大量医疗史著作，发现许多医疗史作者虽然以文献为主要依据，但他们在采用文献时，已经将眼光开拓到正统之外的各类记录形式上，如报章、碑文、医案、葬仪、图像、符咒等，以及档案之外的民间仪式、歌谣、采访等。他们采用的正是人类学的调研方法，从而得以使文化史跳出传统治史的局限，力求从尽可能多元的立场得以呈现。

还是以中国医学发展为例。事实上，至今也无人能断言中国医学的起源，因为正史没有记录，医学传承本身也没有记录。但上古流传至今有许多故事，有些是神话，有些是民间传说，还有一些是介于医案与传说之间的治疗神迹，但它们的共同特点就是以故事的"形式"，充当似乎并不可靠的记录者。

例如神农尝百草，大家都认为这是神话，并且是有关中国医学最有影响力的神话。一定要对这个神话作出解释的话，大多都评价者认为神农是新石器时代先民部落的领袖，尝百草是先民对其在劳动中实践的写照。

> 于是神农乃始教民播种五谷，相土地宜燥湿肥硗高下；尝百草之滋味，水泉之甘苦，令民知所避就。当此之时，一日而遇七十毒。(《淮南子·修务训》)①
>
> 伏义(羲)氏……于是造书契以代结绳之政，画八卦以通神明之德，以类万物之情，所以六气、六腑、六(五)脏、五行、阴阳、四时，水火升降，得以有象。百病之理，得以有类，乃尝味百药而制九针，以极夭枉焉。
>
> (黄)帝使岐伯尝味草木，典主医药，经方、本草、素问之书咸出焉。炎黄因斯乃尝味百药而制九针。(《帝王世纪》)②

---

① 陈广忠译注：《淮南子》，中华书局，2012年，第1118页。
② 〔晋〕皇甫谧：《帝王世纪》，陆吉点校，载《帝王世纪·世本·逸周书·古本竹书纪年》，齐鲁书社，2010年，第3页。

> 神农以赭鞭鞭百草，尽知其平毒寒温之性，臭味所主。（《搜神记》卷一）①
>
> 神农氏于是作蜡祭，以赭鞭鞭草木，始尝百草，始有医药。（《补史记·三皇本纪》）②
>
> 神农始究息脉，辨药性，制针灸，作医方。（《广博物志》卷二十二《物原》）③
>
> 成阳山中神农氏鞭草处，一名神农原药草山，山上紫阳观，世传神农于此辨百药，中有千年龙脑。
>
> 太原神釜冈中，有神农尝药之鼎存焉。（《述异记》）④
>
> 磨蜃鞭茇，察色嗅，尝草木，而正名之，审其平毒，旌其燥寒，察其畏恶，辨其臣使，厘而三之，以养其性命而治病，一日之间而七十毒，极含气也。（《路史》卷十二《炎帝》）⑤

此外，燧人氏钻木取火、有巢氏构木为巢的神话也与治疗有着密切关系。今人在面对这些远不可考的上古神话时，必须要结合民间习俗以及考古发现。但因记录寥寥，传说异变又大，在丰富的科学考古成果面前，这些简单的文学性说明价值并不被特别重视。

中国神话传说中的西王母故事，却是一个意义深远的治疗文化案例，如果文学和人类学各行其道，这个故事的文化意义就无法被揭示出来。我们试作一剖析尝试。

自古以来，从君王到修行者，以各种方式表达着对长生不死的追求。从神话中后羿获不死药又被嫦娥窃去，周穆王西去与西王母和歌作谣，汉武帝

---

① 马银琴校点：《搜神记》，中华书局，2012年，第1页。
② 〔唐〕司马贞：《补史记·三皇本纪》，见《四库全书·史部·二·正史类》（第244册），上海古籍出版社，1987年，第965页。
③ 〔明〕董斯张：《广博物志·卷二十二》，《四库全书·子部·二八六·类书类》（第980册），上海古籍出版社，1987年，第447页。
④ 〔南朝梁〕任昉：《述异记》，《四库全书·子部·三五三·小说家类》（第1047册），上海古籍出版社，1987年，第626页。
⑤ 〔宋〕罗泌：《路史·卷十二·后纪三》，《四库全书·史部·一四一·别史类》（第383册），上海古籍出版社，1987年，第92页。

获得西王母"三千年一着子"的仙桃;到似乎留有一些历史证据的秦始皇遣徐福率童男童女海外求药,唐太宗服天竺方士所炼延年丹药;再到时下最热门的基因预测和排序技术以彻底消灭疾病,对不死的追求不仅成就了宗教信仰的发展,在许多时候也成为影响国家政治和经济举措的根源性动力。

比起由东母演变成生育女神的女娲,西王母——这位掌管生死吉凶转换的医药女神,揭示了华夏玉文化信仰的大传统,这个大传统直接孕育了持续至今的中国传统医学文化。在被认为最早提到西王母的书面材料《山海经》中,半人半兽的西王母在《大荒西经》和《西山经》中分别被描述如下:

> 西海之南,流沙之滨,赤水之后,黑水之前,有大山,名曰昆仑之丘。有神——人面虎身,有文有尾,皆白——处之。其下有弱水之渊环之,其外有炎火之山,投物辄然。有人,戴胜,虎齿,有豹尾,穴处,名曰西王母。此山万物尽有。(《山海经·大荒西经》)[1]
>
> 又西三百五十里,曰玉山,是西王母所居也。西王母其状如人,豹尾虎齿而善啸,蓬发戴胜,是司天之厉及五残。有兽焉,其状如犬而豹文,其角如牛,其名曰狡,其音如吠犬,见则其国大穰。有鸟焉,其状如翟而赤,名曰胜遇,是食鱼,其音如录,见则其国大水。(《山海经·西山经》)[2]

根据这般描述,西王母形象可怖,所在地处遥远,见者不祥,那么这就引出两个问题:第一,周穆王为何要千里迢迢去拜见一位如此可怕的凶神,且又引出了后续的美丽传说?第二,西王母又是如何变成中国老百姓心目中高贵的王母娘娘的呢?

关于西王母的凶恶形象,陈连山在对《山海经》西王母的吉神属性的考论中提到,应参考西王母在神国的地位来理解,"豹尾""虎齿"代表的是威严,而非吃人。[3]事实上也有很多学者认为西王母可能是地处西部的部落,

---

[1] 袁珂:《山海经校注》,上海古籍出版社,1980年,第407页。
[2] 同上书,第50页。
[3] 陈连山:《〈山海经〉西王母的吉神属性考》,载迟文杰主编:《西王母文化研究集成论文卷》(续编一),广西师范大学出版社,2011年,第5页。

动物文身在上古部落中十分常见，或许就是羌戎部落所奉图腾，这既有可能是对当地民俗的一种描述，也有可能是中原书写者对遥远西部的想象。西王母作为一个神话母题，在不同地区的传播过程中都结合了当地信仰体系，经过涵化形成各种各样的神话子题。

关于"豹尾"的另一个说法是"尾"暗喻着生殖器，非但不是指凶残，反而是赐予人类生命的神性标志。① "豹尾"在《山海经》佚文中又变成"狗尾"。神话在流传的过程中会有很多误解和误读，但尾巴和生殖的关系在民间还能找到依据，所谓"交尾"这样的说法就是明证。

争议较大的是西王母所职掌的"司天之厉及五残"，对《山海经》进行校注的历代学者表达了不同见解。郭璞注："主知灾厉、五刑残杀之气也。"② 陈连山认为把"五残"解释为"五刑残杀"有误，疑是郭璞把"五行观念"中西方的"刑杀之气"特征嫁接过来，然而郭璞没有注意到《山海经》中尚未有完整的五行观念。其后的郝懿行指出"厉"为星宿名，持这个看法的学者不少，而陈连山在对"厉"的解释上则认同郭璞的灾厉说，可以理解为厉鬼。③ 这些灾厉、厉鬼是在西王母的掌管控制之下的，西王母本身并非灾厉，同理可鉴的是佛教有六道轮回说，职掌地狱道的阎王是六道中的一位职掌者，并非死神本身。因此，西王母是一位掌握着生死秘密的女神，其地处遥远——昆仑乃古人心目中天人所处之地，从"黄河之水天上来"便可见西高东低的中国地形特征——导致了中原之人对西部世界的想象。考虑到《山海经》成书的年代——东周至战国，最晚不出汉代，其中描写西王母居于"玉山"，"蓬发戴胜"，能身处神圣美玉之地的神绝对不可能是凶神恶煞，因为中国的"玉教"崇拜大传统在《山海经》成书时早已经完成。

这就不奇怪西王母是如何与"不死药"联系起来了。《汉书》记载了在哀帝年间发生的一件崇拜西王母的群众运动：

---

① 赵宗福：《西王母神话的诸要素辨析》，载迟文杰主编：《王母文化研究集成论文卷》（续编一），广西师范大学出版社，2011年，第231页。
② 〔晋〕郭璞注：《山海经》，《四库全书·一〇四二·子部·小说类》（第348册），上海古籍出版社，第16页。
③ 陈连山：《〈山海经〉西王母的吉神属性考》，载迟文杰主编：《西王母文化研究集成论文卷》（续编一），广西师范大学出版社，2011年，第7—8页。

> 哀帝建平四年正月，民惊走，持稾或掫一枚，传相付与，曰行诏筹。道中相过逢多至千数，或被发徒践，或夜折关，或逾墙入，或乘车骑奔驰，以置驿传行，经历郡国二十六，至京师。其夏，京师郡国民聚会里巷阡陌，设张博具，歌舞祠西王母。又传书曰："母告百姓，佩此书者不死。不信我者，视门枢下，当有白发。"①

西王母题材也是汉画像中十分常见的，陕北出土的汉画像石中有62幅是西王母题材，四川彭县、河南密县、山东嘉祥县宋山和山东滕县西户口都出土了西王母画像，西王母总是端坐于昆仑山顶的龙虎座上，身边有各种仙禽神兽，捣药的兔子、成仙的蟾蜍和九尾狐都是民间故事中的素材，此外还有手持"稿"或"椒"的人。②在孔望山摩崖石刻上也出现了这个题材，这种长长的禾梗状物被解释为"灵芝草""三株树"或"不死药"，它们都是神药的象征，是人们祈求获得疗救的信物。

孔望山摩崖石刻地处江苏连云港，此地毗邻东海，与西王母所在的昆仑相距甚远。昆仑具体所在位置，在《山海经·海内东经》中记载为：

> 西胡白玉山在大夏东，苍梧在白玉山西南，皆在流沙西，昆仑虚东南。③

林梅村教授据此认为先秦时代的"昆山"或"昆仑山"在今天新疆哈密北部天山，同时也是汉代所说的"祁连山"。在孔望山摩崖石刻中出现西王母题材，一来说明了东汉末期西王母崇拜已经传播至东部沿海地区，成为国家范围内的信仰；二来说明西王母已经成为一个求仙母题，中国古代神话传说的两大系统已经渐渐融合，④进入同一个华夏文明的视野中。汉武帝更是因

---

① 〔汉〕班固：《汉书·五行志》，《四库全书·史部·七·正史类》（第249册），上海古籍出版社，1987年，第703页。
② ［美］巫鸿：《礼仪中的美术》，生活·读书·新知三联书店，2005年，第179—180页。
③ 袁珂：《山海经校注》，上海古籍出版社，1980年，第328页。
④ 据《山海经》记载，中国古代神话传说有两大系统：一为西域昆仑山系统，另一为东海蓬莱系统。林梅村：《丝绸之路考古十五讲》，北京大学出版社，2006年，第93页。

为到东海寻仙失败转而西去。至宋金时期，西王母和瑶池会搬上天庭，两大神话系统可算是正式融为一体。①

《山海经》对昆仑的描述，说明了昆仑山就是西王母所在的玉山。一个职掌人间生死秘密的女神，居于通天之玉山，这俨然就是对瑶池仙境的最好注解。古时文人墨客即使已经知道西王母只是不可得、不可遇的神仙，却依然相信得昆仑玉即可得长生。例如，屈原吟诵道："登昆仑兮食玉英，与天地兮同寿，与日月兮同光。"②道士医生葛洪说："玉亦仙药，但难得耳……当得璞玉，乃可用也，得于阗玉尤善。"③于阗玉就是昆仑玉，也即和田玉，其在玉石中至高无上的地位至今无可动摇。

玉石之长生不死的象征与道教的炼丹术、养生术以及大乘佛教由西东进的传播都有莫大的关系，但玉的阴性气质恐怕和西王母的女性特征也有关联。在明末宋应星的《天工开物》中有一幅"和田女采玉图"，画面上的场景正如宋应星所记："其地有名望野者，河水多聚玉，其俗以女人赤身没水而取者，云阴气相召，则玉留不逝，易于捞取。"④在采玉人的心目中，玉绝不是美丽的石头，而是"映月精光而生"的有灵性的宝物，宋应星将此视为"此或夷人之愚也"，其理由是："夷中不贵此物，更流数百里，途远莫货，则弃而不用。"⑤遗憾的是，我国古代的科学巨匠宋应星并没有解读出玉石神话背后的含义。

玉石信仰始自神话，成为中国文化传统中最具有代表性的价值观。儒家比德于玉，玉之美象征着身体与灵魂的最佳状态，如果说掌管瑶池的西王母拥有长生不老药被蒙上了浓重的神话迷雾，那么着金缕玉衣下葬的帝王则是追求灵肉不朽的最直接证据。在儒家的信仰中，作为圣山神食的玉，奉享神灵先祖可获万寿无疆，肉体凡胎可食之不死，服之可抵御不祥，用之可获肉

---

① 黄景春、郑艳：《西王母瑶池蟠桃会的历史考察》，载迟文杰主编：《西王母文化研究集成论文卷》（续编一），广西师范大学出版社，2011年，第54页。
② 〔汉〕刘向辑、〔汉〕王逸注、〔宋〕洪兴祖补亡：《楚辞·卷四·九章章句·涉江》，孙雪霄校点，上海古籍出版社，2015年，第155页。
③ 张松辉译注：《抱朴子内篇》，中华书局，2011年，第362页。
④ 〔明〕宋应星：《天工开物》，邹其昌整理，人民出版社，2015年，第284页。
⑤ 同上。

体超越。① 玉石成为治疗传统中最神圣的物质载体。有趣的是，和田美玉的神圣特征是被华夏玉文化传统所赋予的，考古工作至今尚未发现和田地区有唐代之前的玉制器物出土，有学者认为和田当地本来没有玉崇拜传统，也不制造玉雕产品，因此才有了穆天子以玉赏赐西域之民的记载发生。② 从这个角度看，西王母及其背后的玉石神话是诞生于华夏先民的头脑想象中的，而和田地区的采玉盛况亦是在华夏文明的刺激下被驱动的。

西王母神格众多，除了职掌生死，也被认为是山神、月神、玉神、秋神、纺织神等，几乎具有全能的性质。国际的比较神话学研究表明，女神的史前原型是生育母神。母神除了主管生育还兼管死亡，尤其是从死亡到再生的转换，因此从原型意义上可以区分出母神的两种面孔：可爱的母亲和可怕的母亲。③ 接下来单从治疗意义考察，看西王母如何具备了生死转化的能力。

女娲原型为东母，西王母原型为西母，日月落下之地的西母，象征着"吐纳"和孕育，这与商人诞生神话简狄吞卵生商是一致的。日月被西母吞下的意象象征着死亡，而经过一轮轮转之后又从东方的地母口中生出，东西两位地母交替完成了生与死的转换，在西方地母的腹中，被吞下的生命则进行新一轮的孕育。地母之腹是万物生命本源的归宿，这个观念渐渐成为人类制造出的大地子宫——坟墓。为了在大地之母的腹中被重新孕育，便出现了"屈肢葬"这种模仿胎儿状态的丧葬仪式。④ 由于西王母的神格也是职掌生死，西母与西王母是同一个神的观点基本得到认可。

西王母神话中有几个关于治疗的配角：嫦娥、蟾蜍、玉兔、桂树。它们虽然较之西王母晚出，却延续了西王母治疗功能的神格，其象征的蕴意一般都指向永生不死。除了从现实的蟾蜍中可以提取的蟾酥有药物治疗成分外，其他的成分皆以神话想象为主。

《后汉书·志第十·天文上》中转引张衡《灵宪》的说法："嫦娥遂托身

---

① 叶舒宪、唐启翠编：《儒家神话》，南方日报出版社，2011年，第173页。
② 叶舒宪：《从昆仑玉神话看西王母与"西游"想象的发生》，载迟文杰主编：《西王母文化研究集成论文卷》（续编一），广西师范大学出版社，2011年，第197页。
③ 参看叶舒宪：《千面女神》，上海社会科学院出版社，2004年，第52—83页。
④ 叶舒宪：《高唐神女与维纳斯》，陕西人民出版社，2005年，第74、97页。

于月，是为蟾蜍。"① 这是张衡沿用了古本《淮南子·览冥训》中的说法，这里虽然描述了蟾蜍是嫦娥变化的，然后蟾蜍成了月精，但基于神话的传播，事实上很难排列出绝对的先后顺序。目前能够确认的是玉兔出现得比蟾蜍晚，因为马王堆一号墓出土的西汉帛画并没有玉兔形象。蟾蜍的繁殖功能早已被先民所认识到，从出土的八千年前内蒙古兴隆洼石蛙的形象，即可看出蟾蜍已作为生殖崇拜的对象。红山文化出土的五千年前的牛梁河女神同样代表着生殖崇拜，她的双目用玉球制成，炯炯有神。通过女神和石蛙的结合似乎可以看到西王母与蟾蜍联系在一起的依据。

古人对生命延续的关注通常局限于对生育现象的观测，蟾蜍以及后来的玉兔都与月亮盈亏拥有同样的生殖周期，民间因而有"兔子望月而孕"的说法。经过凡俗之间的比较，人们继而也相信月亮是主导着人间生育的阴性神，月亮皎洁、白润的外表看起来只有人间的白玉方能比拟，"玉盘"是人世间的月亮，白玉、月亮、玉兔、蟾蜍……它们之间最大的共同点就是孕育。既然人们也相信大地之母可以让死去的生命得以再生，生生不死也就成为另一种意义上的永生。不死之药当然只能掌握在能够完成这番象征的蟾蜍、玉兔的主人手中，职掌这些的必然是西方孕育女神，即高坐瑶池的西王母。

西王母、嫦娥与蟾蜍三者之间的关系成为一段难以了断的公案，中国医学史家马伯英认为蟾蜍本身就是一味不死药，也是羿从西王母那儿请来的药，这可能是最早的一次中外医药交流。② 在神话故事中，羿得不死药又复失，似乎也对应了羿失去不死药和妻子嫦娥这个"人财两空"的局面。

丝绸之路早已在张骞的官方凿空之旅前开启，穆天子所记载的是丝路东段的交流，从西王母所在地继续西去，延伸到古巴比伦文化所在地区。古巴比伦疫疾流行，泥板书记载了很多治疗方药，其中包括用绿蛙驱鬼。马伯英推测绿蛙或许流传入华，蜕变为蟾蜍，这可能是一则文化传通不断变形的例子。③

---

① 〔南朝宋〕范晔撰，〔唐〕李贤等注：《后汉书》，中华书局，1965年，第2596页。
② 马伯英：《中国医学文化史》（上卷），上海人民出版社，2008年，第4页。
③ 同上书，第7页。

总体来说，西王母操不死药是基于华夏文明对西域空间想象的神话，它的产生是由帝王追求长生不老、人们避疾畏灾的现实需求驱动的。其产生的土壤是人类将氏族繁衍作为第一要义的母神崇拜，包含着浓厚的巫术思维。它在文学上的塑造显示了华夏文明玉石信仰的生死观，并在其后两千年一直影响着宗教和民间信仰的发展。西王母信仰对于医药发展的作用是巨大的，生命盈亏的宇宙观构成了中国传统医学最基本的纲领——阴阳互动原理，之后的医学观念发展一直都笼罩在这个文化范畴之内。

西王母治疗神话是一则典型的结合了人类学材料和文学想象的研究案例，《山海经》中的"故事"和《汉书》等经典中的"民族志"材料相辅相成，可以最大限度地挖掘出神话背后的文化观念。文化史的研究在某种程度是建立于观念史基础上的，在前科学时代，文学是知识建构体系的直接书写方式，如果我们以今天的学科分野去判断文学是文学、科学是科学，那就无法读懂古人在文学中蕴藏的科学、历史知识，或者天然地割裂了系统完整的知识体系——这原本就是中国传统文化最为令人称道之处。

## 三、文学文本：人类学的另一种田野

本章以华夏中医思想与治疗神话为例，倡导人类学研究到文学中去寻找线索。文学之于人类学的价值，既在于过去，也在于未来。诸多人类学的书写，原本就是借助于文学手段进行表现的，譬如法国人类学家列维-斯特劳斯的《忧郁的热带》，英国人类学家弗雷泽的《金枝》、奈杰尔·巴利的《天真的人类学家》等著作，读起来原本就是趣味盎然的纪实文学或旅行笔记。文学性并不意味着客观性的丧失，失去阐释的文化则不利于传播，由此也不利于被理解、被保留。近期，香港中文大学人类学系主任麦高登出版了《香港重庆大厦：世界中心的边缘地带》，揭示了作为"低端经济全球化中心"的重庆大厦在香港地区乃至整个亚洲地区的特殊位置。这是一场极为有趣的"田野调查"，最终以纪实文学的形式写作，因为文学上的吸引力，使调查所专注的人群以及他们代表的文化能走到大庭广众之下，减少了被曲解、漠视、畏惧的可能性。对文学来说，人类学家通过专业方法所获取的文化材料是进行创作的优质素材，历史上大量的优秀文学都不是建立在空中楼阁上，而是隐喻性的事实。因此，做好人类学与文学的结合工作，能使专业研究与文学创作都结出璀璨之花，对非物质文化遗产的保护、推广，对古老文学的解密，对各类活态文学的唤醒，都具有点石成金的作用。

从田野中来，到田野中去，作为一门综合性学科，人类学自诞生以来，不断开枝散叶，以至于人类学者骄傲地说，什么学问不是人的学问呢？在一片繁盛的背后，质疑之声亦不绝于耳，任何学科一旦采用了田野调查的研究方法，都可以被冠以"某某人类学"之名吗？其田野的可靠程度如何评判？伴随着西方列强殖民征程建立起来的对"土著"的兴趣，正是人类学的前身，"猎奇"似乎是人类学这门学科的基因，因"奇"而掩盖了学科的科学精神，在各类田野调查中屡见不鲜。于是，与传统学科结合，向经典致敬的趋势，不仅吸引了更多经过严格训练的专业人士加入人类学大家庭，也使少部分浮于记录、疏于验证的随意研究得到了纠正。

作为人类文明最为古典的学科之一——文学，正在与人类学发生重要的互证。近百年来大量现世的考古发现、传世文物，以及民俗学调查者获取的活态文化材料，无一不可寻求其文学上的匹配对象。用以匹配的文学不仅是指历史的材料，也包括长久以来被认为纯粹是出于虚构的神话和传说。后者，譬如迈锡尼黄金面具的出土与特洛伊神话的匹配，使研究者重新审视了历史之外的记录，它们的价值被漠视了数千年。因此而衍生的还有不以文字形式流传的各类活态文化，如口传歌舞、仪式表演等，都被作为人类学的重要参考材料。是文学默默地记录了人类学的证据，给人类学研究者提供了丰富广阔的用武之地。尽管两者都是现代学科的分支用语，但两者不可割裂的关系使它们成为研究的最佳互证。

# 第十一章
# 当代日本文学的人类学转向

> **内容摘要**
>
> 村上春树和大江健三郎于2009年发表了各自的长篇小说《1Q84》和《水死》。两部作品均出现对《金枝》的描述,并同时聚焦"杀死老王"的政治神话主题,反思天皇制与宗教极端主义的关系,凸显出当代文学写作的"人类学想象"范式。本章通过对村上春树和大江健三郎系列作品的分析,说明在20世纪获得飞跃发展的文化人类学,在21世纪已普及到文学艺术和大众文化方面,演化出文学人类学的创作新潮。这种文艺潮流的人类学转向,亦可视为人类学的大普及或称为"人类学的文学转向"。

## 一、再现《金枝》:《1Q84》和《水死》

2009年,日本文坛有两部重要作品问世:村上春树的《1Q84》和大江健三郎的《水死》。《1Q84》第1、2卷自5月付梓一直稳居日本国内畅销书的榜首,有媒体盛赞:"如此重大而复杂的题材,可视为日本文学在新千年的伟大开篇。"[①]《水死》于12月刊印,整部小说颇具日本传统的"私小说"色彩,使得一贯以高深晦涩著称的大江健三郎的作品越发令一般读者"难懂"。有趣的是,两位具有国际影响力的日本作家在各自的作品里不约而同地正面写

---

① [日]村上春树:《1Q84》,施小炜译,南海出版社,2010年,封面语。

到父亲,①并且都对英国人类学家弗雷泽的代表作品《金枝》作了别样的"文学表述",提出了一个与人类学思考密切相关的时代命题。

众所周知,弗雷泽在《金枝》当中专辟一章讨论"杀死神王"(killing the divine king)。据说一些原始部落的国王一旦年老体衰或任职到期,就会面临着随时被杀死的命运。这么做的理由是:"杀掉人神并在其灵魂的壮年期将它转交给一个精力充沛的继承者,这样做,每个目的都达到了,一切灾难都消除了。"②"杀王"是除旧迎新的必要手段,施于拥有宗教信仰的古朴地域。这种看似"蒙昧"的举动绝难发生在物欲横流、信仰缺失的现代文明之中。关注当代日本乃至人类精神状况的作家们,便借助符号化的人或物来诠释自己对世界现状的感知和忧虑。于是,一个象征性的、代表旧有状态的"父亲"在大江健三郎和村上春树的文学作品中悄然呈现出来。

《1Q84》和《水死》中的父亲形象具有相同特征,他们扑朔迷离,难以捉摸。《1Q84》的标题自然让人联想起英国作家乔治·奥威尔的政治寓言《1984》(Nineteen Eighty-Four),小说刻画的极权主义社会令人窒息。《水死》标题则引自T.S.艾略特的诗句,借由诗歌传达的"死在水中"的画面,折射出"我"与父亲的隔阂,以及"历史层面上的、父子传承的文化反叛"。③水死,既是一曲致当年溺死的父亲的哀戚挽歌,也是"对昭和前期'时代精神'的家长制权利进行的彻底抗争"。④按照原型批判理论家弗莱的观念,文学催生文学,前代的小说成为大江健三郎和村上春树小说构思的出发点。这种写作范式,在《海边的卡夫卡》等代表作中已经显得司空见惯。

一般说来,在村上春树小说中出现的"父亲"具有三种属性,以《神的孩子全跳舞》为例:一是生理学意义上的父亲,即与一位女性生育子女的男性一方,比方说那位右耳缺耳垂的神秘男子,在女友怀孕后便割断了彼此间的联系;二是充当社会角色的父亲,他是一个家庭的指导者,对子女负有

---

① [日]中村文则:《关于日本文学中的父亲形象》,丁莉译,《作家》2010年第21期。
② [英]詹姆斯·乔治·弗雷泽:《金枝——巫术与宗教之研究》,徐育新、汪培基、张泽石译,中国民间文艺出版社,1987年,第393页。
③ 霍士富:《诗性语言的散文体叙事——大江健三郎〈水死〉论》,《外国文学》2013年第6期。
④ [日]榎本正树:《从〈奇怪的二人组〉到〈连带的女性二人组〉》,《昂》2010年第3期,第310—311页。转引自霍士富:《诗性语言的散文体叙事——大江健三郎〈水死〉论》,《外国文学》2013年第6期。

养育和教育的责任，比方说田端先生，他打消了男主人公善也母亲自杀的念头，给她腹中的胎儿取名，并在孩子成长过程中给予帮助；三是指观念上的父亲，确切地说是心理学意义上指认的父亲，有没有血缘关系并不重要，允许想象和建构。对于主人公而言，这样的父亲就像一直生活在天上的"神"，对自己的精神可以产生强烈的影响。也就是说，较之"代理式母亲"或"替身式母亲"，"父亲"的定义要更为复杂，这不仅因为儿子成人后对"父亲"来自情感方面的排斥，也是主人公对社会角色安排的抵触或不认同。举例来说，《且听风吟》中"鼠"的父亲身上就体现着一种僵硬的父子关系。村上春树有意地从作为儿子的"鼠"的视野去描述。当被人问及父亲是何等人物时，"鼠"总是回答得很干脆：年纪远比他大，男性。在此，父亲的形象被寥寥几笔勾勒出来了，除了年龄和性别外，完全属于局外人。与儿子对母亲深厚的情感恰好相反，父亲成了可有可无的存在。同样，在对待父亲的问题上，主人公对父亲加以排斥，说到底，也是对自我的关注，父亲只是为了填充"父亲"这一社会定义的空白而已。虽然村上笔下的"父亲"形象千变万化，但是万变不离其宗，主人公通过这些"父亲"更近一步地认识自己。

结合村上春树诸多作品中的主题——《寻羊冒险记》中杀"羊"；《海边的卡夫卡》中主人公受到"杀父奸母"的诅咒；《1Q84》中天吾恋"母"（空想中的母亲）、青豆弑"父"（宗教团体"先驱教"的教主）等故事主题——可以参照弗洛伊德关于俄狄浦斯情结的定义帮助理解："事实上，有一种因素存在于《俄狄浦斯王》这出戏剧当中。主人公的命运触动了我们的心弦，只因为这一命运很可能就发生在你我身上——因为神谕早在每一个人出生之前就已设下，就如同在俄狄浦斯身上设下的一样。这是我们所有人的命运，或许，把人生第一次的性冲动指向我们的母亲，而把第一次憎恨和第一次杀人的欲望对准我们的父亲。梦让我们相信确实如此。"[1]通过进一步分析，弗洛伊德的俄狄浦斯情结在村上春树的作品中并不完全受用，换句话说，俄狄浦斯主题在村上春树的笔下呈现出特殊的意义。因为如前所述，"父亲"不是单一的概念，这个词本身承担了多种功能，新的时代问题又赋予它新的内涵。

---

[1] ［奥地利］弗洛伊德：《梦的解析》，周艳红、胡惠君译，上海三联书店，2008年，第138—139页。

提到村上春树作品关于俄狄浦斯主题中的弑父问题，首先需要明确"父亲"是谁。擅长将人符号化的村上春树在中篇小说《斯普特尼克恋人》（1999）中将日本国家之"神"进行了符号化处理。少女作家堇在凌晨四点四十五分打电话来，向"我"询问符号与象征的区别。"我"以天皇为例，向她作解释：

> "天皇是日本国的象征。这个明白吗？"
> "差不多吧。"她说。
> "不是差不多，实际上日本宪法一直是那么规定的，"我尽可能用冷静的声调说，"虽然或许有异议和疑问，但是如果不把它作为一项事实接受下来的话，那么谈话就进展不下去。"
> "知道了，接受就是。"
> "谢谢。重复一遍，天皇是日本国的象征。但这并不表示天皇与日本国之间可以划等号。明白？"
> "不明白。"
> "这么说吧，箭形符号是往一个方向通行的。虽然天皇是日本国的象征，但日本国不是天皇的象征。这回明白吧？"
> "我想我明白。"
> "可是，如果写成'天皇是日本国的符号'，那么二者便构成了等价关系。也就是说，我们谈日本国的时候，即意味天皇；说天皇的时候，即意味日本国。进一步说来，两者就有了交换的可能。a=b，b=a是同一回事。简单地说，这就是符号的含义。"
> "你想说的是：天皇同日本国交换？这办得到么？"
> "不是那个意思，不是的。"我在电话这一端急剧地摇头，"我方才一直想简单地解释象征和符号的区别，没有真的要交换天皇和日本国的意思。只是一种解释的顺序罢了。"①

"我"在回答堇的提问时，引出天皇与日本的象征问题。从名称看，"天

---

① ［日］村上春树：《斯普尼斯特恋人》，林少华译，上海译文出版社，2008年，第28—29页。

皇"之名类似于中国的"天子",具有受命于天的政治神话含义。历史上的天皇是日本国神圣的皇帝。在日本,天皇是统治包括神和人在内的宇宙的神祇,被看作太阳神的化身;一年之中总有一个月时间所有神祇会在天皇身边侍奉,该月名叫"无神月",在这个月当中没有人到寺庙里朝拜,因为人们认为庙里的神全部跑去伺候天皇了;天皇自称有权统率全日本的神祇,由此从他的臣民那里得到"显灵或化身之神"的称号,例如孝德天皇于大化二年(646)颁布的一项赦令中就署名"统治宇宙化身为人的神"。① 众所周知,日本神话中的太阳神原是一位远古女神,在《古事记》中,她把统治地上的权力交给了天孙,于是天皇从天而降,代替母神管理人间。随着时间的推移,在自称"万世一系"的天皇体制下,天皇也完成了从人到神又从神到人的两次跨越。天皇与日本这个国家之间当然不可能画等号。弗雷泽在全世界各地民族材料中发现,在许多国家,在各种时代,都曾经存在过像日本天皇这样集宗教祭司身份与政治帝王身份于一身的人物,这些人物具有半人半神或半神半人的性质。据弗雷泽推断,这种现象出现的最初根源在于交感巫术(sympathetic magic)在原始社会的信仰和行动中占据主导地位。② 村上春树不仅对弗雷泽的《金枝》充满兴趣,而且在《1Q84》中通过《金枝》让"先驱教"的教主深田保表达观点。刺杀深田保是女杀手青豆最后一次任务,令她出乎意料的是,深田保正期待着这次死亡,确切地说,是盼望着被杀。"没有必要犹豫,"他用沉稳的声音说道,"那样很好。你所寻求的正是我所寻求的。……只有那样,才是彻头彻尾的治疗。"③ 接着,这位"先驱教"的教主从自己的观点出发对《金枝》的这部书展开深入的剖析,跟女杀手青豆玩起了人类学上的解码"游戏"。

"人所了解的只是他们在那里一直存在而已。弗雷泽的《金枝》读过没有?"

"没有。"

---

① [英]詹姆斯·乔治·弗雷泽:《金枝——巫术与宗教之研究》(上册),徐育新、汪培基、张泽石译,中国民间文艺出版社,1987年,第254页。
② 同上书,第58页。
③ [日]村上春树:《1Q84》(第2册),施小炜译,南海出版社,2010年,第168页。

"那是一本很有意思的书。它教会我们各种各样的事实。历史的某一时期,很久远的古代,在世界的许多地方,一旦国王的任期结束,就规定要将国王予以处决。任期从十年大概到十二年间。任期结束时,人们便蜂拥而至,将国王残忍地杀害。作为共同体,这一点被视为一种必要,国王也主动地接受这样的死亡。执行杀害的一方必须使用残酷的手段进行血腥的刺杀。另外,由于受到这样的杀害,作为国王者也被赋予极大的荣耀。为什么非杀国王不可呢?因为在那个时代,所谓国王,就是代表每个人的聆听者(声を聴くもの)。这些聆听者们主动地成为连接着他们与我们的循环之路。并且,经过一定的期间,杀死(聆听者)成为共同体不可欠缺的一项作业。这样做,是为了更好地维持生活在这世上的人们所拥有的意识和小人(リトル・ピープル)①所发挥出的力量的均衡。在古代世界里,统治与聆听神的声音是一回事。但是那样的体制不知何时被废止了,于是国王也无法被杀害,王位成为世俗且世袭之物。这样一来,人们也就放弃了聆听这档子事。"②

"先驱教"的教主深田保引用《金枝》是为了说明自己一心寻求被杀的原因,他想让青豆明白,只有通过除旧迎新式的死亡,才能使王朝或者说教派继续维系下去。对老国王施行的暴力便带有了宗教仪式的色彩,世袭制度不能保持长治久安,只有血腥的暴力,才能获得王权的新生和国家的繁荣。正如小说这一章的标题"均衡就是善"(均衡そのものが善なのだ),讨论的是均衡与善恶之间的关系。

## 二、《金枝》密码及其文学影响

要想进一步阐释村上春树作品中弑父的内涵,就需要结合《金枝》这部人类学的经典加以认识。我们知道,《金枝》不是一部情节曲折的小说,而

---

① Little people 的音译,是《1Q84》中宗教团体"先驱教"的首领,深田保是其代言人。
② [日]村上春树:《1Q84》(第2册),施小炜译,南海出版社,2010年,第168—169页。

是一部严肃的学术著作。"金枝"（golden bough）这个词汇源于古希腊罗马的神话传说。两千多年前的诗人维吉尔（公元前70年—公元前19年）在史诗《埃涅阿斯纪》中，提到特洛伊的英雄埃涅阿斯在城邦沦陷后，背着父亲、领着儿子逃亡。途中父亲死去，埃涅阿斯根据一位女神的指引，折取一节树枝，借助它的力量前往冥界去寻找父亲的灵魂，向他询问自己未来的命运。而这根树枝则被命名为"金枝"。

> 在一棵枝叶茂密的树里，藏着一条黄金的树枝，它的叶子和权柄也是黄金的，据说它是冥后普洛塞皮娜的圣物。整片森林护卫着它，幽谷的阴影遮盖着它。谁要想下到地府的深处，必须先把这黄金发一般的枝条从树上采撷下来。美丽的普洛塞皮娜规定这金枝摘下之后应当献给她。这金枝摘下之后，第二枝金枝又会长出来，枝上长出的新叶也是黄金的。因此，你必须抬起眼睛，去搜索它，当你按照吩咐把它找到了，就把它摘到手里；如果命运同意你摘，这金枝会很情愿地很容易地让你摘到，否则的话，不论你用多大气力也征服不了她，即使用钢刀，你也不能把它砍下来。①

弗雷泽根据这则神话故事特别关注曾在古罗马时期存在的一个地方的古老习俗：在罗马附近的内米湖畔，在阿里奇亚的丛林中，有一座森林女神狄安娜的神庙。守护神庙的祭司被誉为"森林之王"。如果有人敢于折取神庙旁圣树上的一节树枝并将这位祭司杀死的话，那么他就可以荣任新一届的"森林之王"，守护神庙。弗雷泽根据这个古老的习俗和具有重要意义的"金枝"来命名自己的作品，并在《金枝》的第十七章至第五十九章里，援引了世界各大洲许多民族的实际材料，试图说明为什么用血腥的杀害来实现"森林之王"的新旧更替。《1Q84》中深田保跟青豆讲述的杀王故事正是来自《金枝》中所描述的古老习俗。如果按照村上春树的一贯创作手法，将事物符号化的话，那么"金枝"中至少包含两层隐喻：守护女神以及男性之间的权力交替。进一步思考，这与恋母弑父的主题何其相似！

---

① ［古罗马］维吉尔：《埃涅阿斯纪》，杨周翰译，人民文学出版社，1984年，第138页。

无独有偶，大江健三郎在2009年12月发表了自称"或许是晚年工作中最终的小说"《水死》，小说中同样出现了重要的物品——弗雷泽的《金枝》。这是主人公长江古义人的父亲的遗物，一直被搁放在一只红皮箱里，由母亲妥善保管。毋庸置疑，作为打开有关过去记忆的一把钥匙，《金枝》这本书在一定程度上提供了父亲死亡的线索和意义。长江古义人的父亲生前每天晚上必做的功课就是阅读几册大开本的英文书直至深夜，在父亲死后多年，他才弄清楚父亲手不释卷的正是"弗雷泽《金枝》中的所谓第三版中的第一卷和其他两卷。我们这一代人曾试图借助岩波文库的译本阅读其精简版……"①但是父亲为什么珍视这套书，并将其郑重地放在红皮箱里，真相成谜。小说由三部分内容组成，分别被命名为"水死小说""女性们处于优势"和"用这种碎片支撑了我的崩溃"。在第一部分里，74岁的长江古义人（影射大江健三郎本人），打算写一部关于父亲死亡的小说。关于父亲生前所有的资料，都存放在一只红皮箱里，母亲对此始终讳莫如深。因为长江古义人曾写过一部名为《亲自拭去我的泪水之日》的小说，书中用滑稽的笔调描写了父亲与右翼军官袭击银行的事件，引发母亲不悦，母子关系逐渐疏远。在母亲去世十年后，长江古义人在妹妹的同意下打开红皮箱，然而令长江古义人觉得绝望和幻灭的是，皮箱里只有弗雷泽的《金枝》一书和几封仅有信封没有内容的书信。第二部分叙述的是长江古义人与智障儿子的矛盾，在妻子的建议下，他带着儿子回到老家，得到村庄剧团两位女演员的帮助。这一部分将身体疾病、心理困扰、如何解脱等问题设为主题，让女性发挥出重要的作用。第三部分，夹在幻灭与喜悦之间的长江古义人与剧团女演员一同发起新的戏剧运动。针对文部省官僚的阻碍，长江古义人发动反击。而当年的谜底也随之揭开：太平洋战争末期，父亲曾招待过来自松山的一群右翼军官，为了阻止天皇投降，父亲从《金枝》中获得指引，他们策划将飞机开到皇宫制造自杀式爆炸，杀死让国家陷入危难的"人神"。在日本战败的第二天，父亲乘坐一只小船外出，因洪水暴涨而溺死。②

---

① ［日］大江健三郎：《水死》，许金龙译，金城出版社，2013年，第85页。
② 同上。

小说呈现了父亲生前所阅读的《金枝》的部分日文译文：

> ……不管如何注意和给予关怀，都无法防止人神变老、衰弱以致老去……为了避开这个危难，只有一个办法。一旦人神的力量开始显现出衰弱而导致严重损害之前，便将其转移至强健的继任者身上。……崇拜者们一旦杀死人神，首先，能够在他的灵魂逃出之际准确地捕捉到并将其转移至合适的继任者；第二，在人神的自然精力衰减之前将其杀死，能够借此确切无误地防止世界与人神的衰弱同步走向崩溃。像这样杀死人神，趁他的灵魂尚留存于全盛期之际，将其转移至强健的继任者身上，由此而使得所有目的都能够达到，一切危难全都能避免。①

日本评论家小森阳一认为，《水死》这部小说凝聚着大江健三郎对民主主义思想所作的深刻思考，同时，也体现着作家对先前作品的反省与批判。② 事实上，《亲自拭去我的泪水之日》是大江健三郎发表于三岛由纪夫自杀的第二年即1971年10月的小说，其中父亲与右翼的事件是对三岛由纪夫自杀行为的戏仿和批判。小森阳一认为，小说涉及日本如何看待近代天皇制的问题，明治时代精神教育国民为了天皇不惜奉献生命，今天看来，这种精神仍然对日本人具有一定的影响。三岛由纪夫事件发生时，日本的国语教科书选摘了夏目漱石长篇小说《心》中的章节，因为小说结尾处主人公选择为明治的精神殉死。虽然《心》可以有多种解读方法，但是现在却被固定下来，成为单一的模式。直到今天，对《心》的阅读还是按照单一的方向，使之成为意识形态的东西，这种方式仍然支配着日本。《水死》中一名剧团女演员笃发子就对《心》所谓的制度性阅读方法提出了批判。小森阳一分析说，从整体上看，《水死》体现着两股相反力量的抗衡：过去作品与现在作品的抗衡；幻灭与喜悦的抗衡；天皇制思想与战后民主主义思想的抗衡。也就是说，小说从整体上强调，人生存的时代可以同时包含两种不同的精神——原昭和精

---

① ［日］大江健三郎：《水死》，许金龙译，金城出版社，2013年，第224页。
② 2010年2月22日日本评论家小森阳一在中国社会科学院外国文学研究所举办的"关于大江健三郎新著《水死》座谈会"上的发言。

神和战后精神，年逾古稀的长江古义人身上就体现着这两种精神的对立。所以说，从不同的角度去解读，父亲死亡就会呈现出不同的意义。① 按照这样的读解方法，红皮箱里保存着的父亲的遗物——《金枝》也就赋予了父亲死亡以"金枝"式的内涵。这内涵是什么呢？可以肯定的一点是，这一内涵为村上春树《1Q84》中《金枝》出现的意义和刺杀教主的行为提供了一个及时且有效的参照。

《金枝》以内米湖畔"梦幻般的景象"开篇，在梦幻风景的魅力之中表达了对发生在那里的人类古代行为的悲悯。随后笔调一转，进入一种以人与神的关系为基础的反讽。"同作为整体的现代文学一样，弗雷泽的反讽始于现实主义，带着对人类愚蠢行为的扭曲的认识，把它扩展到对一些人的神话处理中，这些人模仿神灵，为社会的需要而牺牲，通过不正当的手段获取权力并掌握关于大众心理的知识，又贬低自己以求服从一个比他们更伟大的人物。……事实上，《金枝》成了20世纪文学最重要的作品，因为它以对理想事物的传奇式探求的形式，带着在神圣的神话与人类习俗之中的反讽张力，为人类学研究奠定了现实主义的基础。所有这些加在一起使它成为论说的原型，并因此而充当了现代文学的母胎。"② 也就是说，以《金枝》为代表的文化人类学研究是一门涉及整个人类文化的起源、发展、变迁和进化的学科；它通过对各国家、各地区、各民族、各部落以及各社区的文化比较研究，发展出具有同一性和特殊性的文化模式。这样一部视野开阔的鸿篇巨制，对文学理论的建构和文学创作批评具有重要的理论指导意义。简而言之，"当我们用文化人类学的理论去重新阐释既成文学时，首先是在认识论方面对既成的文学经验造成冲击，其次是在方法论方面对既成的话语体系进行颠覆，而这些也恰好是真正的创作家所梦寐以求的"。③ 作为关注原子弹爆炸事件和人类命运的大江健三郎，将文学人类学的视野带进作品当中，从一定角度上代

---

① 以上论述根据2010年2月22日日本评论家小森阳一在中国社会科学院外国文学研究所举办的"关于大江健三郎新著《水死》座谈会"上的发言整理。
② [美] J. B. 维克里：《金枝的文学影响》(第四章)，美国普林大学出版社，1973年，叶舒宪译，载《上海文论》1992年总第31期。
③ 王琢：《文化人类学理论的创作实绩——大江健三郎〈同时代游戏〉创作背后》，见叶舒宪主编：《文化与文本》，中央编译出版社，1998年，第116页。

表着人类学的文学转向。借用《水死》的译者许金龙的话说:"大江借助文化人类学家詹·弗雷泽的巨著《金枝》中的'杀王'表述,在《水死》中构成多重对应关系,用以表现包括父亲/长江先生、父亲的弟子大黄和'我'在内的各种人物及其时代精神,以及这些人物面对错综复杂的时代精神做出的必然选择。"①大江健三郎的《同时代的游戏》《水死》和村上春树的《1Q84》或许都是以上论点得以成立的典型案例,都是基于文化人类学对日本当下生存状况所作的尝试性思考。

## 三、杀王:古老主题的现代呈现

无论是大江健三郎还是村上春树,都将"'杀王'的主题通过弗雷泽与日本的现实联系起来",②皆存在着关于1970年11月25日这一天三岛由纪夫自杀的记忆。不过正如《水死》小说所阐述的主题之一——每一个人对同一事件的记忆不同,关于父亲驾小船外出的那一天的情形,母亲有母亲的记忆,妹妹有妹妹的记忆,父亲的弟子大黄有大黄的记忆。所以,出生于不同年代的大江健三郎与村上春树关于三岛由纪夫自杀当天的记忆也会有所不同,由此在文章中的出发点和描述产生了各自的特色。这是因为记忆中有许多不确切的因素,过去的感情不可能在记忆中复苏。另外,不同意义的产生与对过去记忆的定位有关。③为了说明《金枝》出现在作品中的意义,需要更多地关注两位作家记忆中的相同点和达成共识之处。从深层意义上挖掘,三岛由纪夫自杀事件不仅是个人行为,其背后体现着"为天皇而死"的昭和精神。这种精神力量非常强大,在相当一批人的身上根深蒂固。从《水死》中可以看出大江健三郎本人身上存在着昭和精神与战后精神的对抗。出

---

① 许金龙:《"杀王":与绝对天皇制社会伦理的对决——试析大江健三郎在〈水死〉中追求的时代精神》,见[日]大江健三郎:《水死》,许金龙译,金城出版社,2013年,第318页。
② [日]沼野充义:《树与波——作为世界文学现象的大江健三郎》,孙军悦译,《山东社会科学》2011年第7期。
③ 2010年2月22日日本评论家小森阳一在中国社会科学院外国文学研究所举办的"关于大江健三郎新著《水死》座谈会"上的发言。

生于战后第一波生育高峰的村上春树，作为"团块世代"的一员曾参加过学生运动——"全共斗"。①当时，参加运动的学生与三岛由纪夫等进行过对话，虽然一股力量代表左，另一股力量代表右，但是不可否认的是，历史上这两股新旧力量曾经在关键的时刻进行过对话。与《水死》中父亲最终溺死的结局相似，代表旧式力量的三岛由纪夫最终选择剖腹自杀。村上春树在《且听风吟》中突出指出1970年11月25日那天是与"我"相处过的女孩自杀的日子，而那位女孩对"我"而言具有重要的意义，她的死代表某种"存在"的消亡。这种"存在"就是活着的理由。"存在"体现在男性的生殖器上，《金枝》中有一段就描写了处死神王的理由：希卢克部落的国王有很多妻子，根据部落传统，一旦妻子们发现老国王的性欲衰退，就会向部落报告。基于这一点，部落讨论认为老国王已经没有存在的必要的，于是杀王的准备便开始酝酿。现任国王的任何一个儿子都有权和国王格斗，谁能杀掉国王，就可以代替他进行统治。②从这一点上看，《且听风吟》中主人公"存在"的意义所体现的地方与《金枝》中所描写的希卢克国王的"存在"意义如出一辙。

对于父亲这样一个存在，在古代神话故事里，通常用阉割（castration）的方式来予以消除。比如希腊神话中的克洛诺斯在母亲该亚的唆使下，使用一把利斧把父亲乌拉诺斯的生殖器割了下来，抛入海中。这是一种象征手法，村上在《且听风吟》中曾经这样描写自己的"存在"：第三个同"我"睡觉的女孩，称"我"的阴茎为"你存在的理由（あなたのレーゾン・デートゥル）"。③レーゾン・デートゥル源自法语词raison d'être，意思是存在理由和存在价值。我们知道，早期的神话故事中出现的俄狄浦斯主题曾经通过阉割和吞吃阴茎等手法来否认父神的存在。像赫西俄德《神谱》中乌拉诺斯遭到儿子克洛诺斯的阉割；在俄耳甫斯教的教义中，宙斯吞吃了乌拉诺斯的阴茎，成为唯一的王，随后娶了自己的母亲，生下狄奥尼索斯和珀耳塞福涅

---

① "全共斗"，日本全学共斗会议的简称。它是1968—1969年日本大学生运动中，新左翼各党派以及由各大学组织建立的一个战斗团体，他们向校方提出学生自治、学术自由等要求。
② [英] 詹姆斯·乔治·弗雷泽：《金枝——巫术与宗教之研究》（上册），徐育新、汪培基、张泽石译，中国民间文艺出版社，1987年，第395页。
③ 『村上春樹全作品1979—1989①風の歌を聴け・1973年のピンボール』，東京：講談社，1990年，第74頁。

一对儿女。神话通过这样的弑父方式完成新旧权力的更替。村上春树也曾在公开场合表示，作为一名作家，其作用"在于对抗原教旨主义以及确立某种神话性的故事"，[①]事实上他也确实在小说中通过确立某种神话性故事完成了他的对抗。只不过村上春树的对抗方式是隐喻式的，没有照搬古代神话故事中直接的手段。在《寻羊冒险记》中，关于观赏鲸鱼的一节便体现出了神话故事的现代表述手法。

主人公在与新女朋友欢娱时产生的奇思妙想，成为一把钥匙，可以解开寻找自己"存在的意义"的谜底。这令"我"回想起在多愁善感的少年时期，经常前往离家很近的水族馆游玩的往事，记忆的焦点便集中在鲸鱼阴茎那奇妙的印象上。"我"一边拨弄着新女友的发丝，一边联想起在水族馆中被展示出来的"鲸的阴茎"。

> 大海是一片浓重的铅灰色，肆虐的风摔打着玻璃窗。顶棚很高，展示室中除了我，连一个人影儿都没有。鲸的阴茎从鲸的身上被永远地切割下来，作为鲸的阴茎的意义便完全丧失了。[②]

水槽的正中央屹立着被切割下来的鲸的阴茎，在这一意象当中，可以看到主人公在最为根本的心理水平线上与自我的同一性在作艰苦的斗争。鲸的阴茎被如同子宫的水槽所包容，所谓"意义完全丧失了"这句话，很明显会令人想起弗洛伊德的意象，这一处也鲜明地呈现出主人公悲惨的结局。[③]拉康认为阴茎（ファルス）是一个由于"差异"的超越性而具抽象意味的 signifiant，它体现着支撑主体建构的"父性的隐喻"。[④]幼儿知道性的差异（父亲与母亲的不同）、法规（近亲相奸的禁忌）、语言的本质（被象征化了的对象中缺乏现实因素），于是，幼儿渐渐认识到在家族和社会当中"事先就被设定下来"的"自己的角色"。这种意象是强制执行的意志。但是，村上春树作

---

① 『読売新聞』2009年6月18日。
② ［日］村上春树：《寻羊历险记》，林少华译，上海译文出版社，2001年，第47页。
③ ブラッド・アンベリ『想像界再訪——村上春樹の「母」の「向かう側」』，実村文訳，載平川祐弘・萩原孝雄編『日本の母——崩壊と再生』，東京：新曜社，1997年，第161頁。
④ 同上。

品中的"我",似乎并不能完全认清这样的差异。《寻羊冒险记》中平凡的主人公始终处于迷惑之中,无法理解自己的精神为何会在这个世界里被五花大绑起来。① 村上春树一直在探索存在的价值和理由,当《且听风吟》中的女孩指出"我"存在的理由时,至少"我"是认同的。在女孩自杀后,"我"感到怅然若失,是因为伴随她的死亡,那位肯定"我"存在价值的人也死亡了。

在村上春树看来,比死亡更加可怕的大概是精神牢笼。奥姆真理教事件发生后,村上春树的作品中时常会影射一些宗教组织对教团内成员的精神侵蚀。宗教组织上层动用宗教上的理念控制教徒的意志。《1Q84》中的老妇人这样揭露"先驱教"之"父":"教祖有着扭曲的性嗜好,是一个心理变态者。毫无疑问,教团也好教义也罢,无非是为了遮掩个人的欲望而穿上的便利的外衣罢了。"② 在这个精神牢笼里,被称为"领袖"的人物强奸10岁左右的少女的行为竟然被视为宗教行为予以宽恕。受到这种宗教精神控制的教徒,主动将自己的女儿奉献出来,表达"诚意"。他们无意反抗"精神领袖",而天吾和深田绘理子却在思想与行动上对抗着自己的"父亲"。天吾经常会想,一岁半充其量是2岁时候的回忆,自己曾真实地目击过吗?那个被称为父亲的人,自己肯定不是他生理学上的孩子。为了证明这一点,天吾在脑海里、在无意识之中会不由得在某一个时刻制造出别的男人(很可能是亲生父亲)的记忆,然后把"称为父亲的人物"从紧密相连的血液圆周中排除出去。这样假定出来的想法给约定俗成且沉闷不堪的生活打开了一扇窗户。③ 美国政治哲学家马尔库塞(Herbert Marcuse)认为:"对父亲的反叛也就是对在生理学上得到合理证明的权威的反叛。杀害了父亲也就破坏了保存着集体生命的秩序,反抗者对整个集体因而也对他们自己犯了罪。他们不论是在别人还是在自己面前都是有罪的。因此他们必将追悔莫及。"④ 作品中杀"父"这一举动完成后,大江健三郎与村上春树的态度截然不同。大江健三郎的《同时代

---

① ブラッド・アンベリ『想像界再訪——村上春樹の「母」の「向かう側」』,実村文訳、載平川祐弘・萩原孝雄編『日本の母——崩壊と再生』,前揭书,第161頁。
② 村上春樹『1Q84』(Book 1),前揭书,第437頁。
③ 同上书,第491頁。
④ [美]赫伯特·马尔库塞:《爱欲与文明》,黄通、薛民译,上海译文出版社,1987年,第42—43页。

的游戏》里,"破坏者"曾率领村民进行革命,从这个意义上来讲,"破坏者"充当的是父亲的角色。然而当村民们杀掉了"破坏者",也就是杀掉了原革命队伍中的领袖父亲时,每人吃下了"破坏者"身上的一块肉,意味着众人共同承担起"杀王"抑或"弑父"的罪责。村上春树与此种态度截然相反,他笔下的弑父举动至少在表面上看来是合理、合法也是合情的。因为父亲就是一个符号,当这个符号带有恶的性质,并对自己构成威胁时,为了完成"神"的旨意,消灭这个符号便成了自然而然的事情。正如天吾询问父亲究竟自己的父亲是谁的时候,父亲回答说:"只是空白而已。你的母亲与空白结合,生下了你。而我只是填补了那片空白。"① 所以,杀父的行为本身在村上春树的文学世界带有了一种使命感。父子、父女、母子、母女关系在精神牢笼中都是观念上的关系,而非实际上的。青豆质问"先驱教"教主:"如此说来,你强奸了你的女儿?"而身为人父的深田保却淡然地回答:"不是强奸,是交合。……关键是我们成了一体。"② 从这个角度上来讲,村上春树讲述的是关于俄狄浦斯主题的故事,但是已经渐渐脱离了俄狄浦斯原型的轨道,建构出了自己的俄狄浦斯。本来,Oidipous 中 Oida 是希腊文"我知道"的意思——俄狄浦斯说破了斯芬克司的谜底,他以为自己知道很多,可实际上他连自己的母亲和父亲是谁都不知道。③ 而天吾却深信自己知道事实,了解真相,无论是现实中的父亲,还是想象中的父亲,说到底都是符号。村上春树希望能够重新再造古老的俄狄浦斯主题,用来号召日本社会的革故鼎新。

　　作为向英国作家乔治·奥威尔的《1984》致敬的《1Q84》,小说描写了1984年男女主人公天吾和青豆所处的日本——被青豆称为"1Q84"的世界。村上春树沿用《世界尽头与冷酷仙境》《海边的卡夫卡》的叙述手法,不仅采用了奇数章与偶数章以不同的人物为主各讲述一个故事的方式,而且在描写一个世界的同时平行刻画出另外一个世界。于是,对于青豆而言,现实世界的1984年已经不复存在,自己置身于所谓"1Q84"的精神世界中,一切都戴上了面具,充满了疑问。"世界上出现了两个月亮",④ 真实与虚假难以

---

① 村上春樹『1Q84』(Book 2),前揭書,第183頁。
② 村上春樹『1Q84』(Book 2),前揭書,第277頁。
③ Sophocles, *The Three Theban Plays*, R. Fagles, trans., New York: Penguin Book, 1982, 1984, p.152.
④ 村上春樹『1Q84』(Book 2),前揭書,第284頁。

辨明，善良与邪恶混沌不分，精神上的危机和动荡令人窒息。村上春树曾在1994年《诺门坎的铁幕场》一文中谈到自己对日本这个国家潜在危机的担忧："我们确信在日本这个和平的'民主国家'中，我们基本的权利受到保障，可是果真如此吗？只要掀开一层表皮就会发现，同以往完全一样封闭式国家组织与理念实际上是一脉相承的。我在阅读了多部关于诺门坎战争的书籍后所强烈感受到的，或许就是这种恐惧感。五十五年前的那一场小规模的战争，也许距离我们并不十分遥远。我们所抱有的某种极端的封闭性，或许在某一时刻就会将过剩的压力，以排山倒海之势朝着某一方向喷涌而出。"①正如村上春树所担忧的，1995年在东京发生了地铁沙林毒气事件，这一恶劣事件令村上春树陷入新一轮的反思。奥姆真理教显然是《1Q84》中"先驱"宗教团体的创作原型或者影射对象。透过对《金枝》的关注，可以在大江健三郎和村上春树两位时代大家之间，在行动和思考方面找到共同点：天皇制对日本人的影响是根深蒂固的，它是一个令一些有识之士爱恨交织的存在，生于战前的大江健三郎也好，生于战后的村上春树也罢，都对天皇制这一存在不断地进行反思，并将这种反思带入作品中。他们利用文化人类学知识进行文学创作，可以说，如果没有人类学的学术背景，不了解《金枝》的来龙去脉，对作品的理解只能是雾里看花，对其评论也往往止于隔靴搔痒。"怎样从人类学视野去理解村上春树和大江健三郎的文学创作，成为一项前沿性的研究课题。"②两位作家都在努力地折取内米湖畔的一节"金枝"，整理和清算以往的旧式思想，更重要的是，他们像埃涅阿斯那样，勇敢地走进黑暗，思索和叩问日本社会的症结以及其未来的命运和走向。

---

① 原文见『マルコ・ポーロ』，1994年9月—11月号。译文引自［日］黑古一夫：《村上春树——转换中的迷失》，秦刚、王海蓝译，中国广播电视出版社，2008年，第137页。
② 叶舒宪：《文学人类学的学术伦理》，《百色学院学报》2010年第4期。

# 下 编

# 交叉与创新

# 第十二章

# 开放与超越：文学人类学的超学科性

> **内容摘要**
>
> 文学与人类学原分属不同的学科，是为学科的不得已。然而，学科的常理并不受学科边界限制，问题到哪里，知识即到哪里。文学人类学正在这种反思和开放的原则下诞生和成长，其中一些重要的问题具有超学科的人文性。本章从文学人类学的几个重要问题入手，阐述我国文学人类学的蓬勃发展态势。

罗伊·瓦格纳曾经如此评价人类学："人类学也许可以比作这样一种国际象棋，它已经发展出奇妙而惊人的开局。"① 文学人类学——许多人视之为一个新兴的分支学科，这固然不错，却十分"浪费"；② 理由是，文学人类学恰好是人类在思维与表述、形态与原型、客观与主观等多层次结合和互动的学科交融的产物，涉及认知性知识，参照中国传统文化体系，还包括超越二元对峙分类，文化表述的差异，冲破"写文化"的权力规训和话语界限等，③ 完全不是一个小小的分支学科所能负载的。

---

① 转自［美］伊万·布莱迪：《人类学诗学》，徐鲁亚等译，中国人民大学出版社，2010年，第35页。
② "不浪费的人类学"为我国学者庄孔韶教授所提出。
③ 参看詹姆斯·克利福德、乔治·E.马库斯编：《写文化——民族志的诗学与政治学》，高丙中等译，商务印书馆，2006年。

## 一、思维之镜：认知共性与表述多样性

我们相信，所有的文化现象都是以人为主体的认知性产物；文化所以不同，在于思维和表述的差异。有两点需要厘清：第一，思维具有人类的共性，只有这样，人类方可借以沟通和交流；人类学家在了解"异文化"（other culture）时，通常以思维形态为选择路径，即要了解特定部族的文化，需要体认其思维；只有到达思维的层面，才有机会"知其然亦知其所以然"。换言之，只要在分类上属于"人类"（mankind)，必有其相通与共者，而思维即在先。第二，每一种文化皆有其特定、特殊和特点，这也是在思维相共属性的前提下而言；否则，文化的多样性便没有根据。换言之，认识与尊重不同族群的文化差异，也只有在人类思维相共的前提下方可达成共识。共性是思维性认知；差异是多样性表述。

缘此，人类学家常常使用诸如"野性的思维""原始思维""神话思维""前逻辑思维""原逻辑思维"等术语，其中必包含二者之要。美国人类学泰斗博厄斯在《原始艺术》中开宗明义提出：

> 我们以两条原则为依据——笔者认为研究原始民族生活的各个方面都应该以这两条原则为指导：一条是在所有民族中以及现代一切文化形式中，人们的思维过程是基本相同的；一条是一切文化现象都是历史发展的结果。①

然而，思维的同质性是有限度和限制的，特别是在跨越时间链条的"断裂"时需要特别谨慎。这一点在西方学者那里常常成为悖论而无法突围，根本原因在于他们死抱着"欧洲中心"不放，将自己置于"现代"（包含"文明""进步"等语义），而将非西方的"他者"——按照萨义德的"他者说"，

---

① ［美］弗朗兹·博厄斯：《原始艺术》，金辉译，贵州人民出版社，2004年，前言，第1页。

东方他者是被欧洲人凭空制造出来的,东方他者原是一种思维方式①——一并置于"原始"(包含"野蛮""落后"等语义)范畴,并配合以"社会进化论"要旨。这样的设限在凸显权力的同时,又将自己推到了矛盾深渊,不能自拔,这便是"西方悖论"。纵使是列维-布留尔——《原始思维》的作者——晚年也已倾向于放弃自己的原始思维说,无奈他的这个"孩子"(即"原始思维")已经长大和独立,他已无法控制。所以,他在为《原始思维》俄文版补作的序中有这样的文字:

> "原始"一语纯粹是个有条件的术语,对它不应当从字面上来理解。我们是把澳大利亚土著居民、非吉人(Fuegians)、安达曼群岛的土著居民等等这样一些民族叫做原始民族。当白种人开始和这些民族接触的时候,他们不知道金属,他们的文明相当于石器时代的社会制度。因此,欧洲人所见到的这些人,与其说是我们的同时代人,还不如说是我们的新石器时代甚或旧石器时代的祖先的同时代人。他们之所以被叫作原始民族,其原因也就在这里。但是,"原始"之意是极为相对的。如果考虑到地球上人类的悠久,那么,石器时代的人就根本不比我们原始多少。严格说来,关于原始人,我们几乎是一无所知。②

类似"原始思维"这样的语用与其说是语言逻辑问题,还不如说是"欧洲中心"自我制造的话语麻烦:既认可人类祖先具有共同的属性和特征,又要在"人类"中区隔"我者/他者"。所以,在今日反思的趋势下,其命运可想而知③——正被历史发展逐渐抛弃。

当然,我们也知道,悖论是超语境性的,在具体的语境中,任何悖论都具有其特殊的逻辑。正如"原始思维"一样,无论是概念的使用还是价值的限度,"原始思维"都存在着不可克服的矛盾和悖论;无论是突出"欧洲中

---

① [美]爱德华·W.萨义德:《东方学》,王宇根译,生活·读书·新知三联书店,1999年,第1—2页。
② [法]列维-布留尔:《原始思维》,丁由译,商务印书馆,1981年,第1页。
③ 参看叶舒宪:《文学与人类学——知识全球化时代的文学研究》,社会科学文献出版社,2003年,第50—51页。

心"的政治话语之用意，还是任何自我认同的"连续性"断裂，都将它推到了无法自圆的境地。然而，就思维形态而言，在文化人类学开始的阶段，以认识"他者文化"为己任的学理依据和学科规定，具有产生"制造"原始"野蛮人"的历史土壤和表述语境。今天，在同样的窘境中反思被自己"制造"出的对象时，人类学这一学科相对豁达地在其内部进行反叛性革命，即断然摒弃诸如"野蛮""落后"这样的词汇，有些人类学家甚至连像"图腾"这样的用语都建议不用，尽管这样的词汇已经构成人类学知识谱系的重要部分。①

有意思的是，当人们有鉴于全球化的社会现实所带动的潮流，这股潮流又极大地损害了仍处于相对封闭地区的族群文化时，就像那些生物物种在现代化的进程中，其生活境遇遭到了灭顶之灾，生存难以为继时，保护生物多样性，进而保护文化多样性于是也在全球化、现代化的轰轰声响中发出嘤嘤细语。于是，"原始"又在不同程度上转换面目，改装上台，诸如"原生态"等表述再次"悖论性"地登上语义场。②这种"静静的革命"，在原本已在反思甚至批判的"原始"意义上注入新的意义。更有甚者，西方学术界试图在超现实主义的主张中，重新释用"原始"，将"原始主义"作为"现代主义"批判的工具。③那些原属于"原始文化"范畴的用语、法术、魔幻等重新被派上用场，充斥在电影、美术、绘画、美学、技艺等诸领域。

值得特别提醒的是，中国传统的文化在许多西方学者的表述中，也被归于"原始思维"的范畴。这里出现了值得认真对待的问题：思维以认知为基础，认知以分类为基本，西方的认知分类为二元对峙论，即排中律式"非白即黑"的表述恰恰不合于我国传统的思维形态和文化表述。中国传统的认知性思维是建立于天、地、人"三材"，即"天人合一"的基础上；这是任何"原始思维"——西方制造的范式——都无可适用的。我国的文化是"体性的"：一方面包含身体行为，包含对对象的认知，包含对主、客体生命的价

---

① 叶舒宪：《文学与人类学——知识全球化时代的文学研究》，社会科学文献出版社，2003年，第45页。
② 彭兆荣：《原生态的原始形貌》，《读书》2010年第2期。
③ 叶舒宪：《文学与人类学——知识全球化时代的文学研究》，社会科学文献出版社，2003年，第51页。

值体认；另一方面也包括特殊的表达方式。① 一如"气"之于生命。甲骨文"气"作"三"，② 从西周到东周的古字形演变，可以确认"气"与"三"的关系。③ 甲骨文字形≡与"三"相似，代表天地之间的气流。《礼记·月令》："天气下降，地气上腾。"金文ᘰ为使之区别于数目字"三"，将第一横写成折笔乚。造字本义：易于在天地之间均匀扩散、飘逸的第三态物质，即气流。金文🥘，由ᘰ（气，自由扩散、飘逸的第三态物质）和米（米，代食物）组成，表示食物产生气体。《说文解字》释："氣，馈客刍米也。"④ 即馈送客人的饲料和粮食。这样的思维和表述，不是任何诸如"互渗"可以解释和适用的。⑤

总之，我国传统文化中的思维形态是独自的、独立的和独特的，以天地人沟通参照为镜鉴，表述则在"中行"（中庸之道），非西式所设计之"原始思维"二元对峙性和"非我即他"（"我者/他者"）的话语表述范畴。

## 二、原型之制：从文本到文化

原型是文学与人类学通缀的重要结合点，"原型作为跨文化解释的有效性"，确实成为人类学解释文化的一种有效的范式。⑥ 众所周知，将原型成功植入文学人类学的学者是加拿大学者弗莱，⑦ 在《批评的剖析》中，"模型"成为基本的范式入径。⑧ 因为原型具有对特定文化表述的模型性归纳功能，包

---

① 彭兆荣：《体性民族志：基于中国传统文化语法的探索》，《民族研究》2014年第4期。
② 参看于省吾：《甲骨文字释林》，商务印书馆，2010年，第79—82页。
③ 同上书，第501页。
④ 〔汉〕许慎撰，〔宋〕徐铉校定：《说文解字》，中华书局，2003年，第148页。
⑤ "互渗"（participation）是列维-布留尔《原始思维》中的核心概念，强调原始思维中主客相互渗透的关系。
⑥ 参看叶舒宪：《跨文化阐释的有效性》，载《原型与跨文化阐释》，暨南大学出版社，2002年，第1—21页。
⑦ "原型"这个词来自西方哲学的鼻祖柏拉图，指人们可经验的现实世界背后，还有一个看不见的理念世界。参看叶舒宪：《熊图腾》，上海文艺出版社，2007年，第96页。
⑧ 参看［加拿大］诺思洛普·弗莱：《批评的剖析》（第一篇"历史的批评：模式理论"），陈慧等译，百花文艺出版社，1998年。

含着人们熟悉的结构等，故有学者将其归为"结构主义"之一种。①而弗莱自己说："文学中的常规、文类和原型不会简单地出现：它们一定经过从不同源头，或者也许从同一源头的历史性的演化。"②于是，在追溯历史和知识谱系的"源头"时需要给予神话特别的关怀和关照。就西方而论，"两希"神话也因此成为原型的肇端。

中国的神话原型亦可训，有其自己的表述。比如中国的时序神话，遵循着一个特定的模式：从这个规定的时空秩序的神话中，我们看到了四组等值的象征。它们可以确证对四首仪式歌的多重语义分析，使我们有把握初步确定中国神话宇宙的原型模式的时空坐标。

1. 东方模式：日出处，春，青色，晨，旸（汤）谷。
2. 南方模式：日中处，夏，朱色，午，昆吾。
3. 西方模式：日落处，秋，白色，昏，昧谷。
4. 北方模式：日隐处，冬，黑色，夜，幽都。③

其实，重要的仪式化主题——无论是语言性和还是行为性的，都可以理解为类型神话的行为化。通常人们是通过礼的经典化、伦理化来接受它，殊不知，礼更是一种"仪"，其原生形态是仪式行为，属于人依据认同的文化模式的一种践行行为。人类学所熟知的"神圣-世俗"也都具有模式化、类型化的意思，并通过仪式加以凝固。④艾里亚特（Eliade）在分析萨满仪式时，就在日常和现实的社会里，清晰地区隔出它与"神圣"世界的关系，以建构所谓的"整体性他者"（wholly other）。⑤在这里，"他者"并不是后殖民主义理论所使用的"我者/他者"的关系，而是通过仪式和仪式的程序、巫

---

① 刘康：《普遍主义、美学、乌托邦——弗莱"文学原型说"散论》，载《弗莱研究：中国与西方》，中国社会科学出版社，1996年，第46页。
② ［加拿大］诺思洛普·弗莱：《批评之路》，王逢振等译，北京大学出版社，1998年，第17页。
③ 叶舒宪：《中国神话哲学》，中国社会科学出版社，1992年，第17页。
④ 参看杜尔凯姆（又译涂尔干）：《宗教生活的基本形式》，载史宗主编：《20世纪西方宗教人类学文选》（上卷），上海三联书店，1995年，第61页。
⑤ Mircea Eliade, *The Sacred and the Profane*, New York: Harper & Row, 1959, p.9.

术等以建立一个超常规的秩序——一个整体的"非常"性的格局和结构。在那里,"常"与"非常"都坚守着各自文化的类型底线。

物之于礼的最基本特征之一就是具有类型性的母题(motif),比如中国的礼器大都围绕着与神、祖先的享用和交流。张光直认为,神属于天,民属于地,二者之间的交通要靠巫觋的祭祀。而在祭祀上的"物"与"器"都是重要的工具;"民以物享",于是"神降之嘉生"。①中国的神话礼仪通过器物的使用,建立起一种非常特殊的原型关系。这样,对历史的解释,物也就不仅仅只是一种实物的遗存,同时也是对这种历史负载的认知和评判。我国古代有"礼藏于器"之说。比如"鼎"等礼器就成了国家和帝王最重要的祭祀仪式中的权力象征。中国迄今为止在考古发现中最大的礼器鼎叫"司母戊鼎"。《尔雅正义》引《毛传》云:"大鼎谓之鼐,是绝大之鼎,特王有之也。"②所谓"商曰祀,周曰年,唐虞曰载"都与物的祭祀有关。③《左传》:"国之大事,在祀与戎。"④郑玄注《礼记·礼器》:"大事,祭祀也。"⑤因此"鼎"具有母题性、原型性。

如果说,"礼器"的礼仪化多属于展演性表述的话,那么,汉字的原型与"象"的关系,则属于形意性表述。古代中国人根据不同的现象而带动认知、积累经验和知识表述,这些与人们所说的"思维"相符合;同时,也由此形成了使用方法上的特点。比如《周易》所言"观物取象"和"因象见意",儒家诗教所倡导的"引譬连类"等,都与中国传统的思维方式发生关系,并形成了鲜明的特点。⑥汉语的语汇用法也彰显了语用与类型的关照。比如"狂狷"一词,虽在世界文化表述中有其原型意义,但汉语文化中却包含着特别指喻。汉语中的"狂"与古时候人们对"狂犬"的认知有关。有意思的是,孔子将狂与狷归入"可交的小人"之列。《论语·子路》有:"子

---

① 〔美〕张光直:《考古学专题六讲》,文物出版社,1986年,第99页。
② 〔清〕邵晋涵:《尔雅正义》(卷七),清乾隆五十三年面水层轩刻本。载《续修四库全书·经部·小学类》总第187册,上海古籍出版社,1995年,第146页。
③ 王云五主编:《尔雅义疏》(卷三),(台北)商务印书馆,1965年,第46页。
④ 见杨伯峻编著:《春秋左传注》,中华书局,1981年,第861页。
⑤ 〔汉〕郑玄注,〔唐〕贾公彦疏:《礼记正义》,中华书局,1980年,第1243页。
⑥ 参看叶舒宪:《原型与汉字》,载《弗莱研究:中国与西方》,中国社会科学出版社,1996年,第201—211页。

曰：不得中行而与之，必也狂狷乎。狂者进取，狷者有所不为也。"只是这两类人都不"中行"（"中庸之道"）。①

相对而言，西方对疯狂母题的表述和演绎，与我国的情形迥异。"疯狂"在西方知识谱系上是一个类型化的表述。在柏拉图的《斐多》篇中有这样的讨论：

> 苏格拉底：说到疯狂，有两类：一类产生于人的弱薄，另一类神圣地揭示了逃离世俗束缚的灵魂。
> 斐多：这是真的。
> 苏格拉底：神圣的疯症又可分为四种：预言式的、发端式的、诗风格的、性爱的，由四位天神分别掌管着。

其实，疯狂是动物性的一种超常的表达，具有非常鲜明的原型性依据，比如"酒神"的文化特性正是疯狂，是人类在正常的生命中的"异常性"表达，也是所谓太阳神式理性的对立面，因此往往具有"革命性"的意味。当然，它也因此成为人类文化史上的重要原型。②

至于人类学的主要话题，如图腾等，其实也都在泛义上具有原型之意。"图腾"一词虽然来自北美印第安人奥吉布瓦（Ojibwa）语言中的ototeman，即今天totem的本源，意为"他的亲族"（以亲属制度的"拟亲"方式解释某些与特定族群有着特殊关系的动物、植物等现象）。英国人类学家亚当斯·库柏在《发明原始社会》一书中从后殖民主义立场出发，认为图腾说是西方白人学者为描述文化他者的"原始性"而建构出来的，而弗雷泽、弗洛伊德等都在重蹈覆辙，因此图腾说已不合时宜。③然而，当一个概念经历了历史社会化之后，其语义也已经在不断的"建构""发明"和"误读"中产生新的语义。重要的是，图腾作为一种特定族群的特殊文化类型，在集体认同的基础上，已然经过了长时间的传承，成为特定文化的实际构成和构造。

---

① 参看叶舒宪：《阉割与狂狷》，上海文艺出版社，1999年，第230—235页。
② 参看彭兆荣：《文学与仪式：文学人类学的一个文化视野——酒神及其祭祀仪式的发生学原理》，北京大学出版社，2004年。
③ 参看叶舒宪：《熊图腾》，上海文艺出版社，2007年，第99页。

所以，今日之"图腾"其实仅仅是借用，这一语辞背后语境性的政治话语部分早已淡化，剩下只是对这一概念采借的逻辑性依据和知识性认可的问题。

## 三、方法之技：从国学考据到四重证据

文学人类学在方法上具有鲜明的特点，即超越了传统文学文字和文本（literary text）的一体"身段"，即不局限于单一性的材料证据——这种自古而然的文人-文献互疏互注模式，包括"六经注我/我注六经"的方法，在文学人类学的研究手段中早已被突破和打破。不仅包括口述的、对话的、交流的、互动的，而且也包括经常是在现场的材料和证据，它们都是人类知识和智慧的有机部分。然而，在传统学问的问学中，纵然是"论语式"的正统方法也未能得到更充分的发扬。更值得肯定的是，这些不同的取证方法和由此获得的材料，除了作为学术研究的"佐证"之外，本身已经成为一种全新的展示。比如，汉字的表述历史与汉字的材料史（陶泥、山崖、木材、动物皮、石料、龟骨、牛骨、青铜、帛锦、竹片、纸等）具有同构性。

人类学这一特殊的学科，依据其对"异文化"研究的初衷和原旨，必然且自然地超越了单一的考据方式（文字），而从至少二重以上的考据以"求证"之；因为那些"原始民族"多数没有文字，即使有之，亦非"本位"出发，至多是"客位"描述。在欧洲史上，那些传教士、殖民者、冒险家和旅行者，都可能成为"口述者"，而这些无法取信的材料必须与文献相互佐证，以配合对特定对象的研究。西方早期的人类学研究常使用这种方法。代表人物弗雷泽即采用口述与文献结合的"二重证据法"，他听取传教士和旅行者的口述故事，并将其与文献同置，代表作就是人们所熟知的《金枝》。另一位具有相同学术理想的人类学家简·艾伦·哈里森则在方法论上明确提出"二重证据法"，用考古及文物材料，配合古典文献对古希腊宗教、神话，特别是仪式进行阐释。[1]

---

[1] 参看［英］简·艾伦·哈里森：《古代艺术与仪式》，刘宗迪译，生活·读书·新知三联书店，2008年，第1页。

众所周知，我国学术史进入20世纪以后，考古发现对传统经学形成了一种冲击。这种冲击包括自考古学这一外来学科在近代以降的"西学东渐"过程中，借由日本转道进入中国以来，对我国"地下"的文化遗产进行了前所未有的挖掘，同时各种科学的方法和手段，对我国旧有的、相对狭窄的金石学研究方法是一个巨大的启示，刺激其在方法上的革新。更为重要的冲击是，考古挖掘所获得的大量"地下的材料"应用于传统学问的研究之中。张光直先生将考古学概括为："现代考古学基本上是实地研究和实地挖掘地上材料和地下材料的学科。这门学科一方面是发掘新材料，一方面又是研究新、旧材料的。"① 这一在我国传统学问和学术史上，特别是材料史上从未出现过的文物资料，它们如何与"文献注疏"的传统形成配合等问题，迅速成为近代中国学者所关注和热议的话题，一些学者也开始了他们在研究上的尝试。"二重考据法"说由此问世。1925年王国维在清华研究院讲"古史新证"时曾这样说：

> 吾辈生于今日，幸于纸上材料之外，更得地下之新材料。由此种材料，我辈固得据以补正纸上之材料，亦得证明古书之某部分全为实录，即百家不雅训之言亦不无表示一面之事实。此二重证据法，惟在今日始得为之。虽古书之未得证明者，不能加以否定，而其已得证明者，不能不加以肯定可以断言。②

对此，不少学者不仅给予充分的肯定，而且以不同的方式加入讨论和研究之中，但多数未能超出王氏的框架。到了郭沫若那里，算是有了重要的进展，他在在继承王氏"二重"之上注入了外国的内容，特别是将人类学的研究方法和手段用于研究中国古史。其他学者，包括闻一多、鲁迅、朱光潜、朱自清、郑振铎、凌纯声、钟敬文等人也都纷纷从各自从事的学科范畴、范围、角度进行讨论和实践。

近年来，我国学术界在这方面的讨论已然相当集中和深入。叶舒宪教授

---

① ［美］张光直：《考古学专题六讲》，文物出版社，1986年，第54页。
② 王国维：《古史新证——王国维最后的讲义》，清华大学出版社，1994年，第2页。

在早期的"中国文化的人类学破译系列"(代表作《诗经的文化阐释》《庄子的文化解析》《中国神话哲学》《文学人类学探索》)中曾讨论并使用这些方法,并且在近些年提出了"四重证据"说。在《图说中华文明发生史》一书中,他对四重考据作了图像实例考述。① 所谓"四重证据",包括传统的文字训诂、出土的甲骨文金文等、多民族民俗资料以及古代的实物与图像。② 文学人类学研究者近期强调的"实物与图像"是根据国际学术界对物质文化研究(material cultural studies)以及人类学"物的民族志"(ethnography of object)研究范式所进行的整合性使用。人类学家雷德菲尔德在20世纪60年代提出"大传统/小传统"(great tradition/ little tradition)的概念:③ "大传统"指城市和复杂的生活方式,并带有强烈的、正式的历史意识;"小传统"则指相对简单的乡村农民生活以及所伴随的地方知识。④ 以叶舒宪为代表的文学人类学研究者根据中国的实际情况将这一对概念改造为:"大传统指汉字产生之前就早已存在的文化传统,小传统指汉字书写记录以来的文明传统。"⑤

这使得文学人类学在方法论上有了突破,特别在"考据"上出现了新的划分。文学人类学大量采借当代文化人类学的研究方法,当代学科所使用的所有学科性和取证方式都可能使用,所取得的材料都可能、可以被利用。包括人类的身体方面的测量数据,DNA样本,自然环境中的相关资料,仪式现场的各种信息,诸如方向、器物、口述、音声、形体动作、服装等。文学与人类学两大学科的交汇,必然会产生方法论连带方法上的革新,主要体现在三个方面。

一是学术反思。今日之学术,反思不仅作为特定语境下的背景,更是一种原则,在这一原则之下,既往的所谓本体论、认识论和方法论所得到的结果都可能受到挑战,诸如"后殖民主义""后结构主义""后现象学"等都包含着对既定知识的反思、反省和反叛。而反思的成果必然包括方法论,甚至

---

① 叶舒宪:《图说中华文明发生史》,南方日报出版社,2015年。
② 参看叶舒宪:《文学人类学教程》第九章:"文学人类学与国学方法更新——从一重证据法到四重证据法",中国社会科学出版社,2010年,第343—379页。
③ Robert Redfield, *The Little Community, and Peasant Society and Culture*, Chicago: University of Chicago Press, 1960.
④ Thomas Barfield, ed., *The Dictionary of Anthropology*, Malden: Blackwell Publishing Ltd, 1997, p.470.
⑤ 叶舒宪:《图说中华文明发生史》,南方日报出版社,2015年,第2页。

是方法的变革。

二是学科整合。当今的学术研究界,新学科范畴、领域、分支等如雨后春笋,迅速占领许多学术高地,其中一个重要的特点在于在不同的学科交叉地带又生发出形形色色的"新学科"。这些新兴学科也必然会带动对传统研究方法的革新。人类学所惯常使用的"整合"(holistic)特色和优势因而得到更加充分的发挥。

三是方法变革。当今的学术界,随着对"书写文化"的反思性批判,也突破了其在方法上的局限。具体而言,将原来不为"严肃学术"所认可的那些文字以外的方法,诸如歌唱、表演、口述、民俗生活、巫术巫技、符号、自然"异象"等都从"失语"的状态中解放出来,这些不同的表述和表达得到印证,同构成一个较之传统以"权威性"——包括官方文书、御用典材、文人笔墨,以及正统分类,如经、史、子、集等——更为广泛而多样的材料证据链。

在反思性方法论的主导下,各类、各重"证据"都可以、可能出现在文学人类学之中。从这个意义上看,文学人类学亦是反思原则下的尝试和实践。

文学人类学或许只是文学的一种另类研究,或许只是人类学对"有文字民族"一种新的对待,因为应用人类学早已跨越了旧式人类学所谓"异文化"的畛域。当然,文学人类学也可以是两个学科的智慧相携,优势互补。在我国,文学人类学还有一个重要任务,这就是通过全新的研究视野和研究方法,突破中国文化传统的限制和瓶颈,使国学发出新的学术光芒。

# 第十三章

# 整合与拓展：探求文学人类学的新发展

> **内容摘要**
>
> 　　人类学作为一门新兴交叉学科，是怎样在三十年的时间里迅速发展起来的？它的问题与方法是什么？它的未来发展趋势又如何呢？本章以2011年举行的中国文学人类学研究会永川会议为个案分析，并以中国文学人类学的学科演变史为背景，从文学人类学的学科建设、问题与方法、发展趋势三个方面进行讨论，以期引发对这一新兴学科如何进行开拓与创新的进一步探讨。

　　2011年对于中国文学人类学来说，是一个有意义的纪年。新年伊始，中国文学人类学研究会主编并撰写的"中国民族文化走廊丛书"获得第二届国家出版政府奖提名奖。2011年2月20日，首次获得国家社科基金重大招标项目立项的"中国文学人类学理论与方法研究"项目组在北京召开了开题论证会，乐黛云、庄孔韶等比较文学界、人类学界前辈到会指导。2011年5月21日至22日，中国文学人类学研究会召开永川会议，会议同时还举行了中国文学人类学研究会重庆研究中心挂牌仪式。2011年8月9日在复旦大学召开的中国比较文学学会第十届年会，则专门设立了文学人类学分组议题。经历三十余年的发展，中国文学人类学以越来越引人瞩目的姿态进入学界视野，那么，它是如何成为一门新兴交叉学科的？它的问题与方法是什么？它未来发展的趋势又如何呢？在此，笔者以2011年中国文学人类学研究会在永川举行的会议为个案进行观察和分析,并以中国文学人类学的学科演变史为背景,从文学人类学的学科建设、问题与方法、发展趋势三个方面进行讨论,以期引发对这一新兴交叉学科如何进行整合与拓展的进一步探讨。

## 一、从跨学科研究到新兴交叉学科

如果以20世纪80年代中后期的文化寻根热和文学人类学批评[①]的兴起以及对西方文学人类学著作译介[②]为起点,文学人类学在中国的发展历程还不到三十年。那么,文学人类学何以在中国成了一门新兴的交叉学科呢?笔者梳理了中国文学人类学学科建设问题的相关讨论,发现中国文学人类学的学科建设经历了一个从谨慎开放到逐步明晰落实的过程。

在1997年举行的文学人类学第一届年会上,关于"文学人类学的定位"问题引起了乐黛云、李亦园、杨儒宾等人的热烈讨论。乐黛云教授指出,文学人类学是对"人类"普遍关怀的学理下的学术结合。李亦园教授认为,比较文学与文化人类学可以获得学理上的共同前提。杨儒宾教授建议,文学人类学本身就是一个科际整合的范例,重要的是要从体制上进行设计。[③]

随着文学人类学理论研究与学科建设逐步走向深入:成立了中国文学人类学研究会;召开了多次全国乃至国际性的学术研讨会;创办了文学人类学刊物;出版了一系列文学人类学探索丛书;建立了文学人类学学科点;一批文学人类学青年学者正崭露头角……2010年"中国文学人类学理论与方法研究"获得批准立项为国家社科基金重大招标课题,标志着文学人类学学科已经得到学界的认可,从过去边缘的"破"学科研究阶段,发展到"立"学科研究阶段。[④]2011年永川会议与往届文学人类学会议不同的是,文学人类学作为"新兴交叉学科"

---

[①] "文学人类学"一词在中国的首次出现,见于叶舒宪的《神话-原型批评的理论与实践》(上),刊于《陕西师范大学学报(哲学社会科学版)》1986年第3期,文中提到弗莱研究的"文学人类学"。其后,方克强于《当代文艺探索》1987年第3期发表《文学人类学批评的兴起及原则》。
[②] 1987年弗雷泽的人类学巨著《金枝》中译本问世,同年,介绍弗莱的文学人类学观点的译文集《神话-原型批评》出版。
[③] 参看彭兆荣:《首届中国文学人类学研讨会综述》,《文艺研究》1998年第2期。
[④] 彭兆荣:《文学人类学从"破"到"立"》,《中国社会科学报》2011年4月26号(第182期)。

首次被旗帜鲜明地强调。如果对永川会议的三个主题演讲进行归纳,可以看出以下三方面主要原因促成了文学人类学学科建设的从"破"到"立"。

第一,对中国现行大学学科体制的反思与批判。西学东渐以来,西方的大学教育体制被全盘照搬到中国,中国大学学科教育的体制和学术话语都是从西方空降的。具体到中国文学这个学科,研究内容是中国的,研究范式却是西来的,其最大的问题是脱离了本土的文化土壤,[①]造成中国现行大学学科体制积弊渐深的局面。可以说,"当下社会科学界存在着的'西方化'倾向和'唯学科化倾向'是制约着中国社会科学走向世界的两大瓶颈"。[②]

第二,本土的文化自觉与学术担当。在当今文学界,西方现代性文学理论与批评的范式占据支配地位,而本土的文学传统则被挤压到"民间文学""民俗学"的弱势地位。中国的文学人类学学者主动借鉴后现代知识观与全球文化寻根运动的思想资源,大力倡导人类学"地方性知识"的新视角,启发研究者对本土文化的自觉和尊重。"用西方的四分法来讲中国文学,加上学界的三大流弊:大汉族中心主义、中原中心主义、文本中心主义,这样就把中国本土大部分的东西都讲没了。在今天这个后殖民时代,人类学转向掀起了学科革命,人类学和所有的人文社会科学门类都发生了交叉与结合。现在以文学人类学学科建制出现的,仅中国而已,世界其他地方只是开过一些跨学科的研讨会。"[③]由此看来,在中国首倡文学人类学的交叉学科建设,这一突破性举措使中国学问有可能在知识全球化的语境中改变追随西方的被动局面,进而取得独立和领先的学术地位。

第三,国家政策对跨学科研究和新兴交叉学科的扶持。目前国家有两大学科发展目标:交叉学科和应用型学科。"985"人类学就是交叉的、应用的学科。[④]文学人类学作为新兴交叉学科得到国家的扶持,有两个标志性事件:一是2010年中国社科院研究生重点教材《文学人类学教程》的出版;[⑤]

---

[①] 叶舒宪:《文学人类学:从跨学科研究到新兴交叉学科》,永川会议讲话稿(未刊)。
[②] 邓正来:《全球化时代的中国社会科学发展》,《社会科学战线》2009年第5期。
[③] 叶舒宪:《文学人类学:从跨学科研究到新兴交叉学科》,永川会议讲话稿(未刊)。
[④] 彭兆荣:《文学人类学的再文学化与文学在场》,永川会议讲话稿(未刊)。
[⑤] 参看乐黛云:《文学人类学教程》序,载叶舒宪:《文学人类学教程》,中国社会科学出版社,2010年。

二是2010年"中国文学人类学理论与方法研究"获得批准立项为国家社科基金重大招标课题。2011年2月，在"中国文学人类学理论与方法研究"项目组开题论证会上，与会专家认为，要以此次重大招标立项为契机，开展新兴交叉学科建设，探索具有中国本土特色的人文学术跨学科研究范式。①

作为文学人类学学科建设的又一务实举措，2011年永川会议举行了中国文学人类学研究会重庆研究中心挂牌仪式，该研究中心是中国文学人类学研究会在国内设立的第一个实体性研究机构。在堪称世界人类学资源宝库的我国西南地区设立研究中心，对于该区域的文学人类学研究具有深远意义。

## 二、问题与方法：再文学化与人类学化

"文学人类学的问题与方法"是文学人类学研究的核心，徐新建教授曾在第五届文学人类学年会总结中把文学人类学研究高度概括为"两个领域四个问题"，即：文学领域和人类学领域；文学问题、人类学问题、文学与人类学问题以及文学人类学问题。②

永川会议的一个创新举措，便是召开了首届中国文学人类学青年学术论坛（以下简称青年论坛）。为了鼓励青年学者参与学科的前沿讨论，增进文学人类学研究的探索性和创造性，首届青年论坛的设计改变了历届学术会议仅仅把青年论坛作为附属设置的惯例，以"探求文学与人类学的新发展"为主题，给青年学者提供一个交流对话的核心场域。青年论坛采用专题报告、专题评议与圆桌讨论相结合的形式。与会的主持人、主讲人、评议人来自北京、上海、厦门、成都、重庆、云南、贵州等地高校，他们拥有不同的学科背景和研究路径，呈现了当前中国文学人类学学科在院校、地域和研究领域方面的多元分布局面。

以本届论坛提交的论文来看，从文学人类学的研究问题到方法都呈现出

---

① 祖晓伟：《文学人类学：探索跨学科研究范式》，《中国社会科学报》2011年2月24号（第166期）。
② 杨骊：《表述"中国文化"：多元族群与多重视角——中国文学人类学研究会第五届年会侧记》，《百色学院学报》2010年第5期。

多元化的态势。以研究问题而言，有研究民族志小说的，如梁昭的《虚构印第安人——论罗伯特·路威的民族志小说》；有进行原型研究的，如刘曼的《诗学与人类学："替罪羊"研究的不同方式——以〈俄狄浦斯王〉为例》；有研究表述问题的，如龙仙艳的《三重遮蔽下的汉语世界表述传统——以〈史记·黄帝本纪〉的解读为例》、王璐的《音乐舞蹈史诗〈东方红〉中的少数民族形象表述》等；有关注景观文本、图像文本的，如张馨凌的《移动与固定：鼓浪屿家庭旅馆景观文本的人类学阐释》、张颖的《人是什么？"六道轮回"的图示阐释》；有研究物质文化、物的叙事的，如唐启翠的《物的叙事与身份象征：出土冠饰释读》；还有研讨方法论及学术史的，如王先胜的《中国古代纹饰释读的一种方法》、杨骊的《考古学方法论的启示》等。在研究方法上，则涉及民族志、表述问题、田野调查、原型批评、多重证据法、跨文化阐释、新历史批评、物质文化研究、考古学方法、符号阐释学等多种方法。在此，笔者就以青年论坛的四个专题报告为例，通过青年学者们的研究与讨论来透视文学人类学在问题与方法方面的探索路向。

重庆文理学院非物质文化遗产研究中心王先胜老师的报告题目是《中国古代纹饰解读的一种方法》。[①]该报告指出了考古学在解读古代纹饰方面的局限性，进而提出从中国传统的象意和数理方法出发，以象、数、理三者结合进行纹饰解读的方法。报告以对湖北荆州高台秦汉墓漆盘的解读为案例。从哈佛大学访学归来的梁昭博士将其研究聚焦于美国人类学著名的"博厄斯学派"重要成员罗伯特·路威的民族志小说。她的专题报告通过将路威的民族志小说与其民族志著作对读，试图揭示民族志小说的特点。[②]厦门大学的张馨凌博士以《移动与固定：鼓浪屿家庭旅馆景观文本的人类学阐释》为题。[③]她在报告中认为，厦门鼓浪屿家庭旅馆景观是具有特殊内涵的文本，呈现出"移动"与"固定"的张力关系和悖论，其更深层次所涉及的是族群互动与文化对话的核心问题。四川大学博士杨骊的专题报告以《考古学方法的启示》为题，以个人的考古学田野考察实践为素材，通过槽坊头遗址的考古发

---

[①] 王先胜：《中国古代纹饰解读的一种方法》，永川会议论文稿（未刊）。
[②] 梁昭：《虚构印第安人——论罗伯特·路威的民族志小说》，永川会议论文稿（未刊）。
[③] 张馨凌：《移动与固定：鼓浪屿家庭旅馆景观文本的人类学阐释》，永川会议论文稿（未刊）。

掘个案管窥考古学的方法论。在考古学与人类学方法的比照中，讨论人类学方法与考古学方法在立体释古中的互动，并进一步指出多重证据法的运用有助于打破人类学和考古学的学科壁垒。

以上四个专题报告，分别展示出目前文学人类学界不同的研究进路：梁昭的报告研究的是民族志小说，是文学人类学研究中偏向文学批评的一极；张馨凌的报告通过景观文本研究族群互动与文化认同，研究路数偏重于人类学；王先胜和杨骊的报告都涉及方法论问题，实则倾向于跨学科研究。

关于梁昭对比研究的人类学家的两种写作，彭兆荣教授在总结中指出，这就如同马林诺夫斯基的私人日记和民族志两种文本，是非常值得深入讨论的，其中涉及"写文化"、实验民族志、"taste fieldwork"等最新的问题领域。对于有人质疑张馨凌所关注的景观文本是否属于文学人类学的研究范畴，彭兆荣教授认为，今天文学人类学的研究对象究竟可以扩大到什么边界，如果建立在文学人类学的反思性上，它在学理上可能拥有更大的伸展空间。笔者回顾了第四届文学人类学年会议题中对"文本"概念的重新讨论，从解读文学文本的新批评派代表肯尼斯·博克，到解读文化文本的阐释人类学代表格尔兹，"文本"的概念经历了从文学批评到人类学诠释的三级跳过程：文学作品（专指书面作品）—文学文本（包括口传的）—文化文本（包括文字的和文字以外的，如"图像叙事""博物馆象征"和"仪式展演"）等。以解读文化文本为特色的阐释人类学派迅速崛起，反过来对包括文学研究在内的人文社会科学旧范式提出挑战。[①]由此不难发现，在"景观文本"是否是文学人类学问题讨论的背后，其实质是文学人类学研究的再文学化问题，[②]即重新检讨西学东渐以来的现代性文学观，在人类学的语境中重新还原文学研究的对象与内容。正如彭兆荣教授所呼吁的："文学人类学在学理上需要再文学化。现在科班的文学事实上是被殖民化的东西，如何使它还其本位？不要让书写成为唯一权力的表达！让口述的、巫术的、行为的、民间的、视觉的、绘画的等等回其本位，使那些传统中被窄化的、他者化的、

---

① 叶舒宪、彭兆荣、徐新建：《"人类学写作"的多重含义：三种"转向"与四个议题》，《重庆文理学院学报（社会科学版）》2011年第2期。
② 彭兆荣教授在永川会议主题演讲中提出"文学人类学的再文学化"。

被权力化的、科班性的文学,回归到更落实、更民间、更乡土的本位。"①

本届论坛比较突出的研究路向,就是王先胜和杨骊都在报告中关注考古学方法。在西方人类学界,除了民族学田野方法,考古学方法以其严谨实证的科学范式成为人类学田野方法的另一支柱。实质上,考古学方法和民族学方法是分别从"时间的他者"与"空间的他者"两条路径走向对文化他者的观照。张光直的导师,哈佛大学人类学博士出身的李济就是以主持了河南安阳殷墟发掘而闻名世界的"人类学派的古史学家"。②然而,遗憾的是,在中国由于人类学偏向民族学的历史沿革以及现行学科之间的区隔,使考古学与人类学形同陌路。在中国文学人类学研究中引入考古学的知识和方法,既反映出新兴交叉学科强大的整合力,也是文学人类学研究面向人类学化的重要途径之一。文学人类学派试图从方法论上融汇中西,同时促进人文科学与社会科学有效沟通,沿着王国维、杨向奎、张光直等人的道路往前推进,建构中国文学人类学自己的方法论。

## 三、发展趋势:立足本土与国际对话

跟其他学术会议的另一个不同之处,就是永川会议举行了一次别开生面的博士生毕业论文开题答辩会。

全体与会代表在会议期间前往重庆大足石刻参观,作为对博士生谭宏论文选题《作为世界遗产的大足石刻研究》田野点的一次实地考察。据四川大学博士生导师徐新建教授说,这是自四川大学文学人类学学科点成立以来,博士生的论文开题报告第一次走出学校,走向田野。此次开题答辩的四位博士生以不同的研究对象和多样的研究进路从不同侧面反映了文学人类学的发展趋势。

兼有彝族诗人和学者双重身份的罗庆春的选题是《彝族当代作家汉语诗

---

① 彭兆荣:《文学人类学的再文学化与文学在场》,2011年永川会议讲话稿(未刊)。
② 参看[美]张光直:《人类学派的古史学家——李济先生》,载李济:《中国民族的形成》,江苏教育出版社,2005年,第1—9页。

歌创作研究》，出于本民族的文化自觉，他试图引入文化诗学、民族志诗学等相关理论对彝族汉语诗歌创作进行研究。谭宏《作为世界遗产的大足石刻研究》，试图以大足石刻的遗产化过程为个案，透视大足石刻成为世界遗产所带来的当地文化变迁，以"地方性知识"作为学术原点，将世界遗产追求"杰出的普遍价值"视为一种"他者的眼光"；同时，将"遗产化"过程视为后发展族群在全球化语境下一种不得已的"自我他者化"的过程，进而推进对我国"遗产运动"的反思。薛敬梅《在盟誓文化中表述的历史记忆和族群关系》，试图通过对云南边疆的盟誓仪式与制度的人类学研究，将盟誓的活态意义和功能置于动态变迁的社会生活中来考察。祖晓伟《甲金文身体核心词的认知人类学研究》，试图以语言文化相对论作为甲金文研究的理论背景和立论依据，以"古汉语文学的经验发生"为切入点，并选取认知人类学的文化模型理论作为甲金文的阐释工具，对甲金文的身体核心词进行认知人类学的研究。

　　四位博士生的论文选题呈现出两个特点。一是在研究对象的选择上立足本土，他们所关注的本土性的文化事象——从彝族诗歌、大足石刻到西南边疆的盟誓现象以及甲金文，表现出文学人类学研究者应有的本土文化自觉与学术担当。二是在研究理论、方法的采用与借鉴方面，则更多地从西方获取资源。答辩委员会一致的意见则是需要从三个方面推进研究：第一，加强对国际语境相关知识谱系的梳理，尽可能获取更多更新的理论成果；第二，拓宽文学人类学学者的文化视阈，把研究对象置于更广阔的人类文明的背景中进行研究；第三，考量如何把对本土文化的研究落到实处，进而思考"地方性知识"能为国际学术提供何种启示。

　　21世纪以来各高校通过答辩的文学人类学方向博士论文，主要有以下篇目：徐鲁亚《神话与传说——论人类学文化撰写范式的演变》（中央民族大学，2003）；王菊《彝学80年》（四川大学，2007）；梁昭《刘三姐叙事研究》（四川大学，2007）；谢美英《〈尔雅〉的文化人类学阐释》（四川大学，2008）；荆云波《〈仪礼〉的文化记忆与仪式叙事》（四川大学，2008）；黄悦《〈淮南子〉神话溯源》（中国社会科学院，2008）；方艳《〈穆天子传〉的文化阐释》（中国社会科学院研究生院，2008）；高岚《民族身份与国家认同：明清之际江南汉族文士的文学书写》（四川大学，2008）；何茂莉《来自民俗的创作与阅读：苗族口承文艺的文化人类学研究》（兰州大学，2008）；张中奎《"改土归流"与"苗疆再造：清代"新疆六厅"的王化进程及其社会文化变迁》（四川大学，2009）；刘亚玲《神圣与世俗——甲居民俗研究》（四川大学，2009）；唐启翠《神话、礼仪、象征:〈礼记〉的文化阐释》（四川大学，2009）；王倩《二十世纪希腊神话研究史略》（四川大学，2009）；王立杰《观人与人观：中国古代相人术的人类学研究》（四川大学，2010）；李菲《墨尔多神山下的"跳锅庄"——嘉绒族群观念与表述实践》（四川大学，2010）；林科吉《神话-原型批评理论在中国的接受、应用与发展》（四川大学，2010）等。这些论文可以透视出中国文学人类学的两个主要发展趋向：一方面是立足本土，既包括西学的本土化过程，也包括激发本土的文化自觉和对"地方性知识"的价值重估；另一方面是"跟国际进行对话，对国际的相关文学和人类学理论进行系统梳理和还原阐释，引进理论资源；同时避免自说自话，让非西方的文化资源进入国际性的学术视野"。[①] 由此不难看出，中国文学人类学正处于一个从"跨学科研究"走向"新兴交叉学科"的转折期。文学人类学如何在整合与拓展中寻求新的发展与超越呢？笔者认为至少有以下三个层面需要进一步探讨。

第一，中国文学人类学的学科建设，正在经历一个从破到立的过程——从"文学与人类学"的跨学科研究到"文学人类学"的新兴交叉学科，但是如何"立"呢？在学科建制和学理建设方面，《文学人类学教程》的出版和"中国文学人类学理论与方法研究"获得国家社科基金重大招标课题立项只是拉开了学科建设的序幕而已，中国文学人类学的学科建设还需要长远的规划与持续的努力。作为现实层面的学科建设，面目焕然一新的文学人类学年会、文学人类学高级研讨班的举办、更多文学人类学研究中心的设立等一系列筹划都有待逐步落实。

第二，问题与方法的本土化探索还有巨大的空间。什么是文学人类学的疆界？什么是能够把不同的文本和研究对象串联在一起的文学人类学的核心理论？什么是其他的学科不可替代的文学人类学应有的担当？中国文学人类学如何进行本土田野调查与理论创新的互动？如何重新认识和表述中国多

---

① 徐新建：《中国文学人类学的未来发展与国际对话》，2011年永川会议讲话稿（未刊）。

元文化？中国特色的文学人类学方法论如何建构？这些都是亟待深入探讨的问题。

第三，在知识全球化的时代，中国文学人类学如何与国际对话，仍将是一个崭新的课题。乐黛云教授至今都对中国文学人类学发轫之初在国际上引起的轰动记忆犹新："1987年随杨周翰、王佐良教授赴美参加第二届中美比较文学双边会议，萧兵教授的一篇《在世界神话语境中探讨中国太阳神》的报告，在普林斯顿、印第安那、洛杉矶各大学都引起了不小的轰动。我当时即感到这就是中国文学研究面向世界的重要前景。"① 从永川会议来看，中国文学人类学有两方面的研究都需要大力拓展：一是真正了解国际上文学与人类学相关的知识谱系，更全面、更及时地引进理论资源；二是让中国学问进入国际学术视野，"在世界上为中国学术和中国思想打开一条新路"。②

---

① 乐黛云：《文学人类学建构新的文学观》，《中国社会科学报》2011年4月26日（第182期）。
② 《"中国文学人类学理论与方法研究"（国家社科基金重大招标项目）：开题论证会实录》，《百色学院学报》2011年第2期。

# 第十四章

# 反思与推进：中国文学人类学的理论建构

**内容摘要**

进入21世纪以来，国内的文学人类学研究发生重要转变，研究者努力探寻并建构出一套适合中国本土文化自觉的理论体系。这套理论发展脉络清晰：从文学文本到文化文本，从文学本位的神话观到信仰驱动的神话观，依靠整合多学科知识的四重证据法，透过神话历史新视角，重建文化的大、小传统理论，并细化为N级编码理论，发掘出作为文明发生潜在驱动力的玉教信仰，梳理出从玉教神话到华夏核心价值生成的完整符号化过程，以期探索中华文明认同的深层文化基因。

文学人类学研究在我国已有近三十年的发展，其对中国人文科学研究范式和观念的革新促进作用日益凸显。21世纪以来，作为比较文学领域催生出的跨学科研究，中国文学人类学呈现出方兴未艾之势，诸多学者潜心治学，为建构有中国特色的文学人类学理论而不懈努力，并积极运用这些理论阐释、剖析中国的文学和文化现象，取得了学界认可的丰硕理论成果。

然而，作为一门新兴的独立交叉学科，中国文学人类学目前仍处在理论建构阶段，故而在探索过程中不可避免地面临来自各方的质疑之声：有学者认为中国文学人类学理论吸收的纯粹是修正后的弗莱的文学人类学思想；亦有学者认为这些理论的探讨目前处于一种"游离""散乱"甚至"滞后"的认知状态，似乎没有规律可循；等等。基于此，本章将对21世纪以来中国文学人类学理论的建构过程进行系统梳理，使其发展脉络清晰可理、有据可依，并从中预示未来的发展方向。

中国文学人类学研究者坚持理论探索与批评实践相结合，特别是针对中国文学和文化的具体实际进行追问和反思，力图建构出一套适用于中国文学实际的、符合中国本土文化自觉的文学人类学理论。按照时间顺序，其基本脉络如图14-1所示：

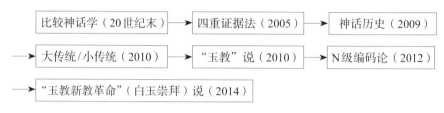

图14-1　文学人类学基本脉络

这套理论目前还处在草创过程中，自身固然存在诸多不足，也会引来一些争议，但不可否认的是，该理论的发展脉络中有一条主线贯穿始终，其认知过程是步步为营的，其理论思维的演进也是环环相扣、首尾完整、自圆其说的。这套文学人类学理论从跨学科的多样视角出发，突出文学人类学与考古学、历史学、审美人类学、艺术史等学科的多元互动，意在真正契合"20世纪文学创作与文艺理论的人类学转向和20世纪文化人类学的文学（或人文）转向"两大潮流。

## 一、范式转向：从中国神话到神话中国

19世纪中叶，英国语言学家麦克斯·缪勒（Max Muller）首创比较神话学，从比较语言学视角对印度、希腊、罗马、北欧诸地的神话进行比较，认为这些神话具有相同的源头和根基，即古代语言的表达方式。基于此，他指出：

神话尽管主要地是和自然相联系，其次和那些显示规律、法则、力

量,以及智慧特征的证明(神迹)联系在一起,但神话对所有一切都是适用的。没有一件事物能排除在神话的表达之外;道德、哲学以及历史、宗教,无一能够逃脱古代女巫的咒语。①

缪勒还第一次将西方历史的起源与印度文明联系起来,创立印欧语系假说,而《吠陀》成为其思想体系的基石。他将《吠陀》与传统希腊罗马神话加以比较,使得研究雅利安民族的"原始共同神话"成为可能,同时坚信"整个原始的、自然的、可理解的神话世界,保存在《吠陀》之中,《吠陀》的神话对于比较神话学的意义,有如过去以来梵语对比较语法所起的作用"。②从此以后,比较神话学迅速传播开来,甚至一度引发了中国20世纪80年代的"神话热"。

神话是文史哲等未分家之前最初的表述和编码形式。20世纪初"神话"一词借道日本传入中国学术界,之后始终与"历史"相形相生。蒋观云提出的"字模说"不啻为中国神话学的先声——"神话堪称后世文学作品的'字模'",并以活字印刷术中的"植字"为譬喻,将神话与历史置于等量齐观的位置之上。

> 夫社会万事之显现,若活版之印刷文字,然撮其种种之植字,排列而成。而古往今来,英雄豪杰,其一言一行,一举一动,即铸成之植字,而留以为后世排列文字之用者也。植字清明,其印成之书亦清明;植字漫漶,其印成之书亦漫漶。而荟萃此植字者,于古为神话,于今为历史。③

而"古史辨"派进一步将"神话"与"历史"剥离开来的做法,遭到了钱穆、徐旭生等历史学家冠以"妄肆疑辨"的批评与驳斥,后者认识到神话之中存在着历史真实的因子。于玉蓉认为,随着"神话历史"理论的提出,

---

① [英]麦克斯·缪勒:《比较神话学》,金泽译,上海文艺出版社,1989年,第139—140页。
② 同上书,第80页。
③ 蒋观云:《神话历史养成之人物》,载马昌仪编:《中国神话学文论选萃》(上编),中国广播电视出版社,1994年,第18页。

"神话"与"历史"经历了对立、交集、融合的百年发展,最终走向同一。①文学人类学一派在"神话历史"研究上强调四重证据法,即通过研究在文字形成之前的漫长历史时期的实物与图像,以先于语言思维的神话思维为线索,钩沉出远古初民的文化记忆和历史编码。

事实上,神话作为一种概念性工具,自身具有"多边际整合性视野","是作为文化基因而存在的,它必然对特定文化的宇宙观、价值观和行为礼仪等发挥基本的建构和编码作用"。②法国人类学家列维-斯特劳斯通过研究罕为人知的南美印第安神话,证明野性思维与科学思维处于同等重要的地位。而加拿大文学批评家弗莱认为整个文学无非是古老神话生命体的一种变相延续或置换,其首创的"神话文学观"成功催生出文学人类学的学科新理念。由此,神话开始显露出接管文学和认识论的苗头,那么历史学是否也能被统一到神话的旗下呢?美国新历史主义倡导者海登·怀特(Hayden White)给出了肯定的答案。

列维-斯特劳斯指出,历史修撰的阐释方面特别具有神话性质,"尽管激活和占有历史上的另一个时刻是值得的和不可或缺的,但是,一部清晰历史应该承认,它永远不能完全避开神话性质"。③怀特正是充分吸收了列维-斯特劳斯与罗兰·巴尔特各自神话学的叙事学思想,突出论证历史和神话在叙事上具有同样的虚构和比喻性质,并在此基础上,提出将"历史科学"变成"历史诗学"或"历史叙事学"的革新目标。毫不夸张地说,比较神话学在西方理论界的"蝴蝶效应"再次将文学、史学、哲学重新统一到神话的旗帜之下,换言之,神话是未分化时期的文、史、哲、政、经、法的共同源头。这为我们反思"神话中国"④以及华夏民族的神话历史带来颇为有益的理论参

---

① 于玉蓉:《从"神话与历史"到"神话历史"——以20世纪"神话"与"历史"的关系演变为考察中心》,《民俗研究》2014年第2期。
② 叶舒宪:《中国的神话历史——从"中国神话"到"神话中国"》,《百色学院学报》2009年第1期。
③ 转引自[美]海登·怀特:《后现代历史叙事学》,陈永国、张万娟译,中国社会科学出版社,2003年,第71—72页。
④ 所谓"神话中国",指的是按照"天人合一"的神话式感知方式与思维方式建构起来的五千年文化传统,它并未像荷马所代表的古希腊神话叙事传统那样,因为遭遇"轴心时代"的所谓"哲学的突破",而被逻各斯所代表的哲学和科学的理性传统所取代、所压抑。参看叶舒宪:《金枝玉叶——比较神话学的中国视角》,复旦大学出版社,2012年,第42页。

照系。

在上述背景下，中国学者逐渐意识到在比较神话学中切入中国视角的必要性和重要性，期望借助中国材料的译解来验证人类模式分析法的演绎可行性。因此才有了《神话-原型批评》（1987）、《结构主义神话学》（1988）、《探索非理性的世界：原型批评的理论与方法》（1988）、《中国神话哲学》（1992）等一批著作的先后问世。以《中国神话哲学》为例，该书正是将结构主义和原型模式方法结合起来，对中国神话宇宙观结构体系构拟的一次大胆尝试，也是对中国哲学思维模式及范畴的神话起源的路径寻踪。

"与20世纪初期的文学家们拥有了西方传来的神话概念，就在古籍中寻找'中国神话'的做法不同，经过神话学转向之后，打通理解的神话概念，可以引导我们对中国文化做追本溯源式的全盘理解。其直接结果即是认识到整体性的'神话中国'。"⑤ 而"神话中国"所要揭示的并非某一部特定作品的神话性，而是一种内在价值观和宇宙观所支配的文化编码逻辑。举例释之，早期史书和金文开篇常见"王若曰"与"曰若稽古"一类套语，"'若'字取象神异，也就是事神；'若'之'诺'，一身兼职，一形两边，完成神人之际沟通"，⑥可见这些套语实则为巫史宗祝们进入通神状态的符号标记，是给叙事话语带来降神背景和神圣权威性的标记，而绝非毫无意义的发语词。因此，在21世纪全球文化寻根运动思想下，以往的文学本位的"神话"观念得以更新，寻找、界定"中国神话"，逐渐向重新认识和解读"神话中国"学术范式转变。中国文学人类学努力站在跨学科的视角进行前沿性神话学探索，意在变革和拓展中国神话研究的狭窄范畴，将神话作为思想资源和文化原型编码，在对神话想象的思想考古中持续关注生命的神话表述和信仰问题。如《神话意象》（2007）、《熊图腾：中国祖先神话探源》（2007）、《儒家神话》（2011）、《金枝玉叶——比较神话学的中国视角》（2012）、《〈亚鲁王·砍马经〉与马祭仪式的比较神话学研究》⑦《神话作为中国文化的原型编

---

⑤ 参看叶舒宪：《金枝玉叶——比较神话学的中国视角》，复旦大学出版社，2012年，第42页。
⑥ 臧克和：《释"若"》，《殷都学刊》1990年第1期。
⑦ 叶舒宪：《〈亚鲁王·砍马经〉与马祭仪式的比较神话学研究》，《民族艺术》2013年第2期。

码——走出文学本位的神话观》①等,即是其中的代表性论著。

然而,正如代云红所反思的那样,这又引出了将中国文学人类学的历史起点定位于与"文学性神话"相关联的探索思路是否还恰当的问题。②当前,文学人类学的理论视野及方法并未被整合性地运用于中国文学人类学历史起点问题的探讨上,这足以反映出学术界探讨该问题的理论视野依旧存在局限与不足。于是又重新回到"文学人类学何为"的根本性问题上来,我们也就必须关注与反思文学人类学知识话语的建构过程,而这无法脱离汉族与少数民族、西方与中国、现代性与后现代性的多重现实语境。

从"中国神话"到"神话中国"的神话学研究范式成功改造与转向以后,更需要借助物的强大叙事功能,这样才能在文学本位原有范式之上进行新突破,充分发挥知识考古的特有优势,从而主动自觉引领人文学科在学术规范上进行革新与突破。跨学科领域的打通式研究,有助于走出学科本位主义的窠臼,充当起学科间联系互动的桥梁纽带。加拿大吉尔大学考古系教授布鲁斯·G.崔格尔(Bruce G. Trigger)通过对埃及、美索不达米亚、商代中国、墨西哥谷地的阿兹特克及周边人群、玛雅、印加和约鲁巴七个早期文明的比较研究,系统探讨早期文明的精神观念,特别强调充分理解文明发生期的神话思维与神话观念,成为研究者必备的一个知识条件。③当然,从"中国神话"到"神话中国"的神话学研究在跨学科性质及应用中都会涉及诸多难点。宋兆麟就指出:

> 目前的中国神话研究,是在前人成果基础上开展的。它不仅要求研究者有较高的理论修养和科学的方法,还要有广泛的、跨学科的专业知识,因为现在已经不是"单打一"或仅凭单一学科知识就能做学问了,而是利用多学科的综合性研究,才能有所突破,有所建树。因此,必须

---

① 叶舒宪:《神话作为中国文化的原型编码——走出文学本位的神话观》,《中国社会科学报》2010年8月12日。
② 代云红:《中国文学人类学历史起点中的理论问题及反思》,《吉首大学学报(社会科学版)》2012年第1期。
③ 参看[加]布鲁斯·G.崔格尔:《理解早期文明:比较研究》,徐坚译,北京大学出版社,2014年。

有历史学、史前史、考古学、民族学、社会学、民俗学等多学科知识，正确的治学方法，才能得心应手，为神话学的发展作出新的贡献。①

我们必须明确的是，研究神话历史，不等于研究神话，而是要研究文化文本及其编码程序，出于这个目的，才会有研究对象"从'中国神话'到'神话中国'"的根本性转换。例如，在史前炎、黄二帝的氏羌族群栖居过的西北陇中地区，遍布传承大地湾文化和马家窑文化彩陶纹饰而来的民俗剪纸，作为符号载体，陇中民俗剪纸用自己的神奇力量创造世界，创造事物在世界上发生的可能。张淑萍在众多剪纸中，选取一种"叫魂"剪纸（"叫魂人人"）予以细描：

> 在漫长的前现代时期，小孩得病一般被认为是受了惊吓。魂被吓跑了，母亲用大红纸剪三个拉手的叫魂人人。在孩子睡觉位置相应的炕头脚下放置一个清水碗，上面罩上面罗（面筛），使叫魂人人倚面罗边框站立，用孩子的贴身背心或线衣粘叫魂人人，一边粘，一边呼唤孩子的名字，通常用拖腔或高声或低声吟唱："X-X-哎，吃-馍-馍-喝-汤-来……"召唤吓跑的魂归来，直到什么时候把叫魂人人粘起来，便表示魂被叫回来了，呼唤声也转换成孩子的腔调："来啦！来啦！"把粘着叫魂人人的内衣在孩子身上左绕三圈、右绕三圈，然后用红线缝在叫魂时使用的内衣腋窝处（男孩缝在左腋窝，女孩缝在右腋窝），叫魂仪式就完成了。②

"叫魂人人"是一种饱含神话色彩的巫术剪纸，一般以草就而成的三个拉手娃娃而成，创作者一般是患病孩子的母亲或祖母，因为是巫术灵物，除非是孩子生病等万不得已的情况，否则剪纸艺人是不愿意剪"叫魂人人"的，更不愿意将它保存起来。诚如赵毅衡所言，人类学家固然明白这些巫术手法："用孩子的衣服叫魂遵循的是接触律原理，用剪成人体形状的拉手人人

---

① 陆思贤：《神话考古》，文物出版社，1995年，序言，第4页。
② 张淑萍：《陇中民俗剪纸的文化符号学解读》，苏州大学出版社，2014年，第180页。

来叫魂，遵循的是相似律原理。"①但是从符号学角度来看，符号及其解释创造了文化的元语言。陇中民间剪纸，如同内丘神码、云南甲马等一样，都在大传统文化文本中实现着对"神话中国"的诠释。

通过比较可见，"中国神话"概念对应的是文学文本，它曾驱使现代人文学者到《山海经》《诗经》《楚辞》等先秦古籍中去寻觅可以与古希腊罗马神话相匹配的叙事作品，但因受汉字书写历史的限制，这也仅能追溯到三千多年前的甲骨文时代。而"神话中国"概念对应的却是文化文本，突破了纯文字的限制，已经引领我们打通文、史、哲诸学科的整合性认知视野，能够使我们在考古发现的图像叙事与活态文化传承的民间叙事等多领域中重新解读神话思维。应该说，从"中国神话"到"神话中国"的范式转向是以"原型批判"为理论取向的比较神话学理论"中国化"的一大进步。

## 二、四重证据：文化文本的立体建构与阐释

美国现代分类学理论家森姆帕逊（George Gaylord Simpson）认为，科学家们"唯一不能而且也不应该容忍的就是无秩序。理论科学的整个目的就是尽最大可能自觉地减少知觉的混乱，……理论科学就是进行秩序化活动"，列维-斯特劳斯将之称作"原始的那种思维"，"就是以这种对于秩序的要求为基础的，不过这种对于秩序的要求也是一切思维活动的基础"。②此处所强调之"秩序"效力等同于文学人类学派所强调之"证据"，因此这对文学人类学者而言同样适用，我们不会也不应该容忍的是无证据，必须借助证据来求证。如何在无秩序中找寻秩序，如何在无证据中搜集证据，四重证据法阐释效力的逐渐被认可使得文学人类学者在方法论层面迎来革新的极佳契机。

王国维最早倡导"二重证据法"，他在1925年《古史新证》第一章"总

---

① 赵毅衡：《华夏文明的面具与秩序——〈读陇中民俗剪纸的文化符号学解读〉》，《丝绸之路》2015年第2期。
② [法]列维-斯特劳斯：《野性的思维》，李幼蒸译，商务印书馆，1987年，第14页。

论"中说:"吾辈生于今日,幸于纸上之材料外更得地下之新材料。由此种材料,我辈固得据以补正纸上之材料,亦得证明古书之某部分全为实录,即百家不雅训之言亦不无表示一面之事实。此二重证据法,惟在今日始得为之。"①李若晖认为二重证据法的核心在于"求真近古",他针对美国心理学家波林(Edwin Garrigues Boring)等人所倡导的西方近代科学兴起的"假说演绎"模式,②对二重证据法进行了再阐述。

> 以古籍记载为对于某一历史事实的假设性叙述,史学家可由此复原历史事实的真相,再将这一结论与考古发掘所得进行对照,假使预设的结论得到地下证据的支持,即可成立,否则,就依据考古所得对纸上记载进行修正。反之,考古所得往往也有待于传世文献记载的说明与补充。③

而20世纪80年代以后,来自历史学、民族学、人类学、文学等不同学科领域的学者相继提出多种形式的"三重证据法",一时呈现出百家争鸣之态。代表人物包括饶宗颐、杨向奎、萧兵、黄现璠、汪宁生、马彪等,将三重证据法进行实际运用的还有徐中舒、邓少琴、毛佩琦、吴广平等人。然而饶、杨、徐等人并未突破王国维"二重证据法"中"历史文献"和"考古史料"的范畴,反倒是黄、汪、马等几位学者所强调的通过调查所获得的口述史料真正独立出来,使活态民族志成为名副其实的"第三重证据"。可以说,20世纪90年代三重证据法普及以来,人类学视野和方法的介入已经开始改变国学研究的格局。

然而,当大部分人还在探索"疑古"到"释古"的演变轨迹时,文学人类学者却已身体力行地将三重证据法提高到方法论的高度,将传统国学

---

① 王国维:《古史新证——王国维最后的讲义》,清华大学出版社,1994年,第2页。
② "假说演绎"模式的内容如下:科学家从假设出发,从而演绎出一种结论,而这个结论则直接在大自然或实验中加以观察,假使预测的观察得到了证明,他便可有了那个事实,并可由演绎的考验加强假设的力量。参看[美]E.G.波林:《实验心理学史》,高觉敷译,商务印书馆,1981年,第15页。
③ 李若晖:《郭店竹书老子论考》,齐鲁书社,2004年,第57页。

研究和知识全球化紧密联系起来,在中国文学人类学领域中尝试运用跨文化阐释的三重证据法,进行"中国文化的人类学破译"研究。三重证据法从倡导到运用的思想脉络,以及在国学的现代转型和变革中所催生出的推陈出新意义,在《诗经的文化阐释》一书"自序"①中已有详细阐释,于此不赘。

在尝试三重证据法研究实践十余年以后,文学人类学研究已涉猎到更多中国考古学方面的新材料,接触到大量的考古遗址和新出土文物,注意并开始重视这些文物、图像对于求证当时的信仰和神话观念所特有的叙事及暗示作用。英国历史学家彼得·伯克(Peter Burke)同样特别注重图像的阐释效力,他在《图像证史》一书中所支持并力图说明的一个基本论点正是图像如同文本和口述证词一样,也是历史证据的一种重要形式。②有鉴于此,文学人类学研究者对三重证据法不断进行反思,以求有进一步的更新和推进。2005年,叶舒宪教授正式提出"四重证据法"这一立体释古方法论,进而使得其内容更显清晰、完备。第一重证据是指经典传世文献;第二重证据指考古新出土的文献及其文字,主要包括甲骨文、金文、简牍帛书等;第三重证据是指文字记录以外的多民族民间口传资料及仪式等,即"活态民族志";第四重证据是指考古发掘出土的文物(包含传承有序、来源清楚的传世文物)以及图像。无须隐晦的是,我们最看重的是第四重证据,因为这些新出土材料都是前人闻所未闻、见所未见的,体现出证据之"物"的再反思、再突破,因而在某种意义上讲,第四重证据的充分与否关系到四重证据法整体论证的成与败。

> 将比较文化视野中的"物质文化"及其图像资料作为人文学研究中的第四重证据,提示其所拥有的证明优势。希望能够说明,即使是那些来自时空差距巨大的不同语境中的图像,为什么对我们研究本土的文学和古文化真相也会有很大的帮助作用。在某种意义上,这种作用类

---

① 参看叶舒宪:《人类学"三重证据法"与考据学的更新》,载《诗经的文化阐释》,陕西人民出版社,1994年,第1—16页。
② [英]彼得·伯克:《图像证史》,杨豫译,北京大学出版社,2008年,第9页。

似于现象学所主张的那种"直面事物本身"的现象学还原方法之认识效果。①

这一点与现象学诠释视角确有异曲同工之妙,正如大部分自然科学所研究的是非话语的、没有被写出来的和非语言的现象,文学人类学研究所强调的第四重证据恰似自然科学领域"成像的实践",造就的恰恰也是一种复杂的视觉诠释学。这种诠释学"保持了诠释学所具备的批判性的、解释性的特征,但是这种诠释学与其说是语言的解释,不如说是知觉的解释"。②这就使得强调第四重证据的理论依据愈发突出,"一方面是呼应人类学的'物质文化'研究潮流;另一方面也是顺应新史学走出单一的文本资料限制,在权力叙事的霸权话语之外,重构人类文化史和俗民生活史的方法潮流"。③可以肯定的是,这种判断是文学人类学学科自身认识突破和理论自觉的体现。

尽管如此,我们依然不能忽视四重证据法中的媒介霸权,尤其是图像霸权问题。法国社会学家布迪厄(Pierre Bourdieu)指出,根据"场域"概念进行思考就是从关系的角度进行思考。④由此,深受启发的代云红认为在四重证据法的场域结构中,其实存在着两个媒介文化中心:一个是以文字符号为中心的书写媒介文化;另一个是以非文字符号为中心的口传和图像等媒介文化。⑤显然,单纯强调书写媒介这个维度,就容易使得学人的视界被文字膜拜和文本至上的观念所囿。基于此,在四重证据法场域结构中,各种类型的媒介的重要性都在发生转向,即由文字中心转向非文字中心,如实物造型、考古图像等,其中作为视觉符号的图像,其阐释效力更是显而易见。

视觉符号以具体可感的形象、意象、画面、造型和象征来传达意

---

① 叶舒宪:《第四重证据:比较图像学的视觉说服力——以猫头鹰象征的跨文化解读为例》,《文学评论》2006年第5期。
② [美]唐·伊德:《让事物"说话":后现象学与技术科学》,韩连庆译,北京大学出版社,2008年,第98页。
③ 叶舒宪:《文学人类学教程》,中国社会科学出版社,2010年,第368页。
④ [法]皮埃尔·布迪厄、[美]华康德:《实践与反思:反思社会学导引》,李猛、李康译,中央编译出版社,1998年,第133页。
⑤ 代云红:《"媒介场"视域中的"多重证据法"》,《江苏行政学院学报》2010年第6期。

义，恰好成为弥补"道可道，非常道"的语言缺陷的替代性选择。当我们说"图像的蕴涵远远大于语言和文字"时，也就相当接近了对图像特有的视觉说服力的认识。而当我们在对图像的视觉说服力充分自觉的基础上，开始运用跨文化的图像资料作为人文学科研究中的"第四重证据"时，那也许会有"柳暗花明又一村"的惊叹效果，从语言的贫乏和书写的局限所导致的盲视，转向生动而直观的洞见。①

然而，应该理性地看到，媒介场域理论中容易出现从一种媒介霸权滑向另外一种媒介霸权的可能性。一味强调图像媒介的证明效力，就必然会形成口传与书写两种文化的对立，使得待解决问题出现"矫枉过正"抑或"过度阐释"倾向，进而走向图像霸权。周宪认为图像对文字的霸权正是"读图时代"的隐忧所在，能够造成对文字的挤压。"在'读图时代'，从文化活动的对象上说，文字有可能沦为图像的配角和辅助说明，图像则取得文化主因（the dominant）的地位；从文化活动的主体上说，公众更倾向于读图的快感，从而冷落了文字阅读的爱好和乐趣。"②

图像的直观性与视觉化所形成的图像霸权，已然成为"读图时代"的标志，昭示了主因型文化从语言向图像的一次深刻转型，正在朝着新的"图像拜物教"方向发展。这既容易使图像因自身的禁闭世界影响观者的阅读，又容易阻碍观者的深层次理性思考，因此是文学研究者们所竭力避免的。代云红指出，文学人类学研究不可全盘照搬麦克卢汉的媒介理论，而避免图像霸权的稳妥路径即是"以正面的态度对待口语文化与书面文化的反差，认识到二者在思维及表述上的差异，但不应过度加剧两者之间的缝隙与裂痕"。③应当说，这是非常中肯的。

四重证据法是对渐趋成熟的中国文学人类学新理论路径的全新探索，它不再停留在对以往文学和文化既有模式的反思、批判上，而是成为学人自我超越的新方法、新路标。《熊图腾：中国祖先神话探源》（2007）、《神话意

---

① 叶舒宪：《第四重证据：比较图像学的视觉说服力——以猫头鹰象征的跨文化解读为例》，《文学评论》2006年第5期。
② 周宪：《"读图时代"的图文"战争"》，《文学评论》2005年第6期。
③ 代云红：《"媒介场"视域中的"多重证据法"》，《江苏行政学院学报》2010年第6期。

象》(2007)、《河西走廊:西部神话与华夏源流》(2008)、《图说中华文明发生史》(2015)、《中华文明探源的神话学研究》(2015)等著作都是叶舒宪教授成功应用四重证据法的典例。通过对这些著述的细致剖析可知,从"三重"到"四重"并不是简单的"层累结构模式",在这个过程中,他持续反思三重证据法的理论架构,其研究视角也发生了转变:从纯文本研究走向田野民族志调查,从"书写文化"转向活态的"口头文化"。

针对四重证据法这一具有交叉学科意义的新方法论,文学人类学研究者致力于从全新视角对其进行诠释、补充和完善。对"黄帝有熊""天命玄鸟""禹悬钟鼓"以及"珥蛇"神话等进行的立体阐释,成功彰显了人文研究的新范式效应。《诗经·商颂·玄鸟》中"天命玄鸟,降而生商"的文化起源神话,可确认殷商人有以玄鸟为图腾祖先的信仰,然而玄鸟原型何为的问题却成为中华文明发生史上一道神秘难解的哑谜。面对此种书缺有间而无以对证的困局,四重证据法的立体释古优势就体现出来了。论者从《诗经》中《商颂》《豳风》诸篇以及《逸周书·时训》等切入阐释,以甲金文中大量鸟图腾符号进行实证分析,结合民间口碑材料中"轱辘鸟""鬼车"等猫头鹰汉语方言别名,引入中国台湾地区原住民邵族传说及希腊神话中猫头鹰女神崇拜神话,作为前三重证据;而前三重证据最终需要求证于第四重证据——殷商高等级墓葬中出土的鸱鸮形象明器及仰韶文化、红山文化实物中鸮造型等,再联系欧亚大陆史前考古的旁证材料,得出鸱鸮是死而再生的女神形象。由此可知,两千年来,对玄鸟的解读是纯粹的文化误读,玄鸟既非燕子,亦非凤凰,而是鸱鸮![1]

唐启翠尝试从哲学认识论角度探寻证据科学的根脉出发,重点突出四重证据法之"证据"的认知、证成与呈现过程,她强调四重证据"与其说是一个分类概念,毋庸说是一个关于证据的认知过程与认知概率的呈现。作为'过去'留下的痕迹,不管人们能否发现,它们无疑都是存在的。某些证据在某些时候被特别提出和强调,其实就是被论证主体认知、承认和符号意义

---

[1] 叶舒宪:《玄鸟原型的图像学探源——六论"四重证据法"的知识考古范式》,《民族艺术》2009年第3期。支持玄鸟鸱鸮说观点的还有刘敦愿、韩伟、饶宗颐、常庆林、孙新周等学者。

生成的过程"。①她在梳理四重证据浮现、认知历程的同时，对四重证据的等级及其内在分类依据问题也作了具体阐述。口述、文字、实物及图像叙事本来只是历史演化过程中前后相续又并存的交际媒介和知识形态，但由于人为知识等级观念的涉入，使得文字书写的文本知识与口传、实物、图像表述的文化知识有了先后序次之分，文本符号因更符合当时的权力认同，故而在知识角力中获得优先等级。但是，人类文化传承的记忆符号并非单一的线性替代关系，而是在多元并置中此消彼长。四重证据的分类并无固定的标准，鉴于各类证据符号的认知与证明力呈现出不平衡性，所以在论证实践中，四重证据既与赞同程度、证据资质的确认密切相关，又因异质证据符号并非截然不分的事实，使得各重证据不免以混合交叉形式出现。由此看来，四重证据分类的目的在于利用证据证成"过去"之前，进而便于对各类形式证据来源、资质等进行评价选择，达到最终呈现的目标。

谭佳则从整体观和世界性角度出发重新审视四重证据法，认为第三重证据侧重人类学的视阈及实践，其方法论共性是通过采用民间地方流传的口头传说、民俗礼制等人类学资源与典籍中的孤立记录形成相互印证；此后，文学人类学正是通过对第三重证据的不断聚焦挖掘，使其理论阐释和学术实践日趋成熟的。而第四重证据体现对"物"之再反思与突破，其根本目的在于"超越现代学科建制中的诸多历史本质主义观念，在更为广阔的世界性、整体性视阈中阐释被文字叙事所遮蔽和遗忘的深远传统，重新阐释中国文化渊源"。②第四重证据旨在借助文物、图像强大的叙事功能使文字材料的线性叙事与平面记忆变为多维立体叙事，重构出失传已久的史前文化的完整记忆链。总之，四重证据法的嬗变过程正是研究对象不断被史料化，研究方法不断走向多元化和立体化的过程；而文学人类学对口传、仪式、遗存的发掘与再认识，多视角综合运用四重证据法，恰是对权力支配下受文字书写遮蔽的文化多样性进行解蔽与重构的最行之有效的手段。

相比较李幼蒸、孟华等人从索绪尔（Ferdinand de Saussure）式的语言符号

---

① 唐启翠：《认知、证成与呈现——论人类学"四重证据法"》，《社会科学战线》2010年第6期。
② 谭佳：《如何整体观和世界性——近现代人文学术转型中的证据法嬗变》，《社会科学战线》2010年第6期。

学视角分析二重或三重证据法而言,四重证据法所依据的符号学理论,则融合了福柯的话语理论和格尔兹的文化符号学理论。①除此之外,四重证据法还体现着媒介环境学理论、"中级理论模式"和证据法学理论。国内文学人类学者对田野与文本、口头文化与书写文化的态度,从传媒变化的角度来讲,吸收了麦克卢汉的媒介理论。以人类神话思维普遍规则或文化通则为内核,则体现着张光直的社会文化体系的"结构"思想。清代国学家汪辉祖有句名言"据供定罪,尚恐失真",证据法学理论的运用,也充分体现了中国文学人类学者始终秉持胡适所倡的"大胆假设,小心求证"这一谨严治学态度的重要性。

表14-1　文学人类学的层累结构

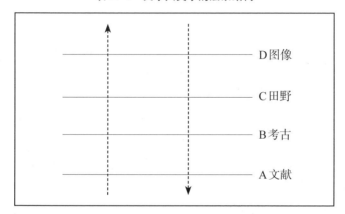

但我们也需要正视四重证据法存在的问题。首先是该方法论的结构"层累"学术之争问题。李菲将四重证据法归为文学人类学的"层累结构"(表14-1)研究范式,认为或许今后还可能发展至第五重证据、第六重证据……呈现数量上的递增。②王大桥则认为"从二重、三重到四重(有理由相信还会出现五重甚至六重)证据法的崇拜,在思维方式上没有根本的改变"。③其实,二者均忽略了一个事实,即叶氏2005年提出四重证据法时,思想已经从文本小传统转向文化大传统,正因如此,二者也就无法洞见贯穿其中的神

---

① 代云红:《中国文学人类学基本问题研究》,云南大学出版社,2012年,第207页。
② 李菲:《新时期文学人类学研究的范式转换与理论推进》,《文艺理论研究》2003年第9期。
③ 王大桥:《中国语境中文学研究的人类学视野及其限度》,华东师范大学博士学位论文,2008年,第137页。

话思维与原型理论,以及其对神话历史的再阐释。同时叶氏尤其重视第四重证据,一再强调这对建立跨文化比较视野甚至世界眼光的重要性,多次阐述四重证据法与考据学、符号学、证据法学之间的对照关系。在四重证据法中,叶氏强调在口语文化与书写文化的对立和冲突中批判、反思文明史,三重证据法与四重证据法之间存在明显分野,后者是对前者的一种超越,而非简单的顺延。因此,关于四重证据法数量递增与材料堆加的"层累结构"假设和预见,其实是没有必要的。

其次,四重证据之间以及每一重内部的证据间性问题尤其需要引起学人足够的关注。孟华早就指出,所谓证据间性是根据符号学的符号(媒体)间性概念衍生出来的。后者指的是每一种符号(媒体)都有自己特定的语法和编码方式,一种符号(媒体)的编码性质与另一符号(媒体)的编码性质有关,各自是在与其他符号编码的关联中发挥作用的。① 他进而从文化符号学角度指出,一个证据符号因其真实关联度不足而有赖于其他证据符号的补足,这种不同证据符号之间的相互关联和补足关系就是证据间性。② 它是一个接近结构主义符号学"文本间性"的命题。

事实上,四重证据中的任何一重构成的事实解释都存在局限性,存在"孤证不立"风险,由此就需借助其他证据的"剩余"来相互补足,从而提升阐释力度,以求还原事实。在证成过程中,不同类型、来源的四重证据符号证明效力并不均衡:经典传世文献中人为主观"雕琢"痕迹最明显,但却保留了前人的关注点;地下出土的甲金文献虽为原始"书证",但多为断简残篇,需利用其他三重证据建立起释读背景;"活态民族志"能够延展研究视野,便于考古资料类比推理与阐释,然而必须综合族群、环境、文化结构等因素方能弥补民族志整体质量的参差不齐;考古文物及图像作为"无言的见证人"会导致解读的偏颇与歧义,但却能提供最具直观性"视觉说服力"的新材料。每一重证据符号自身具备"剩余"的同时,也不可避免地暴露"局限",只有彼此利用"剩余"弥补"局限",才能发挥四重证据法的整体叙事

---

① 孟华、李聪聪:《论证据符号的真实关联方式和证据间性》,载王进喜、常林主编:《证据理论与科学——首届国际研讨会论文集》,中国政法大学出版社,2007年,第289—290页。
② 孟华:《真实关联度、证据间性与意指定律》,《证据科学》2011年第1期。

功能。因此，我们既要关注证据与待证事项间的相关性与可信性，又要重视证据认知概率与推论力问题。①

此外还应注意，四重证据法是一种最理想的证成状态，但并非每一个应用案例都可以像黄帝有熊、玄鸟原型那样，同时提供四重证据方面的材料。于是我们不得不注意两种特殊情形：一是限于研究者知识储备局限性以及材料自身稀缺性等主客观原因，缺失其中某一重证据的情况是存在的，需要具体对待，不断摸索与调整。二是四重证据之间可能会有重合的情况。比如有铭文的青铜器，从金文角度应划归第二重证据，然而青铜器作为文物本身又是第四重证据，兼具双重证据属性；又如20世纪90年代重庆巫山县出土的东汉鎏金铜牌饰，图像和题字（天门）共存，亦成为四重证据和二重证据得以同时呈现的极佳契机。而作为物的叙事和图像叙事的第四重证据内部不同材料之间也会产生互补互证效应，理论上也应归于证据间性问题范畴。因此，唯有立足于证据间性互阐互释原则，使四重证据形成一个立体阐释"场域"，方能更真实地呈现符号背后的"所指"，从而重构失落的文化记忆。

总而言之，四重证据法的提出，是文学人类学者"在跨越学科、回归学问本体的尝试和努力，试图建构'读（读书）—行（田野）—观（观察）—思（思考）—比（比较）—释（解释）'的问学模式"。②六字问学模式的概括也恰是整个文学人类学理论建构模式的浓缩。应当明确，四重证据法的最终目的在于"释"，四重证据彼此形成交叉观照，发挥出整体证明效力，对中国古典文学和传统文化中聚讼不已的无解、难解之题，提供了重破译、再阐释的可能。通过这种知识考古范式的重构与立体阐释方式，四重证据法被成功赋予人文科学一般方法论的意义，从而实现着以人类学立体写作的范式转型诉求。

## 三、神话历史：历史记忆的原始传统回归

1903年，"神话"一词借道日本传入中国之后，一直没有受到应有的礼

---

① 唐启翠：《认知、证成与呈现——论人类学"四重证据法"》，《社会科学战线》2010年第6期。
② 彭兆荣：《格物致知：一种方法论的知识》，《思想战线》2013年第5期。

遇，时至今日，神话仅仅被人为归属于民间文学一隅，勉强算是被现代性学科体制接纳。尽管如此，我们不得不承认，这样的划归是明显不当的，毕竟神话的概念远大于文学，存在时间也要比文学更为久远。实际上，正如原型研究学派所认识到的，整个文学也无非是古老神话生命体的一种变相延续或置换，文学应从属于神话，而非神话从属于文学。[①]因此，从文学人类学的大传统视域出发，神话作为原始先民智慧的自我表述，始终代表着人类文化的强大基因，与史前的宗教信仰、仪式表演共生共存，发挥着最原初的神圣叙事功能。

从哲学本位观出发，神话成为非理性的代名词，被理性驱逐排斥；从历史本位观出发，历史学人又将神话视为不科学、不可信的伪史，二者形成鲜明的二元对立。新康德主义代表人物卡西尔通过神话思维范畴建构起"象征形式哲学"，列维-斯特劳斯意图通过印第安人神话研究证明野性与科学两种思维方式的同等重要性，这都使得神话作为人类思维编码的一种符号，正在突破"神话非理性"的错误哲学观。新历史主义则要求将历史从"历史科学"的瓶颈中成功释放出来，恢复历史与神话两种叙事的相同虚构、比喻性质。海登·怀特曾明确希望实现"历史科学"向"历史诗学"的革新转向，回归历史的本真，这也就无怪乎法国史学家米歇尔·德·塞特（Michel de Certeau）敢于发出石破天惊的声音："历史可能是我们的神话！"[②]

不可否认，在中国的学术史上，神话遭遇了诸多文人乃至学术流派的抵制。刘勰曾在《文心雕龙·史传》中有一段关于神话传说与历史关系的记载，足以代表绝大多数"信史派"的观点。他们将神话传说视为随意、杜撰、不可信以及人云亦云的同义语、代名词。

> 若夫追述远代，代远多伪，公羊高云"传闻异词"，荀况称"录远略近"，盖文疑则阙，贵信史也。然俗皆爱奇，莫顾实理，传闻而欲伟其事，录远而欲详其迹。于是弃同即异，穿凿傍说，旧史所无，我书则

---

[①] 参看叶舒宪：《探索非理性的世界——原型批评的理论与方法》，陕西师范大学出版社，2018年，第145—147页。

[②] Michel de Certeau, *The Writing of History*, translated by Tom Conley, New York: Columbia University Press, 1988, p.21.

传。此讹滥之本源，而述远之巨蠹也。①

而学术流派中最具代表性的当属极力主张疑古辨伪的"古史辨派"（又称"疑古派"），代表人物包括顾颉刚、钱玄同等人。他们通过爬梳考据，致力于分割"神话"与"历史"，坚信二者是完全对立的，所以终极目的自然是将视同伪史的神话剔除出信史的学术范畴。他们对待古史的主要观点有二：一是上古时期不存在历史，因为上古流传的神话传说多不可信，上下五千年的华夏文明史应该减半；二是秦汉时期多伪史，主张中国"古史是经后人层累地造成的"。古史辨派过分拘泥于文献史料记载，并将文字材料视为唯一可靠来源的观点，很快招致各方的批评。

国学大师钱穆对疑古派教条式对待古史的观点进行了批评，他指出：

> 今求创建新的古史观，则对近人极端之怀疑论，亦应稍加修正。从一方面看，古史若经后人层累地造成；惟据另一方面看，则古史实经后人层累地遗失而淘汰。层累造成之伪古史固应破坏，层累遗失的真古史，尤待探索。此其一。各民族最先历史无不从追记而来，故其中断难脱离"传说"与带有"神话"之部分。若严格排斥传说，则古史即无从说起。此其二。且神话有起于传说之后者，不能因神话而抹杀传说。此其三。假造亦与传说不同，如后起史书整段的记载与描写，或可出于假造，其散见各书之零文短语，则多系往古传说，非出后世一人或一派所伪造。此其四。欲排斥某项传说，应提出与此传说相反之确据。否则此传说即不能断其必伪或必无有。亦有骤视若两传说确切相反，不能并立，而经一番新的编排与新的解释，而得其新鲜之意义与地位者。此其五。而且中国古代历史传说，极富理性，迫近事实，与并世其他民族追述古史之充满神话气味者大不相同。②

钱氏认为上古历史是无法脱离神话传说的，这在上述第二条修正意见中

---

① ［南朝梁］刘勰：《文心雕龙·史传》，丛书集成本，中华书局，1985年，第23页。
② 钱穆：《国史大纲》（上册），商务印书馆，1994年，第8—9页。

表露无遗,"若严格排斥传说,则古史即无从说起"。第四、五两条则说明,神话传说在流传过程中会有增减缘饰,但却不能与"假造""伪造"直接画等号。中国古代的神话历史传说"极富理性,迫近事实",这与世界其他民族有所不同,因此很多神话传说应当成为治上古史的史料证据。

古史专家、考古学家徐旭生在中华人民共和国成立后,同样针对"极端的古史辨派"排斥一切神话的观点提出了严厉批驳。他在《我们怎样来治传说时代的历史》一章中说道:

> 他们(指极端的古史辨派)对于掺杂神话的传说和纯粹神话的界限似乎不能分辨,或者是不愿意去分辨。在古帝的传说中间,除帝颛顼因为有特别原因以外(原因详见第二章第五节),炎帝、黄帝、蚩尤、尧、舜、禹的传说里面所掺杂的神话并不算太多,可是极端的疑古派都漫无别择,一股脑儿把它们送到神话的保险柜中封锁起来,不许历史的工作人再去染指!如果拿希腊的传说来比较,关于提秀斯的神话,不比中国古帝传说中所掺杂的神话少,可是恩格斯在《家庭、私有制和国家的起源》里面,叙述雅典国家起源的时候,还提到提秀斯"所起草的宪法",把全体人民所分的三个阶级,说他"形成国家的最初的企图就在于破坏氏族的联系",并不把这些史实放在神话里面,把它们封锁起来。①

由此观之,徐氏认为这些极端疑古派的错误在于,他们并未将"掺杂神话的传说"和"纯粹神话"区别待之,更是以恩格斯叙述雅典国家起源的例子来力证他们"将神话关进保险箱"的举动荒唐至极。

殊不知,这些批评对 20 世纪古史辨派的领军人物顾颉刚而言,多少还是有些无辜的。顾氏既是历史学家,也是民俗学家,他在研究孟姜女传说之后,其中一个重要结论是"现在没有神话意味的古史却是从神话的古史中筛滤出来的"。②文学人类学者于玉蓉对此有着自己独到的理解,她通过顾氏对《大雅·生民》篇中所载姜嫄生后稷"履帝武"的分析,得出顾氏对于神话

---

① 徐旭生:《中国古史的传说时代》,广西师范大学出版社,2003年,第28—29页。
② 顾颉刚:《古史辨》(第1册),上海古籍出版社,1982年,(自序)第69页。

与历史关系的四点思辨性认识。

第一，他认为神话与历史在汉以前是合一的，在这篇文章的最后他说道："古人心中原无史实与神话的区别，到汉以后始分了开来。"

第二，对于古史文献的三类态度，他分别给予评语：相信它的是愚，驳它的是废话，解释它的也无非是锻炼。这里的"锻炼"可以理解为生硬地用"今人的理性"去衡量"古人的想象"，实在是削足适履之举。

第三，他认为倘使用民俗学的眼光看，这则神话具有故事的性质。

第四，他希望自己以后在面对神话时，不是武断地"信"或"驳"或"用今人的理性去分割离析"，而是遵循神话本身的性质，从而发现"他们在当时传说中真相"。①

顾氏认为传说并非都是假话荒谬的，中国历史的性质其实就是神话与历史二者的彼此交织，可见"极端古史辨派"的许多学者并没有完全领会顾氏的深入思考。

神话与历史之间的张力并非发生于两个事物之间，而是在同一个事物里面发生的，不幸的是，当代的范式人为规定了神话与历史的划分依据，这也就使人们的价值判断不可避免地陷入自己框定的一个无解怪圈：神话历史化或历史神话化。其实这样的探究意义不大，因为神话自创世始延续至今，与历史同生共长。正如马林诺夫斯基所言："在所有的文化中，神话是必须的要素，而且神话不断地再生。所以一切历史的变化产生于历史连贯的神话。"② 此外，艾利亚德对神话特点的总结概括，其实足以代表神话历史领域的显著特征："神话揭示世界、人类和生命具有超自然的起源和历史，并且这种历史是重要的、珍贵的和典范的；神话总是与创造联系在一起，既展示着事物的来源，又展示着如何确立行为的形态、制度以及劳动方式，故而神话被视作

---

① 于玉蓉：《从"神话与历史"到"神话历史"——以20世纪"神话"与"历史"的关系演变为考察中心》，《民俗研究》2014年第2期。
② ［英］马林诺夫斯基：《原始神话论》，徐大永译，首尔：民俗苑出版社，2001年，第87页。转引自［韩］林炳僖：《韩国神话历史》，南方日报出版社，2012年，第13页。

重要的人间行为典范；由于知晓神话，人们才得以了解事物的起源，进而统治、操作事物；无论通过什么方式，人都活在神话之中。"①所以，在他们看来，神话叙事本身就蕴藏着深刻的历史内涵，换言之，神话叙事中本来就包含有"历史的真实"。

如若将历史和神话人为割裂而分开研究，就等同于在后现代知识背景之下，将神话历史这一打通文、史、哲诸学科从而提供通观式研究的可能性突破口重新封堵。因此，黄悦指出："借助多学科的视野我们不难看出，对于人类社会来说，神话历史本质上是一种集体性的记忆，这种记忆中包含了种种的解释和证明，暗含了根本性的价值判断。"②人类学家张光直认为，中国文化没有发生过在西方文化史上最为重要的天人之间的断裂。因而，天人合一始终是早期中国思想里面最重要、最核心的东西。需要明确的是，天人合一是出于神话想象，而非哲学思辨。张氏在其文《谈"琮"及其在中国古史上的意义》中曾这样诠释玉琮所代表的天人合一意义："'方属地，圆属天，天圆地方。方数为典，以方出圆，笠以写天。天青黑、地黄赤，天数之为笠也，青黑为表，丹黄为里，以象天地之位。是故知地者智，知天者圣。'……能掌天握地的巫因此具备智人圣人的起码资格。"③由此可知，内圆外方的玉琮恰恰充当了神巫"掌天握地"的法器，成为其身份的最佳象征物。如果为天人合一寻找一个形而下的原型的话，那就是玉人了，"目前学界一般的解释是说，此类形象要么是通神者即巫觋、萨满的形象，要么就是天神的形象。从玉教信仰的解读看，需要特别注意的是，此类史前玉人形象与天的宗教神话联想，以及逝去的祖先灵魂升天，与天帝及诸神同在的宗教信念"。④玉人形象的物质基础是玉，能够代表天，所形塑的是人，此种玉教神话所建构出的天人合一观念对文化符号生产发挥着支配性作用。

---

① Mircea Eliade, *Myth and Reality*, translated by Willard R. Trask, New York: Harper and Row, 1963, pp.18-19.
② 黄悦：《神话历史：一个跨学科的新视角》，《百色学院学报》2011年第4期。
③ [美] 张光直：《中国古代青铜器》，生活·读书·新知三联书店，2013年，第304页。
④ 叶舒宪：《从玉教神话看"天人合一"——中国思想的大传统原型》，《民族艺术》2015年第1期。

其实，天人合一的宇宙观并非中国所专有，世界上的其他文明中也有与之相类似的信仰，只不过在他们文化史的某一个阶段中神圣与世俗之间发生过断裂，不像在中国能够一直延续至今。张光直就曾参照理查·汤森的观点，以15世纪墨西哥的阿兹特克人的信仰为例进行过阐释，"把他们的都城和都城环境的关系，看作一个整合的宇宙结构，即一个有秩序的宇宙；并视其中的自然现象为本质上神圣的、有生命的，且与人类活动有密切关系的……印第安人以一种参与的意识来对待自然现象；他们视宇宙为各种生命力之间的关系的反映，而生命的每一方面，都是在一个内部关系互相影响的宇宙体系中的一部分"。①如此看来，无论中西，神话建构下的天人合一思想犹如深藏于文化表层之下的深层建构一般，永存不衰。

随着神话、历史二者间的关系逐渐模糊化、融合化，国外许多学者提出用全新视角重新审视神话与历史。这些学者的代表性著作被先后译成中文，包括：[美]保罗·康纳顿的《社会如何记忆》（纳日碧力戈译，2000）、[美]唐纳德·R.凯利的《多面的历史：从希罗多德到赫尔德的历史》（陈恒、宋立宏译，2003）、[英]菲奥纳·鲍伊的《宗教人类学导论》（金泽、何其敏译，2004）、[英]弗朗西斯·麦克唐纳·康福德的《修昔底德：神话与历史之间》（孙艳萍译，2006）、[英]杰克·古迪的《偷窃历史》（张正萍译，2009）等。直到2009年，《中国的神话历史——从"中国神话"到"神话中国"》中提出"神话历史"概念，指出"表达的符号形式和思想观念的统一，为中国式神话历史留下了书写的见证。但是探寻其根源或现实原型，则需要解读文字文本之外的文化文本"，②这同时也宣告了文学人类学理论建构的又一重要环节对接成功。

其实，以弗莱为代表的文艺批评流派对文学人类学一派的研究影响甚大。他们声称文学作品中的叙事结构、情节意象等，都可以在流传的神话中找到原型，这与该派"文学源自神话"的一贯主张完全吻合。1987年，叶舒宪的《神话-原型批评》一书问世，文艺批评流派的基本观点被一一介绍

---

① [美]张光直：《考古人类学随笔》，生活·读书·新知三联书店，2013年，第51页。
② 叶舒宪：《中国的神话历史——从"中国神话"到"神话中国"》，《百色学院学报》2009年第1期。

到国内，由此产生了持久的学术影响，对于形成有中国特色的文学人类学研究学派可谓起到了基础性建设作用。随着研究的深入，他逐渐体认到"由于'文学的'神话观几乎在一个世纪的时间里占据了主导性地位，说到神话就如说到虚构和幻想，结果导致现代中国学术语境中神话定位的褊狭化和虚幻化"，①因此积极倡导走出文学本位观，到文化大传统中解读神话，进而以神话的宏阔视角去重新审视中国的传统文化。这就使得强调四重证据法成为"神话历史学派"的显著特征之一，他们力求"通过研究在语言形成之前的漫长历史时期的图像和实物，以先于语言思维的神话思维为线索，钩沉出远古初民的历史记忆和文化原码"。②

自此以后，文学人类学研究者力倡神话不应依旧处于边缘化、破碎化的状态，也不应该甘在民间文学课堂之上作壁上观，神话委屈地偏安文学一隅的局面是时候彻底打破了！文学人类学领域的青年新锐倾力研究，开始了从神话历史角度释读中国文化原典的全新尝试。当然，成绩是显而易见的，"神话历史丛书"的出版问世，检验了在神话历史视域之内解读中国文化原型编码的成效，同时也积累了对神话历史理论具体操作层面的实践经验和长远的学术考虑，即：如何将局限于文学课堂的神话真正释放出来，使之成为重新贯通文史哲、反思中国文化研究的有效概念工具，引领学者超越传统的成见和现代的学科偏见，重新进入中国思想传统和历史传统。③

南方日报出版社出版的"神话历史丛书（第一辑）"，包括《文化记忆与仪式叙事:〈仪礼〉的文化阐释》（2010）、《礼制文明与神话编码:〈礼记〉的文化阐释》（2010）、《断裂中的神圣重构:〈春秋〉的神话隐喻》（2010）、《神话叙事与集体记忆:〈淮南子〉的文化阐释》（2010）、《宝岛诸神：台湾的神话历史古层》（2011）、《儒家神话》（2011）、《韩国神话历史》（2012），以及《苏美尔神话历史》（2014）、《图说中华文明发生史》（2015）等著作。以下择其五种简略陈述。

---

① 叶舒宪：《中华文明探源的比较神话学视角》，《江西社会科学》2009年第6期。
② 于玉蓉：《从"神话与历史"到"神话历史"——以20世纪"神话"与"历史"的关系演变为考察中心》，《民俗研究》2014年第2期。
③ 叶舒宪：《神话作为中国文化的原型编码——走出文学本位的神话观》，《中国社会科学报》2010年8月12日。

《文化记忆与仪式叙事：〈仪礼〉的文化阐释》主要借助神话仪式理论以及四重证据法，从仪式视角对《仪礼》进行阐释研究，在文本、仪式以及器物图像的多重证据观照下，深入挖掘仪式背后所潜隐的神话原型、思维与信仰，探究玉礼器的文化象征意涵。此外还有权力在仪礼之中的渗透效力，在考察古代社会生活中仪礼功能的同时，尽可能阐释仪礼对华夏文明的符号价值。

《礼制文明与神话编码：〈礼记〉的文化阐释》通过关注神话、仪式与"物化"符号之间的内在联系，从知识考古视角出发，进行庙（庙）与明堂的原型解码、冠礼仪式的象征探源、"五方之民"叙事的话语模式还原等研究，意在揭示被书写文化所遮蔽的仪式行为元语言以及认知编码，指出《礼记》的问世乃是话语统治者借助礼制文明维护权力合法性的产物。

《断裂中的神圣重构：〈春秋〉的神话隐喻》通过神话历史视角系统解读《春秋》的来龙去脉，揭示出该书是对王制神圣性的重构，其产生渊源、发生机制以及功能意义都是一种特定的神话隐喻。春秋时期，礼崩乐坏，王权阶层意图改变局面，于是只得运用所有可用资源达到天人合一的目的，重新建构神圣的王制。

《神话叙事与集体记忆：〈淮南子〉的文化阐释》着力对《淮南子》的思想话语体系以及文本语境进行重新审视，力图寻找出其内在的神话渊源，建构神话叙事的话语权威，通过追述集体记忆，勾勒天人秩序的脉络。透过神话历史，对书中的女神群像进行全方位的追根溯源，以期能够尽早揭开她们身份的神秘面纱。

《韩国神话历史》意在通过神话历史理论，展现一幅韩国神话历史的全新图景。作者分别对韩国的创世神话、檀君神话、建国神话、物质表现神话以及巫神话进行阐释，意在说明所有这些神话与韩国历史的创造、民族、政治、物质乃至仪式都息息相关。

一言以蔽之，从创世以来直到今天，我们始终都难以割断神话与历史之间的关联。一方面，从神话历史角度对中国古代原典进行文化阐释，无论是已经得到初步释读的《仪礼》《礼记》《春秋》《淮南子》，抑或后续可能不断得到阐释的《吕氏春秋》《墨子》《汉书》《三国志》《管子》等，都绝非鼓吹奉行文化原教旨主义，而是探索中国神话历史的脉络轨迹。另一方面，神话历史理论同样适用于世界神话历史的解读，林炳僖的《韩国神话历史》就是最好的典例。我们期待在不久的将来，会有诸如《日本神话历史》《印度神话历史》《埃及神话历史》之类的著作沿着神话历史的研究路径问世。文学人类学研究者正是在广泛汲取国际神话学研究最新成果之后，着眼于神话学发展的最新动态，努力从神话历史的角度发出自己的声音。

世界上的很多族群被误以为没有历史，然而事实并非如此，他们原来是有的，后来被"偷"走了。杰克·古迪一语道破了玄机：

> 从19世纪初期开始，西欧人便出现在世界各地，这是殖民征服与工业革命的结果，由此，世界历史的建构便由西欧所支配。然而，其他文明也是世界历史的一部分（某种程度上，所有的文明都只是一部分），比如阿拉伯、印度和中国文明。事实上，大多数文化本身都不缺乏过去与其他地区相互联系的观念，只是比较简单而已，但很多研究者却更愿意将这些看法放在神话而不是历史的标题之下。①

时间与空间"偷窃历史"的问题需要引起我们足够的重视与反思。历史被西方接管，一度被概念化，被局限在欧洲褊狭的空间范围内，后来又以历史事件的形式强加给世界其他地区。我们今天期盼证明的是，"不只是全球各族群的神话历史都被承认为历史，就连西方人曾经自以为是科学的历史（以兰克史学为代表），也照样被还原为神话历史。"②通过循序渐进的不断努力，这是完全可以实现的。

赵世瑜认为神话传说也是一种对历史的记忆，但他提醒我们应该反思自己的认识论、方法论立场，不应始终将"科学观念"奉为圭臬，而应当积极借鉴福柯的知识考古范式。

> 在传说中，有些成分可以被我们认为是虚构的，但在很多情况下，是因为我们所恪守的科学观念、方法论立场等等从一开始就与传说是对

---

① ［英］杰克·古迪：《偷窃历史》，张正萍译，浙江大学出版社，2009年，第3页。
② 叶舒宪：《"神话历史"：当代人文学科的人类学转向》，《社会科学家》2013年第12期。

立的，就像"无事件境"记忆所表现出来的那种情况一样。所以一直存在着这样一种可能性，即我们主观上认为这个东西是虚构的；同时即使在"事实"的意义上某些传说是虚构的，但在"思想"的意义上它们仍是"事实"。所以，我们在判断传说作为一种历史记忆是不是虚构，哪些成分是虚构的，在什么意义上说是虚构的，需要首先对自己的认识论立场、方法论立场进行反思，这就是福柯进行"知识考古"的含义。①

赵氏的观点更近于后现代主义，换言之，工业革命所带来的科学实证主义并非真理阐释的唯一路径，传说和"小历史"②同样是历史记忆的不同表达方式。他所提及的"事实"，意同"历史的真实"，而这与民间文学专家胡万川的观点有着异曲同工之妙。

胡氏指出，对于生活在神话传说时代的人们而言，神话与传说所传达的都是"关于真实存在的真实叙事"，与人们对于外界以及自身的认知度有密切关系。

> 神话亦有真实、亦有想象，传说也是如此。不论它们充满多少我们所说的想象成分，对讲述、流传神话、传说的人来说，一切都是与人的定位与认知有关的真实。它们和民间故事（folktale）或小说（fiction）视为娱乐的听闻、阅读而存在有着很大的不同。而特别值得一提的是一些古老的神话母题，目前依然流传，并且仍然是当今人类关怀的课题，只不过有的已被转化吸收，成了体系化宗教的一部分，例如宇宙生成，人类由来，以及人生之终极关怀，乐园、失乐园一类，从古至今这些都一直是人类挂心的问题。而传说的范畴十分广泛，从英雄人物、历史事件到山川地理特征，以至于宗教感应、圣徒行谊、个人灵异遭遇等都

---

① 赵世瑜：《传说·历史·历史记忆——从20世纪的新史学到后现代史学》，《中国社会科学》2003年第2期。
② 依赵世瑜先生所下定义，所谓"小历史"，是指那些"局部的"历史，比如个人性的、地方性的历史，也指那些"常态的"历史，日常的、生活经历的历史，喜怒哀乐的历史，社会惯制的历史。可参看赵世瑜：《小历史与大历史：区域社会史的理念、方法与实践》，生活·读书·新知三联书店，2006年；林富士：《小历史——历史的边陲》，（台北）三民书局，2000年。

是。有些古代的传说或许已经不再流传,有些传说,特别是灵异传说,也还历久弥新。①

美国学者保罗·康纳顿(Paul Connerton)认为我们应该把社会记忆与历史重构区分开来,尽管两者之间能够产生互动,"即便历史学家不能根据连贯的传说,从见证人那里得到有关一个事件或者习俗的陈述,他们依然能重新发现完全被遗忘的东西……事实证明,或多或少属于非正式的口述史,是描述人类行为的基本活动。这是所有社群记忆的特征"。②

所以,无论是赵世瑜、胡万川,还是保罗·康纳顿,他们共同启示当下的中外学人,应该将神话与历史放在同等的价值层次上去研究,也只有在历史记忆的意义之上,神话与历史在价值上才是平等的,传统上截然的二元对立态度已经不再适用于今天的学术研究。从这个意义出发,神话历史是促进历史记忆向原始传统回归的最佳选择。

综上言之,"神话历史"理论的提出与运用,很大程度上能够消解历史与神话的截然对立,成功突破神话学研究的文学本位局限,将神话从狭小的学科概念中解放出来,真正发挥其贯通文、史、哲诸学科的整合优势,同时发挥自身的文化编码与神圣叙事的方法论功能。神话历史的理论视域完全能够在中国传统文化的土壤之中,发掘出探索华夏文明本源的"达·芬奇密码"。

## 四、大小传统:人生识字糊涂始的突破与觉悟

1956年,美国人类学家雷德菲尔德在著作《农民社会与文化》中提出了"大传统和小传统"的二元分析概念,最初用以说明在复杂社会的组织结构中同时并存的两种不同层次的传统。

---

① 胡万川:《真实与想象——神话传说探微》,(台北)里仁书局,2010年,序,第4页。
② 参看[美]保罗·康纳顿:《社会如何记忆》,纳日碧力戈译,上海人民出版社,2000年,第9—13页。

> 在某一种文明里面，总会存在着两个传统；其一是一个由为数很少的一些善于思考的人们创造出的一种大传统，其二是一个由为数很大的但基本上是不会思考的人们创造出来的一种小传统。大传统是在学堂或庙堂之内培育出来的，而小传统则是自发地萌发出来的，然后它就在它诞生的那些乡村社区的无知的群众的生活里摸爬滚打挣扎着持续下去。①

很显然，雷德菲尔德所指的"大传统"是代表国家的、由少数知识阶层所掌控的书写文化系统，属于"精英文化"；而"小传统"则是代表农村的、由大多数农民通过口传等方式所传承的大众文化系统，属于"通俗文化"。但他认为，所有的文明社会内部都存在这样的大、小传统，而原始社会或部落社会一般没有大传统，只有小传统。雷氏虽然并非第一个使用大小传统划分的人，但他此次明确的二元划分及理论说明却对后来的人类学、社会学等研究领域产生了深远的学术影响，一度成为20世纪后期流行的文化分析工具。

然而，以叶舒宪为代表的文学人类学同仁基于学术伦理的考虑，认为雷氏的划分法本身蕴含精英主义价值取向，与"眼光向下的革命"这一人类学转向相背离，应该引起当下学人认真的反思和批判。因此，他们反其意而用之，从反方向上对这对概念进行重新改造、划分：将先于和外于文字记录的传统，即前文字时代的文化传统和与书写传统并行的口传文化传统，称为"大传统"；将由汉字编码的书写文化传统，称为"小传统"。这种划分标准以历史时间为尺度，而非由掌握文字书写权力与否决定。叶氏概念与雷氏概念名同实异，虽为"拿来主义"，但这一观念性突破却意在将无文字时代和有文字时代贯通为一体，最终对中国文化进行重新整合和系统认知。

我国古代学术传统秉承奉经学为圭臬的治学理念，一味讲求"皓首穷经"，书生埋首于文献故纸堆中钻研学问，久而久之就形成了唯文本马首是瞻的惯习定式，因而生活在文字编码小传统中的文化人，很难克服文字符号

---

① ［美］罗伯特·芮德菲尔德：《农民社会与文化——人类学对文明的一种诠释》，王莹译，中国社会科学出版社，2013年，第95页。

的遮蔽效应，也就无法自觉感知、体认大传统的存在意义了。令人稍感欣慰的是，还是有少数先知先觉者，将打破文字迷信落实到"书不尽言，言不尽意"乃至苏轼"人生识字忧患始"这样的悖论性认识中去，所以后来鲁迅"翻造"的"人生识字糊涂始"之说也就容易理解了。

放眼世界，"识字"导致"糊涂"的现象可谓不胜枚举。当代印度学者已经清楚划分出印度文明的三大渊源：一是印度河文明；二是雅利安文明，使用梵文这种表音文字，留下《吠陀》等宗教经典；三是南方的达罗毗荼人（Dravidians）文化。① 令人遗憾的是，印度河文明与达罗毗荼人文化在过去根本不为人所知，究其原因就在于从欧洲迁徙而来的雅利安人掌握着梵文的书写能力，从而支配着整个南亚文明的发展，而雅利安人入侵之前的历史真相却被遮蔽尘封起来。随着现代考古学的发展，印度河文明终于在四千年之后，重新呈现在了世人面前。

> 这是次大陆城市化的开始，在这个地区的历史上，第一次出现了许多不同社区一起住在大城市内的证据。城市建在高于泛滥平原的巨大泥砖台基上，城市内部安装了配套设施：井、浴室和一整套排水系统。居住在城市不同区域的统治者们，不像美索不达米亚和埃及人那样建造华丽的中心殿堂或庙宇，而是用大量围墙和门道来维护城市规划，以此来保护市民并控制贸易。学者们在最近八十年中不断用新的方法去更好地了解印度河人的刻划印章和城市规划，这些是体现一个文化与其他早期文明之间差别之所在。
>
> 通过人工制品和陶器的比较，最终加上放射性碳断代技术的辅助，工作在印度河流域的考古学家，断定印度河城市建立于公元前2600年左右。②

南亚印度河文明是如此，中国良渚文明的兴衰研究亦有异曲同工之处。

---

① Haridas Bhattacharyya, ed., *The Cultural Heritage of Indian*, Vol.III, Calcutta: Institute of Culture, 1953, p.3.
② ［美］乔纳森·马克·基诺耶：《走近古印度城》，张春旭译，浙江人民出版社，2000年，第12页。

吴汝祚、徐吉军在《良渚文化兴衰史》一书中认为重建良渚文明史依据的主要材料是遗址与文物，而且总结出良渚文化兴衰过程中的经验教训，其中之一即是开放性，它能吸收一切有利于自身发展需要的外来文化因素，甚至依据文物特征（如白陶器与史前巫师法事仪式的关系等），梳理出良渚文化与其他史前文化的相互学习借鉴关系。因此，诸如上述所列的古史研究视野的突破，对于以往仰赖文献研究的学者而言是无法想象的，不突破文字小传统的成见与束缚，大传统的真实存在感就得不到体认。叶氏对雷氏的术语绝非凭空改造，其意恰在摆脱这种书本主义的知识观，进而重建新的中国文化观。

前述四重证据法的提出有助于解决史前文明中无法解释的疑案难题，相较于"读万卷书"，文学人类学者更看重"行万里路"，因为这才是摆脱小传统书本主义知识观限制，洞悉小传统之前的大传统的关键所在。在瑞士阿尔卑斯山脉的德拉忱洛克（Drachenloch）地区，考古学家发现了尼安德特人的一个猎熊洞穴遗址，洞室中央有一个石柜模样的人工祭台，沿洞壁人为摆放着熊头骨，有些熊的颧骨处刻意插有其他熊的肢骨。部分学者认为这是典型的"狩猎巫术"，是一种模仿的神话思维，意图通过模拟现实和情景再现，预祝真正的狩猎行为得到成功复制。可见，像尼安德特人这些史前猎人对熊这种陆地猛兽的熟悉程度，远超过后来的农人。目前，人类学家已经根据现存狩猎民族的熊图腾信仰和仪式，构拟出从史前到文明的熊神话演变史，[①]而这当然是固守文字小传统的古代文史学家们所无法想象的大传统知识。

我们知道，神话时代的开始时间约在较发达的分节语言系统产生之后，其终结时间约在书面文字产生以后，而像尼安德特人所模仿的神话思维恰恰是人类在史前神话时代的主要思维形态。今人习惯于将古代人类的思维方式套入现代人类思维的模式中，而不是从大传统、长时段的视角把握思维这种历史现象，因而使得这一特有思维形态被长期忽视甚至误读。

基于此，瑞士心理学家皮亚杰（Jean Piaget）从发生学视角对神话思维的混沌性、自我中心性及其与原始信仰的关联进行了阐释，为学人重新考察艺术的起源过程提供了新参考。他指出，在儿童心理发展中会出现类似原始

---

① 参看叶舒宪：《熊图腾：中国祖先神话探源》，上海锦绣文章出版社，2007年。

民族的前逻辑心理状态现象，此时的儿童会把主观的心理动机混同到对事物原因的解释中。

> 当原因还带有这种半心理的动机的迹象时的这种原始关系，我们称之为前因果关系（precausality）。这种前因果关系的一种表现形式就是对自然界作出的一种拟人论的解释。在这种情形之下，现象的原因和创造者，或作为山川河流的创造者的人们的意向总是混为一谈的。①

思维作为一种符号活动，必须借助某种符号载体来传递并交流信息，方能完成运演过程。而对某一种特殊思维形态的认识程度，在很大程度上取决于对该思维运演的符号媒介形式的认识程度。这就需要从神话思维符号角度着力论证原型的生成和传播，进而追溯比兴及隐喻思维从神话思维脱胎的情形，意在证实理论思维并未全然替代神话思维，文明人的艺术思维已在悄然无声中承继了消亡中的神话思维。可见，原来重在信息本身，后来重在语言表达形式，"真"的意义让位于"美"的意义，这便是神话思维到语言艺术思维的过渡。②当然，我们希望能够归纳出从神话思维到文明社会的艺术思维的演进脉络，给跨学科研究找到历史与逻辑相统一的观察视角。

神话思维与史前宗教信仰的契合，使得人们将审视艺术的眼光投射到神话叙事想象的大背景之中，离开了神话学知识，史前艺术的研究也将难得要领。神话图像不是基于审美而被创造的，而是为了表达某种理念才出现的，所以"神话图像绝不是寓言，它之所以被谨慎地挑选出来，纯粹是为了遮蔽一些抽象的思想，神话图像与思想密不可分，它表述了一种包含体验已成为直觉的规则"。③

面对先于文字而产生的视觉艺术，萧兵认为建构其语法，从而破解这些艺术作品的意义与功能才是结构主义的精华。在《中国早期艺术的文化释读——审美人类学微观研究》中，他立足于本土主位视角，力倡图像证史，

---

① ［瑞士］让·皮亚杰：《儿童的语言与思维》，傅统先译，文化教育出版社，1980年，第205页。
② 俞建章、叶舒宪：《符号：语言与艺术》，上海人民出版社，1988年，第161页。
③ Henri Frankfort, H.A. Frankfort, John A. Wilson, Thorkild Jacobsen, *Before Philosophy: The Intellectual Adventure of Ancient Man*, Harmondsworth: Penguin Books, 1949, p.15.

对包括半坡类型人面鱼纹彩陶盆、良渚文化神人兽面纹玉琮、仰韶文化鹳鱼石斧图彩陶缸、红山文化玉猪龙以及勾云形玉佩等在内的重要艺术作品进行跨学科、跨文化、跨时空的开放性阐释,主张通过"有证据假说"来验证"物的叙事",并将民俗神话作为解读古代艺术的"参照系"。

> 马克思《〈政治经济学批判〉导言》说:"希腊神话不只是希腊艺术的武库,而且是它的土壤。"凌乱苟简的中国神话,整理和分期非常困难,加上"神话传说化,传说历史化",一切都在半生不熟、似暗若明里演化,实在很难成为中国艺术的武库或土壤,但是我们可以用民俗神话做"背景"或"参照系",沟通文野,融贯中外,尝试分析彩陶图纹和上古造型艺术。①

与萧兵观点形成呼应的是英国考古学家科林·伦福儒(Colin Renfrew)与伊恩·莫雷(Iain Morley)合编的《意象和想象:想象化表现的全球史前史》一书。其中罗伯特·莱顿(Robert Layton)执笔第四章"艺术、语言与灵性进化",他在对艺术、语言所扮演的角色进行分析后指出,如果尼安德特人真的有时要埋葬死者,这可能是由高风险情况下的合作所引起的强烈的共同债务意识,而并非灵性的征兆,一种限制性代码可能不允许复杂的推理体现在涂尔干和霍顿所描述的宗教世界观上。②如果我们一味以科学理性去看待史前的大传统意象和现象,就脱离了当时的真实情境,无法还原"历史的真实"。

由此,在对大小传统的概念进行重新界定后,我们就需要探讨两者之间的关系。而从双向审视角度应该给出这样的辩证阐释:"大传统对于小传统来说,是孕育、催生与被孕育、被催生的关系,或者说是原生与派生的关系。大传统铸塑而成的文化基因和模式,成为小传统发生的母胎,对小传统必然形成巨大和深远的影响。反过来讲,小传统之于大传统,除了有继承和拓展

---

① 萧兵:《中国早期艺术的文化释读——审美人类学微观研究》,湖北人民出版社,2014年,第33页。
② Colin Renfrew, Iain Morley, *Image and Imagination: A Global Prehistory of Figurative Representation*, Cambridge: McDonald Institute of Archeological Research, 2007, p.55.

的关系,同时也兼有取代、遮蔽与被取代、被遮蔽的关系。"① 这方面有很多值得探讨的案例,诸如:大传统的升天神话如何解读书面文学中的车马升天意象?玉石之路的大传统又如何突破丝绸之路的小传统束缚?如何找寻从大传统的无文字祖先崇拜符号圣物——玉柄形器到小传统的有文字书写的祖灵牌位之间的证据?② 大传统的鸱鸮崇拜如何冲破小传统的神凤崇拜遮蔽?大传统的熊图腾如何摆脱小传统的龙图腾苑囿?等等。种种疑问都在促使着包括文学人类学者在内的所有学人,努力通过大传统理论追溯并恢复被书写文字遮蔽掉、阉割掉的历史原貌,从中国大传统的基因——神话观念着眼,重建前文字时代的神话历史以及后文字时代未被记录的民间文化传承。

近年来,大小传统理论日益引起学界的重视和反思,并逐渐被运用到中国传统文化探讨和重释中,学人希望运用该理论把看到的对象提升到一个过去不曾有的地位和高度。

看看《说文解字》开篇的几个最重要的部首下面的字,就知道这不是随意编排的工具书,其9 353个字的编排顺序始于"一"而终于"亥",分明体现着神话宇宙观的时间和空间秩序。③ 而"一、上、示、三、王、玉"6个排在首要位置的部首序列,也需要我们从华夏文明大传统的信仰基础和神话根脉上去找寻、剖析其奥秘所在:一方面显示出神圣信仰和礼仪方面的所有汉语概念体系;另一方面又体现出贯通"天地人之道"的文化内涵。带着这样的大传统神话思维,我们方能更好地还原其背后所深藏着的天人沟通神话观。

一:惟初太极,道立于一。造分天地,化成万物。
上:高也。此古文上。指事也。
示:天垂象,见吉凶。所以示人也。从二(上)。三垂,日月星也。观乎天文以察时变。示,神事也。
三:数名,天地人之道也。于文一耦二为三,成数也。

---

① 叶舒宪:《中国文化的大传统与小传统》,《光明日报》2012年8月30日。
② 参看叶舒宪、章米力、柳倩月:《文化符号学——大小传统新视野》,陕西师范大学出版社,2013年,第18—25页。
③ 叶舒宪:《中华文明探源的神话学研究》,社会科学文献出版社,2015年,第113页。

> 王：天下所归往也。董仲舒曰：古之造文也，三画而连其中谓之王。三者，天地人也，而参通之者，王也。孔子曰：一贯三为王。
>
> 玉：石之美有五德者：润泽以温，仁之方也；䚡思理自外，可以知中，义之方也；其声舒扬，专以远闻，智之方也；不挠而折，勇之方也；锐廉而不忮，絜之方也。象三玉之连。其贯也。④

在进一步了解到华夏史前文化普遍存在着玉崇拜信仰之后，就更能感受许慎所编撰的这部工具书表象之后所透露出的文化大传统记忆的厚重与真实。由此观之，"文字创造历史"当是数千年来文人们因受文字崇拜及其所遮蔽、误导而致的假象，所以我们亟须探寻汉字之前的大传统符号，运用非文字符号来支持对文化大传统的探究。法国年鉴学派代表人物费尔南·布罗代尔（Fernand Braudel）告诫我们既"不能说史前史不是历史"，⑤也"不要认为文字创造了历史"，⑥故而他在所倡新史学研究范式中强调的物质文化研究就显得极具代表性。

> 只有在发掘、分析、探询新石器时代、铜器时代、青铜器时代的农业文明、冶炼文明以及城市文明——这些文明大多没有文字——之后才得知，人们完全可以勾勒出这些时期的历史，揭示特性的铸就过程、社会组织形式、精英们如何展开竞争、经济变迁以及日常生活。⑦

胡建升顺承布罗代尔的"地中海式长时段"研究方法，对大传统的研究颇为深入，他从"多闻阙疑"视角，将孔子放置到口传文化大传统的历史语境和社会场域中进行重新探讨。

---

④ 参看〔汉〕许慎撰，〔清〕段玉裁注：《说文解字注》，浙江古籍出版社，2006年，第1—19页。
⑤ ［法］费尔南·布罗代尔：《法兰西的特性：人与物》（上），顾良、张泽乾译，商务印书馆，1997年，第7页。
⑥ 转引自［法］费尔南·布罗代尔：《地中海考古：史前史和古代史》，蒋明炜等译，社会科学文献出版社，2005年，序言，第1页。
⑦ 同上。

孔子是一位学习、传播、守望口传文化的学者，"多闻"的口传知识观和"阙疑"的神话权威性都表明，孔子坚信口传文化大传统的价值观，对口传文化传递的神秘力量或神圣性是忠实不二、深信不疑的，而对后起的、新兴的、派生的、次等的文字书写传统表示了怀疑和警惕。可见，孔子并不如文明人所理解的那样，是一位信任史料书写权威的史学家，完全不信任口耳相传的故事。与此恰恰相反，口传文化知识的价值观念才是孔子所信奉的历史价值观念。①

《论语·述而》有云："盖有不知而作之者，我无是也。多闻，择其善者而从之，多见而识之，知之次也。"显然，孔子对"不知而作"持明显的反对态度，认为"多闻"的口传文化大传统具备优等性，"多见"的文字书写小传统知识反而具备次等性，如此则与其一贯主张的"述而不作"完全吻合起来。也无怪乎有学者认为孔子"述而不作"是"坚持祖述前人，也就是'践迹'，即踩着前人脚印走路。也就是'学而时习之'的那种不断重复的传道方式。因为口头传统的延续保证就在于严格遵守口耳相传的定制，不提倡另辟蹊径，也不推崇独树一帜"。②孔子持有基于口传文化知识观念或神话历史观念的历史价值观，相信大传统的历史知识能够如实保留历史原貌与文化真谛。

此外，胡建升在运用大小传统理论阐释良渚文化出土玉器上的神徽时，着重从两个方面切入：一是彰显玉石神话大传统的神话原型功能，即将神徽的存在放置在原始符号发生学谱系中进行阐释；二是严格区分物质图像世界的符号关系（神圣场域）与现实世界的社会关系（世俗场域）。③通过分析，他认为现代学者深受神徽图像小传统的符号遮蔽，唯有将神徽置于史前女神文明大传统和墓葬死亡女神、再生女神的符号象征场域中，才能够重新解读出其隐喻和潜藏的神圣象征意义。萧兵也赞同玉琮"神人兽面"体现的是女性崇拜，象征女性"用之不勤"的生命力与繁殖力。④笔者同样认为良渚文

---

① 胡建升：《孔子"多闻阙疑"与口传文化》，《民族艺术》2014年第2期。
② 叶舒宪：《孔子〈论语〉与口传文化传统》，《兰州大学学报（社会科学版）》2006年第2期。
③ 胡建升：《良渚神徽的物质文化和神话图像》，《民族艺术》2013年第6期。
④ 萧兵：《良渚玉器"神人兽面纹"新解》，《东南文化》1992年第Z1期。

化时代，巫觋们渴望借助神性的传播达到敬畏神灵和祖先的目的，从而使自己进入灵魂的世界之中。①神徽图像小传统是原生玉石神话大传统所派生出来的，这就启示我们唯有跳出小传统知识的窠臼与遮蔽，才能正确释读神徽作为女神文明中女神语言的符号编码与文化象征意义。

2012年6月在重庆文理学院举行的中国文学人类学研究会第六届学术年会主题为"重估大传统：文学与历史的对话"，足以洞见学人对这一理论的重视程度。虽然针对大小传统的界定问题，与会学者从理论背景到研究层面有着各种见解，分别从对中国文化研究的意义、对学术视野的开拓、对后现代语境的切合三个方面分析了重估大传统的意义，但是通过重估大传统却足以彰显中国文化构成的多元性和复杂性，延续了中国文学人类学界长期以来所持的学术立场：反对"文字中心主义""汉文化中心主义""中原中心主义"三大权力话语对中国文化多样性的遮蔽。因此才有了后续"如何发现被遮蔽的大传统"所以然问题的追根溯源式探讨，才使得文学人类学研究得以突破"汉文化-中原模式"的研究框架，从多元族群、多重叙事维度对中国历史进行再认识和再表述。②这方面论述颇丰，如：《文化符号学——大小传统新视野》（2013）《怎样从大传统重解小传统》③《金声玉振的文化阐释》④、《文化"大传统"之述与见》⑤《大传统的思想意义》⑥《论大传统文本与"N级编码理论""N重证据"的关系》⑦等。值得一提的是，重庆文理学院非物质文化遗产研究中心的王先胜副教授尝试创立一门考古纹饰学，并推出《中国远古纹饰初读》⑧一书，侧重梳理和解读中国史前陶器纹饰的神话天文学意

---

① 公维军：《良渚文化玉器纹饰与刻符研究》，《牡丹江教育学院学报》2013年第4期。
② 杨骊：《重估大传统：文学与历史如何对话——中国文学人类学研究会第六届年会学术观察与述评》，《社会科学家》2012年第7期。
③ 叶舒宪：《怎样从大传统重解小传统——玉石之路、祖灵牌位和车马升天意象》，《思想战线》2013年第5期。
④ 胡建升：《金声玉振的文化阐释》，《民族艺术》2012年第4期。
⑤ 唐启翠：《文化"大传统"之述与见——田家沟"玉蛇耳坠"出土意义再探》，《百色学院学报》2014年第1期。
⑥ 赵周宽：《大传统的思想意义》，《长安大学学报（社会科学版）》2014年第2期。
⑦ 李永平：《论大传统文本与"N级编码理论""N重证据"的关系》，《社会科学家》2014年第1期。
⑧ 王先胜：《中国远古纹饰初读》，学苑出版社，2015年。

涵，归纳出六组基本图形符号，是对文化大传统研究的重要拓展。

大传统给书面文学提供了创作土壤，使得各种文学主题中贯穿有大传统产生的原型意象，也正是无文字的大传统时期的"巫术-宗教意义的神圣空间"诞生了各民族丰富多彩的书写文学。但不可否认，口头传统与书写传统间存在张力，基于文字书写产生的文本观念存在远离神圣空间的倾向。换言之，学习读书写字有可能使口头诗人失去创造力，诚如美国南斯拉夫史诗和"口头文学"领域著名学者阿尔伯特·洛德（Albert Lord）所发现的，读写能力在脑子里产生一个文本的观念，而这个观念对叙事起控制的作用，干扰口头创作的过程。① 而美国传播学家沃尔特·翁（Walter Ong）进一步阐释道：

> 文字必须经过个人内化之后，才能够对思维产生影响。内化了文字的人不仅写东西，而且说话也是文绉绉的。这就是说，如果不会写字，他们就不知道，自己的思维模式和言语模式在不同程度上要用口语来组织。由于知书识字的人脱离了口语组织模式，因而他们认为这种模式是幼稚的。然而相反，口语思维可能是非常精致的，而且有一定程度的反思能力。②

徐新建指出，中国文学人类学的基础理论探求过程中，经过近年以"前文字时代"为中心对西方人类学经典理论中所谓"大小传统"的排序颠覆和话语重建，③ 中国文学人类学正在建构以文化文本的大小传统二分法为基础的新理论，文学人类学者仍然需要借助大传统新知识，对文献知识小传统展开深入解读和认知。简言之，随着研究逐步深入，用大传统重解小传统将会继续延递下去。大小传统在时空范围内共存有历时性、共时性两种关系，这就要求我们应该特别注意避免将二者视域下的文学对立甚或割裂开来的错误倾

---

① ［美］沃尔特·翁：《口语文化与书面文化：语词的技术化》，何道宽译，北京大学出版社，2008年，第45页。
② 同上书，第43页。
③ 徐新建：《文化即表述》，载叶舒宪、章米力、柳倩月编：《文化符号学——大小传统新视野》，陕西师范大学出版社，2013年，第1页。

向，将文学批评置于文化人类学的视野中加以体认和判断。或许唯有立足于反转改造成功的大小传统理论，我们方能逐渐觉悟"人生识字糊涂始"的真谛吧。

## 五、玉教：华夏文明核心价值观传播的驱动力

2008年11月30日，在贵州民族学院的讲座中，"玉教是中国人的国教"①这一观点被叶氏首次提出。虽然他认为凌家滩文化M23号墓主人佩玉、红山文化玉雕熊龙以及《史记》"完璧归赵"叙事等都是对"最深远的国教即玉教传统的捍卫和延续"，但当时关注的重点还集中在中国圣人神话的原型考证上。2010年起，他开始着眼探讨玉石神话信仰问题，对玉教为中国史前国教问题展开进一步论证，认为玉教是迄今可知中国境内最早发生的信仰现象，并力倡将"玉教"视为凸显中国文化基因和原型编码的"国教"。②

宗教产生于对世界的神圣性与世俗性的二元区隔，如果没有区别于世俗的神圣，那么宗教存在的所以然问题也就失去了意义。从本初意义上讲，神圣与世俗的二元对立，是宗教带给人类的两种存在模式。为使人类感受到神圣的存在，罗马尼亚宗教理论家米尔克·伊利亚德（Mircea Eliade）在《宗教比较的样式》中引入显圣物（hierophany）概念来说明神圣的自我表证行为，换言之，神圣的东西向我们展现它自己。③显圣物被奉为神圣之物，无论是最原始的宗教，还是最发达的宗教，它们的历史都是由林林总总的显圣物所构成，既包括诸如一块石头或一棵树等最平凡的物体，也包括体现为耶稣基督道成肉身的高级显圣物，都无一例外地呈现着对神圣的表证行为。伊利亚德还指出，正是神圣的这种自我表证，从本体论层面上建构起整个世界："当神圣以任何显圣物表证自己的神圣时候，这不仅是空间的均质性的

---

① 叶舒宪：《中国圣人神话原型新考——兼论作为国教的玉宗教》，《武汉大学学报（人文科学版）》2010年第3期。
② 叶舒宪：《玉教与儒道思想的神话根源——探索中国文明发生期的"国教"》，《民族艺术》2010年第3期。
③ 参看 Mircea Eliade, *Patterns in Comparative Religion*, New York: Sheed and Ward, 1958, p.7ff.

一种中断,更是一种绝对实在的展示,也展示了它与其所属的这个广袤苍穹非实在性的对立。"①

法国社会学家涂尔干认为神圣与世俗之间存在着绝对的异质性,神圣是宗教区别于世俗的首要标志,基于此,他才如此定义"宗教":"宗教是一种与既与众不同又不可冒犯的神圣事物有关的信仰与仪轨所组成的统一体系,这些信仰与仪轨将所有信奉它们的人结合在一个被称之为'教会'的道德共同体之内。"②

那么,早期文明所崇拜的对象是什么,所信奉的"显圣物"是什么,所想象的人死后的去向如何,这一系列问题背后,都指向一个现成的信息库,即讲述神灵崇拜与英雄王者受命于天的传奇故事——神话。神话最充分地保留有上古时代的信仰观念,部分观念甚至可以溯至文明前非常久远的年代,华夏文明形成过程中对玉石的神圣化和神话化便是如此。如若探究华夏文明的宗教信仰历史,我们就需要从学理上阐明这样一个问题:玉石神话信仰如何催生出玉礼器这样特殊的圣物体系,并使之持续传承和变化,从而构成华夏文明特有的文化景观,同时成为至今仍以世俗化的玉器生产拉动着中国经济生活的独特风景。

有鉴于此,中国文学人类学研究就需要引入前述所及的"玉教"概念来指称自史前时代延续至今且未曾中断过的玉石神化信仰,将之视为中国文化史上与儒道两教形成多元互动的又一本土宗教——但是此本土三教并不具备文化本源性质。然而,玉教没有固定的教堂,也没有书写成文本的教义、教规,同样没有统一的宗教组织,为什么还要将其称为一种宗教呢?叶氏正是从文学人类学视域出发,结合四重证据法这一立体释古方法论,给出了若干有据可依的理由参考。③

首先,玉教可以彰显本土文化最突出的独有特征。传统经学中未曾有"宗教"的专门论述,而在西学东渐之后,西方的宗教观念引入中国,使得

---

① [罗马尼亚]米尔恰·伊利亚德:《神圣与世俗》,王建光译,华夏出版社,2002年,序言,第2页。
② [法]爱弥尔·涂尔干:《宗教生活的基本形式》,渠东、汲喆译,上海人民出版社,1999年,第54页。
③ 参看叶舒宪:《图说中华文明发生史》,南方日报出版社,2015年,第69—74页。

中国的宗教研究陷入文化优劣价值判断式争论怪圈，开始争相用中国的现象、材料去印证西方的认识，合乎的即为宗教，否则就有争议，儒道两教的宗教性问题纷争正是肇因于此。中国的宗教研究，不应该一味被动接受西方学术研究范式，当英国人类学家爱德华·泰勒（Edward Tylor）宣称"对精神存在的信仰就是宗教最低限度的定义"时，涂尔干指出："我们在接受宗教教育的过程中所养成的思维习惯却告诉我们，还有许多事实并不适用于这个定义，而这些事实恰恰正是宗教领域内的事实。"[1]

因此，专业性表达符合国际惯例本无可厚非，但凸显中国宗教自史前发生期以来华夏文明原生态的宗教信仰特质更是当务之急。中国人崇拜玉这一宗教现象源远流长，恰属于宗教领域内的"事实"，"玉教"说的提出有助于该宗教现象名正言顺地进入中国宗教史的视野。

其次，玉教是迄今可知中国境内最早发生的信仰现象。原始先民将独特的玉视作通天媒介与符信，以达到同天神沟通的目的。最早发生的"玉石神话"，其基本的信仰内涵和想象模型的形成，都隐藏于八千年来的文化大传统视野之中，依照文化大传统知识，我们可以在汉字小传统的文献记录中深刻解读这些神话叙事：黄帝播种"玉荣"、大禹获赐玉圭、夏启配玉璜升天、姜太公垂钓玉璜预知天命、周穆王瑶池求见西王母，等等。[2]这一特殊物质文化背后所承载的神话观念，进一步支配、衍生并最终铸就华夏文明发生前夜的核心价值观：以玉为圣，以玉为宝，以玉为生命永续的象征，以玉礼器为天人沟通的符号。透过史前高等级墓葬中"唯玉为葬"的现象可知，玉作为中华文化的特有"内语"，促使玉教成为解开华夏文明发生特色的一个有效门径。

再次，玉教若作为东北亚产生的一种具有地域特点的原始宗教，需要满足宗教建构的基本理论条件。玉崇拜作为华夏先民独有的一种文化现象和神话编码规则已然比较明确，我们可以参照伊利亚德、涂尔干、达瓦马尼（Mariasusai Dhavamony）以及格尔兹等人基于人类学视野的经典阐述，给出

---

[1] ［法］爱弥尔·涂尔干：《宗教生活的基本形式》，渠东、汲喆译，上海人民出版社，1999年，第35页。

[2] 叶舒宪：《玉石神话与中华认同的形成——文化大传统视角的探索发现》，《文学评论》2013年第2期。

玉教作为宗教现象的多维度诠释。《越绝书》载："玉亦神物也。"玉作为华夏文明中公认的显圣物，符合伊利亚德"神圣的自我表证行为"阐释。考古发掘出土的玉器分析表明，卓尔不群的美玉，不仅代表着神灵与天意，而且象征着永生及人类精神的最高价值。从春秋楚国和氏璧、秦始皇传国玉玺，到汉代帝王金缕玉衣、丝缕玉衣，玉教信仰所支配的统治阶层的特殊行为方式足见一斑。

格尔兹还指出，宗教研究包含两阶段程序：一是对有效构成宗教的象征物中隐含的意义系统作研究；二是对这些意义系统同社会结构和心理过程的相关性进行研究。当代的研究者偏向于后者，而忽略了前者。[①]就中国宗教研究而言，以往被忽略的恰是早期玉礼器作为宗教象征物的意义编码系统研究，结果就无法自觉深究玉本身的神圣意义。玉德、玉质、玉音、玉意，在使人成圣的玉教传统中，相互交织成一个复杂多维的表述系统，在这个复杂的系统中，蕴含着中国古文明意义生成的秘密。[②]玉教信仰毕竟距离符号的原型编码大传统太过遥远，因此文学人类学研究者不得不采用布罗代尔"地中海考古"式的超长时段视野重新审视。因此，将玉教称为国教，既能够充分体现华夏文明兼具原生态的宗教信仰特质，又能够深度契合华夏文明核心价值观的深刻内涵（从金属时代前夜的以玉为圣、以玉为宝、以玉礼器进行神人沟通，到今天的核心价值观）。

众所周知，儒家与道家思想孰为中国思想史的主干之争由来已久，传统国学研究惯于将二者进行区别对待，而现代学界对所谓的新儒家、新道家两学派的对峙局面，却各执说辞。基于这种文化的遮蔽局限所在，希望在宏观视域中探寻两者的文化同源性，即"圣人（圣王）崇拜与圣物（玉石）崇拜"，而欲审视儒道思想的巫术根源，玉教神话观显然是最佳切入视角。对儒家来说，圣王崇拜是建构出儒学历史观和政治理想的原型，圣物崇拜则形成礼乐文化的物质原型及核心内容；而对道家而言，圣王崇拜与圣物崇拜共同体现在追求远古无为而治、归真返璞的政治理念和"圣人被褐怀玉"的神

---

[①] Clifford Geertz, *The Interpretation of Cultures*, New York: Basic Books, 1973, p.125.
[②] 叶舒宪：《中国圣人神话原型新考——兼论作为国教的玉宗教》，《武汉大学学报（人文科学版）》2010年第3期。

圣记忆中。①

　　儒家学说的内核在于"内圣外王",主张个人通过诗书礼乐的修身教化,逐渐步入尧舜禹等为标榜的圣人境界。孔子在《论语·述而》中如是感叹:"若圣与仁,则吾岂敢?抑为之不厌,诲人不倦,则可谓云尔已矣!"足见他对圣人境界的敬奉之心。"千年礼乐归东鲁,万古衣冠拜素王。"后世儒者尊孔子为"素王",孔圣人的塑像遍及世界各地的孔庙之中,儒家的圣人崇拜得以被世人普及开来。道家同样讲求圣人崇拜,老子在《道德经》中所重点阐释的宇宙观,实乃自己心中的远古圣人理想,《道德经》第二章载:"是以圣人处无为之事,行不言之教,万物作焉而不为始,生而不有,为而不恃,功成而弗居。夫唯弗居,是以不去。"简言之,老子极力倡导"处无为之事,行不言之教"的圣人之道。

　　儒家追求"俗人—君子—圣人"的递进式人格理想,讲求"君子必佩玉"以及"君子无故,玉不去身",君子尚且如此,何况身处更高境界的圣人呢?道家则直接用"圣人被褐怀玉"作为圣人与俗人的立判标准,这并非偶然为之。玉作为华夏文明的特有"内语",令人推崇备至,无论是儒家所倡的玉德说,还是道家尊奉的玉皇大帝至高神祇,无不诠释着玉作为儒道思想底层所共存共生的基础性文化基因所体现出的独特价值。

　　如果寻找作为第三重证据的圣人神话活态民族志,那就不得不求助于贯通天地、充当天人中介的巫觋与萨满。中国神话研究一个世纪以来可分为两大类:一是以"古史辨"派为代表的"解圣为俗"运动,以打倒千年偶像和神话虚构来解构上古圣王谱系为宗旨;二是以张光直为代表的"由俗返圣"运动,以还原俗事俗物中潜藏的神圣原型为特色,希望透过历史文化的遗忘,重构和彰显远古的圣者——萨满、巫觋们的文化创造功绩。② 而英国神话学家罗德·拉格伦(Lord Ragland)指出了神话演变的四个具体阶段:第一阶段,神话与宗教仪式密切相关,后者是其主要功能;第二阶段,神话成为"历史";第三阶段,"历史"转变成民间故事;第四阶段,民间故事转换

---

① 叶舒宪:《从玉教神话观看儒道思想的巫术根源》,《哲学与文化》2012年第39卷第6期。
② 叶舒宪:《金枝玉叶——比较神话学的中国视角》,复旦大学出版社,2012年,第133页。

为文字资源。①在玉教神话中，大禹、商汤等圣王凭借玉通天通神的事迹，皆是追溯圣人神话巫觋原型的典型例证，其目的当是在中国本土宗教信仰的神圣语境仪式语境中，实现巫觋、萨满的请神降神实践，而这更需要作为第四重证据的新出土实物证据的阐释作用，实现"传说时代"与"考古时代"两种视域的融合对接。

华夏文明大传统中讲求巫觋"以玉事神"的实践礼仪，得以成功形塑玉教这种以玉为永生的神话信仰体系，当人们逐渐恢复理解圣人的天人沟通中介身份，并将巫觋、萨满的通神实践确认为儒道两教圣人崇拜的参照系后，通天降神、天命不可违的王朝史叙事主脉，就有了实证性考察认知的现实针对性。论者以考古学新发掘的玉礼器文物为判断基准，对照分析文献中历史记载的求证方法，重新梳理贯通唐尧虞舜时代到"素王"孔子时代的历史脉络。

（1）唐尧时代：尧得天赐玉版。(《拾遗记》)

（2）虞舜时代：舜"辑五瑞"及"班瑞于群后"。(《尚书·舜典》)

（3）夏禹时代：禹合诸侯于涂山，执玉帛者万国。(《左传·哀公七年》)

（4）夏禹时代：帝赐禹玄圭，以伐有苗。(《尚书·禹贡》《史记·夏本纪》)

（5）夏启时代：夏启佩玉璜升天，得《九辩》《九歌》。(《山海经》)

（6）商汤时代：汤自把钺以伐昆吾，遂伐桀，俘厥宝玉。(《史记·殷本纪》)

（7）西周时代：姜太公钓得玉璜，辅佐文王。(《尚书大传》卷一)

（8）西周时代：武王伐纣，俘商旧玉亿有百万。(《逸周书·世俘》)

（9）西周时代：周公执璧秉圭以祈求祖灵。(《尚书·金縢》)

（10）西周时代：周公分封，分鲁公以夏后氏之璜。(《左传·定公四年》)

---

① Lord Ragland, "Myth and Ritual", in T. A. Sebeok, ed., *Myth: A Symposium*, Indiana: Blooming Press, 1958, p.129.

（11）西周时代：穆王访黄帝神宫，得玉策枝斯之英，会瑶池西王母。（《穆天子传》卷二）

（12）春秋时代：孔子修《春秋》等，天有赤气如虹，化为玉璜。（《太平御览》引《搜神记》）①

上述文献所载历史性的叙事脉络将圣人与圣物的完整谱系贯通为一体，神圣玉礼器所充当的神人沟通的符号证明作用得以有效呈现，而作为客观存在的实物——玉，证明其自身具有的神圣与天命之意，才是成功赋予历代统治者权力与文明传承的真正合法性所在，从而为后世儒道思想的发生奠定神话仪式原型。换言之，玉石神话信仰成为决定"历史神话"书写的关键节点。无论是儒家玉德观，抑或道家食玉长生观，皆是商周以降帝王用玉制度的传统续延，自此华夏文明的玉文化主基调得以最终形成。

透过玉教大传统神话观，我们逐渐体认到儒道思想分歧对立表象背后潜隐的巫术同源同根性。除此之外，玉教本土信仰还与佛教外来信仰进行着原型置换变形，②以此可以管窥文化异体受精的潜在调和性，这成为吸引文学人类学研究者的又一个新的学术生长点。

如今，研究文字小传统的佛教外来信仰，已经成为国际性显学，而作为文化大传统的玉教本土信仰研究，才处于刚刚起步的萌芽阶段。但毋庸置疑，从佛教发生时间、地点来看，它既没有诞生于文明孕育的初始期，也不属于本土宗教信仰，所以诉诸佛教建筑及遗物，无法窥探和把握华夏文明与生俱来的信仰，唯有诉诸深埋地下的小而精的玉礼器体系方可实现。③就此言之，我们可以通过重新确认信仰原型，进而考察其置换变形过程，将佛教信仰的输入视作华夏本土信仰自身再发现、再体认的产物，以达到原型重释

---

① 叶舒宪：《中华文明探源的神话学研究》，社会科学文献出版社，2015年，第286—287页。
② 关于本土信仰与外来信仰的置换研究，可参看叶舒宪、公维军：《从玉教到佛教——本土信仰与外来信仰的置换研究之一》，《民族艺术》2015年第4期；叶舒宪：《从玉石之路到佛像之路——本土信仰与外来信仰的置换研究之二》，《民族艺术》2015年第6期；叶舒宪：《再访武威：从西玉东输看西佛东输》《瑞玉到瑞像：玉教置换为佛教的轨迹》，均见《玉石之路踏查记》，甘肃人民出版社，2015年，第115—120、133—137页。
③ 叶舒宪、公维军：《从玉教到佛教——本土信仰与外来信仰的置换研究之一》，《民族艺术》2015年第4期。

的目的。那么，玉教信仰及其物质化体系是如何作为圣像原型，有效接引外来佛教及其圣像系统，并最终被佛像体系所置换和取代的呢？

佛教在中国被称为"象教"，这在很大程度上与佛陀的神化有关。吴焯曾经指出：

> 佛教教义和佛教图像是传播佛教的两个法宝，并无轻重主次之分，就民间的传播而言，有时图像先于教义，因而才称佛教为象教。……佛教图像是伴随着佛教传入的，或者说佛教借助图像并以图像为开路先锋而打入"佛法未被"的世界。①

佛教最初是反对偶像崇拜的，甚至与婆罗门教相互对立，反对祭祀，反对婆罗门教所信仰的梵天造物说。佛教信奉救渡哲学，意在通过对社会、人生中所遇苦难的认知来谋求解脱，这种情况下，并不需要偶像的助力。然而，佛教在印度的发展因为受到外来文化的影响，不得不寻求改变，从反对偶像转向制造偶像并崇拜偶像，而促成这个重要转变的直接外力是古希腊文化。

在亚历山大大帝东征带来希腊雕塑传统以后，佛教以突出表现的偶像崇拜为其特色，而庙塔和佛像成为传达信仰和神化教义的基本形式。石窟寺院是神秘的，不是普通建筑，它是一种附加精神价值而产生的具有神圣意义的特殊建筑。李崇峰指出，倘若没有强大的社会释罪（social justification），就不可能产生如此伟大的牺牲。②石窟寺院一定在那些现身此举的人们脑海中产生了一种神圣动机，从而将尘世文化生态学转变为想象的天国。在塔庙窟的嬗变过程中，龟兹中心柱窟在塔前开龛造像，表明其主要具有了神龛性质，摩诃剌佗原型代表的陵墓意义减少，暗示着佛陀正从圣者向神转变。作为外来石窟艺术形式，中国北方地区的塔庙窟中塔的陵墓意义进一步减弱甚至消失。李崇峰进一步补充道，塔柱四面开龛造像清楚地表明：佛陀已完成

---

① 吴焯：《佛教东传与中国佛教艺术》，浙江人民出版社，1991年，第169页。
② 李崇峰：《印度石窟寺中国化的初步考察》，《佛教考古：从印度到中国》，上海古籍出版社，2014年，第559页。

了从圣人转变为神的漫长过程。①方塔顶部雕刻的须弥山形象，代表凡人与神仙皆向往的妙境神宇。这种中心柱窟的塔柱就成为连接凡人与神仙、沟通尘世与天堂的升华之路。

佛像的出现，特别是涅槃境界的睡佛形象，能够从根本上改变国人的生死观。长期从事早期佛像研究的何志国提出了汉晋佛像的"佛神模式"，其内涵就是胡人采用佛形象传教，汉地民众则误读为神灵，这是我国民间的敬神传统与胡人的"设像行道"的契合。②尤其需要注意的是，汉晋早期某些摇钱树佛像的布局和位置与摇钱树西王母像相同，例如，摇钱树枝叶佛像的布局和位置与茂汶摇钱树枝叶西王母像完全相同。安县和城固的摇钱树枝叶佛像坐于璧形之上，璧形下侧向外各伸出一条龙；与之相似，茂汶出土的一件摇钱树枝叶是西王母坐于璧形之上。两者构图非常相似，并且，这种枝叶一般插于摇钱树最显要的顶部。可见，佛与西王母同处于受崇拜的位置。③另外，与巫山铜牌和摇钱树天门一样，江苏南京甘家巷六朝墓出土的三国釉陶佛饰堆塑罐（神瓶）、吴县枫桥何山和浙江金华出土的两件西晋青瓷佛饰堆塑罐（神瓶）上部的阙门，④都象征着天国世界，这些表现为正面偶像的佛像居于天门、阙门正中，与西王母位置相同，其性质亦当为神灵偶像。上述佛像均被设置在与西王母同样的位置，这表明佛像被时人视作类似西王母功能的神灵。

《山海经》等典籍的记述明确给出两个要素：西王母所在之玉山、瑶池，以及她头戴玉胜作为神圣标记。这透露出华夏先民心目中神圣观念的两大原型——玉与女神，而这恰恰又是在后代父权制文明中日渐失落的华夏史前文化大传统要素。文学想象中的"玉山"未必全然出于虚构，现实中的产玉之山才是此类名山的原型。西王母在《淮南子》中开始和"瑶池"相联系，又被称为"瑶母"或"玉母"。从神话符号象征意义层面剖析，可以说这位处于宇宙西极玉山的西王母女神，乃是新疆昆仑山脉出产的特等美玉——和田

---

① 李崇峰：《印度石窟寺中国化的初步考察》，《佛教考古：从印度到中国》，上海古籍出版社，2014年，第581—582页。
② 何志国：《论汉晋佛像的"佛神模式"》，《民族艺术》2007年第3期。
③ 何志国：《早期佛像研究》，华东师范大学出版社，2013年，第179—180页。
④ 贺云翱等编：《佛教初传南方之路文物图录》，文物出版社，1993年，图66、101、98。

玉的人格化和神话化的结果。

从世界文明史的大背景看，人类的史前文化无疑都受到一种相似的思维方式和共通的观念形态支配，欧洲哲学家维柯和卡西尔分别将这种史前的思维方式称作"诗性智慧"和"神话思维"。史前人类所能产生的思想观念，大都包裹在神话的象征叙事之中，显然不是概念式的、推理式的理论表述。①作为具有文化原型编码作用的思维和符号载体，神话有着在人类物质精神发生期起重要整合作用的文化基因，既表现为文字叙事、民间口传，又表现为仪式性建筑、宗教性礼器等。

佛教传入中国之后，受到了儒道本土宗教的排挤与冲击，这使得佛教在努力谋求与儒道两教融合的前提下，亟须主动加速自身的中国化进程，借助灵活的自调意识，投合中华民族更为传统的信仰方式以及思维习惯，以便更接地气地按照中国本土文化特征传播，并逐渐有意向中国传统玉文化靠拢。因此，佛教对玉教的借鉴和吸收完全在情理之中。

外来佛教"除依照外来的铜、石、泥、木造像大量制作偶像之外，进而摄取中华民族崇尚玉器的传统观念，提倡用玉石造像"，②由模仿犍陀罗的石造像和金铜造像进而雕造玉造像，而用玉造像之风气贯穿北魏至唐代四百余年，显然玉造像被视为高石造像一等。其间，统治阶级尤其热衷于以玉造像，玉佛像的数量多不胜数，诸如号称东晋建业瓦棺寺"三绝"之一的狮子国（今斯里兰卡）玉像、北魏宣武帝元恪（500—515）在恒农荆山所造的珉玉丈六佛，甚至《续通考》亦载"元丞相伯颜尝至于阗国，凿井得一玉佛，高三四尺，色如截肪，照之可见筋骨脉络"。③杨伯达指出，迄今发现的雕造年代最早的真玉佛教造像是唐代的几座玉飞天像，④而伯颜所得玉佛也足以说明于阗国在伊斯兰文化之前信仰佛教时，确以和田玉雕琢真玉佛像。但由于玉材极其珍贵，民间的僧庶信徒们是无力承担的，便以大理石或彩石代替而题玉像铭，最具代表性的当属曲阳修德寺遗址出土的白石造像中的题白玉

---

① 叶舒宪：《图说中华文明发生史》，南方日报出版社，2015年，第63页。
② 杨伯达：《中国古代玉器面面观》，《故宫博物院院刊》1989年第1期。
③ 转引自丁福保：《佛学大辞典·玉佛》，上海书店，1991年，第830页。
④ 杨伯达：《埋もれた中国石佛の研究》，松原三部译，东京：东京美术出版社，1985年，第121—124页。

像铭,以及北魏永熙二年(533)十月十六日赵曹生妻张法姜造观音玉像等。还有西夏王朝统治者再造的张掖大佛寺,以西夏国师嵬咩(法号思能)于大佛寺的前身即迦叶如来寺土丘下掘得的古藏"碧玉卧佛"像的神秘传说为背景,同样是外来佛教对接本土玉教的典型案例。① 通过这些案例的解析可以看出,虔诚的佛教徒如何继承玉教的精髓,从而使得玉德观与慈悲为怀、普渡众生的佛教宗旨融为一体。

作为向中国输入的域外文化,佛教积极调和与玉教信仰的关系,寻求异体受精的文化土壤,在某种程度上讲,中国玉文化的存在,部分替代性地满足了佛教信仰的需要。刘素琴指出,佛教传入中国后和玉文化的联系只是形式上的、依附性的,主要是投合中国人传统的信仰方式和崇玉心理,以扩大和加深它的传播,跟佛教教义并无关联。② 这种说法是有失偏颇的。佛教与玉教远非简单的依附关系,更多源于两者内容上的互适性,中国早期佛像形象是玉教信仰原型的置换变形,而这需要借助大传统新知识,对文献知识进行再解读和再阐释。

据《逸周书》和《史记》记载,商纣王是取用宫中珍藏的宝玉缠身后自焚而死,却没有找奴隶进行殉葬。他的行为遵循着玉教信仰的召唤,意在以玉通神通天,从而实现死后灵魂的超度,属于典型的神话观念驱动的宗教行为。发展至汉代,商纣王的"缠玉升天"行为演变并体现为一种物质文化——玉衣,最具代表性的标志当属汉代统治者专享的金缕玉衣制度。东晋道家葛洪在《抱朴子·对俗》中言:"金玉在九窍,则死人为之不朽。"古人认为玉为阴阳二气中阳气之精,因而相信玉衣的使用能够对尸体起到神秘的巫术作用,可助力墓主人成功通神升天。如果没有宗教信仰层面和神话观念方面的释读,玉衣制度的起因就会被埋藏起来。③ 然而,本土玉教中玉殓葬对于人死后之生命(灵魂)的超度作用,在道教和佛教兴起之后被彻底替换掉了。布鲁斯·崔格尔从统治者政治思想的宗教性视角敏锐地捕捉到这

---

① 参看叶舒宪:《金张掖,玉张掖?》,见《玉石之路踏查记》,甘肃人民出版社,2015年,第137—142页。
② 刘素琴:《儒释道与玉文化》,《中国历史博物馆刊》1994年第1期。
③ 参看叶舒宪:《金枝玉叶——比较神话学的中国视角》,复旦大学出版社,2012年,第226—228页。

一点：

> 在早期文明中，如果不是全部的话，至少众多意识形态在本质上是宗教性的，因为政治思想也具有宗教性。斯蒂芬·休斯顿和大卫·斯图尔特观察到，早期文明的统治者都试图将自身和永恒、神圣的秩序联系在一起，这样，神的权力和神秘性可以确认和强化世俗权威。①

文明不是伴随着理性和哲学而来，而是一定伴随着宗教信仰而来。宗教信仰的人类普遍性与信仰内容（一神教还是多神教，拜物教还是人格神，偶像崇拜还是禁绝偶像崇拜等）及表现形式（象征符号）的文化差异性，成为我们认识每一个文明特殊性的关键所在。②外来佛教无法向西亚、北非、欧洲地区传播，而转向东亚大陆传播的根本原因在于，西亚、北非、欧洲地区缺乏有效接引佛教的本土偶像崇拜传统。这些地区主要信奉基督教、伊斯兰教和犹太教，都禁绝偶像崇拜，而唯有玉教流行的东亚大陆才充分保留着偶像崇拜的大传统要素，能够有效接引佛教造像传统，实现其文化异体融合的可能性。各地大量玉佛像的先后出现，以其无可辩驳的实物证据，见证了本土玉教接引外来佛教的漫长历程。

从史前文化大传统到文字书写小传统这种发生学的超长时段透视，使得我们能够洞悉本土信仰逐渐被外来信仰置换的奥秘，从玉教大传统视角得以有效反观佛教小传统的由来和所以然问题。无怪乎伊利亚德给出这样发人深思的总结：

> 从一种宗教到另一种宗教，从一种诺斯（gnosis）或智慧到另一种诺斯和智慧，古老的重生理论被赋予了崭新而丰富的价值，它有时也深深地改变了体验的实质。尽管这样，再生所具有的共性仍然是恒常不变的。它可以被这样定义：对精神生命的进入总是需要对世俗状态的中

---

① ［加拿大］布鲁斯·G.崔格尔：《理解早期文明：比较研究》，徐坚译，北京大学出版社，2014年，第294页。
② 叶舒宪、公维军：《从玉教到佛教——本土信仰与外来信仰的置换研究之一》，《民族艺术》2015年第4期。

止,这样一个新的出生才会紧跟其后而生。①

随着2012年12月陕西神木石峁遗址考古成果的公布,"玉石之路"的探讨变得愈发热烈。2013年6月中国文学人类学研究会联合中国收藏家协会在榆林举办"中国玉石之路与玉兵文化研讨会",考古学、人类学、民族学、神话学以及民间收藏界等各路专家汇聚一堂,立足石峁古城和石峁玉器所提供的证据,围绕"西玉东输"和"玉石之路黄河段"展开了激烈讨论。②依照我们认识到的每一种古代玉器都蕴含着一种神话观,石峁玉器中至少有四类玉器可以给出明确的神话传播路线。

  第一类 玉璧玉琮类:良渚文化—陶寺文化—石峁文化—齐家文化;
  第二类 玉璋:石峁文化—偃师二里头—山东龙山文化—四川广汉三星堆—广东增城、广东东莞;
  第三类 玉璇玑:山西芮城清凉寺—石峁文化—山东龙山文化—辽东半岛新石器文化;
  第四类 玉人头像及玉鹰:石峁文化—石家河文化—禹州瓦店。③

这张两纵两横的玉器传播路线交叉网,加之玉石神话信仰的关键要素,将玉文化先统一中国的轮廓呈现在世人面前。可以说,石峁遗址及其玉器的新发现,给东玉西传和西玉东输两种双向运动同时找到新的传播交汇点,成为考察玉教率先统一中国历程的实证性前沿个案。

为了给玉石之路的大传统寻找更准确的支撑,更好地论证"玉教伦理与华夏文明精神"的新命题,重构华夏文明传统,2014年7月13日众多学者

---

① [罗马尼亚]米尔恰·伊利亚德:《神圣与世俗》,王建光译,华夏出版社,2002年,第117页。
② 唐启翠:《"玉石之路"研究回顾与展望》,《上海交通大学学报(哲学社会科学版)》2013年第6期。
③ 叶舒宪:《玉文化先统一中国说:石峁玉器新发现及其文明史意义》,《民族艺术》2013年第4期;叶舒宪、古方主编:《玉成中国——玉石之路与玉兵文化探源》,中华书局,2015年,第21页。

在西北师范大学召开了"中国玉石之路与齐家文化研讨会"。会后，郑欣淼、易华、刘学堂等与会学者参加了7月13日至26日的"玉帛之路文化考察活动"，①此次"玉石之路"再发现之旅，促进了对"玉石之路"大传统与"丝绸之路"小传统的关系的再探讨、再反思，有助于对玉教这一使得华夏文明有别于其他文明的"文化基因密码"进行更深入具体的揭示和解读。

"玉教"说离不开神话学研究，它是新世纪探源研究的一次理论创新，意在努力建构一种高度体现中华文明本质特征的崭新探源模式，重新审视华夏文明大传统的玉神观。其所提供的动力模型中有引动文明发生的玉矿动因，但最为重要的是在这种社会配置中隐含的精神信仰观念，即"对于华夏文明而言，文明发生背后的一个重要动力是玉石神话信仰"。②可以说，玉石神话信仰直接驱动了华夏文明的传播，给中华文明带来的是国家主流的核心价值观。

玉教说的提出，不仅具有理论研究的重要学术价值，更具有了文明探源的现实意义。正如赵周宽所言："如果依时间顺序将'玉石之路'置于文明动力学的源点，可以说，'丝绸之路'的动力模式，正处在这一动力学的'延长线'上。"③通过将文学人类学的逻辑推进最终与华夏文明探源问题研究深层勾连在一起，我们方才理解玉石神话及由此而形成的玉教信仰正是华夏之根的主线，也正是华夏文明核心价值观传播的真正驱动力。

## 六、N级编码：中国文化的编码与解码自觉

2012年11月14日，在鲁迅文学院授课时，应"文化自觉与文学人类学"的讲题之需，结合莫言所获诺贝尔文学奖的讨论热潮，进而在本土文化深度再认识的基础上，叶氏首次提出N级编码理论的初步构想。其目的是希望启发学人思考怎样能够让符号想象真正拉动符号经济，从而实现符号经济（知

---

① 考察活动详情可参看《丝绸之路》2014年10月《"中国玉石之路与齐家文化研讨会"暨"玉帛之路文化考察活动"》专刊）。
② 叶舒宪：《"丝绸之路"前身为"玉石之路"》，《中国社会科学报》2013年3月8日。
③ 赵周宽：《中华文明起源"玉教说"及其动力学分析》，《思想战线》2014年第2期。

识经济）与文化资本博弈时代的文学增值问题，因为文化产业已经成为符号经济时代现实需求下滋生的国际性新兴产业。

事实上，主张文化自觉的中外作家们已经开始有针对性地对自己的作品进行深层次的编码处理，这些作品也因此被搬上银屏，风靡全球。其中的佼佼者包括英国女作家罗琳（Joanne Kathleen Rowling）的《哈利·波特》、美国畅销书作家丹·布朗（Dan Brown）的《达·芬奇密码》、英国牛津大学教授兼语言学家托尔金（John Ronald Reuel Tolkien）的《指环王》（或《魔戒》），此外，还有加拿大导演卡梅隆（James Cameron）执导的《阿凡达》、美国导演安迪·沃卓斯基（Andy Wachowski）执导的《黑客帝国》、中国台湾导演魏德圣执导的《赛德克·巴莱》以及中国大陆导演姜文执导的《让子弹飞》等。上述作品的创作者皆成功赋予作品以文化的原型内涵。显而易见，"已有的文化文本的编码程序一定会对新创作的文学文本发挥作用"，①顺应新神话主义潮流固然是当前形势所趋，然而，最紧要的问题并非是"重述"还是"重建"某一种拥有本源特色的新神话，而恰恰是随着后现代文化寻根思潮而产生的传统神话观念的重大变革。

《达·芬奇密码》第61章中雷·提彬爵士的话，正是这种意识的写照：

> 根据预言，我们正处在一个发生巨大变化的时代。千禧年刚过去，随之而结束的是长达两千年的双鱼时代，要知道鱼也是耶稣的标记。正如星宿符号学者所言，双鱼星座的理念是，人类必须由比他们更强大的事物来告诉他们应该做些什么，因为人类自己不会思考。因此，那是一个充斥着强烈宗教信仰的时代。可是现在，我们进入了宝瓶时代。而这个时代的理念是人类会掌握真理，会独立思考。观念上的转变是如此之大，而这种转变正在发生。②

丹·布朗敢于让哈佛大学的学者们走上民间异端宗教复兴运动的核心位

---

① 叶舒宪、章米力、柳倩月编：《文化符号学——大小传统新视野》，陕西师范大学出版社，2013年，第6页。
② ［美］丹·布朗：《达·芬奇密码》，朱振武等译，上海人民出版社，2004年，第245页。

置。此言外之意是异常深远的：作为西方现代性的教育、知识、科学之标志的最高学府的宗教符号学教授，罗伯特·兰登在课堂上讲述的内容会是什么呢？能够从黄金分割、十字架、五角星之中释读出女神编码象征意义的他，充分再现了学院派知识分子与新时代的认同关系，而这与小说自身的文化底蕴所指方向是不谋而合的。丹·布朗在《达·芬奇密码》中欲求恢复女神信念的表达，带有文化治疗与精神拯救的良苦用心。

同样，莫言在《蛙》第四部第二节对牛蛙养殖场的细致描写，又何尝不是作者苦心的一种宣泄呢？主人公"蝌蚪"描述那后来经常在自己梦境中再现的蛙池的景象，这蛙池既是牛蛙"求偶配对的情场"，又是"繁育后代的养殖场"。

> 那是一个大约四十平方米的池子，池中约有半米深的浑水；水面上，熊蛙鼓动着洁白的囊泡发出牛叫般的求偶声，雌蛙舒展四肢浮在水面，缓缓地向雄蛙靠拢。更多的蛙已抱对成双。雌蛙驮着雄蛙，在水面游动，雄蛙前肢抱住雌蛙，后腿不停地蹬着雌蛙的肚腹。一摊摊透明的卵块，从雌蛙的生殖孔中排出，同时，雄蛙透明的精液也射到水中。——蛙类是体外受精——似乎是小表弟，也可能是袁腮在说——雌蛙每次能排出大约8 000到10 000粒卵子——这可比人类能干多了——蛙池中蛙鼓四起，池水被四月的太阳晒得暖洋洋的，散发着一股令人作呕的腥气。这里是求偶配对的情场，也是繁育后代的养殖场。——为了让雌蛙多排卵，我们在饲料中添加了催卵素——蛙蛙蛙——哇哇哇——①

莫言以计划生育政策的实施为写作的现实题材，而"娃"正是人类的生育对象，其自降生到世界上的第一声啼哭，竟与"蛙"的叫声如此的类同，二者的原型隐喻关联就自然成为该作品想象构思的源泉。蒋卉指出："在莫言长达19万字的小说中，除去文题，正文中'蛙'共出现了202次，有239处

---

① 莫言：《蛙》，上海文艺出版社，2009年，第196—197页。

提到了'娃'……透视出了蛙与人的类比认同。"①这样的类比认同实则是神话思维时代最关注的现象，因为类比联想恰是神话思维的基本逻辑。莫言借助魔幻想象，为计划生育的实施现实进行重新编码，意在探寻蛙神原型，如若从根本上对此进行阐述，就不得不借助于大传统视域中作为一级编码的文化文本的潜在力量。

大小传统理论的提出，使文学人类学界开始深入思考，认为从大传统到小传统，可以按照时代的先后顺序，排列出N级的符号编码程序。进而，在大小传统重新划分基础之上，将一万年以来的文化文本和当代作家的文学文本关系上升到新的理论高度，建构出一套兼顾历时性、共时性的文化符号编码理论——"N级编码论"。应该说，这是还原和深究以实物、图像叙事为起点的最新理论总结，可操作性强，不但说明了文化原型的N种表现模式，而且将大小传统真正打通了。

以蛙神原型为例，可以得出N级编码理论的具体内涵："无文字时代的文物和图像，有着文化意义的原型编码作用，可称为一级编码，主宰着这一编码的基本原则是神话思维。其次是汉字的形成，可称为二级编码或次级编码……三级编码指早先用汉字书写下来的古代经典……今日的作家写作，无疑是处在这一历史编码程序的顶端，我们统称之为N级编码。"②N级编码程序可谓应用于大传统文化文本和小传统文学文本关系的新理论框架，可简单直观地表述如下：

> 一级编码：物与图像（兴隆洼文化石蟾蜍/良渚文化玉蛙神）；
> 二级编码：文字（汉字"蛙"与"娃"的同根同构）；
> 三级编码：古代经典（《越绝书》蛙怒）；
> N级编码：后代创作（从《聊斋志异》蛙神到莫言《蛙》）。③

不难理解，我们当前迫切需要做的是透过莫言的《蛙》之隐喻，到《聊

---

① 蒋卉：《论莫言小说〈蛙〉中的"蛙"意象》，《百色学院学报》2012年第6期。
② 详参叶舒宪、章米力、柳倩月编：《文化符号学——大小传统新视野》，陕西师范大学出版社，2013年，第6—7页。
③ 同上书，第8—9页。

斋志异》之《青蛙神》崇拜，再到《越绝书》中勾践"见怒蛙而式之"的典故剖析，然后去深究"蛙""娃"词源的同根同构现象，最后对以兴隆洼文化石蟾蜍、马家窑彩陶神人（变体蛙）纹、良渚文化玉蛙纹、金沙遗址金箔蛙等为代表的一级编码文化文本背后所深藏的潜在力量进行逆向解码。

放眼全球，从罗琳《哈利·波特》的风靡到莫言《蛙》的被认可，中外作家的"神话编码式"写作已迫不及待地向理论界提出了新的建构需求，N级编码论的应时而出，将会直接促进传统文化观的革新。另外，在N级编码的前三级编码中，谁如果掌握了程序底端的深层编码，补习好大传统知识，谁就会更易获取作品的深厚内涵和张力空间，而不是在就事论事的平铺直叙描写上裹足不前。

由此观之，N级编码理论需要探讨的是文字时代以后的文学书写中所蕴含的上古密码，即元话语、原型问题。在大传统视域内，N级编码中越是古老的编码，越接近文化的基因和人类文明演变的编码，其能级越大，分蘖力越强。显然，该理论体现出从物的叙事、图像叙事转向文字叙事的实证研究思路，还在一定程度上彰显出四重证据法未曾关注的材料逻辑性问题。"从文化文本的历史生成看，物的符号在先，文字符号在后。文字产生之前肯定存在大量的口传文本，但是口说的东西没有物质化的符号，不能保存下来。于是，要探寻原表述或原编码，就只有诉诸物的叙事与图像叙事。"④鉴于N级编码论从年代学视角切入，以历史发展进程和延续程度为尺度，所以从中"抽掉"口传和身体叙事也就不难理解了。

事实上，当文史哲等人文划分的学科界限被打破以后，神话编码的文化功能意义就会得以鲜活再现。历史人类学家王明珂就曾对三星堆文明进行反思性研究：

> 我讨论的是三星堆文化，但我强调的不是又发现了一个中国古文明源头，而是为什么当真实的历史出土时我们会感到如此惊讶。我们的惊讶代表一种认知断裂——我们认为在这么早的时期，蜀地不可能有如此

---

④ 叶舒宪：《文化文本的N级编码论—从"大传统"到"小传统"的整体解读方略》，《百色学院学报》2013年第1期。

高的文明存在。因此我们要问的是，这种知识理性是从什么时候开始出现的。我在此研究中，仍是透过文本分析来解读汉晋蜀人写的一些本地历史。比如，《蜀王本纪》，我们可以看到写下这些作品的古蜀作者如何把本地"蚕丛"的历史遥远化，变成神话，并最后切断汉晋蜀人与古人之间的关系。①

长江上游的广汉三星堆文化被发现于中国的边缘地区，而这些地区的上古时期恰恰处于中国历史记忆中的空白期，由于左丘明、司马迁和班固等史学家只顾中原文明的"月明"，而有意忽视巴蜀边缘文明的"星稀"，使得三星堆文化因得不到客观表述和记录而变得茫然无踪可寻，史书和文献的失载将其变成一个被汉字编码的历史传统完全忽略、有意压抑和彻底遗忘的地域性文化传统。殊不知，"月明星稀"为一个完整实体，中原文明与巴蜀文明皆是华夏文明的重要构成要件。以至于当真实的"过去"被出土时，我们对它竟是感到如此震惊，显然这是因为我们心中视作常识的"过去"与出土的真实"过去"之间出现了巨大的偏差使然，被遗忘的真实"过去"开始重回我们的视野，重新唤起我们的回忆。

既然认识到每一个民族或族群的历史讲述都是神话历史，那么接下来就应当历史性地重构其原型编码，据此梳理后续的再表述过程，即二级、三级及其N级编码。广汉三星堆祭祀坑中出土的黄金权杖、面具以及青铜立人像，成都金沙遗址出土的金箔蛙与玉璧、玉琮、玉璋等，无一不在向世人述说着三千年前古蜀文明的辉煌过去，而神话学的知识考古正引领我们去还原和体认那段不能被遗忘的文明史。N级编码程序将分级编码明确具体化，意在唤醒学人的文化解码自觉，摆脱文字符号的束缚，自觉走出文字牢笼，在文化大传统中追求学术争鸣与思想自由。令人欣慰的是，如今越来越多的文学人类学同仁参与到文化文本的符号编码历程研究中，他们共同努力，为构建一套便于操作的编码、解码指导性理论而不懈奋斗。

唐蓉力图从文学人类学倡导的四重证据法出发，探寻N级编码理论的诞生轨迹。

---

① 王明珂：《"文本"与"情境"对应下的文化表述》，《社会科学家》2013年第2期。

从"四重证据法"到"N级编码理论",一脉相承的是:对非文字记载的历史和传统的充分重视,甚至在某种意义上将其地位提到了文献历史和文化之上。

但这绝不仅仅是一种理论内核的不同表达方式:在前者中,四重证据是并行的,是一个体系中的多角度,虽然这些证据产生和发现的时间有先后,但建构理论的着眼点却并没有强调其历史关系,也未曾详细探究其传承性和相互之间是否存在嬗变关系,并未完全脱离共时研究的结构体系;而后者,则充分关注了各级编码间的原生—派生、催生—源于的关系,事实上,各级编码之间的关系也可以解读为符号的生长和演变过程,如此一来,便形成了鲜明的历时观。①

她将信息的原初形式称为源码,转换之后的形式称为代码,二者之间转换的方式或规则称为编码规则。主张解码是编码的逆过程,在解码过程中,解码规则是编码规则的逆向操作,代码要通过这个逆向操作还原成源码。

N级编码理论不是闭门造车式的空想理论,它一方面吸收了弗莱的神话置换变形理论,另一方面借鉴了英国人类学家弗雷泽的结构主义与类型学相结合的方法论以及布罗代尔的长时段历史结构理论。另外,还与法国文学评论家罗兰·巴尔特以及哲学家雅克·德里达等人的后现代"互文性"理论在内涵上相通。他们想说明的是人类表意实践活动是如何在多元文化、多元话语交织中移动、改道和消失的,也就是说,后现代"互文性"理论要凸显的是文本中的多元文化、多元话语交织中的价值冲突问题,如创造/复制、个性化/非个性化、传统化/反传统、体裁化/反体裁等。②从这一意义上讲,N级编码理论与后现代的"互文性"理论有着某种相通的思想旨趣:都意在共同关注文化表述问题。

基于此,代云红指出,从某种意义上讲,N级编码理论是对文学人类学研究范式的一次理论整理或总结,体现着将四重证据法的共时性理论体系进行历时化的生成性表述的理论诉求,将其与神话"置换变形"理论、后现代

---

① 唐蓉:《N级编码理论的逻辑梳理》,《百色学院学报》2013年第1期。
② 代云红:《互文性写作中的价值冲突》,《当代文坛》2003年第2期。

"互文性"理论以及类型学理论加以对照,能够看出其潜含的思想内涵和积极的理论导向意义。

  从"N级编码理论"、神话"置换变形"理论以及后现代的"互文性"理论内涵的相通之处来看,三种理论表达了这样的观念:一是对文学的看法,即作为社会交际或社会交流的文学;二是对文学批评的看法,即文学批评是一种社会批评;三是三种理论都隐含着这样的理论意向,既要识别出文学的"同一性结构",又要能反映出文学的多样性特征。①

需要明确的是,贯穿于各级编码之间的主脉,仍然是文学人类学得以发端的研究重点——神话原型。瑞士人类学家巴霍芬(Johann Jakob Bachofen)是为20世纪的"女神再发现运动"揭开序幕的理论功臣。其在1861年用德文发表的《母权论:根据古代世界的宗教和法权本质对古代世界的妇女统治的研究》,标志着家庭史研究的开端。他把人类历史的第一阶段确定为母权制阶段,相当于中国古书所说的"知母不知父"状态。巴霍芬建构其理论体系的主要材料是古典神话,他善于从性别冲突的角度给希腊神话提出新的解释,从中归纳出从母权制到父权制的演进轨迹。20世纪最重要的女神研究学者是美国考古学家金芭塔丝,其遗著《活着的女神》②将考古文物中复原的女神信仰同其在父权社会中的残余形态有机结合为一个生命整体,使被历史所遮蔽、所遗忘的"女神的语言"同后起的"男人造的语言"同样成为我们反思现代知识体系的基点。

柳倩月致力于运用N级编码理论阐释现实问题,她在《女神复活:土家女儿会的神话原型编码分析》中认为,N级编码理论有助于在意义阐释上建立历代文化文本之间的关联,既然人类学视野中的"恩施土家女儿会"民俗活动与古代巴人"廪君射杀盐水神女"神话可以遥相呼应,那么该民俗活动

---

① 代云红:《论"N级编码理论"的思想内涵、理论要义及问题》,《百色学院学报》2013年第3期。
② Marija Gimbutas, *The Living Goddesses*, Berkeley: University of California Press,1999.

当属于远古女神文明的民俗化表现形式。"盐君自荐枕席,却死于情人之手,其隐喻的文化意义是女神文明开始从历史舞台退出,男权社会逐渐走上历史舞台",①这与巴霍芬、金芭塔丝所倡的"女神再发现运动"的旨趣完全一致。柳倩月通过从"女儿"到"女神"的逆向解码,希望历史地重构与盐水神女有关的女神原型编码,并针对其在大传统文化文本及当代文艺创作上的具体表现,证明神话原型编码在文化产业中产生的重要应用价值。"与巴人有关的历史虽然'鸿古''难为明征'(郦道元《水经注》),廪君射杀盐水神女的'神话历史'却保持着它强大的生命力,从苍茫远古一直走到了今天。从'廪君射杀盐阳神女'神话的不断表述,到如今武陵山区土家女儿会民俗活动的复兴,与盐水神女有关的文化编码过程从未停止过。"②通过文化符号的N级编码程序,我们能够有效激发民族文化传统的无限热情,同时也可以更好地促进民族历史的重建以及文化的承继。

需要注意的是,文学人类学者还需要关注神话的适应性问题,这种变化"并不意味着它开始失去功能或可能消失,相反,神话以保持自身存在的方式所发生的变化正是为了避免其功能的削弱或完全消失",③从而适应新的形势和挑战。因而,神话需要变换传达自身的方式,不会在各级编码中彻底消失。

N级编码将非语言、非文字的符号叙事摆在如此重要和基础的位置,就是要以其为利器,为破解神话原型编码以及其他级编码找到新的突破口。这就很好地呼应了N级编码理论提出的原初意义,更为直接地凸显出一级编码在重回中国文化大传统以及神话学研究中的重要性与基础地位。

文学人类学者所建构的N级编码理论,研究的是人类如何"记忆"文化原型的过程,解释的是具有推动人类文明进步能力的"长时记忆"所带来的结果,重在提倡中国文化的编码与解码自觉。如今,从交叉学科视角审视,我们只有洞察大传统中原始神话思维的文化编码,才能够真正实现对小传统

---

① 柳倩月:《女神复活:土家女儿会的神话原型编码分析》,《湖北民族学院学报(哲学社会科学版)》2013年第5期。
② 同上。
③ [荷]Th. P. 范·巴伦:《神话的适应性》,见[美]阿兰·邓迪斯编:《西方神话学读本》,朝戈金等译,广西师范大学出版社,2006年,第266页。

文字再编码的追根溯源。

## 七、玉教新教革命：从物质与精神上再统一中国

继2010年提出"玉教"说之后，中国文学人类学界于2015年又初步提出"玉教新教革命"（白玉崇拜）说，①继玉石神话信仰先统一中国之后，白玉崇拜实现了从物质到精神双层面上对中国的再统一，这是对玉教理论研究成果的进一步整合与创新。

格尔兹对当代人类学研究者进行宗教研究时，只重视宗教中神圣物对于人类社会生活的影响，而忽视对象征符号自身内在意义考察的现象提出了尖锐的批评。

> 人类学家的宗教研究应分两个阶段：首先对构成宗教本身的象征符号所体现的意义体系进行分析；其次，将这些体系与社会结构过程和心理过程相联系。我对当代人类学的大多数宗教研究不满意，不是因为它关注第二阶段，而是因为它忽略了第一阶段，结果是将最应阐明的东西当作了理所当然。②

我们通过对比发现，在中国的宗教研究中，以往被忽略的恰恰是玉这种神圣象征符号自身的意义，人们更多关注玉器在仪式中对人的身份和地位的影响，所以，"玉教"就被研究者有意无意间忽略掉了，"白玉新教"更是无从谈起。

"玉教新教革命"说不是凭空架构起来的，有关"白玉"的记载在先秦汉字书写小传统中俯拾皆是。

---

① 参看叶舒宪：《从"玉教"说到"玉教新教革命"说——华夏文明起源的神话动力学解释理论》，《民族艺术》2016年第1期。
② ［美］克利福德·格尔兹：《文化的解释》，纳日碧力戈等译，上海人民出版社，1999年，第143页。

《山海经·西山经》:"(峚山)多白玉。是有玉膏……黄帝是食是飨。"

《竹书纪年·卷上》:"帝舜有虞氏九年,西王母来朝……献白环玉玦。"

《楚辞·九歌·湘夫人》:"白玉兮为镇,疏石兰兮为芳。"

《礼记·玉藻》:"天子佩白玉而玄组绶,公侯佩山玄玉而朱组绶……"

上述种种未曾中断的记载当然不是说明白玉数量之多,反而恰恰体现出白玉的稀缺性、神圣性,直接反映出人们对于白玉的无比钟爱和尊崇。那么,这种独特的白玉崇拜文化观形成于何时?是怎样形成的?对华夏核心价值观又带来什么样的影响?

华夏神话之根的主线是玉石神话及由此而形成的玉教信仰。从神话学视野看东亚地区的玉器起源,可以发现每一种主要的玉器形式(如玉玦、玉璜)的发生,背后都有一种相应的神话观念在驱动,考察出土玉器的年代及地域分布,可以大致勾勒出玉教神话信仰传播的路线图。[①] 从大传统视野分析,玉文化传播在距今八千年到四千年间,主要的方向性运动为"北玉南传"和"东玉西传"。前者历时久,跨度大,自内蒙古自治区的兴隆洼文化,一直南传至浙江沿海的余姚河姆渡文化,玉文化生产在凌家滩、良渚文化时期达到巅峰;而后者出现晚,用时短,借助中原王权的辐射性影响力,将东部沿海流行的玉石神话信仰及其驱动的玉器生产进一步西传至河西走廊一带,齐家文化玉礼器体系为其辉煌期。显然,这两次玉文化传播运动并未催生出白玉崇拜的文化观。

直到经历了上述两大方向性运动后,伴随着商周王朝的兴起,另外一种全新的玉石原材料远距离运输现象——"西玉东输"开始了,产于新疆昆仑山一带的优质和田玉,被源源不断地输往中原地区。因为新疆和田玉中优质白玉数量可观,尤其是羊脂白玉更为白玉中的极品,而"北玉南传"与"东玉西传"两次文化运动发生时,用玉制度中缺乏白玉原料资源,自然未有白

---

[①] 叶舒宪:《西玉东输与华夏文明的形成》,《光明日报(理论版)》2013年7月25日。

玉崇拜现象；但"西玉东输"使得三千年前商周之际萌生的白玉崇拜在华夏玉教神话发展史上真正催生了一场"新教革命"，由此在八千年中国玉文化史上，正式奠定了华夏核心价值的物质原型，同时也对国家意识形态和物质生产发挥着越来越重要的影响。

白玉带来的这场"玉教新教革命"，促使后世历朝历代统治者更加倾心白玉这种珍贵稀缺的原材料，同时也把目光望向白玉的产地——昆仑山。周穆王姬满前往昆仑山会见西王母一事，可被视作白玉崇拜定型化的标志性事件。

> 吉日甲子，天子宾于西王母。乃执白圭玄璧以见西王母，好献锦组百纯，□组三百纯，西王母再拜受之。□乙丑，天子觞西王母于瑶池之上。西王母为天子谣，曰："白云在天，山陵自出。道里悠远，山川间之。将子无死，尚能复来。"天子答之曰："予归东土，和治诸夏。万民平均，吾顾见汝。比及三年，将复而野。"西王母又为天子吟曰："徂彼西土，爰居其野。虎豹为群，於鹊与处。嘉命不迁，我惟帝女。彼何世民，又将去子。吹笙鼓簧，中心翔翔。世民之子，唯天之望。"西王母还归丌□。天子遂驱升于弇山，乃纪丌迹于弇山之石，而树之槐，眉曰："西王母之山。"①

自西周以后，白玉崇拜开始朝着成仙、成神、永生不死的仙话方向发展，所以在《山海经》中才出现许多神话被仙话侵染的痕迹。"西玉东输"以后，来自新疆昆仑山的和田玉当之无愧地成为华夏玉文化发展过程中的绝对主脉，"白璧无瑕"也理所当然成为人们心中完美的代名词，国人的价值观表达模式因此确立。从《山海经》到《红楼梦》的整个中国文学史，恰是"白玉崇拜"的文学谱系，使得这场"新教革命"的形成过程变得有章可循。

《红楼梦》第四回中如此盛赞贾府的富贵气象："贾不假，白玉为堂金作马。"白玉堂的由来可上溯到先秦时代的"玉堂"，属于神话想象的一类建筑，归属大传统玉教下的符号谱系。东汉班固在《西都赋》中对长安城宫室

---

① 王天海译注：《穆天子传全译·燕太子全译》，贵州人民出版社，1997年，第62—63页。

大加赞赏，其中玉堂和白虎、麒麟等神话动物共存，又和神仙、长年、金华等并列，极尽凸显让现实世界成为神话世界的符号能量。

> 其宫室也，体象乎天地，经纬乎阴阳，据坤灵之正位，放太紫之圆方。树中天之华阙，丰冠山之朱堂，因瑰材而究奇，抗应龙之虹梁，列棼橑以布翼，荷栋桴而高骧，雕玉瑱以居楹，裁金璧以饰珰，发五色之渥彩，光焰朗以景彰。于是左城右平，重轩三阶，闺房周通，门闼洞开，列钟虡于中庭，立金人于端闱，仍增崖而衡阈，临峻路而启扉。徇以离殿别寝，承以崇台闲馆，焕若列星，紫宫是环。清凉、宣温、神仙、长年、金华、玉堂、白虎、麒麟，区宇若兹，不可殚论。①

可以明确的是，"玉堂"取象的原型是神仙居处，换言之，玉堂的原型在天上。白玉堂这类发端于天国想象的仙界建筑，在汉代以后被文学家们视作虚实相生的符号想象，架构起一座贯通幻想与永生的文学桥梁。

前述与穆天子在瑶池相会的西王母，不仅是一位掌握西极最优等白玉的女仙，而且是掌管天下唯一长生不死药的女神。透过白玉与不死药间的隐喻关系，我们可窥知西王母所献白玉环的神话象征意义，即人类所追求的永生不死的梦想。该神话叙事虽"言简"，但其中潜隐的文化信息却"意赅"。

第一，中原人心目中的白玉产地为极远的西部地区，以西王母所居之地为代表。第二，白玉之所以珍贵和稀有，是因为它同西王母所掌管的天下唯一的不死秘方功能有关，同样代表人间追求的最高理想——永生不死。第三，环者，其形状本身寄寓着回环往复的意思，指向无穷尽的广大与极限。玉环的华夏文化特殊隐喻是指友好往来，有去有还。②

西王母不远万里，来到中原向统治者献上白玉环，足见其希望友好往来

---

① 费振刚、仇仲谦、刘南平校注：《全汉赋校注》（上册），广东教育出版社，2005年，第466页。
② 叶舒宪：《〈山海经〉与白玉崇拜的起源——黄帝食玉与西王母献白环神话发微》，《民族艺术》2014年第6期。

的诚意。这种白玉崇拜的特殊魅力，恰恰来自玉石神话信仰传承过程中的观念变革，即从最初崇拜各类杂色玉，到专一崇拜白玉。而催生这种文化观念变革的正是前面述及的"西玉东输"运动，即新疆和田玉规模性地输入中原的现实背景。

据统计，《山海经》讲到的产玉之山，多达142座，①绝大多数以"多金、玉""多玉"或"多美玉"笼统介绍，然而特别冠以"白玉"之称的产玉之山至少有16座，②所占比例超过10%，足见叙事者用意之深。显而易见，《山海经》的叙事者已经明确将"白玉"和"玉"区分开来，究竟是什么驱使叙事者专门强调其颜色之"白"呢？姑且抛开所述故事的真伪性不论，我们知道，在先秦时代，玉代表神，玉中又以白玉为尊，先民对白玉顶礼膜拜，心存最虔诚的崇高信仰，因此叙事者基于白玉崇拜这种信仰驱动的创作动机是毋庸置疑的。

但白玉崇拜的原型何为呢？且看《山海经·西山经》所载：

> 又西北四百二十里，曰峚山，其上多丹木，员叶而赤茎，黄华而赤实，其味如饴，食之不饥。丹水出焉，西流注于稷泽，其中多白玉，是有玉膏，其原沸沸汤汤，黄帝是食是飨。是生玄玉。玉膏所出，以灌丹木。丹木五岁，五色乃清，五味乃馨。黄帝乃取峚山之玉荣，而投之钟山之阳。瑾瑜之玉为良，坚粟精密，浊泽有而光。五色发作，以和柔刚。天地鬼神，是食是飨；君子服之，以御不祥。自峚山至于钟山，四百六十里，其间尽泽也。是多奇鸟、怪兽、奇鱼，皆异物焉。③

分析这段文字可知，峚山"多白玉"，对象明确为优质白玉，这些白玉富于变化，先为白玉膏，继而为玄玉，白黑有间，阴阳交织。此外，白玉膏的营养价值被赋予神奇色彩，黄帝将之视为饮食对象，天地鬼神同样可

---

① 郭郛:《山海经注证》，中国社会科学出版社，2004年，第963页。
② 《山海经》中记载出产"白玉"的16座产玉之山分别是：猨翼山、箕尾山、柜山、大时山、鹿台山、小次山、峚山、乐游山、申首山、泾谷山、中曲山、鸟鼠同穴山、白沙山、宜诸山、鬲山、熊山。
③ 袁珂:《山海经校注》，上海古籍出版社，1980年，第41页。

以"是食是飨",君子服用后可以抵御各种不祥之灾。更神奇的是,白玉可以被播种再生,黄帝将峚山所采玉荣,播种到钟山之南,即可产出"坚粟精密"的瑾瑜之玉。峚山白玉所引发的上述种种想象,实则都符合古典文学中将天上发光体隐喻为白玉的惯例表达,目的无非是合乎天人合一的逻辑诠释罢了。

北宋司马光《训俭示康》云:"吾今日之俸,虽举家锦衣玉食,何患不能?顾人之常情,由俭入奢易,由奢入俭难。"上至历代君王,下迄布衣百姓,对"食玉"理念的追求始终没有中断过,这在很大程度上受到观念决定行为的影响,对"玉食"的追求也形成华夏特有的修辞范式。因此,黄帝食白玉膏的神话明显发挥了叙事与想象的原型作用,而这完全遵循文学人类学倡导的"神话—信仰—观念—行为—历史事件—文明进程"理论解释模型。

中国历史书写特征为"神话历史",驱动其神话想象的终极原型是源于八千年前的玉教神话,玉教神话发展到文字小传统中形成一种后来居上的核心崇拜,即以和田玉进入中原国家为物质前提的白玉崇拜。[①]其中最具代表性的两个历史事件当为秦始皇制作传国白玉玺与鸿门宴上白玉璧保全刘邦性命,由此可以透析玉石神话信仰对整个华夏文明的历史构成与历史书写所起的支配性作用。

古代帝王皆称"天命不可违",以"受命于天"来强化自身统治的合法性,如此头等大事事关统治者登基或继位的权威性,必须用一种至高无上的物质符号予以证明。而在秦始皇嬴政看来,他舍弃了贵重的金属,"收天下兵器,聚之咸阳,以为金人十二",选择用顶级白玉制成传国玉玺,足见其对白玉资源的重视程度。传国玉玺代表着最高权力,一旦将白玉神话与白玉玺的最高王权象征意义结合起来,就为后代史家的史书撰写提供了无尽的想象空间,传国玉玺失而复得、得而复失的近千年传奇故事,足以成就华夏文明中文学创作者们乐此不疲的最佳写作题材。

刘邦利用先入关中占据咸阳之机,成功获取秦始皇特制的象征最高权力的唯一符号物——传国玉玺,但项羽并不愿与刘邦长久分据称王,面对一山不容二虎的相持境地,才有了"鸿门宴"事件。《史记·项羽本纪》中记载,

---

① 叶舒宪:《白玉崇拜及其神话历史初探》,《安徽大学学报(哲学社会科学版)》2015年第2期。

当鸿门宴上刘邦见情况对自己不利时，欲求借故脱逃，故而派张良"奉白璧一双，再拜献大王足下；玉斗一双，再拜奉大将军足下"，项羽的反应也给故事的结局提前作好了铺垫——"受璧，置之坐上"，刘邦因此免于一死。范增拔剑撞破玉斗，为什么项羽却愿意"受璧"呢？答案只有一个：白璧！玉璧象征着天和天门，白璧自然也成为统治和王权的最高象征符号，刘、项二人都深知白璧至高无上的价值，刘邦自知唯有献出白璧方能保命，而对于刘邦这种特殊的示好、示弱与妥协方式，项羽当然不会拒绝。

透过这些代表性历史事件不难得知，中原王朝统治者都极为崇奉神圣的白玉，如若我们以中原王朝的白玉崇拜为标志，将西王母来中原献白玉环神话的起源大致追溯到距今三千多年的商周时代是具备说服力的。有关西王母和昆仑神话的来源问题，苏雪林、丁山、凌纯声等部分学者受国外学者的阐释误导效应，一度考证西王母形象实为西亚两河流域美索不达米亚文明中的月神，后经辗转传到中国，而被汉译为"西王母"。除此之外，西王母的具体神格还存在死神、吉神、月神、保护神、生育神、创世神等不同说法，[1]因此形成各种神格相纠结的芜杂局面。苏永前认为应首先从早期材料入手，结合四重证据法来探讨西王母的原初神格，以此来重新认识西王母神话的象征系统。[2]

《尔雅·释地》曰："觚竹、北户、西王母、日下，谓之四荒。"郭璞注曰："觚竹在北，北户在南，西王母在西，日下在东，皆四方昏荒之国，次四极者。"[3]可见西王母居于环境险恶的西方日落之地，而这往往与"死亡"意象联系起来。

> 在神话思维中，日出与日落并不是纯客观的自然现象，它必然同时代表着某一神或英雄的命运。因此，太阳的上升阶段就和英雄的出生、成长、建功立业等喜剧性情节相对应，而太阳的西落和隐没也就和英雄的失败、死亡等悲剧性情节相对应。[4]

---

[1] 关于西王母神格的讨论，参看赵宗福：《西王母的神格功能》，《寻根》1999年第5期。
[2] 苏永前：《西王母神格探原——比较神话学的视角》，《民族文学研究》2014年第6期。
[3] 〔晋〕郭璞注：《尔雅》，中华书局，1985年，第337—338页。
[4] 叶舒宪：《探索非理性的世界：原型批评的理论与方法》，四川人民出版社，1988年，第229—230页。

此外,《山海经·西次三经》曰:"又西三百五十里,曰玉山,是西王母所居也。"① 玉山,即今日所指昆仑山,久居于此的西王母既掌管白玉,又掌管长生不死秘药,再生神职自然也得到确认。其实,在中国传统文化中,"昆仑"既指圣山实体,又隐喻生命之孕育与再造,吕微指出:"昆仑正是一个具有空间性和容纳性的物体,是女性的神话象征,其在现实世界的原型即是与女性生育有关联的子宫、胞胎、产门或整个母腹。"② 将昆仑本身视作生命孕育的象征,西王母又居于其上,故西王母最初的神格应该是一位掌握着死亡与再生之权的大母神。因此,西王母所处的昆仑神山,既是生命最后归宿的坟墓,也是孕育新一轮生命的母体和子宫,随着父权制的兴起,西王母的神格渐渐被男权话语所遮蔽,最终成为屈居次要地位的配偶神。③

如今,越来越多的考古出土文物表明,商周以来的用玉制度离不开白玉和青白玉资源,这些资源恰是中原地区匮乏的,这才有了商周以后愈演愈烈的"西玉东输"运动,新疆昆仑山和田玉才得以服务于王权统治者。西王母献白玉环、穆天子会见西王母等神话叙事是有现实物质基础的,而白玉崇拜这种特有现象是包括两河流域文明在内的其他古代文明所无法凭空臆造虚构的,唯有意识到西王母是本土白玉崇拜催生出的死亡再生女神形象,我们才能让西王母外来说破绽百出。

马克斯·韦伯论证新教伦理与资本主义精神时,采用正反两条路径:一是在西方文明世界内部寻找一个催生出资本主义精神的因果,"西方世界赋予了资本主义他处所未曾有过的重要意义,这是因为西方世界发展出了他处所没有的资本主义的种类、形式与方向";④ 二是前往其他非西方社会进行调查研究,力图证明非西方世界的所谓宗教精神并没有催生出资本主义精神。

不同于韦伯的是,我们需要寻找的不是意识的因果,而是渐已失落的玉神观,是文明的因果。从史前高等级墓葬中的"唯玉为葬"现象,到2008

---

① 袁珂:《山海经校注》,上海古籍出版社,1980年,第50页。
② 吕微:《"昆仑"语义释源》,载马昌仪编:《中国神话学文论选萃》(下编),中国广播电视出版社,1994年,第504页。
③ 苏永前:《西王母神格探原——比较神话学的视角》,《民族文学研究》,2014年第6期。
④ [德]马克斯·韦伯:《新教伦理与资本主义精神》,康乐、简惠美译,广西师范大学出版社,2010年,第7页。

年北京奥运会"金镶玉"的个性化奖牌设计,玉石神话信仰已经影响了中国数千年之久,玉作为中华文化的特有"内语",这套神圣的符号系统从未中断过。玉石神话信仰不是世俗的,"玉教新教革命"说符合"白璧无瑕"的中国式完美理想,符合华夏文明信仰认同。我们唯有重视精神对物质的反作用,将神圣化的观念投射到白玉之上,还原出中国史前信仰的共同核心和主线,找出内在信仰的驱动力,方能打开认识华夏文明发生的新窗口,理解商周之际的白玉崇拜如何实现从物质与精神上再统一中国,[①]更有助于重新认识玉教支配下的中国文明史。

国内文学人类学的理论建构意在突破西方知识范式的束缚,并非生硬地援西套中,也不是与西方理论扞格不入,而是引领本土文化自觉,建构出一套具有鲜明中国特色的文化研究和阐释的理论体系,让被现代性的学院制度弄得褊狭化、僵硬化、驯顺化的文学和文化观念丰满起来;进而重建文学人类学的本土文学观,重建文学人类学真正意义上的中国文学观,以期不至于再次陷入价值判断式争论怪圈。

然而,理论建构过程中也依然会遇到诸多待解的新旧难题,诸如玉石之路重建国家文化品牌问题、四重证据法的证据间性问题、玉教本土信仰与佛教外来信仰的置换研究问题、"玉教新教革命"说的动力学因素问题,等等。因此,我们必须承认,在全球文化寻根运动和文学人类学转向双重背景下,中国文学人类学理论体系的建构仍然任重道远。

---

[①] 叶舒宪:《从"玉教"说到"玉教新教革命"说——华夏文明起源的神话动力学解释理论》,《民族艺术》2016年第1期。

## 第十五章
# 图像、器物与文化文本

**内容摘要**

在现有的文艺理论和美学理论范式之外，寻求一套文化文本导向的新理论与新研究范式，是当代文学人类学首要的理论难题。中国文化文本的内生特质、文明的驱动力以及文学文本的符号编码与再编码的历程是怎样的？这是2013年出版的《文化符号学——大小传统新视野》要解决的核心问题。本章从（一）从文学文本到文化文本，（二）物、图像与重新讲述"世界故事"，（三）从文化符号学看"物的叙事"三个层面，解读《文化符号学——大传统新视野》是如何在大小传统视野下，透过N级编码理论，层层还原文化生成符号的历时性叠加过程和华夏文明核心价值观形成的轨迹，从而探究图像、物象等文化符号体系是如何在当代民族国家的语境下重新讲述"中国故事"的。

## 一、从文学文本到文化文本

20世纪70年代以来，文学研究的重心出现了一个重要的转型，即从文学内在的修辞学研究，转向文学外在的关系研究。用韦勒克的术语说，是从内部研究转向外部研究。文艺学转变为文化诗学，一度主宰文学研究的"文学性"也演变为"文化诗性"。各类对文本的阐释性解读方式强调对语境关联性的研究，语词文本与社会、自然、历史的绞缠，也自然成为新的关注点。

在现有的文艺理论和美学理论范式之外，寻求一套文化文本导向的新理论与新研究范式，是当代文学人类学需要处理的首要理论难题。文学人类学的批评实践侧重于以人类学、历史学和符号研究的方式研究各种文化书写的形态，在研究动态文化的过程中提炼出"文化文本"这一新兴概念。从中国文学人类学研究会首届年会的论文集题为《文化与文本》[①]就可以看出国内的文学人类学一派所关注的核心问题是什么，即如何找到文学文本与文化文本的理论关联。二者之间的关系不是并列的，而是从属性的。换言之，是看不见的文化文本决定着看得见的文学文本。

由此可知，"文化文本"是当代文学人类学最为核心的关键词。它最大的特点在于其非实体特征，在内涵上囊括各种类型的活态文化与物质文化，如民俗礼仪、节日庆典、口传史诗、传世文物、出土文物、建筑、墓葬形制。除此之外，生成这一符号综合体的特定社会历史情境也是文化文本的组成部分。

2013年出版的《文化符号学——大小传统新视野》一书为文学人类学进行文化研究和文化阐释提供了一个全新的理论视野，即"文化符号学"的概念。这一理论的创新之处在于重新划分文化的"大小传统"。在论者看来，先于文字以外的传统是大传统，而后起的文字则是小传统。在此基础上，他提出一个颇具分析性含义的核心概念"N级编码"，将一万年以来的文化文本乃至当代作家原创的文学文本尽数囊括其中（第三章"编码的符号学"）。简要来说，大传统以器物与图像为符号载体，这些产生于无文字时代的元素有着文化意义上的原型编码作用，可称为一级编码，也就是文化的原型编码，主宰着这一编码的基本原则是神话思维；以甲骨文为初形的文字是二级编码；用文字记录的早期经典则是三级编码，在中国包括先秦典籍等史籍，在希腊则是《荷马史诗》，在印度是四部"吠陀"和两大史诗《摩诃婆罗多》和《罗摩衍那》，在埃及是《亡灵书》，在苏美尔是《吉尔伽美什》；之后的一切写作实践都是由此衍生出来的N级编码。《文化符号学——

---

[①] 叶舒宪主编：《文化与文本》，中央编译出版社，1998年。

大传统新视野》正是从大传统的原发性角度重新解读小传统的所以然,通过文化符号学的多层编码理论,层层还原文化生成符号的历时性叠加过程,不仅阐述了驱动华夏文明的文化文本符号编码之核心动力,更是严格按照年代顺序梳理出中华核心价值观的形成轨迹,探究视觉文本和物象文本的符号体系、表意功能与叙事特征,在当代民族国家的语境下重新讲述"中国故事"。

## 二、物与图像:重新讲述"世界故事"

作为"新史学"浪潮重要组成部分的"新文化史"特别关注"物质文化"(material culture)的话题。迄至今日,对于"物"的研究已经呈现出极为复杂的跨学科面貌与多元发展的趋势,最新的议题包括空间与景观、文化与记忆、消费与收藏、交换与展演等范畴,揭示出作为商品、礼物、艺术品、考古遗存等多种形态的精彩纷呈的物世界。西方哲学传统中"词与物"的疏离与对立,长久以来固化了物的次级地位,正如阿君·阿帕杜莱(Arjun Appadurai)在《物的社会生命》一书导言中指出的那样:"当代最强有力的趋势就是将物的世界视为是一个无活力的、沉寂的世界,只有通过人及其语言才能使它们呈现出生机,然而在历史上的很多社会中,物并没有与人及其语言相分离,这种对物的看法即使在西方资本主义社会中也没有彻底消失,最著名的莫过于马克思关于商品拜物教的讨论。"[1]

物的文化再现(the representation of culture in material objects)[2] 是近年来新文化史关注物质文化的一个焦点,旨在透过"物"本身来观察作为过程、语境和背景的种种"文化再现"(the representation of culture)的形式。这种研究取向,在汉学领域由英国学者柯律格(Craig Clunas)开风气之先。在

---

[1] Arjun Appadurai, ed., *The Social Life of Things: Commodities in Cultural Perspective*, Philadelphia: University of Pennsylvania, 1986, p.4.
[2] George Stocking, ed., *Objects and Others: Essays on Museums and Material Culture* (History of Anthropology, Vol.3), Madison: University of Wisconsin Press, 1985, p. 3.

《长物：早期现代中国的物质文化与社会状况》①一书中，柯律格以明人文震亨（1585—1645）的《长物志》为对象，将古董、花园、绘画分别赋予文化价值，提供了研究晚期明帝国物质世界的新视角。

20世纪90年代之后，"物的文化传记"（cultural biography of things）逐渐成为"新史学"旗号下逐渐得到广泛运用的一个概念。②伊戈尔·科普托夫（Igor Kopytoff）所作《物的文化传记》（The Cultural Biography of Things: Commoditization as Process）一文中提出，应当把人的传记形式应用到记录物的社会生命上，因为物本身是有生命的，为物书写传记，这不仅可以用来记录物的生命历程，也可以用来记载文化接触过程中，外来物品如何被文化重新界定并投入使用的方式。"一个文化内涵丰富的物的传记，应该把物视为一个被文化建构的实体，物被赋予特定的文化意义，被归入或重新归入不同的文化分类范畴。"③从"物的文化再现"到"物的社会生命"，新史学在融合了人类学理论的灵感之后，出现了这样一种回归物自身的研究取向。莫斯（Marcel Mauss）在《礼物》一书中从大量的非西方民族志材料中提炼出来一种"人物混融"观念，在赋予物以人的生命的同时，也以物的方式来表达人的生命。一旦我们将文化大传统的理论引入物的研究领域，物所具有的原型编码的文化价值就更加清晰地凸显出来，它以在场者的身份参与到早期文化建构与表述的历史之中。重新审视物的文化价值，有助于破除文字对言说体系和阐释系统的垄断，进而辨识出那些建立在文字基础上的派生性文化特征，而困扰后人的早期文明的迷雾和种种历史假设，则会显露出破解的线索。

图像大传统的世界，是由图形、符号、数字象征、仪式操演、物象信

---

① Craig Clunas, *Superfluous Things: Material Culture and Social Status in Early Modern China*, Hawaii: University or Hawaii Press, 2001.
② Igor Kopytoff, "The Cultural Biography of Things: Commoditization as Process", in Arjun Appadurai, ed., *The Social Life of Things: Commodities in Cultural Perspective*, Cambridge: Cambridge University Press, 1986; Chris Gosden, and Yvonne Marshall, "The Cultural Biography of Objects", *World Archaeology*, 31(2), 1999, pp.169-178.
③ Igor Kopytoff, "The Cultural Biography of Things: Commoditization as Process", in Arjun Appadurai, *The Social Life of Things: Commodities in Cultural Perspective*, Cambridge: Cambridge University Press, 1986, p.68.

仰的形式加以编码而成的。在文字取得绝对权力之前，历史是未经阉割的历史，人类感知世界的方式也未被单一的抽象化符号形式所主宰。随着文字的一统天下，思维渐渐受到书写符号的辖制，人们只能画地为牢，那些文字书写之外的世界，于是就在知识传承中慢慢湮没无考了。晋人葛洪《抱朴子》有"书三写，鱼成鲁，虚成虎"之说，足见以文字为媒介的小传统的世界是一个讹误丛生的世界。

《文化符号学：大小传统新视野》引导读者回望那个遥远的大传统时代，从文物图像的角度追溯雅典娜神话的发生历程、七夕神话和玉石神话的原型（第四、九、十一章），等等。图像就是先于文字的大传统时代人类表达自身和社会的主要媒介。从结构类型上来看，图像符号可以分解为两个层面：能指层面构成表达平面，也就是通常所说的属于感官物质性的形式——例如颜色、线条、构图、光影、比例、焦点、材质；图像的所指层面则构成内容平面的实质部分，形象、形式和母题都是这一实质的征兆和表象。作为一种表意的文化符号，图像不仅仅是以物态形式存在的文化产品，也是囊括了观念、动机、行为、作品效果和心理反馈等因素在内的一套过程性的实践模式。那些催生图像的信仰、民俗、特定人群的身份认同和区域社会历史的变迁等诸多能动性的因素，可以被理解为对图像符号表意起到重要作用的一类伴随文本。

以中国古代地图为例，地图是一类具有原型意义的文化产品，在古代中国，凡是涉及开疆拓土、分成列屯、措置边民、邦国交聘之事，都会伴随有绘制地图的行为，其内容包括天文、山陵、舆地、名胜、寺观、宫苑、城池、江海、河道、巡幸、纳贡、盐政、耕织等，形式又有件、张、幅、卷、页、摺、册，反映了一时一地的信息。早在先秦时期的文献记载和青铜器铭文里，就可以看到许多制作地图的观念与知识，这些观念与知识都是先于文字出现的。例如为营建洛邑而绘制的选定城址图（《尚书·洛诰》），为统治者指示"次序祭之"而绘制的山川图（《诗·周颂》），记录重大军事行动的武功图（《武王成王伐商》），表示王畿以东诸侯疆界的国界图（《宜侯夨簋铭》）等，足证在此以前必曾已有一段较长时间的制图技术发展过程。这类"图"又被统称作"舆地图"，舆即车舆，意思是这类图就像车舆一样，将地上所有之物全部承载其上。按照使用的功能，古代中国地图的种类可以被分为几类：一是历史沿革图，包括历代城郭图、历代疆域图、历代河口图、藩属图；二是边防图，包括地形图、地界图、屯营图、山势图、边关图、江防图、海防图；三是水利图，计有河渠图、湖泊图、运河图、闸坝图、河堤图、海洋图、营汛图、河工图；四是交通图，包括漕运图、海运图、水陆道里图；五是行政区图，包括乡都图、都隅图、村庄图、城厢图、街道图等。其他还有校场图、义仓图、谷仓图、考棚图、场图、武备图、天文图等杂类。

地图绘制有两大传统——知识传统与想象传统。[1]前者指的是运用浓缩的图式符号来再现客观，这些符号分别指代不同的地理要素，例如点代表城镇或村庄，线代表公路或河流，空白代表水域或沙漠。想象的传统则是指绘制地图过程中出现的信息的丢失与添加。无论以多么科学的方式来表现，地图都是一个布满了暧昧与偏见的视觉产品。那些具有高度选择性的符号图形，无不包含着绘图者的个人判断和时代造就的地理想象（geographical imagination）。换言之，地图既是一种以图像符号为载体的对客观现实的呈现，也是对制图者思想、信仰和宇宙观的反映。大小、上下、方位、比例，无一不渗透着绘制者的主观意图。

以"向心式"地图为例，这种图像模式来源于佛教教义对于空间的构想。根据《长阿含经》《楼炭经》、叙事诗《摩诃婆罗多》和唐代《法苑珠林》等文献的记载，大千世界的中心位于南瞻部洲（Jambu-dvipa）上的须弥山（Suma），日月星辰都以须弥山为轴心旋转。以此为原点朝垂直和水平两个方向延伸，垂直方向从上至下有三界，水平方向则是横向分布八重山脉，其中第七和第八重山之间是广阔的大海，东南西北四个方向环绕着四大部洲，分别是东胜身洲、西牛货洲、北俱卢洲、南瞻部洲，整个地上世界由"四洲九山八海"组成。

明万历三十五年（1607）刊刻的《法界安立图》之"南瞻部洲图"展示了这种观念指引下的地图构型传统。中国被放置在南瞻部洲的大陆岛上，该岛被东西走向的六条山脉分割为七个区域，呈现为一个北宽南窄的倒三角形。中国就在这个倒转三角形的东北部，在佛教典藏中被称作"晨旦""震

---

[1] 葛兆光：《宅兹中国：重建有关"中国"的历史论述》，中华书局，第98页。

旦"。位于倒三角中心的"天竺"是构图的中心，也是佛经中世界的中心，四周林立的包括中国在内的国家围绕恒河流域呈环拱之势，是受佛教泽被的"边地"。这种构图法与我们熟知的"中国中心式"的构图或投影技术支持下的实测经纬地图呈现出完全不同的视觉效果，由此亦可见图像是观念的产物。

又如古代山水画和地图的坐标定位与现代制图学惯用的"上北下南"迥异，古代以南方为正位。画面的底端与看图者的位置更接近，是主位；画面上端则是用来表示远景，是次位。许多早期地图和术数书中的插图都采用这种"上南下北"的视点，如平山中山王墓出土的《兆域图》、马王堆汉墓出土《地形图》《驻军图》和《禹藏图》等。这种方向定位与上古华夏先民的"面背"概念有关，也和《山海经》所显示的神话政治地理图景完全吻合。如文学人类学研究者对《山海经》的性质作出的解析：

> 《山海经》虽然乍看起来确实像一部地理书，甚至还给人以科学实录的假象：不厌其繁地罗列山川河流、地形地貌、物产资源、方向里程等等，但这些仅仅是些虚实难辨的陈述，总体上看则是服务于特定功利目的的政治想象图景。正因为如此，古往今来试图用纯实证的方法对《山海经》内容加以考实的种种尝试均不能令人如愿，不免陷入无尽纷争之中。我们若能从政治地理的观点去考察，也许能说明《山海经》的构成奥妙。
>
> 与其说它记录着可以考实的地理知识，不如说反映的是作为权力的一种形式的知识生产模式。鉴于这一认识，我们把《山海经》当作知识社会学的对象来研究，要比把它当作地理知识来研究更具有学术价值。借用福柯的词，不妨把它视为"权力地理学"的一个古代中国个案。

山川地理同人及其社会之间的关系是如何建立起来的呢？宗教思维惯常的解释是通过神灵作为中介者来建立这种关系。而抱有人本主义世界观的古代思想家则以圣人或圣王来充任此一中介。《大戴礼记解诂》注引曾子曰："圣人为天地主，为山川主，为鬼神主，为宗庙主。"天地山川既然都是为圣人宗主天下而设定的，那么叙述地理和物产方面的知识也当然是为圣人治天下所用。这就是具有古代中国特色的政治地理观。受此影响，有关国土的观念当然是以某种山川地理的集体表象为根基的，不过，这种集体表象却又同史前信仰密切相关。《山海经》一书对此种古老的联系提供了很好的例证。书中每述及一地一山，必要交代当地的祭祀情况，各种奇异的山神形象也是屡见不鲜。如法国政治社会学家迪韦尔热所说，我们目前掌握的有关史前期人与土地及环境关系的知识告诉我们，这种关系带有神秘和迷信特征："土地、树木、植物、动物、河流、湖泊都被看作可以与之保持人际关系的超自然力量。通过祭祀可以得到这种关系，违背禁忌就失去它们。从某种程度上讲，领土也被人格化、主体化了，而不是被看作一种外在的东西、一种客体。"（迪韦尔热：《政治社会学》，杨祖功等译，华夏出版社1987年，第55页。）这些论述有助于理解《山海经》为何在记述山川形势和动植物分布之后总要归结到祭祀的仪节方面。只有通过世代相沿的祭祀礼仪的象征作用，圣王对国土的控制才会得到传统信仰上的支持。地理知识对于维系政治权力的绝对必要性也是通过祭祀活动而得到突出表现的。可知，政治地理学的前身必然是某种宗教政治的地理观。《山海经》可作为此种宗教政治地理的标本来看。[1]

从直观上看，汉字"北"作为一个写意的符号，是造字者"近取诸身"的一种便利发明："北"就是两个背对着背的人形的素描图。所以一般按照面向南方的居住模式，北方就是人体的后背一方。"北"字和"背"字的同音同形，显示出汉字造字者用人的身体为坐标给宇宙方位编码的初衷。从新石器时代的房屋和城郭建筑看，都是以面南背北（面阳背阴）为正。对于社会统治而言，则有"君王南面而朝，臣民北向事君"的礼制，这显然是此种神话编码的空间方位观的体现。"南北"可以被化约为一组二元对立的符号，北方意味着昏暗、阴冷、海洋、夷狄、四裔、境外；而南方则对应为光明、温暖、陆地、华夏、中原、境内。

又如，在古代中国的方志地图的传统中惯常使用的构图模式是一种向心式结构，这与"五服制"的地理想象是相一致的。中国传统地图学中并没有

---

[1] 叶舒宪、萧兵等：《山海经的文化寻踪》，湖北人民出版社，2004年，第54—57页。

经纬度的概念,这种同心式地图用来确定数据的起算点是作为中心的都城。以都城为原点,确定各府州治的位置;以府州治为原点,确立各县治的位置;以县治为原点,确立县下一级行政或军事单位和自然地物的位置。这种空间想象模式把全国的政治地理区划分成三大圈层:都畿圈、府州圈、县治圈,分别以都城、府州、县治为原点。各府州以国都为中心,县治以府州为中心,乡野以县治为中心,形成层层环拱之势,呼应了"要服、荒服"的空间观念。这种空间观念非常明显地体现在鸟瞰一地整体概貌的"都隅图"之中。这一图类通常将行政单位的中心(州、府、县治)安放在符号系统的中央,以此来强调京城或府、县治的重要性。官署衙门所在之处象征着政治权力的中心,表示其他地理要素的符号和地名呈向心式的安排,从管理者所身处的行政公署向四方望去,有限的地域空间之内排布着粮仓、驿馆、城隍庙、社稷坛、邑厉坛、学宫、道观、义仓、考棚等图标,组成了一个由明确的等级单元建构起来的有序而内向封闭的世界。

"荒服"这个概念与中原或中央相对,也是充分体现华夏文明文化文本编码规则的术语。溯本求源,仍然需要诉诸《山海经》中的《大荒经》。文学人类学的研究希望通过《大荒经》的原编码,为这一套符号现象找出规律性,这是探寻文化文本之潜规则的一种大胆尝试。他们认为:

> 与"荒"有关的东西,大都属于无稽,"荒怪"一词的出现,实非偶然。而"荒诞"与"怪诞"等近义词所构成的语义场,大致勾划出儒家理性主义所指认的谈论禁区。殊不知,"怪"与"圣"之间的差异实在太微妙。"不语怪"的戒条难免把《荒经》中的民族口传圣史阉割殆尽。见闻广博,行万里路的司马迁尚且如此,遑论后世之俗儒。
>
> 道家则反其道而行之。《庄子》开篇就以《逍遥游》中的无稽之谈为"怪"翻案,在陈述了鲲鹏变化的神话后,专门交待"无稽"之言的"有稽"出处:"《齐谐》者,志怪者也。"难怪后世儒者把《庄子》和《山海经》视为同类,更将后者称为"古今语怪之祖"。由此形成的对抗儒家理性话语的悠久传统,给了上自屈原、李白,下至蒲松龄、曹雪芹等历代文人驰骋幻想,寄托叛逆情怀的灵感之源。《荒经》及其所标榜的"荒"之理念,就这样同其对立面——中心的观念相互依存,为一切

试图反叛或挑战中心价值的非正统言论提供着空间背景。怪不得生来就与儒家四书五经格格不入的贾府公子宝玉会走上叛逆之途,因为他的终极来源便是"大荒山无稽崖"。

荒远与中央的空间对立还具有另外一层文化蕴含,那就以怪异荒诞来打破人们习以为常的世俗秩序的合法性,为超越和创新的思想提供契机。因为对荒怪事物的关注必然会引发人们对熟悉的现存事物的反思,产生某种"陌生化的效果"。[①]

以上研究案例,从单个的具有原型意义的文学文本(如《山海经》)入手,梳理出该文化中的空间符号的价值系谱,表明的是文学人类学研究与一般意义的文学批评和文学研究的不同旨趣。在这里,"文化文本"这个新术语的引领意义可以一目了然。

中国文化文本的内生特质、文明的驱动力以及符号编码与再编码的发展历程是怎样的?要弄清文学文本与文化文本的关系,难点在于确认文化文本的原型编码构成及其地理空间与历史演变。《文化符号学——大小传统新视野》所呈现的丰富案例表明,从传播媒介史的视角看,图像是前文字时代重要的表意系统,是符号编码的第一级形态。它在自己的内部结构中,在与其显示的关系以及社会、创作者、接受者的文化网络中,将自己呈现为一种具有原型性的文化符号。在象形文字诞生之后,图像与文字构成一种弹性的互文关系,包含着四类产生意义的方式。

图像与文字的第一重关系是图像叙事引领文字叙事,如《天问》和《山海经》的文本都依赖于图像。前者的原型是楚国宗庙壁画系列;后者的原型是《山海图》。陶渊明曾留下"泛览《周王传》,浏观《山海图》"的诗句,可见在陶渊明的时代,《山海经》还是有图有经的,后来《山海图》失传了,只剩下如天书一般难解的纯文字版的《山海经》。在现代汉语体系中,中国人至今还把书籍称为"图书",非常有趣地表明图像引领文字的先后程序。图像的大传统在文字时代来临之后即湮没良久,到帝制时代晚期又迎来一轮复兴的浪潮。印刷术催生的文本复制技术使得知识的传递速度和普及范围有

---

[①] 叶舒宪、萧兵等:《山海经的文化寻踪》,湖北人民出版社,2004年,第175—176页。

了横向和纵向的发展，明清时期大量涌现的绘本当中，出现了一系列展现异域、外国的图像文本，历经绘稿、刻版和印刷过程的图像以视觉手段重塑了中国人对于"世界"的认知。在明中期广为流传的《臝虫录》就代表了晚明日用类书当中一种以"图像叙事"为基调的亚类。该书从前代的各类著作中广泛撷取材料，糅合正史与小说，包括《山海经》《岭外代答》《事林广记》《酉阳杂俎》《博物志》《元朝秘史》在内的各种有关异邦和域外的文献信息被熔于一炉，《四库全书总目》之《史部地理类·存目》称"其书摭拾诸史及诸小说而成"，①并最终以图像的手段呈现四方化外之夷。《臝虫录》在16、17世纪又以《异域图志》的别名流传，其基本特征门类齐全，图像为主，文字为辅，与《山海经图》搭配构成了晚明建阳地区通俗日用类书中的"诸夷门"。可以说，正是图像的魅力使得这一文本的盛名日积月累，历久弥彰，吸引着晚明至清初日用类书出版商和读者的注意力。可以说，图像叙事的手法奠定了这本展现域外奇风异俗的日用类书在明代知识体系中的地位。②

图像与文字的第二重关系是文字文本/语词支配图像，令图像附属于文本，二者之间有着清晰的主次从属关系。宋元时期的佛教版画、书籍插图在内容、技术和表现形式上都逐渐趋于复杂化和多样化，大多以图像的手段作为文字的辅助说明，或是作为纯装饰性的文字附属品出现。从功能上来看，明清时期的版画集中出现在叙事性的戏曲、小说和传记文本之中，这直接导致了文字为中心的格局趋于定型，图像从原发性的主导符号，沦为文字表情达意的辅助性手段。依旧以《臝虫录》为例，这一图像文本的接受史清晰地勾勒出文字对图像的压倒性遮蔽。明代士人吕柟（1479—1542）曾在《端溪问答》中指出《臝虫录》这类图像史料的地位远远低于古代经籍典章："《倮虫录》不如《山海经》，《山海经》不如《博物志》，《博物志》不如《尔雅》，《尔雅》不如《诗》。故曰'小子何莫学夫诗'。"③到清乾隆朝中期，《臝虫录》

---

① 永瑢等撰：《四库全书总目》，中华书局，1965年，第678页。
② 参看何予明：《书籍与蛮夷：〈臝虫录〉的历史》，时文甲译，程章灿校，《古典文献研究》第16辑，2013年；He Yuming, Home and the World: Editing the "Glorious Ming" in Woodblock-Printed Books of the Sixteenth and Seventeenth Centuries, Cambridge and London: Harvard University Asia Center, Harvard University Press, 2013。
③ 吕柟：《端溪问答》，见《泾野子内篇》，中华书局，1992年，第34页。

两个多世纪以来在书籍市场上的特殊地位被官修《皇清职贡图》所取代。成书于乾隆二十六年（1761）的巨型彩绘本《皇清职贡图》共绘记东北、西南、西北、内蒙古、西藏、湖南、广东、福建沿海各民族形象和域外来朝使臣的属众衣冠之别，每帧图像的上端附有满汉文字说明，记载所绘人群的地理分布、历史渊源、习俗性情、服饰特产、饮食好尚等信息。① 这类以文字呈现的"图说"多摘自正史、志书有关"种人"的记载，自从问世之后，《皇清职贡图》衍生出帝国晚期令人瞩目的一类关于异域和边疆的图像文本，例如各类"百苗图""滇夷图"和"东番图"。在这类图像文本中，视觉形象很大程度上受制于文字叙述的主导性力量，画师多是"因文成图"，依照前代史书和乡邦文献对某一族群的描述来绘制特定的民族形象，这使得图像沦为文字记述的附庸和"图解"，而自《山海经》《博物志》和《臝虫录》以来的变化万千的"图绘异域"的传统也由此固定为僵化的表现格套。

图像与文字的第三重关系是，图像挣脱文本的捆绑，凭借独立于语言之外的视觉编码来制造意义，与文本呈现出彼此分离的态势。自西汉昭宣时期至东汉建安十年（205），出现在汉墓中的汉画像石是一种以雕刻图案来装饰墓室、祠堂的丧葬艺术。从本质上来讲，画像石就是一类典型的摆脱了文字书写束缚的神话世界建构的视觉符号。② 由于长埋地下无人得见，画像石一度在文献史料中销声匿迹，直到两宋之后才渐渐为人所知。对画像石的研究，长期以来受宋代吉金学和清代乾嘉金石学派的左右，主要根据画像石的文字"榜题"来考证图像的原意，这种文字为主、图像为辅的做法在19世纪末20世纪初被一种"图像中心"的基调所取代。法国汉学家沙畹（Edouard Chavannes，1865—1918）将他在山东拓得的汉画像石印成精美的图录出版，倡导将汉画像石研究的重点从解读文字榜题转移到诠释图像本身上来。由此开创的对于图像独立地位的强调一直延续至今，成为欧美国家艺术史和文化研究领域的显学。

目前的相关研究方兴未艾，并逐渐从美术史的单一角度转向信仰、文化

---

① 参看祁庆富、史晖等：《清代少数民族图册研究》，中央民族大学出版社，2012年，第3—10页。
② 参看[日]林巳奈夫：《刻在石头上的世界——画像石述说的古代中国的生活和思想》，唐利国译，商务印书馆，2010年，第15—20页。

史和历史语境的大视野。①社会和文化因素在形式演变中的重要作用开始得到越来越多的重视,构成图像的元素(包括古代图像的质地、形状、纹饰、铭文)逐渐被纳入社会、宗教和思想史的大格局中加以审视,②在这一理论拓展的背景之下,引入文化文本的多级编码程序视角,对于这方面的研究会有理论整合与提升的效果。比利时汉学家贺登崧(Willem A.Crootaers)对中国民间玄武神崇拜的研究,具有典型的示范意义。他在《真武神志——察哈尔乡土传统的流变》③中,根据自己在华北地区农村真武庙壁画资料的系统收集和整理,对比明代余象斗的小说《全像北游记元帝出身传》中情节之异同,共列出20个要点,一一加以辨析和说明,使得文学研究者第一次能够根据来自民间信仰的图像资料,认识到一部明代小说创作的民间文化渊源情况。下面就摘录其中的几点:

4. 各种不同版本的真武传说中,出现了各种不同的点化真武的人:三清、玉清、老子、观音、老道士、老儒生,更普遍的则是一仙人。

5. 16世纪的那部小说描述了真武转世成太子后,在城中四条街上分别见到世间的酒、色、财、嗔四恶的情节,这可能是借用了释迦牟尼佛本身故事中的相关内容。而与佛本身故事更相近的,是我们在Cz315a村的壁画中发现的真武传说:太子在北门看见新生,在西门则看见死亡,在南门看见疾病,在东门则看见衰老。

……

18. 我们在这里的真武庙中发现,真武塑像旁还经常塑有两个侍从的神像:一个是桃花女,一个是周公。为了说明这两尊塑像为何立在真

---

① 参看巫鸿等主编:《古代墓葬美术研究》第一至三辑,湖南美术出版社,2015年。
② 在美术史领域,有关这种范式转型的论争,可参看巫鸿与贝格利围绕《中国古代艺术与建筑中的"纪念碑性"》一书的论战文章,巫鸿:《"纪念碑性"的回顾》,载《美术史十议》,生活·读书·新知三联书店,2008年;田晓菲:《学术"三岔口":身份、立场和巴比伦塔的惩罚》,载《中国学术》第六辑,2001年,商务印书馆,第259—269页;李零:《汉学学术"科索沃"——围绕巫鸿新作的讨论》,载《何枝可依:待兔轩读书记》,生活·读书·新知三联书店,2009年,第150—174页。
③ [比利时]贺登崧:《真武神志——察哈尔乡土传统的流变》,载《历史人类学学刊》第4卷第2期,2006年,第127—170页。

武神像旁边，壁画中时常描述他们臣服于真武的情景。而这些情节在小说中是没有的，小说中完全没有出现与这二人相关的内容。①

诚如这篇论文的中译者在"译者跋"中所评说的："近年来，走向田野逐渐成为历史学研究的一股潮流，历史学工作者已经逐渐重视具体的地方文献搜集、口头访问、物质（壁画、庙宇建筑、民居）材料的研究。值得反思的是，走向田野的我们可能依旧怀着进图书馆查资料的心情，在乡村中寻找那些有文字的资料。家谱、碑刻、契约等文字资料是我们最关注的民间文献，而寺庙中的塑像、壁画则往往在匆匆一瞥中被忽略了。一番田野调查归来，对着拍摄回来的壁画组图，调查者说不出来任何精彩的故事，甚至完全不理解。这样的情形相信并不少见。同样是进行田野调查，一位比利时传教士贺登崧在60年前的工作相信可以给我们不少启示。"②60多年过去，贺登崧当年走访的察哈尔省早已从地图上消失，他所拍摄的近百个村庄里的真武图像，如今都已经伴随着这些庙宇在大地上灰飞烟灭，杳无踪影。这样，他对民间信仰中的真武故事的考证文章就如同失去了《山海图》原本的《山海经》文字，成为劫后余生的相关文化信息的仅存载体。不论其考证的水准和结论如何，这些对民间真武图像系列的描述本身，也具有了文物一般的价值，一旦失落，就不可复得。

图像与文字的第四重关系是在共存和并置中产生出新的总体含义，彼此阐述，互济相生。文本为图像提供描写、叙述、解释、标记，图像则为文本提供示例。在从一种符号体系转换为另一种符号体系的过程中，二者不再是各执一端甚至相互抵消的异质媒介，而是呈现出交汇与调和的关系。明代以后出现的一批绘图本《山海经》，就是这样的例子。当代学者马昌仪在保持图像原貌的基础上，整理编排明清以来的山海经图像，从蒋应镐本、胡文焕本、吴任臣本、汪绂本、毕沅本等多个版本中精选出上千幅古图，把描绘神怪、畏兽、奇鸟、异鱼、怪蛇、远方异民的不同版本的图像一一排列，进

---

① ［比利时］贺登崧：《真武神志——察哈尔乡土传统的流变》，载《历史人类学学刊》第4卷第2期，2006年，第162—164页。
② 邓庆平：《真武神志——察哈尔乡土传统的流变》译者跋，见《历史人类学学刊》第4卷第2期，2006年，第168页。

行解说与比较，结集成《古本山海经图说》一书。该书探究图像之间差异形成的源流，揭示图像的含义，复兴了以直观的视觉手段呈现外邦和四方"诸夷"的图像传统。马昌仪是关注《山海经》"图文"关系的先行者，她的系列研究拓展了文本解读的视野，并与海外《山海经》研究者形成"对话"关系。她将《山海经》置于图文叙事的脉络中加以全新的研究，为这本千古奇书的某些文本上的谜团提供了新的阐释渠道，使上古先民的思维模式、图像格套的形成、文字的演变及传承等问题更好地呈现在了当代视野中。

马昌仪指出，历代注家和研究者对《山海经》古图的推测，大致可归纳为四种：禹鼎说（及九鼎说、夏鼎说，代表人物为《左传》作者和王充）、地图说（代表人物毕沅、袁珂）、壁画说（代表人物为今人曾昭燏、吕子方）、巫图说（代表人物为鲁迅）。①文学人类学研究的四重证据法，可以通过验证考古发掘出土的相当于夏代早期的文物情况，判断以上四种说法的第一种即禹鼎说为伪托。因为在相当于夏禹时代的公元前21世纪，整个东亚地区还没有出现一件青铜鼎，更不要说象征华夏国家王权的九鼎系列了。目前所知最早的铜鼎，出现在河南偃师二里头遗址第三、四期，②其年代为公元前1610年至公元前1520年之间，③大致相当于商代早期，与夏禹时代相差四五百年。考古发现还表明，华夏先民在"铸鼎象物"阶段之前，曾经大量使用玉雕、骨雕等造型艺术形象。所以《山海图》中的神话怪物形象的原型，可以超越一般所说的青铜时代的界限，上溯到更加古老的"玉器时代"去。有学者根据良渚文化玉器上精雕细刻的神人兽面纹等，把青铜时代的铜器饕餮纹饰溯源于史前玉器。如李学勤《良渚文化玉器与饕餮纹的演变》、④黄厚明《从良渚玉器神像到商周青铜饕餮纹》、⑤魏晓明《饕餮纹三题：起源、功能与演变》⑥等。

由此可见，图像研究与文字研究在《山海经》神话这个领域中的互动情

---

① 马昌仪编：《古本山海经图说》，山东画报出版社，2001年，第3—9页。
② 郑杰祥：《新石器文化与夏代文明》，江苏教育出版社，2005年，第385页。
③ 中国社会科学院考古研究所编：《二里头：1999—2006》（三），文物出版社，2014年，第1219页。
④ 李学勤：《良渚文化玉器与饕餮纹的演变》，《东南文化》1991年第5期。
⑤ 黄厚明：《从良渚玉器神像到商周青铜饕餮纹》，《艺术学研究》2009年第1期。
⑥ 魏晓明：《饕餮纹三题：起源、功能与演变》，陕西师范大学硕士论文，2007年。

况尤为引人注目。这种凭借第四重证据即出土文物来实现的研究范式拓展,①是考古学进入中国以前的国学传统研究路径所不可想象的。这正是文学人类学研究进取的方向。图像学家汤姆·米歇尔指出:"事实上,最难融入符号学的符号类型是图像,即传统上与词语符号相对立的符号。然而,符号学的图像观念不仅提供形象或画的定义,而且具有更大的意义。如皮尔斯所定义的,图像是'主要依其相似性再现其客体的任何符号,这个定义可以扩展而把从图解到地图到代数公式到隐喻等一切都包括进来'。"②现代西方的符号学发展早期阶段曾经受制于"语言帝国主义"的宰制,对语言以外其他符号的研究相对薄弱。进入20世纪后期,这种情况正在改变。一种朝向文化文本大视野的符号学体系,正在"语言帝国主义"的废墟之上建构起来。受此影响,符号学需要完全摆脱语言学与文学批评领域的专业束缚,走向广泛而多样的文化符号,包括器物和自然物。

> 符号学打破了"文学性"和美学精英论的防区,扩展到通俗文化、普通语言的领域,进入了生物学和机械交流的王国,这几乎不是偶然的。符号随处可见;任何事物都不可能不是潜在的或实际的符号。"意义"这个尊称被赋予一切事物,从高速公路法到烹饪法到遗传密码。自然、社会、无意识都成了符号和比喻相互纠结的"文本",而这些文本只指称其他文本。③

现代西方知识谱系建立在哲学、法学和自然科学的历史传统之上,具有一种强烈的将"词"与"物"对立起来的倾向。人类的言说与言说的所指之间,彼此隔绝不通,物的世界被视为一个沉寂无声的世界,似乎只有通过人及其语言才能使它们获得生命。然而在历史上的很多社会中,物并没有与人分离,这种对物的看法即使在西方资本主义社会中也没有彻底消失,最著名

---

① 参看叶舒宪:《文学人类学教程》,中国社会科学出版社,2010年,第九章至第十章,第343—408页。
② [美]汤姆·米歇尔:《图像学:视觉艺术的意义与解释》,陈永国译,北京大学出版社,2012年,第66页。
③ 同上书,第74—75页。

的莫过于马克思关于商品拜物教（fetishism）的讨论。

在全球物质文化研究的视野下，《文化符号学——大小传统新视野》对物的研究加以重审，将视野聚焦于物自身所贯穿起来的"大传统"文化文本的线索。从地中海神话中的石头与树（第八章）、希腊猫头鹰像与雅典娜女神石雕（第九章）等，重新讲述西欧文明起源的故事。而且以实地考察的田野材料、文献记载和图像实物三重证据的互证互释，重建起华夏文化远古源头的又一种几乎被时间湮没的历史记忆——黄帝熊图腾叙事。在此之前，《熊图腾——中华祖先神话探源》在学脉上承袭王国维、顾颉刚一派的古史研究路数，大力倡导"万卷书加万里路"的治学原则。在此之后，"多重证据法"的理论创新效应逐渐高涨，并在人文社科研究中引起持续性的回响。

## 三、从文化符号学看"物的叙事"

本节将说明，物的叙事，在何种程度上能够解决文学文本的虚实判断难题。

仍以《山海经》为例，这部书所讲述的是大地上400座山及其河流的物产叙事，这些内容到底是真还是假？是实录还是虚构？古往今来没有答案。为什么没有？因为谈论的人很多，却很少有人试图去作实地考察和小心求证。

当以文化文本为核心内容的文化符号学引入"物的叙事"这个概念，文学文本《山海经》之虚实的求证问题，终于迎来了破题的契机。道理很简单，既然书中讲述的400座山中有140座出产玉石，那要解答的疑难就是寻找现实中的产玉之山。这就意味着需要去做广泛的田野调研，甚至是标本采样，进行数据的集合，以此实物为参照，再看看华夏大地上有没有这许许多多的产玉之山，它们究竟都出产一些什么样的玉石。

在《文化符号学——大小传统新视野》中，基于"多重证据"方法论的多年探索实践，叶氏更进一步提出"N级编码"的理论，在个案研究上较为引人注目的是对于华夏史前玉器的"符号叙事链"的研究。其中的一个新方向，就是沿着玉石之路的东西走向，去探索"西玉东输"的黄河道线路情况，即西部的丰富多样的玉矿资源是怎样输入中原地区的。

为什么要关注前文字时代的玉器？众所周知，一个经历丰富的器物必定经过从"商品化"到"去商品化"的循环往复的过程，它是文化建构的实体，被赋予了特定的象征意义，被归入不同的文化分类范畴。正因如此，文学人类学探索"物的叙事"的关键思路，在于追溯物的社会生命历程，关注物的商品化方式及其背后的社会文化动因。论者十年如一日沉浸在华夏独有的玉器符号世界里，能够看到古代中国"天人合一"观念其实源自拜物教盛行的玉教信仰，而不是像我们想象的那样，在一开始就来自纯粹的哲学形而上思辨。这种观念的具象形式，是以有形可见的玉礼器为天与神的代表。玉是天人合一的中介物，天人合一神话观就体现在玉人合一和玉崇拜的行为实践中。

史前人类不惜血本采玉、制玉、佩玉的一整套行为模式都来源于此。早在青铜文明出现之前四千年，东亚地区就出现了生前佩玉、死后葬玉的文化习俗。良渚寺墩遗址三号墓的"玉殓葬"和西汉帝王的金缕玉衣，都是这种玉教信仰的极端状态。秦始皇首创的传国玉玺上有"受命于天"四字，清晰地说明了玉与天的对应关系，这一小传统的书写记录，其信仰根基来自八千年前的新石器时代。从距今八千年到距今两千年的"玉器时代"，存在一个绵延了六千年而不断绝的拜玉文化，这是华夏文明的根基所在，也是重新理解和诠释华夏文明奥秘的关键。

在《文化符号学——大小传统新视野》的第四章"玉石之路与华夏文明的资源依赖——石峁玉器新发现的历史重建意义"中，作者以陕西石峁古城遗址新近出土的玉器为线索，回答了之前由于材料所限而未能解决的疑惑——齐家文化玉器是通过怎样的路径与中原二里头文化玉器发生联系的？作者将新石器时代的用玉传统定义为"多点开花格局"，先有"北玉南传""东玉西传"，后有"西玉东输"。前一个阶段在距今四千年左右基本完成，以玉礼器自东向西传播，进入河西走廊为标志；后一个阶段则是以距今四千年为开端，通过西北齐家文化和中原龙山文化的互动，将新疆的和田玉和甘青地区的祁连玉源源不断输送到中原。这两个阶段的交汇点正好在距今四千年之际，这也是"夏"成为华夏第一王朝的年代，"西玉东输"的国家资源供应模式从这时正式开启了。陕北的龙山文化玉器和玉料证明了这一资源大转移的过程，玉石之路揭开了华夏礼乐文化的"前史"。

与这条"玉石之路"发生重叠的是著名的"丝绸之路"。2014年7月，文学人类学研究同仁联合甘肃省委宣传部、《丝绸之路》杂志社，推动了"玉帛之路文化考察"的全面开展，踏查河西走廊一带的史前文化通道和玉文化分布遗迹，15天行程4 300公里，相关的问题集结为系列论文《白玉崇拜及其神话历史》《山海经与白玉崇拜的起源》《多元如何一体：华夏文明构成的奥秘》陆续发表。调查结果显示，"丝绸之路"的命名有极大的局限性，只能部分解答自古以来困扰着欧洲人的东方丝织品来源与路径问题，却不能究其所以然，回答这条商业通道开通的具体时间与用意。我们认为，所谓的"丝绸之路"始于玉石之路。运送这种国家资源的道路畅通无阻，第一次给中原国家带来规模性的优质和田玉白玉资源，引发了"白玉崇拜"现象，玉教神话观出现了一次真正意义上的"新教革命"。它扭转了中国玉文化史八千年的发展方向，即从多点开花的地方玉崇拜转向新疆一地的和田玉崇拜，和田白玉独尊的地位被建立起来，支配着以后三千年的资源输送与核心理念建构。如果说大传统时代的"玉石之路"是一级编码，那么后世沿着这条通道出现的各类"××之路"就是次级乃至N级编码。"西玉东输"的资源供应模式一旦形成，商周之后历朝历代都沿用不衰，其间发生变化的只是运输的规模和路线。在明确了玉石之路的本土立场之后，丝绸之路和黄金之路、佛教东传之路均由此衍生而来的事实逐渐明确，由此形成了华夏文本系统诠释的因果模型范式。从玉石之路到佛教之路的研究，讲述了一个全新的"中国故事"，从世界体系的全局观点上给中华文明发生和发展的研究带来新的理论突破。通过建立这种历时性的文化文本的符号编码理论，文学人类学找到了理论创新的方向，其研究范式也成为一种有效且具备穿透力的分析工具。

自1997年中国文学人类学研究会在厦门召开第一届年会之后，文学文本和文化文本的关系就成为这一新兴交叉学科理论建构的基石。新时期以来，中国大陆的文学人类学研究总体上呈现出"三个十年"的演变轨迹：第一个十年是以方克强为代表的少数学者召唤下的文学人类学复苏；第二个十年是原型批评理论的繁盛期；第三个十年是学科建设和多元发展时期，涌现了民族志诗学、符号类型模式理论、人类学诗学等流派。[①] 随着新的研究对

---

① 李菲：《新时期文学人类学研究的范式转换与理论推进》，《文艺理论研究》2009年第3期。

象的出现和视域的扩张,文学人类学研究逐渐突破了"神话-原型批评"的起点,步入多元化发展道路。在这一过程中,对"文化文本"的关注起到了至关重要的作用,它使得文学人类学研究逐步完成了从文学批评到人类学诠释的三级跳过程,并让人们清晰地看到了学科对象和研究视域的三次重要转换。[①]值得注意的是,在文学人类学研究对象的三级转换过程中,"文本"的概念是一个"文化书写文本"的复合体系,包括文学文本在内的形形色色的"文本"涵括了文化书写的多重面向。

---

[①] 叶舒宪、彭兆荣、徐新建:《"人类学写作"的多重含义——三种"转向"与四个议题》,《中国文学人类学第五届年会手册》,2008年,会议刊印资料。

| 附录 |

# 《文学与人类学之间：跨学科话语》述评*

> **内容摘要**
>
> 社会科学家和人类学家向文学借鉴比喻和意象，文学家从人类学家处挑选主题，从社会科学家处改造模型、方法和术语以便为自己所用。人类学写作与文学之间的密切关系日益受到关注。相关专业人士对跨学科的偏好以及将文学重新定义为文化加工品或者社会话语的争论不停地激起人们对跨学科优势的讨论。学科界限随着文化主流和学术兴趣的转变而发生变化，不仅文学的双重身份（文化的创造物/创造者）和人类学的重新定位（观察者/读者/阐释者）为阅读、书写、解释提供了多种可能，而且人类学与文学的关系也有了新的审视：人类学与文学并不冲突，相反，人类学诞生于文学之中。

## 一、跨学科与理论创新

《文学与人类学之间：跨学科话语》是一部出版于2002年的原创论文集，由众多文学和人类学领域的学者著述。在书中，每篇论文都试图将学科

---

\* 本文是对罗斯·安格丽丝编著《文学与人类学之间：跨学科的话语》（Rose De Angelis, ed., *Between Anthropology and Literature: Interdisciplinary Discourse*, London and New York: Routledge, 2002）一书的评介，上海交通大学唐启翠、张苠苑为主要执笔人。

的界限打破，融合最新的研究成果和学术思想。学者们应用人类学理论和方法，重新观察、理解和解读文学文本阅读中的多样可能性，以及文学文本背后的文化含义。将民族志作品研究到小说、戏剧、诗歌等传统文类的探究，都置于文学和人类学相结合的研究视野下，把以前分隔的学科重新整合在一起，尝试全新的分析和理解。这自然有益于加强学科间的交叉融合和理论创新。

麦耶·福特斯（Meyer Fortes）曾如此定义"古典民族志"："书写一部人类学专著本身就是一种研究方式，甚至可能是最有意义的研究方式。它将存在于人类学家笔记本和记忆中的有关人类行为、思想、情感的现实打碎，并从中创造出一个关于社会的条理分明的表述。"[①] 福特斯给出的定义实际上对许多以社会文化为背景的文学作品都很适用，任何将科学与文学联系起来的作品都符合"它将存在于人类学家笔记本和记忆中的有关人类行为、思想、情感的现实打碎"这样的说法。问题的关键不在于证明这两门学科之间的显著联系，而在于努力将"记录"和"创造"这两个要素并置融合于同一部民族志当中。社会科学家和人类学家向文学借鉴比喻和意象，文学家从人类学家那里挑选主题，从社会科学家那里改造模型、方法和术语以便为自己所用。人类学写作应该受到文学分析的影响，二者在阐释新事物时密切相关，并且需要得到更加密切的关注和研究。相关专业人士对跨学科的偏好以及将文学重新定义为文化加工品或者社会话语的争论不停地激起人们对跨学科优势的讨论。因此，文学与人类学之间的联系将持续存在，而大量以社会文化为背景对文学进行定义的书籍也层出不穷，这些都是上述情况导致的必然结果。

早在弗雷泽和露丝·本尼迪克特等先贤的著作中，社会科学语言与文学想象的结合就已经有所体现。相关的研究也有不少。这部论文集在上述跨学科传统已经建立的情况下，依然适用于当下的文化研究热潮，特别是假如我们已经接受了这样的观念，即文化研究体现了传统学科界限的弱化以及学科交叉的逐渐兴起。这些论文对"特殊神宠论/特殊主义（particularism）"提出挑战，如果我们了解安东尼奥·葛兰西（Antonio Gramsci）有关霸权主义的理论的话，那么他们的挑战就会让读者有可能打破特殊主义的偏见和束缚，建立新的共识。

本书所包含的论文通过记载跨学科学术研究，强调不同的分析方法以及思想的多元化等方式，超越了传统的学科界限，而采用了更加灵活前沿的学科分类方式。它们将两门学科并置于公共领域，学科界限随着文化主流和学术兴趣的转变而发生变化，文学既成为文学产物又成为文化的创造者，而人类学则既成为观察者，又成为读者和诠释者。文学的双重身份和人类学的重新定位都为阅读、书写、解释提供了产生多样性的可能，无论是真实的或者是想象的。

由于本书强调人类学与文学在知识关注上的相似性和相互借鉴，因此对学习话语分析、民族学、文化研究和女性研究的本科生和研究生都具有一定的吸引力；而由于对学科交叉的关注，本书也会吸引文学研究者和人类学家的目光。本书涵盖了非常广阔的内容，从较为普遍的民族志研究到相对局限的文学作品中的仪式研究都有涉及。这些论文强调，无论是文学还是人类学都不是一门一元的、孤立的学科，针对这两门学科的批评讨论也都来源于不同的领域而并非一个绝对中心。更重要的是，这两门学科的边界和交融一直处在不停地修改、订正之中，如此对边界的破坏带来的不是学科的混乱，而是对于两门学科更加清晰和更富创造力的理解说明。

阅读一篇文章不仅仅是确定它的主题、思想和节奏，更重要的是要将它的内容（无论是科学的还是人文的）与产生它的思想体系联系起来。无论这篇文章是调查性质的分析还是文学修辞上的剖析，它既因为逐渐苏醒的想象对文章的重新构思而具有文学性，又因为与意义、制度和实践联系起来而具有科学性。本书反对任何文章继承式的联系，而鼓励通过多样化的视角和创新性的范例重新设置学科关系。本书中的大多数论文本身也致力于对明确书写和批判性写作的传统价值研究。近年来，学术论文变得越来越深奥和难以理解，因此编者选择了较易理解的文章，这些文章会拥有更加广泛的读者群，涵盖了包括文学论点和人类学知识等多方面的文化内容。希望它们能够继续激发有关人类学与文学关系的讨论。

## 二、人类学与民族志文学

本部分主要讨论了民族志作者和小说家之间的关系。小说家也是民族志作者，因为他们总是写那些与感情和事件有关的故事。民族志作者参与到一群人的日常生活中，观察他们的行动，听他们说话，搜集有用的资料。在文学作品中，作者关注另外一些问题，而两者重叠的部分则能够让读者获取相关的社会知识和文化知识。将文章当作一种文化加工品来阅读成为参与社会研究的方式之一。作家/民族志作者向读者/参与者提供信息，这些读者/参与者在阅读相关信息时既是主体又是客体。历史学家、古典主义学家、民俗学家、神话学家、考古学家和民族志作者都从文学作品中进行引用以便诠释过去或者识别文化模式。学者们如安德鲁朗（Andrew Lang）等为了获取民族志数据，已经转向研究其文学起源。

在《民族志小说：发现内部之音》(The Ethnographic Novel: Finding the Insider's Voice)中，人类学家珍妮特·塔曼（Janet Tallman）花了三十多年时间研究民族学与文学的区别。为了探索不同的文化，她学习过世界文学、儿童文学和神秘小说，最后形成了自己的民族学审美观。珍妮特·塔曼认为，小说家和民族学家在许多方面都很相似：二者在各自的领域中通过疏远自我来描述文化，并试图把对观察对象的意见和感想用文字形式表述出来。但二者也有区别：民族学家的任务是用一种方式描述文化，而小说家则试图用清新独特的方式来描述人的生命和生活；民族学家侧重概括，而小说家则愿意具体说明时间、地点和人物。然而在民族志小说中，民族学家和小说家的关系变得模糊起来。伊丽莎白·费尼雅（Elizabeth Fernea）提到民族志小说的两种形式：一种是局外人（outsider）对他者的描写，另一种是局内人（insider）的自我描写。

伊丽莎白·博文（Elizabeth Bowen）关于非洲文化的小说《返向欢笑》(Return to Laughter)是第一种写作形式的最好例证，第二种写作形式则以《水屋》(The Water House)为例。《水屋》的作者安东尼奥·欧林图（Antonio Olinto）是巴西知名作家，在历史学和文学批评领域也拥有高度荣誉，他同时还是驻拉各斯的巴西外交官。《水屋》以非洲和巴西的生活为主要内容，是一部蕴含了音乐、舞蹈、粮食、社会活动、结婚、葬礼和其他成年仪式等杰出细节的民族志小说，包含大量有关宗教仪式和实践的信息，特别是非洲与罗马天主教的相融等相关问题。小说开头，刚刚在巴西获得解放的非洲奴隶卡塔琳娜（Catarina）带领着家族开始了漫长的回乡之旅，其间她回忆起了自己被叔叔拐卖去巴西的经历。许多被卖掉和被绑架的约鲁巴（Yoruba）奴隶在巴西巴伊亚州找到了同族人，他们用自己的语言交流并成为朋友，从而保持着自己的宗教和文化。卡塔琳娜的孙女玛丽安娜（Mariana）从小就跟着奶奶离开了巴西，她在拉各斯长大、结婚，成为一个成功的商人，并把她的孩子们培养成了国家栋梁。玛丽安娜对各地语言都充满好奇，当她还是一个小孩子的时候，她说葡萄牙语，而她一岁多的时候就已经学会了约鲁巴语（Yoruba），因为她的祖母和周围的巴西非洲人都使用这种语言。长大后她来到拉各斯并学习了英语，因为想要在英国殖民地做生意就得用英语交流。玛丽安娜不排斥任何其他语言，她明白人类发展需要各种族群相互沟通，她不仅自己掌握了多门语言，而且也将这种观点传输给她的孩子。玛丽安娜的孩子们精通法语和英语，因此得到了在欧洲接受教育的机会，他们成了法律、医药、教学和政治方面的专家，为新的国家建设作出了巨大贡献。由此可见，欧洲语言不只是殖民主义的语言，它们同样是在教育、商业、政治领域普遍使用的语言，熟练地掌握欧洲语言对人们获得解放和独立大有裨益。该民族志小说中的民族冲突和统一为研究人类学和文学之间的关系提供了很好的例子。就像这个世界上没有完全独立存在的个体一样，文学和人类学都不可能单独创造历史。

随后的两篇论文将文学作品视为文化与社会话语的反映。在《锦绣学科：美洲印第安女性的民族志文学》（Splendid Disciplines: American Indian Women's Ethnographic Literature）中作者罗姗妮·L.郝菲尔（Roseanne L. Hoefel）写道，20世纪的美洲印第安文学作品中其实包含着大量的其他文类因素，神话、传说等口头文学的存在与传播为文学作品与民族志作品建立联系提供了充足的养料。正因为如此，廓清民族志和文学作品的界限就显得十分困难且没有必要，二者边界十分模糊，且经常呈现出相互影响、相互融合的状态。为了印证这一观点，作者以德洛丽亚（Deloria）和库鲁克香柯（Cruikshank）两位女性人类学家为例，对其民族志作品进行讨论，以此探求文学与人类学学科交叉的具体表现和重要意义。德洛丽亚拥有部分杨克顿苏族（Yankton Sioux）血统，会说英语和拉科塔语（Lakota），完成学业之后与弗朗兹·博亚斯（Franz Boas）共同研究美洲印第安女性的文化传承，记录苏族人的文化习俗，并出版了多部民族志专著。由于部落文化通常是以口传故事的方式加以传播，德洛丽亚在对这些文化传统进行研究时，也逐渐发展了自己的文学审美标准。受到这种口传叙事和文学审美的影响，她的民族志作品中含有大量建立在事实基础上的想象虚构成分，某种程度上甚至可以称之为小说（novel）。郝菲尔对德洛丽亚的多部民族志作品进行了引用和解析。比如《论印第安人》（*Speaking of Indians*）通过蓝鸟（Blue Bird）的故事展示了在达科塔（Dakota）生活的关键即拥有良好的亲属关系，同时也描绘了其他传统习俗和生存原则。在《达科塔文本》（*Dakota Texts*）中，展现了达科塔最为重要的美德是慷慨，而贪婪则是可耻的。在《睡莲》（*Waterlily*）中，睡莲为了家人的幸福而远嫁他乡，也是达科塔地区苏族人无私忘我与严格遵循亲属制度的重要体现。总之，德洛丽亚的民族志中充满了心理学、文化和历史等其他因素，跌宕起伏的故事性叙述和高超的写作技巧将民族志与文学作品融会贯通，以便让读者能够充分理解苏族人慷慨好客、无私奉献（generosity）的最高内心精神和最高生活原则（disciplines）。库鲁克香柯的写作方式与德洛丽亚不同，她与三名80—90岁的育空（Yukon）女性西德妮（Sidney）、史密斯（Smith）和内德（Ned）进行了长达十数年的交谈，最终结集为《故事人生：三位育空女性的生平事迹》（*Life Lived Like A Story: Life Stories of Three Yukon Native Elders*）出版。为了维护和保留真正的部落传统文化，三名女性都非常看重口头传述，西德妮将口述传统当作生存技能，认为理解故事的途径即思考故事。文学自传和民族志就这样在西德妮的讲述中融合无间。史密斯作为独立女性代表，其故事总是在探寻女性角色的意义，她用自己的强势和不可战胜宣告了对其生活环境的热爱，为保留这片土地上独特的文化、历史、社会、经济和思想作出了贡献。而内德非常关心话语权问题，她相信话语的力量来自不断地复述，而话语的权威则来自民族志和传记文学的交叉融合。口述在此既是一种部落文化的传承方式又是一种对口头民族志的文学加工，民族志的故事性和文学性在此得到体现，它既对女性个体发展的探究起了重要作用，又获取了历史和社会上的重要意义。这种新型的文化流传和文化呈现方式被作者称为民族志传记（ethnobiography）。

郝菲尔以此证明文学与民族志的强强联合能够加深人们对世界和对20世纪美洲印第安女性的理解。她的文章强调了作家与民族志作者之间强烈的相似性、观察者与诠释者的重要性，以及接受变化中的学科边界的重要性。

《锦绣学科：美洲印第安女性的民族志文学》不仅代表了美洲印第安人为人所推崇的生活准则（disciplines），同时也代表了人类学与文学、民族志与文学作品的学科（disciplines）混合。

在《女性的工作永无休止：〈阿贝尔蒂娜〉和"电视领域的罗莎"中的商业和家族政治》（A Woman's Work Is Never Done: Business and Family Politics in Umbertina and "Rosa in Television Land"）中，罗斯·安格丽丝通过两位颇具商业头脑和机智的意大利裔美籍女性代表阿贝尔蒂娜（Umbertina）和罗莎（Rosa）从家庭走向公共生活空间的传奇人生，揭示了意大利家庭关系的文化动态。阿贝尔蒂娜和罗莎颠覆了传统的意大利家庭对女人的文化要求，她们在不被男性公众认可的情况下，积极地带领家庭走向了经济上的成功，完美实现了自身家庭的经济目标。在阿贝尔蒂娜的世界里，两性位置既是特定的家庭语境，也是更广泛的社会语境。传统意大利家庭中男性作为家庭权威，掌握安排子女及妻子命运的权力。1883年，阿贝尔蒂娜跟随丈夫带着孩子从小卡拉布里亚村出发加入移民浪潮来到美国，然而由于丈夫无力改善家庭经济状态，阿贝尔蒂娜不得不从节约开支走向开源（即将家庭组织成工作单元，出售午餐），并获得了经济上的成功。在此意义上，阿贝尔蒂娜整合了公共和私人、家庭和商业关系，实现了从家庭私人空间向公共生活空间的转变。而同样赤贫的移民生活迫使另一位主角罗莎也从家庭走向电视广告和货币利润等公共领域。原本传统的意大利长女角色通常会限制女人的潜力以及限制她的私人领域，然而这却变成了罗莎的创业之源和成功的动力。

作者透过这两位女性的故事，试图说明女性主动地通过个人和集体的力量来脱离对家庭生活的依赖，改变了男女从属关系，完成了民族身份的自定义，实现了财务上的成功，并最终实现了个人价值。两位从意大利移民而来的女性从私人空间转向公共空间的特殊时刻，证明了在新世界中女性得到社会认同的可能性。

## 三、人类学、仪式与文学

本书第二部分的几篇论文则集中探讨了维克多·特纳（Victor Turner）、

戴维·柯泽（David Kertzer）、玛丽·道格拉斯（Mary Douglas）等人类学家的仪式理论，如何为诗歌和戏剧的创作与研究开辟了创新之路。

在《仪式应对女性生活危机：论朱迪斯·敏蒂诗集〈跃过缺憾〉》（Rituals to Cope with Change in Women's Lives: Judith Minty's Dancing the Fault）中，美洲印第安作家朱迪斯·敏蒂的诗为珍妮特·海勒（Janet Heller）探讨写作过程与新仪式产生过程的相似性提供了媒介和工具。海勒研究了敏蒂诗中的仪式，并且利用相关的人类学方法去解释这些诗歌。文章开头即指出，诗集《跃过缺憾》（Dancing the Fault）的主题是变化，尤其是指伴随着孩子们长大和父母变老所产生的家庭关系的变化。这些变化制造了裂缝和紧张感，需要创造力去解决。敏蒂的家人和朋友转变了传统意义上的仪式，并用这些仪式去处理生活中的挑战，从而在人类意识与自然之间搭起了桥梁。该文围绕家庭式仪式和人与自然关系的认知两部分展开。在家庭式仪式方面，作者围绕诗人在与其父母、爱人以及女儿们的相处中，通过创造如钓鱼、熨烫衣服、编头发、送花、做饭、写信等家庭仪式，化解日常生活危机、亲密家庭关系而展开。比如《给我女儿们的信》这组诗中，"写信"是一个亲密家庭关系的重要仪式，不仅体现了特纳所说的仪式具有治疗功能，也是柯泽关于仪式与世系关系理论的体现，即通过对祖先的无意识模仿给人一种延续感。在人与自然的关系方面，首先是用自然意象去反映人类范围的变化。作者通过对印第安人崇敬自然、热爱自然的阐释，揭示诗人让读者与自然重建联系的意图。其次是人与自然的贯通，打破人与生活环境的界限。诗人通过拟人手法和转换手法强调万物有灵，如在《追忆》（Trying to Remember）这首散文诗中，通过将不同季节与三个主题交织，表达了弥补过去，以及和遥远时空中的人对话的欲望。总体而言，敏蒂在其诗集中想探讨的是关于年轻与年老、变化与停止、城市与森林等二元对立的问题。人类和地球本身一直处于变化当中，变化和缺失需要被当作挑战而不是当作绝望的暗示。诗中的家庭仪式正是为了能够接受痛苦并超越苦痛而创造的。

戏剧和表演继续着关于仪式以及仪式与真实生活关系的讨论。对于所有这些论文来说，舞台成了检验、批评和探索沉重传统的场所，作者希望通过灵活的文化边界来再次描述它们，从而提供一个可以重构和改建这些传统的地点。在《佩德雷·佩德雷罗戏剧中的颠覆仪式》（The Subversion of

Ritual in the Theatre of Paloma Pedrero）中，苏珊·P.贝尔纳蒂尼（Susan P. Berardini）通过仪式概念阐述和戏剧文本细读相结合的方式，阐释了仪式在佩德雷·佩德雷罗的戏剧中是如何被颠覆的。为充分展开其论述，作者简单讨论了仪式的特性，借助凯瑟琳·贝尔、萨莉·F.摩尔、芭芭拉·G.迈耶霍夫的观点，强调仪式的表演性、象征性和目的性，并引用理查德·霍恩比的论述，说明仪式的不同实现方式。根据理查德·霍恩比的观点，戏剧表演中的仪式呈现出两种实现方式：一种依据传统的模式执行完毕，公众随之获得和谐、平静和欢乐；另一种由于中断、曲解或堕落行为而未完成，它不和谐的风格只留给公众困惑和焦虑。在此基础上，作者展开了她对当代西班牙剧作家佩德雷·佩德雷戏剧作品中仪式的分析。她认为佩德雷戏剧作品中未完成的仪式呈现出三种形式：集体庆祝仪式（collective celebration）、过渡仪式（rites of passage）、类仪式（quasi-ceremonies）。佩德雷对这三种仪式的处理，颠覆了传统的仪式观念。

文章首先讨论了集体庆祝仪式。佩德罗的换装行为以及对妻子出乎意料的性行为要求，充分暴露出他隐藏在日常生活背后的真实的性取向。佩德罗借助"狂欢"这一仪式活动，实现了性别解放，表达了他真实的性别认同。阿道夫和萨拜娜邂逅的情节，同样显示了佩德雷对个体身份认同借助集体仪式颠覆而得以实现这一问题的分析。与之相关的是圣约翰之夜跳过篝火的传统仪式。阿道夫在抛弃自己《圣经》销售员的职业时进行了他个人的跳过篝火仪式——他反复跳过火焰。他通过焚烧《圣经》，确认了对自己原先职业的拒绝，将自己从中释放出来，跳过火焰的仪式，则是一种自我涤罪和净化。狂欢和圣约翰之夜本来都是集体庆祝仪式，但在佩德雷的戏剧作品里却被转换成了个人仪式，在其中人们能够挖掘和表达他的个人身份认同，而非将个人纳入集体身份认同和集体规范。

接着，作者开始分析过渡仪式。佩德雷戏剧中的过渡仪式因为中断而未完成，从而并未实现将个人性整合进入社会性的目的。奥古斯汀葬礼上的苏醒仪式因为安娜的幽默而中断。尽管奥古斯汀的苏醒未完成，但它作为过渡仪式的功能已实现，它标志着奥古斯汀离开现世，进入了另一个世界；同时也意味着安娜情感上的成长和解放，她将离开小镇，开始全新的生活。在另外一个故事中，玛丽亚、劳拉和胡安的三角感情纠纷被洗礼仪式打破。劳拉为与前男友胡安的情感纠纷所困扰，筹划着报复行动，玛丽亚尝试通过为劳拉洗脸的行为使之冷静下来。佩德雷将宗教中的洗礼仪式引入非宗教的文本，这一仪式的功能类似于宗教传统中的净化功能。玛丽亚希望净化她的朋友，以便重新得到她。劳拉洗礼之后随之而来的是同性婚礼的场景，则代表着另一个非传统的过渡仪式。

类仪式旨在满足个人化的需求。安娜和同性恋人卢西亚诺定期在固定场所的见面是一种类仪式，他们借此形成双方之间的团结一致，在由她们两人构成的团体中寻求避难，以逃离外界对她们同性恋行为的敌意和偏见。仪式化的见面也赋予她们的同性恋行为以合法的意义。玛丽亚和劳拉互画对方裸体，玛丽亚将劳拉视为可以激发她灵感的人，画裸体的类仪式就成为艺术创作的隐喻，意味着他们摆脱了在彼此分离阶段艺术创作力枯竭的困境。

基于以上分析，作者认为佩德雷的戏剧展现了丰富的仪式，从集体庆祝仪式、过渡仪式到类仪式，他在作品中加入表演层次的同时，对戏剧主题的发展作出了贡献。佩德雷戏剧中的仪式通常因为中断或堕落事件而未完成，强调了作者的社会危机意识。通过改变和颠覆仪式的传统呈现方式，佩德雷试图证明传统的模式不再稳固，它们应当被重新解释和修正，以揭示仪式真正的意义。佩德雷在戏剧中对仪式的处理方式引导我们通过那些定义和规范我们生活的传统仪式和习俗，去反映我们现代社会的问题。

理查德·格林内尔（Richard Grinnell）的论文《爱你之后：詹姆斯一世时代的恋尸癖》（"And Love Thee After": Necrophilia on the Jacobean Stage）讨论了玛丽·道格拉斯（Mary Douglas）关于社会秩序的定义，她认为只有当文化的界限被制止时社会才会繁荣。作为阿尔及利亚人居住在法国的女性剧作家法蒂玛·加莱尔（Fatima Gallaire）像其他跨文化领域作家一样，创作出了一系列文化交互及个人身份认定的作品，这些剧作试图在个人的主观性和他们社会文化身份的冲突中发现一处中间地带，在这样的尝试下，观众通过观看她的作品，体验到文化的差异性并且参与到戏剧化的经验结构中。大部分人都认同加莱尔在剧作中使用了民族志的方法，也有许多人从人类学或者戏剧学的角度去理解她的作品，然而鲜有人能够打通这两个学科领域。在众多的研究者中，维克多·特纳在两门学科的联合使用中走得更远。特纳创造出"社会剧"的概念，并且完整地将传统戏剧结构在社会剧中解释成"不合—危机—补救—重新整合或彻底分裂"的范式。不合（breach）意指两种不同文化或不同价值观之间的间隙；危机（crisis）暗藏于剧情发展中，隐形的不合由于具体冲突而引发危机；危机的终点是补救（redress），剧中角色通过行动希望弥合文化差异带来的冲突；重新整合或彻底分裂（reintegration or schism）是全剧的高潮和结局，暗示着一个戏剧行动的结束和一场冲突的结果。他认为社会剧在工业化现代社会中的作用是替代原始部落仪式，因为社会剧具有普遍适用的戏剧形式和戏剧发生的原材料，并且能够让每一个观众深入地参加到戏剧当中以传达剧作家的思想；而加莱尔的戏剧特别关注社会文化的演变进程，特纳的社会剧理论就成了分析其剧作最有力的理论工具之一。

特纳认为人类有两种经验社会的方式：社群和结构。社群方式认为社会是一个同质异化的整体，而结构方式则认为社会是森严的等级制体现。后一种方式直接决定了父权制在历史上的统治地位，随之而生的是伴随人类历史的两条线索：强硬的权威的线索和感性的隐秘的线索。加莱尔剧作的特点是常常通过反向操作这两种线索和力量，即时常让其剧作中的女性出任僵化的父权制的支持者形象，而男性则时常与柔软的神秘力量相结盟，达到一种全新的戏剧效果，同时在戏剧形式上对传统造成冲击。

作者通过特纳四幕社会剧的结构，探寻了加莱尔的三部作品，逐步为北非人尤其是北非女性，找到一条在个人通向社群的过程中如何完成自我身份定位的路径。在面对个人命运与集体命运在文化差异背景下冲突的解决之道缺失问题时，加莱尔极具勇气地尝试调解自我与社群的关系，这使得其作品在今天仍然值得我们欣赏和聆听，因为未来诞生于我们对过去的思考之中。

## 四、人类学与游记文学

最后三篇论文与女性旅人有关，同时也处理了介于人类学、游记和文学三者之间的文本问题，认为观察者/记录者的客观性以及文体的最终分类都与作者和文本的不稳定状态有极大的联系。文类的混合对传统的二元对立结构提出了挑战，并且构建出更为复杂的文化分析和政治分析。

丽萨贝斯·帕拉韦斯利-格伯特（Lizabeth Paravisini-Gebert）的《东方监禁：19世纪女性旅游行纪中的哈巴涅拉舞》（Oriental Imprisonments: Habaneras as Seen by Nineteenth-Century Women Travel Writers）开篇即通过介绍来自纽约的女性作家路易莎·马蒂尔德·伍德拉夫（Louisa Mathilde Woodruff）在1869年到殖民地古巴的旅游行纪，引出了"东方"视域。通过这些旅游行纪的创作，作者试图使读者从文化策略上来了解这些国家的"外国人特性"。文章关注的是19世纪下半期到古巴旅游的一批英美国家游客，他们企图狭隘地理解哈瓦那（Havana）风俗，因而形成了误解。作者极其感兴趣的是英美妇女形成的团体，她们将那些外表相似的人简单地归为一类；而非西方游客则反对这种简单的分类，他们建议将民族、宗教、舞蹈和女性主义原型等人类学因素考虑其中。作者主要从三个方面来描述19世纪女性游客笔下的古巴妇女。一是服饰。游客将她们的重点放在古巴上层阶级妇女丰富的服饰上，但她们评判的标尺建立在哈巴涅拉舞曲中的美丽和穿衣品位上。如马蒂尔德·休斯顿（Mathilde Houston）写道："古巴妇女浅色的皮肤是由于压力过大，优雅的走姿是由于过于懒散。而对于那些年轻的英国美女，对于她们在热带阳光下涨红的脸，她却是极其满意的。"[①]作者认为这样的描写极具讽刺意味，因为这些女性游客忽视了将古巴妇女的装扮服饰和当地的气候相联系，而是简单地将东西方妇女的服饰装扮进行了对比。二是监禁家中。为了保持妇女们的纯洁和童贞，防止种族污染，古巴社会禁止跨等级联姻，因而社会中各阶级都处于相对孤立的状态。伍德拉夫（Woodruff）在行记中描述了古巴妇女被束缚家中与外界隔绝的遭遇，敞开的窗户是她们观望世界的窗口。三是沉默。尽管古巴妇女给人留下了活泼的印象，但这些文本中有关游客与古巴妇女之间的交流记录却非常罕见。伊丽莎白·麦克哈顿-雷普利（Eliza McHatton-Ripley）的作品中，古巴妇女与游客之间的对话充满了丰富的意象和形象生动的故事，但由于缺乏与游客互通的语言，所以只能维持一种简单的交流模式，以此来消磨时间。

---

① Rose De Angelis, ed., *Between Anthropology and Literature: Interdisciplinary Discourse*, London and New York: Routledge, 2002, p.124.

通过以上三个方面的描述，作者认为现实生活中的古巴妇女见多识广、有主见、有智慧、有想法，与西方女性旅游行记中所描述的沉默寡言的中上层阶级妇女形象大相径庭。大多数旅游行记中那些沉默寡言的古巴妇女其实是这些西方女性游客自身缺乏交流的影响。19世纪女性作家对古巴的构思基本建立在本国意识之上，她们认为只有反抗暴权统治，这些女性才能从东方监禁中解放出来并自由行走。综上而言，作者认为尽管这些女性旅游行记的内容是客观的、符合事实的，但本质上还是存在意识形态的偏见。她们对东方国家的解读和阐释都是基于西方国家的意识形态，是为了验证自己的目的而扭曲了的幻象。

伊维特·罗梅罗-塞萨雷奥（Ivette Romero-Cesareo）在其《着魔的旅行者：混杂文风与加勒比》（Travelers Possessed: Generic Hybrids and the Caribbean）中，基于一些研究加勒比文化的著作由于跨越学科领域和文类而陷入了无法界定的空白状态，分析了四个代表性的文本：佐拉·尼尔·赫斯顿的《告诉我的马：伏都教和海地与牙买加的生活》、凯瑟琳·邓汉的《令人着魔的岛屿》、玛雅·黛伦的《神圣的骑手》和玛丽·西戈尔的《西戈尔夫人漫游记》。[1]认为除去形式和写作意图上的不一致，这些文本有两个共同的特点：文体上的游移，以及人种混合的观念与摇摆于不同社会阶级的意识。从而聚焦四位女性作家如何认识她们身份上的摇摆，以及这种摇摆如何实际影响着她们作为社会现象的研究者、观察者、目击者的写作权威性。

作者首先讨论作家身份背景对其写作的潜在影响。在赫斯顿和西戈尔的著作中，她们的立场受帝国主义建构的导向，但旅居东道国的经验又反抗着欧洲与北美人的统治背景。邓汉出身于人类学与舞蹈的混合领域，身份的非正统性帮助她进入了当地多样化的社会圈，获得了区别于前驱者们的女性人类学家"第一人"的独特立场，这使她拥有了无法轻易定位的"中间人"品质。在《神圣的骑手》中，黛伦认识到艺术家组织是从属于整体"当地人"

---

[1] 原文为 Zora Neale Hurston 的 *Tell My Horse: Voodoo and Life in Haiti and Jamaica*, (1938, 1983, 1990, 1992, 1995); Katherine Dunham 的 *Island Possessed*, (1969, 1994); Maya Deren 的 *Divine Horsemen: The Living Gods of Haiti*, (1953, 1970, 1990, 1991); 和 Mary Seacole 的 *Wonderful Adventures of Mrs. Seacole in Many Lands* (1857, 1984, 1988)。作者姓名和题名"西戈尔夫人漫游记"皆引用国内的既定翻译。

待遇的一种"部落集团","艺术家/当地人"的立场让她拥抱了海地社会,她感到比起肤色"种族"的结盟更决定于精神/心理上的姻缘关系。

其次,以初涉伏都教为线索,作者比较了赫斯顿、黛伦、邓汉三者获得或试图获得身份归属感的过程,还原她们不断变动于"局外人/局内人"立场的心理历程,由此波及其写作权威性的变化,造成书写风格的"混合"。赫斯顿选择保持局外人的立场,她用种族学语言来表达社会抵抗,但当叙述视点切换于"文明的/野蛮的"之间,第一世界的话语优越感便消失了,与其本源国的期待表现出距离。邓汉和黛伦摇摆于"局外人/局内人"之间。黛伦作为艺术家来诉说正统的人类学问题,这样的异常性让她获得了局内人立场。这种奇特的身份归属规则也表现在邓汉身上。邓汉对海地社会持有异域的陌生感,她最初将自己定位为"中间人",但出于对学术界、对美国、对黑人同胞的三重责任,多样的个性、折中的印象与异常的靠近让她既处于观察者的地位又被海地社会所接受。

接着,作者单独讨论了玛丽·西戈尔的个案,虽然她的种族、性格、旅行时间与目的皆与前三者不同,却同样在旅行中表现出身份选择的游移。西戈尔对自身社会流动性的享受使她能不断循环地滑动在种族与国籍之间。她没有完全被英国社会接受,也怀疑自己是英国种族主义的受害者。作者列举了多处文本证明这种经验,并表明西戈尔总将注意转移至美国来掩盖英国的偏见。另外,作者还指明了西戈尔渴望通过自己的医疗力量给她带来一个确定的等级意识与公众接受,然而这只是暂时的,她最终死于经济贫困和道德无名。

最后,通过对四位女作家不同结局的梳理,作者归纳了她们的文本与自身"混合"的原因与意义。以文本为见证,所有作家都分享了她们在公共领域的一种在场意识和表演感。在个性、经济、学术及艺术上,她们"偏离"的生存与能力持续着,并使其不可放置性成为必要。所以,不仅她们写的文本难以放在文类上界定,她们更选择以自身代表着"混合",这种拒绝分类是一种策略化的立场,使她们在不同社会阶级与种族类别的运动中,既能对峙歧视,又能自我保护。

马里奥·塞萨雷奥(Mario Cesareo)的《人类学与文学:同伴与私生子》(Anthropology and Literature: Of Bedfellows and Illegitimate Offspring)是

全书中讨论人类学与文学关系最为旗帜鲜明的一篇,使全书达到高潮。立足于文学文本化的后现代实践语境,重新定位了文学和人类学这两个学科的属性,对文学与人类学的"跨界杂交"问题进行了评述,认为这是消除学术跨学科紧张关系的有益构建,跨界杂交为文学和人类学提供了新的空间。因此,作者一开始就提出了自己的核心观点,即探讨文学与人类学之间是否存在区别。文章以三个视角为切入点,分别探讨了"作为人类学的写作"(Writing as Anthropology)"作为旅行写作的人类学(Anthropology as travel)"以及"超越剩余"(Beyond the remants)三方面的内容。围绕文学与人类学的关系,作者的基本观点一是将人类学的观念、主题和隐喻功能化,从而成为我们能更好地理解文学文本的工具;二是突出人类学对于不同文学文本的历史运用,并且作为对其分析的来源。作者认为用人类学概念去阅读文学文本并进行民族志的工作是有问题的,文学批评和人类学都是一种基于类型化的实践。二者实质性的不同在于,人类学研究构造对象和实践的符号,而文学研究淡化它所分析对象的生产、流通和接受过程中的属类和制度性维度,因此用人类学工具去检验文学成为一种误导。文本进入物质实践(muterial practice)就意味着需要超越符号学和解释学的桎梏,否则对文本的不重视会使得实践和问题意识进入体质(physical an thropology)人类学的范畴。作者认为文本是社会关系的缩影,因此文化研究可以通过对文本的阅读来完成民族志的工作。作者认为架起文学和人类学之间的桥梁的是民族志小说,他借用塔曼(Tallman)的观点,认为民族志小说是传达文化的重要介质。通过比较民族志作者和小说家、民族志小说和标准的民族志、内行人和局外人,作者得出"两种限制"的观点:第一是属类的限制,小说家在创作中不回避情感,甚至参与作品之中,因此无法承担客观的民族志写作者的身份;第二是认识论的限制,文化给作家提供创作资源,但作家难以触及人类学领域。

然后作者将目光从文学作为人类学转向民族志作为旅行写作。他认为文学与民族志都是"他者"的知识产物,人类学并不是遇见文学,而是由文学所引起的。更准确地说,民族志是环球旅行这种特定条件下的写作产物。当他者进入一个陌生的地域时,会因文化习俗等问题处于无能为力的境地。这种个体的危险处境导致了恐惧,又注定会迫使个体去适应,从而进入一个双重而矛盾的角色:面向全新的世界并理解它,同时自治与管理新的世界。然后，作为存活和统治的必要，这种人类共有的经验被主题化，被写成小说。他者的入侵会同时打破原来的秩序，因此原住民会抗拒，阻止他者的进入，文学作品中就会呈现出幻象、遗迹等现象。记忆也开始了两种矛盾的斗争：遗忘，直接对抗过往；记忆竞赛，重新拾起被遗忘的事。旅行写作是与他者产物相遇中的驯化过程，是在"咒语"地带发生的事情。旅行写作同时成为产品和接触带的生产者，它将自己置于边缘叙事的地位。与旅行相比，旅行写作不是详述与他者的相遇，而是同时擦去他者和将他者寓言化。

作者最后的结论是："人类学与文学并不冲突，相反，人类学诞生于文学之中。"[①]

文学是世界上最古老的学科之一，进入21世纪，各种学科间的混合和跨界研究层出不穷，为各类学科发展提供了新的动力和方向。历经风雨的文学，如何在新的时代焕发生机，为自身建设与勃兴找到合适的出路，已然是这门学科的首要议题。

人类学是从生物和文化的角度对人类进行全面研究的学科，早在19世纪人类学这个提法就已经出现了。进入21世纪，知识经济全球化，人类学的研究也有新的变化。人类学是知识全球化进程的伴生物，反过来看，人类学的发生和发展也积极促进了知识全球化的进程。现今的人类学有了不同以往的特性：第一，人类学家主要研究的是非西方文化传统；第二，人类学研究的原则是一视同仁地看待各地区文化传统。人类学这种摒弃偏见的研究方法与手段，正是人文学科所需要的。因此，依托人类学的田野调查和有效研究方法对文学研究进行革新，结合二者的有利之处，形成互补优势，挖掘各自的潜能和文化内涵，有助于学科之间的融合、创新和发展。有很多文学作品也表现出人类学家所关注的因素。比如康拉德的作品《黑暗之心》对殖民者在非洲地区的一系列殖民活动的叙述与反思，对殖民时期各类民族运动的忠实再现，都为人类学家提供了宝贵的素材和研究思路。在文学领域，加入人类学新鲜血液后，又会对很多文学作品以及文学家产生新的认识和领悟。因此，文学人类学这一新的研究方法是有极大意义与价值的，文学的发展之

---

[①] Rose De Angelis, ed., *Between Anthropology and Literature: Interdisciplinary Discourse*, London and New York: Routledge, 2002, p.162.

路或许因此更加宽阔，人类学的研究也能够开拓一片新的天地。现今的文学作品，人类行为呈现多样化，新的文学形式和题材层出不穷，因此，跨越不同学科的界限，从新视野与新角度来解读各类文学、文化现象，在学界已开始形成共识。

从《文学与人类学之间：跨学科话语》这本专著来看，国外的学者已经把目光转向更多元化的文本体裁和文化现象中去了，不仅仅是对经典和传统文学的阐释与挖掘，更多的是对不同题材的文本进行分析、解剖、再创造。文学和人类学只有在不断继承的同时才能够不断创新发展，文学与人类学的本土化实践也才能落到实处。

# 参考文献

## (一) 书籍

Anita Jacobson-Widdding, ed., *Identity, Personal and Socio-cultural: A Symposium*, Stockholm: Almqvist & Wiksell International, 1983.

A. Shweder Richard, and Robert A. LeVine, ed., *Culture Theory: Essays on Mind, Self, and Emotion*, Cambridge: Cambridge University Press, 1984.

Barbara G. Anderson, *First Fieldwork: The Misadventures of an Anthropologist*, Prospect Heights: Waveland, 1990.

Brian Morris, *Anthropology of the Self: The Individual in Cultural Perspective*, London: Pluto Press, 1994.

Bronislaw Malinowski, *Argonauts of the Western Pacific*, New York: E.P. Dutton and Co., Inc., 1961.

Clifford Geertz, *The Interpretation of Cultures*, New York: Basic Books, 1973.

Clifford Geertz, *Works and Lives: The Anthropologist as Author*, Stanford：Stanford University Press, 1988.

Clyde Kluchhohn, and R.Angell, eds., *The Use of Personal Documents in Hisitory, Anthropology, and Sociology*, New York: Social Science Research Council, 1945.

Colin Renfrew, and Iain Morley, *Image and Imagination: A Global Prehistory of Figurative Representation*, Cambridge: McDonald Institute of Archeological Research, 2007.

David M. Hayano *Road Through the Rain Forest: Living Anthropology in Highland Papua New Guinea*, Prospect Heights: Waveland, 1990.

De Pina-Cabral, and John Campbelled, *Europe Observed*, Basingstoke: Macmillan in Association with St. Anthony's College, Oxford, 1992.

Deborah E.Reed-Danahay, ed., *Autoethnography: Rewriting the Self and the Social*, Oxford and New York: Berg, 1997.

E.J. Leed, *The Mind of the Traveler: From Gilgamesh to Global Tourism*, New York: Basic Books, 1991.

Edward Bruner, ed., *Text, Play, and Story: The Construction and Reconstruction of Self and Society*, Washington : American Ethnological Society, 1984.

Elsie Roughsey, *An Aboriginal Mother Tells of the Old and the New*, Penguin Books, 1984.

Esther Burnett Horne, and Sally McBeth, *Essie's Story: The Life and Legacy of a Shoshone Teacher*, Lincoln: University of Nebraska Press, 1998.

Evans-Pritchard, *The Nuer: Modes of Livelihood and Political Institutions of a Nilotic People*, Oxford: Oxford University Press, 1940.

F.Boyatos, *Literary Anthropology: A New Interdisciplinary Approach to People, Sign and Literature*, Amsterdam: Jhon Benjamins Publishing Company, 1988.

Fred Inglis, Clifford Geertz, *Culture, Custom and Ethics*, Cambridge: Polity Press, 2000.

George Levine, *Literary Science-Scientific Literature*, Raritan, 1987.

Hans A. Baer, ed., *Encounters with Biomedicine: Case Studies in Medical Anthropology*, New York: Gordon and Breach Science Publishers, 1987.

Henri Frankfort, Mrs H.A. Frankfort, John A. Wilson, Thorkild Jacobsen, *Before Philosophy: The Intellectual Adventure of Ancient Man*, Harmondsworth, 1949.

Hubert L. Dreyfus, Paul Rabinow, and Michel Foucault, *Beyond Structuralism and Hermeneutics*, Chicago: University of Chicago Press, 1982.

J. I. Prattis, ed., *Reflections: The anthropological Muse*, Washington: American Anthropological Association, 1985.

James Boon, *From Symbolism to Structuralism: Lévi-Strauss in a Literary Tradition*, New York: Harper and Row, 1972.

James Clifford, and George E. Marcus, ed., *Writing Culture: The Poetics and Politics of Ethnography*, Berkeley and Los Angeles: University of California Press, 1986.

James Clifford, *Reconstructing Individualism*, Stanford: Stanford University Press, 1985.

James Clifford, *The Predicament of Culture: Twentieth-Century Ethnography, Literature and Art*, London: Harvard University Press, 1988.

James W. Fernandez, and Mary Taylor Huber, ed., *Irony in Action: Anthropology, Practice, and the Moral Imagination*, Chicago: The University of Chicago Press, 2001.

Jeffrey C. Alexander, ed., *Interpreting Clifford Geertz: Cultural Investigation in the Social Sciences*, New York: Palgrave Macmillan, 2011.

John Leavitt, *Poetry and Prophecy: The Anthropology of Inspiration*, Ann Arbor: University of Michigan Press, 1997.

K. A. Ashley, *Victor Turner and the Construction of Cultural Criticism: Between Anthropology and Literature*, Bloomington: Indiana University Press, 1990.

K. Visweswaran, *Fictions of Feminist Ethnography*, Minneapolis: University of Minnesota Press, 1994.

Kenneth Burke, *A Grammar of Motives*, Berkely: University of California Press, 1969.

Kevin Dwyer, *Moroccan Dialogues: Anthropology in Question*, Baltimore: The Johns Hopkins University Press, 1982.

M. Cesareo, "When the Subaltern Travels: Slave Narrative and Travel Writing in the Nineteenth-Century Caribbean", in L. Paravisini-Gebert, and I. Romero-Cesareo, eds., *Women at Sea: Writing and the Margins of Caribbean Discourse*, New York: Palgrave Macmillan, 1999.

M. Freedman, *Main Trends in Social and Cultural Anthropology*, New York: Holmes & Meier Publishers, Inc, 1979.

M.L. Pratt, *Imperial Eyes: Travel Writing and Transculturation*, London: Routledge, 1992.

Marija Gimbutas, *The Living Goddesses*, Berkeley: University of California Press, 1999.

Marjorie Shostak, *Nisa: The Life and Words of a Kung Woman*, Cambridge: Harvard University Press, 1981.

Mark-Anthony Falzon, ed., *Multi-sited Ethnography*, Farnham: Ashgate Publishing Limited, 2009.

Marshall Sahlins, *The Historical Metaphors and Mythical Realities*, Ann Arbor: The University of Michigan Press, 1981.

Merle E. Brown, *Kenneth Burke*, Minneapolis: University of Minnesota Press, 1969.

Michael Herzfeld, and Lucia Melazzo, ed., *Semiotic Theory and Practices: Proceedings of the Third International Congress of the IASS*, Berlin: Mouton de Gruyter, 1984.

Michael Herzfeld, *Anthropology Through the Looking-glass: Critical Ethnography in the Margins of Europe*, Cambridge: Cambridge University Press, 1987.

Michael Herzfeld, *Cultural Intimacy: Social Poetics in the Nation-State*, London: Routledge, 2005.

Michael Herzfeld, *Evicted from Eternity: The Restructuring of Modern Rome*, Chicago: The University of Chicago Press, 2009.

Michael Herzfeld, *The Portrait of a Greek Imagination: An Ethnographic Biography of Andreas Nededakis*, Chicago: University of Chicago Press, 1997.

Michael Solomon, and Natalie Wood, eds., *Virtual Social Identity and Social Behavior*, Armonk: M.E. Sharpe Inc, 2009.

Michel de Certeau, *The Writing of History*, translated by Tom Conley, New York: Columbia University Press, 1988.

Mircea Eliade, *Myth and Reality*, translated by Willard R. Trask, New York: Harper and Row, 1963.

Mircea Eliade, *Patterns in Comparative Religion*. London and New York: Sheed and Ward, 1958.

Mircea Eliade, *The Sacred and the Profane*, New York: Harper & Row, 1959.

Norman Denzin, *Interpretative Ethnography: Ethnographic Practice for the 21st Century*, Thousand Oaks CA.：SAGE Publications Ltd, 1997.

P. Benson, ed., *Anthropology and Literature*, Urbana: University of Illinois Press, 1993.

Paul de Man, *Blindness and Insight: Essays in the Rhetoric of Contemporary Criticism*, Minneapolis: University of Minnesota Press, 1983.

Paul Rabinow, *Reflections on Fieldwork in Morocco*, Berkeley: University of California Press, 1977.

Paul Radin, *The Autobiography of a Winnebago Indian*, New York: Dover Publications, 1963.

Pierre Bourdieu, *Outline of a Theory of Practice*, Cambridge: Cambridge University Press, 1977.

Pink Sarah, *The Futher of Anthropology*, New York: Routledge, 2006.

Raybeck, *Douglas Mad Dogs, Englishmen, and the Errant Anthropologist: Fieldwork in Malaysia*, Prospect Heights: Waveland, 1996.

Renato Rosaldo, *The Day of Shelly's Death*, Durham: Duke University Press, 2014.

René Girard, *Violence and the Sacred*, Baltmore: The Johns Hopkins University Press, 1979.

Richard Howard, ed., *The Rustle of Language*, Berkeley: University of California Press, 1986.

Robert F. Murphy, *The Body Silent*, New York: Henry Holt, 1987.

Robert Redfield, *The Little Community, and Peasant Society and Culture*, Chicago: University of Chicago Press, 1960.

Rose De Angelis, ed., *Between Anthropology and Literature*, New York and London: Routledge, 2002.

Ross Wolin, *The Rhetorical Imagination of Kenneth Burke*, Columbia, SC: University of South Carolina Press, 2001.

Ruth Behar, and Deborah A. Gordon, eds., *Women Writing Culture*, Berkeley: University of California Press, 1995.

Susan Sontag, ed., *A Barthes Reader*, New York: Hill and Wang, 1982.

T. A. Sebeok, ed., *Myth: A Symposium*, Bloomington: Indiana University Press, 1965.

Talal Asad, ed., *Anthropology and the Colonial Encounter*, New York: Ithaca Press and Humanities Press, 1973.

Tepililt Ole Saitoti, *The Worlds of a Maasai Warrior: An Autobiography*, Berkeley: University of California Press, 1986.

Terry Eagleton, *Literary Theory: An Introduction*, Oxford and Carlton: Blackwell Publishers, 2004.

Thomas Barfield, ed., *The Dictionary of Anthropology*, Malden: Blackwell Publishing Ltd, 1997.

Thomas C. Heller, ed., *Reconstructing Individualism: Autonomy, Individuality, and the Self in Western Thought*, Stanford: Stanford University Press, 1986.

Tobias Hecht, *After Life: An Ethnographic Novel*, Durham: Duke University Press, 2006.

Vincent Crapanzano, *Tuhami: The Portrait of a Moroccan*, Chicago: University of Chicago Press, 1980.

［爱尔兰］泰特罗讲演：《本文人类学》，王宇根译，北京大学出版社，1995年。

常金仓：《二十世纪古史研究反思录》，中国社会科学出版社，2005年。

朝戈金：《口传史诗诗学：冉皮勒〈江格尔〉程式句法研究》，广西人民出版社，2000年。

陈金星：《后汉书神话历史叙事研究》，中国社会科学院博士学位论文，2014年。

陈广忠译注：《淮南子》，中华书局，2012年。

程金城：《中国文学原型论》，甘肃人民美术出版社，2008年。

程金城：《文艺人类学的理论与实践》，民族出版社，2007年。

迟文杰主编：《西王母文化研究集成论文卷》（续编一），广西师范大学出版社，2011年。

［日］村上春樹『スプトニクの恋人』，講談社，2001年。

［日］村上春樹『１Ｑ８４』（Book 2），新潮社，2009年。

［日］村上春樹『羊をめぐる冒険』，講談社，1990年。

［日］宮本一夫：《从神话到历史：神话时代、夏王朝》，吴菲译，广西师范大学出版社，2014年。

代云红：《中国文学人类学基本问题研究》，云南大学出版社，2012年。

［德］马克斯·韦伯：《新教伦理与资本主义精神》，康乐、简惠美译，广西师范大学出版社，2010年。

［德］鲁道夫·奥托：《论"神圣"——对神圣观念中的非理性因素及其与理性之关系的研究》，成穷译，四川人民出版社，1995年。

邓智勇：《修辞理论与修辞哲学：关于修辞学泰斗肯尼思·伯克研究》，学林出版社，2011年。

丁福保：《佛学大辞典》，上海书店，1991年。

［法］爱弥尔·涂尔干：《宗教生活的基本形式》，渠东等译，上海人民出版社，1999年。

［法］保罗·利科尔：《解释学与人文科学》，河北人民出版社，1987年。

［法］德尼·贝多莱：《列维-斯特劳斯传》，于秀英译，中国人民大学出版社，2008年。

［法］费尔南·布罗代尔:《地中海考古:史前史和古代史》,蒋明炜等译,社会科学文献出版社,2005年。

［法］费尔南·布罗代尔:《法兰西的特性:人与物》,顾良、张泽乾译,商务印书馆,1997年。

［法］葛兰言:《古代中国的节庆与歌谣》,赵丙祥等译,广西师范大学出版社,2005年。

［法］克洛德·列维-斯特劳斯:《忧郁的热带》,王志明译,生活·读书·新知三联书店,2000年。

［法］勒内·基拉尔:《双重束缚》,刘舒、陈明珠译,华夏出版社,2006年。

［法］列维-布留尔:《原始思维》,丁由译,商务印书馆,1981年。

［法］列维-斯特劳斯:《结构人类学》(卷二),俞宣孟等译,上海译文出版社,1999年。

［法］列维-斯特劳斯:《野性的思维》,李幼蒸译,商务印书馆,1987年。

［法］罗兰·巴尔特:《写作的零度》,李幼蒸译,中国人民大学出版社,2008年。

［法］米歇尔·福柯:《词与物——人文科学考古学》,莫伟民译,上海三联书店,2001年。

［法］米歇尔·福柯:《知识考古学》,谢强、马月译,上海三联书店,1998年。

［法］皮埃尔·布迪厄、［美］华康德:《实践与反思:反思社会学导引》,李猛、李康译,中央编译出版社,1998年。

［法］涂尔干:《社会学方法的准则》,狄玉明译,商务印书馆,1995年。

［法］涂尔干:《宗教生活的基本形式》,渠东、汲喆译,上海人民出版社,2006年。

方克强:《文学人类学批评》,上海社会科学院出版社,1992年。

费孝通等:《中华民族多元一体格局》,中央民族学院出版社,1989年。

费振刚、仇仲谦、刘南平校注:《全汉赋校注》(上册),广东教育出版社,2005年。

冯玉雷:《玉华帛彩》,甘肃人民出版社,2015年。

［古罗马］维吉尔:《埃涅阿斯纪》,杨周翰译,人民文学出版社,1984年。

顾祖钊:《华夏原始文化与三元文学观念》,北京大学出版社,2005年。

郭郛:《山海经注证》,中国社会科学出版社,2004年。

［韩］林炳僖:《韩国神话历史》,南方日报出版社,2012年。

〔汉〕许慎撰、〔清〕段玉裁注:《说文解字注》,浙江古籍出版社,2006年。

〔汉〕郑玄注、〔唐〕贾公彦疏:《礼记正义》,中华书局,1980年。

何志国:《早期佛像研究》,华东师范大学出版社,2013年。

贺云翱等编:《佛教初传南方之路文物图录》,文物出版社,1993年。

胡万川:《真实与想象——神话传说探微》,台湾清华大学出版社,2004年。

胡燕春:《"英美新批评派"研究》,中国社会科学出版社,2010年。

［加拿大］布鲁斯·G.崔格尔:《理解早期文明:比较研究》,徐坚译,北京大学出版社,

2014年。

［加拿大］高辛勇：《修辞学与文学阅读》，北京大学出版社，1997年。

［加拿大］诺思罗普·弗莱：《批评的剖析》，陈慧等译，百花文艺出版社，1998年。

［加拿大］诺思洛普·弗莱：《批评之路》，王逢振等译，北京大学出版社，1998年。

〔晋〕郭璞注：《尔雅》，中华书局，1985年。

金立江：《苏美尔神话历史》，南方日报出版社，2014年。

荆云波：《文化记忆与仪式叙事——〈仪礼〉的文化阐释》，南方日报出版社，2010年。

李崇峰：《佛教考古：从印度到中国》，上海古籍出版社，2014年。

李春青：《在文本与历史之间——中国古代诗学意义生成模式探微》，北京大学出版社，2005年。

李炳海：《部族文化与先秦文学》，高等教育出版社，1995年。

李崇峰：《佛教考古——从印度到中国》，上海古籍出版社，2014年。

李济：《中国民族的形成》，江苏教育出版社，2005年。

李济：《中国文明的开始》，江苏教育出版社，2005年。

李立：《在学者与村民之间的文化遗产》，人民出版社，2010年。

李若晖：《郭店竹书老子论考》，齐鲁书社，2004年。

林炳僖：《韩国神话历史》，南方日报出版社，2012年。

林耀华：《金翼》，生活·读书·新知三联书店，2000年。

林富士：《小历史——历史的边陲》，（台北）三民书局，2000年。

林梅村：《丝绸之路考古十五讲》，北京大学出版社，2006年。

卢康华、孙景尧：《比较文学导论》，黑龙江人民出版社，1984年。

陆思贤：《神话考古》，文物出版社，1995年。

〔南朝梁〕刘勰：《文心雕龙·史传》，中华书局，1985年。

叶舒宪：《高唐神女与维纳斯》，中国社会科学出版社，1997年。

叶舒宪：《玉石之路踏查记》，甘肃人民出版社，2015年。

叶舒宪：《金枝玉叶——比较神话学的中国视角》，复旦大学出版社，2012年。

叶舒宪：《诗经的文化阐释》，湖北人民出版社，1994年。

叶舒宪：《探索非理性的世界：原型批评的理论与方法》，四川人民出版社，1988年。

叶舒宪主编《文学与治疗》，社会科学文献出版社，1999年。

叶舒宪：《图说中华文明发生史》，南方日报出版社，2015年。

叶舒宪主编：《文化与文本》，中央编译出版社，1998年。

叶舒宪：《文学人类学教程》，中国社会科学出版社，2010年。

叶舒宪：《文学与人类学——知识全球化时代的文学研究》，社会科学文献出版社，2003年。

叶舒宪：《熊图腾：中国祖先神话探源》，上海锦绣文章出版社，2007年。
叶舒宪：《阉割与狂狷》，上海文艺出版社，1999年。
叶舒宪：《原型与跨文化阐释》，暨南大学出版社，2002年。
叶舒宪：《中国神话哲学》，中国社会科学出版社，1992年。
叶舒宪：《中华文明探源的神话学研究》，社会科学文献出版社，2015年。
叶舒宪、古方主编：《玉成中国——玉石之路与玉兵文化探源》，中华书局，2015年。
马伯英：《中国医学文化史》，上海人民出版社，2008年。
马昌仪编：《中国神话学文论选萃》，中国广播电视出版社，1994年。
［美］E.G.波林：《实验心理学史》，高觉敷译，商务印书馆，1981年。
［美］阿兰·邓迪斯编：《西方神话学读本》，朝戈金等译，广西师范大学出版社，2006年。
［美］爱德华·W.萨义德：《东方学》，王宇根译，生活·读书·新知三联书店，1999年。
［美］保罗·康纳顿：《社会如何记忆》，纳日碧力戈译，上海人民出版社，2000年。
［美］保罗·拉比诺：《摩洛哥田野作业反思》，高丙中等译，商务印书馆，2008年。
［美］勃洛尼斯拉夫·马林诺夫斯基：《一本严格意义上的日记》，卞思梅、何源远、余昕译，广西师范大学出版社，2015年。
［美］丹·布朗：《达·芬奇密码》，朱振武、吴晟、周元晓译，上海人民出版社，2004年。
［美］坎贝尔：《指引生命的神话》，张洪友等译，浙江人民出版社，2013年。
［美］弗朗兹·博厄斯：《原始艺术》，金辉译，贵州人民出版社，2004年。
［美］古塔、弗格森：《人类学定位》，骆建建等译，华夏出版社，2005年。
［美］哈尔·赫尔曼：《真实地带：十大科学争论》，赵乐静译，上海科学技术出版社，2000年。
［美］海登·怀特：《后现代历史叙事学》，陈永国、张万娟译，中国社会科学出版社，2003年。
［美］赫伯特·马尔库塞：《爱欲与文明》，黄通、薛民译，上海译文出版社，1987年。
［美］克莱德·克拉克洪：《论人类学与古典学的关系》，吴银玲译，北京大学出版社，2013年。
［美］詹姆斯·克利福德、乔治·E.马库斯编：《写文化——民族志的诗学与政治学》，高丙中等译，商务印书馆，2006年。
［美］克利福德·格尔兹：《文化的解释》，纳日碧力戈等译，上海人民出版社，1999年。
［美］克利福德·格尔兹：《地方性知识》，王海龙等译，中央编译出版社，2000年。
［美］克利福德·格尔兹：《论著与生活：作为作者的人类学家》，方静文、黄剑波译，中国人民大学出版社，2013年。
［美］克利福德·格尔兹：《烛幽之光——哲学问题的人类学省思》，甘会斌译，上海人民出版社，2013年。

［美］克利福德·格尔兹：《追寻事实》，林经纬译，北京大学出版社，2011年。
［美］克利福德·格尔兹：《地方性知识》，王海龙、张家瑄译，中央编译出版社，2000年。
［美］拉尔夫·科恩主编：《文学理论的未来》，程锡麟等译，中国社会科学出版社，1993年。
［美］米尔恰·伊利亚德：《神圣与世俗》，王建光译，华夏出版社，2002年。
［美］雷纳·韦勒克：《近代文学批评史》（第七卷），杨自伍译，上海译文出版社，2009年。
［美］卢克·拉斯特：《人类学的邀请》，王媛、徐默译，北京大学出版社，2008年。
［美］罗伯特·芮德菲尔德：《农民社会与文化——人类学对文明的一种诠释》，王莹译，中国社会科学出版社，2013年。
［美］罗洛·梅：《祈望神话》，王辉等译，中国人民大学出版社，2012年。
［美］马歇尔·萨林斯：《历史之岛》，蓝达居等译，上海人民出版社，2003年。
［美］马歇尔·萨林斯：《土著如何思考：以库克船长为例》，张宏明译，上海人民出版社，2003年。
［美］马克·里拉：《维柯——反现代的创生》，张小勇译，新星出版社，2008年。
［美］迈克尔·赫茨菲尔德：《人类学——社会和文化领域中的理论实践》，刘珩等译，华夏出版社，2009年。
［美］乔纳森·马克·基诺耶：《走近古印度城》，张春旭译，浙江人民出版社，2000年。
［美］乔治·E.马尔库斯、弗雷德·R.迈尔斯：《文化交流：重塑艺术和人类学》，阿嘎佐诗、梁永佳译，广西师范大学出版社，2010年。
［美］乔治·E.马尔库斯、米开尔·费彻尔：《作为文化批评的人类学：一个人文学科的实验时代》，王铭铭、蓝达居译，生活·读书·新知三联书店，1998年。
［美］乔治·H.米德：《心灵、自我与社会》，赵月瑟译，上海译文出版社，2008年。
［美］唐·伊德：《让事物"说话"：后现象学与技术科学》，韩连庆译，北京大学出版社，2008年。
［美］威廉·亚当斯：《人类学的哲学之根》，黄建波等译，广西师范大学出版社，2006年。
［美］沃尔特·翁：《口语文化与书面文化：语词的技术化》，何道宽译，北京大学出版社，2008年。
［美］巫鸿：《礼仪中的美术》，生活·读书·新知三联书店，2005年。
［美］伊万·布雷迪：《人类学诗学》，徐鲁亚等译，中国人民大学出版社，2010年。
［美］约翰·迈尔斯·弗里：《口头诗学：帕里-洛德理论》，朝戈金译，社会科学文献出版社，2000年。
［美］张光直：《考古人类学随笔》，生活·读书·新知三联书店，2013年。
［美］张光直：《考古学：关于其若干基本概念和理论的再思考》，生活·读书·新知三联书店，2013年。
［美］张光直：《考古学专题六讲》，文物出版社，1986年。

〔美〕张光直:《中国古代青铜器》,生活·读书·新知三联书店,2013年。

〔明〕宋应星:《天工开物》,邹其昌整理,人民出版社,2015年。

莫言:《蛙》,上海文艺出版社,2009年。

〔南朝宋〕范晔撰、〔唐〕李贤等注:《后汉书》,中华书局,1965年。

彭兆荣:《文学与仪式:文学人类学的一个文化视野——酒神及其祭祀仪式的发生学原理》,北京大学出版社,2004年。

彭兆荣:《人类学仪式的理论与实践》,民族出版社,2007年。

钱穆:《国史大纲》(上册),商务印书馆,1994年。

〔清〕邵晋涵:《尔雅正义》(卷7),清乾隆五十三年面水层轩刻本。

瞿明安等:《象征人类学理论》,人民出版社,2014年。

〔日〕白川静:《常用字解》,苏冰译,九州出版社,2010年。

〔日〕村上春树:《1Q84》,施小炜译,南海出版社,2010年。

〔日〕大江健三郎:《水死》,许金龙译,金城出版社,2013年。

〔日〕黑古一夫:《村上春树——转换中的迷失》,秦刚、王海蓝译,中国广播电视出版社,2008年。

〔日〕平川祐弘、萩原孝雄编『日本の母——崩壊と再生』,新曜社,1997年。

〔瑞士〕让·皮亚杰:《儿童的语言与思维》,傅统先译,文化教育出版社,1980年。

桑兵:《国学与汉学——近代中国学界交往录》,浙江人民出版社,1999年。

石钟健:《民族研究文集》,民族出版社,1996年。

史宗主编:《20世纪西方宗教人类学文选》,上海三联书店1995年。

苏秉琦:《华人·龙的传人·中国人——考古寻根记》,辽宁大学出版社,1994年。

苏永前:《20世纪前期中国文学人类学实践研究》,中国社会科学院博士论文,2013年。

谭佳等:《比较神话学在中国》,社会科学文献出版社,2016年。

谭佳:《神话与古史——中国现代学术的建构与认同》,社会科学文献出版社,2016年。

谭佳:《断裂中的神圣重构——〈春秋〉的神话隐喻》,南方日报出版社,2010年。

汤炳正:《屈赋新探》,齐鲁书社,1984年。

唐启翠:《礼制文明与神话编码——〈礼记〉的文化阐释》,南方日报出版社,2010年。

唐启翠等编:《儒家神话》,南方日报出版社,2011年。

唐启翠:《玉的叙事与神话历史——〈周礼〉成书新证》,上海交通大学博士后出站报告,2013年。

王国维:《古史新证》,来薰阁书店,1934年。

王国维:《古史新证——王国维最后的讲义》,清华大学出版社,1994年。

王进喜、常林主编:《证据理论与科学——首届国际研讨会论文集》,中国政法大学出版社,2007年。

王建民:《中国民族学史》(上卷),云南教育出版社,1997年。
王杰:《审美幻相与审美人类学》,广西师范大学出版社,2002年。
王杰:《现代审美问题:人类学的反思》,北京大学出版社,2013年。
王明珂:《华夏边缘》,社会科学文献出版社,2006年。
王宁:《后理论时代的文学与文化研究》,北京大学出版社,2009年。
王天海:《穆天子传全译·燕太子全译》,贵州人民出版社,1997年。
王先胜:《中国远古纹饰初读》,学苑出版社,2015年。
王一川:《语言乌托邦》,云南人民出版社,1999年。
王一川:《中国现代学引论——现代文学的文化维度》,北京大学出版社,2009年。
王云五:《尔雅义疏》(卷三),商务印书馆,1965年。
王政:《诗经文化人类学》,黄山书社,2010年。
王政:《战国前考古学文化谱系与类型的艺术美学研究》,安徽大学出版社,2006年。
王政、王娟、王维娜:《欧阳修陆游诗歌民俗祭典述论》,中国书籍出版社,2015年。
闻一多:《闻一多全集》(第五卷),湖北人民出版社,1993年。
乌日古木勒:《蒙古突厥史诗人生仪礼原型》,民族出版社,2007年。
吴焯:《佛教东传与中国佛教艺术》,浙江人民出版社,1991年。
吴玉萍:《〈墨子〉的神话历史元素研究》,上海交通大学博士学位论文,2015年。
夏陆然:《〈国语〉的神话历史研究》,中国社会科学院博士学位论文,2015年。
萧兵:《中国早期艺术的文化释读——审美人类学微观研究》,湖北人民出版社,2014年。
萧兵:《中国文化的精英》,上海文艺出版社,1989年。
谢美英《〈尔雅〉名物新解》,中国社会科学出版社,2015年。
徐旭生:《中国古史的传说时代》,广西师范大学出版社,2003年。
许宏:《何以中国——公元前2000年的中原图景》,生活·读书·新知三联书店,2014年。
徐新建:《山寨之间:西南行走录》,广西人民出版社,2006年。
杨伯达:《埋もれた中国石佛の研究》,松原三部译,东京:东京美术出版社,1985年。
杨伯俊编著:《春秋左传注》,中华书局,1981年。
杨晶:《中国史前玉器的考古学探索》,社会科学文献出版社,2011年。
于玉蓉:《〈史记〉的神话历史研究》,中国社会科学院博士论文,2013年。
[意]维柯:《新科学》,朱光潜译,人民文学出版社,2008年。
[英]A.C.哈登:《人类学史》,廖泗友、冯志彬译,山东人民出版社,1988年。
[英]E.E.埃文斯-普里查德:《原始宗教理论》,孙尚扬译,商务印书馆,2001年。
[英]J.G.弗雷泽:《金枝》,徐育新等译,新世界出版社,2006年。
[英]R.R.马雷特编:《人类学与古典学:牛津六讲》,何源远译,北京大学出版社,2013年。
[英]埃文斯-普里查德:《努尔人》,褚建芳等译,华夏出版社,2002年。

［英］彼得·伯克：《图像证史》，杨豫译，北京大学出版社，2008年。
［英］简·艾伦·哈里森：《古代艺术与仪式》，刘宗迪译，生活·读书·新知三联书店，2008年。
［英］杰克·古迪：《偷窃历史》，张正萍译，浙江大学出版社，2009年。
［英］马林诺夫斯基：《原始神话论》，徐大永译，首尔：民俗苑出版社，2001年。
［英］麦克斯·缪勒著，金泽译：《比较神话学》，上海文艺出版社，1989年。
［英］梅瑞·威·戴维斯、皮埃罗：《视读人类学》，张丽红译，安徽文艺出版社，2007年。
［英］特雷·伊格尔顿：《二十世纪西方文学理论》，伍晓明译，北京大学出版社，2007年。
［英］维克多·特纳：《戏剧、场景及隐喻——人类社会的象征性行为》，刘珩等译，民族出版社，2007年。
［英］詹·乔·弗雷泽：《金枝——巫术与宗教之研究》，徐育新等译，中国民间文艺出版社，1987年。
于省吾：《甲骨文字释林》，商务印书馆，2010年。
俞建章、叶舒宪：《符号：语言与艺术》，上海人民出版社，1988年。
袁珂：《山海经校注》，巴蜀书社，1996年。
易华：《夷夏先后说》，民族出版社，2012年。
易华：《齐家华夏说》，甘肃人民出版社，2015年。
张岱年等：《中国观念史》，中州古籍出版社，2005年。
张洪友：《比较神话学家约瑟夫·坎贝尔研究》，四川大学博士论文，2013年。
张淑萍：《陇中民俗剪纸的文化符号学解读》，苏州大学出版社，2014年。
张松辉译注：《抱朴子内篇》，中华书局，2011年。
张燕婴译注：《论语》，中华书局，2006年。
张玉：《神话历史与神圣王权的建构——〈吕氏春秋〉的文化阐释》，上海交通大学博士学位论文，2015年。
章米力：《黄帝内经的文化阐释》，上海交通大学博士论文，2016年。
章米力、柳倩月等编：《文化符号学——大小传统新视野》，陕西师范大学出版社，2013年。
张志刚主编：《20世纪宗教观研究》，北京大学出版社，2007年。
赵世瑜：《小历史与大历史：区域社会史的理念、方法与实践》，生活·读书·新知三联书店，2006年。
浙江省文物考古研究所：《河姆渡——新石器时代遗址考古报告》，文物出版社，2003年。
中国社会科学院文学研究所编：《现代美英资产阶级理论文选》，茅于美译，知识产权出版社，2010年。
中国社会科学院考古研究所编：《安阳殷墟出土玉器》，科学出版社，2005年。
朱立元主编：《当代西方文艺理论》，华东师范大学出版社，1997年。

庄孔韶:《人类学通论》,山西教育出版社,2002年。
庄孔韶:《银翅》,生活·读书·新知三联书店,2000年。
周星、王铭铭主编:《社会文化人类学讲演集》,天津人民出版社,1997年。
祖晓伟:《中国文化学视域下的甲金文字——车马意象与神话编码》,四川大学博士学位论文,2014年。

## (二)论文

巴莫曲布嫫:《"民间叙事传统格式化"之批评(中)——以彝族史诗〈勒俄特依〉的"文本迻录"为例》,《民族艺术》2004年第1期。

代云红:《"媒介场"视域中的"多重证据法"》,《江苏行政学院学报》2010年第6期。

代云红:《互文性写作中的价值冲突》,《当代文坛》2003年第2期。

代云红:《论"N级编码理论"的思想内涵、理论要义及问题》,《百色学院学报》2013年第3期。

代云红:《中国文学人类学历史起点中的理论问题及反思》,《吉首大学学报(社会科学版)》2012年第1期。

戴建业:《"诸子还原系列"的学理意义》,《文学评论》2012年第1期。

邓正来:《全球化时代的中国社会科学发展》,《社会科学战线》2009年第5期。

丁苏安:《露丝·本尼迪克特列传》,《民族论坛》2013年第8期。

方克强:《新时期文学人类学批评述评》,《上海文论》1992年第1期。

高功:《探索玉石之路 追寻远古文明——"中国玉石之路与玉兵文化研讨会"在榆林市召开》,《收藏界》2013年第7期。

高有鹏:《中国近代神话传说研究与民族文化问题》,《中国人民大学学报》2012年第1期。

公维军:《良渚文化玉器纹饰与刻符研究》,《牡丹江教育学院学报》2013年第4期。

公维军:《新世纪以来文学人类学的理论建构》,《社会科学》2015年第3期。

冯玉雷:《玉帛之路:比丝绸之路更早的国际大通道》,《丝绸之路》2014年第19期。

韩建业:《庙底沟时代与"早期中国"》,《考古》2012年第3期。

韩建业:《裴李岗文化的迁徙影响与早期中国文化圈的雏形》,《中原文物》2009年第2期。

何志国:《论汉晋佛像的"佛神模式"》,《民族艺术》2007年第3期。

胡建升:《金声玉振的文化阐释》,《民族艺术》2012年第4期。

胡建升:《孔子"多闻阙疑"与口传文化》,《民族艺术》2014年第2期。

胡建升:《良渚神徽的物质文化和神话图像》,《民族艺术》2013年第6期。

黄悦:《神话历史:一个跨学科的新视角》,《百色学院学报》2011年第4期。

黄向春:《自由交流与学科重建:文学人类学的提出》,《辽宁大学学报(哲学社会科学版)》1998年第4期。

霍士富:《诗性语言的散文体叙事——大江健三郎〈水死〉论》,《外国文学》2013年第6期。

蒋卉:《论莫言小说〈蛙〉中的"蛙"意象》,《百色学院学报》2012年第6期。

郎樱:《田野工作与非物质文化遗产保护——三十年史诗田野工作回顾与思索》,《江西社会科学》2008年第9期。

乐黛云:《文学人类学建构新的文学观》,《中国社会科学报》2011年4月26号(第182期)。

雷媛:《重踏玉帛古道:探寻丝路文明源头的行走》,《兰州晨报》2016年4月23日。

李菲:《新时期文学人类学研究的范式转换与理论推进》,《文艺理论研究》2003年第9期。

李凤亮:《相遇·对话·创生——文学人类学在20世纪中国的兴起与发展》,《南京社会科学》2004年第6期。

李清华:《民族志文本与文学文本——格尔兹〈作品与生活〉的文本现象学》,《民俗研究》2013年第6期。

李永平:《论大传统文本与"N级编码理论""N重证据"的关系》,《社会科学家》2014年第1期。

刘珩:《民族志、小说、社会诗学:哈佛大学人类学教授迈克尔·赫茨菲尔德访谈录》,《文艺研究》2008年第2期。

刘珩:《民族志传记》,《外国文学》2012年第2期。

刘珩:《民族志认识论的三个维度——兼评〈什么是人类常识〉》,《中国社会科学》2008年第2期。

刘珩:《文学的人类学研究范式——评汉德勒和西格〈简·奥斯汀以及文化的虚构〉》,《文艺研究》2011年第7期。

刘华:《谁是少数民族作家?——对作家"民族身份"的文学人类学考察》,《民族文学研究》2006年第3期。

刘素琴:《儒释道与玉文化》,《中国历史博物馆馆刊》1994年第1期。

刘为钦:《"文学是人学"命题之反思》,《中国社会科学》2010年第1期。

刘毓庆:《朴学·人类学·文学》,《文艺研究》1997年第1期。

刘宗迪:《图腾、族群和神话——涂尔干图腾理论述评》,《民族文学研究》2006年第4期。

柳倩月:《女神复活:土家女儿会的神话原型编码分析》,《湖北民族学院学报(哲学社会科学版)》2013年第5期。

陆航：《文学人类学为中华文明探源提供新思路》,《中国社会科学报》2013年6月26日。
陆航：《石峁遗址更新中国文明起源认识》,《中国社会科学报》2016年1月22日。
罗志田：《往昔非我：训诂、翻译与历史文本解读》,《文艺研究》2010年第12期。
孟华：《真实关联度、证据间性与意指定律》,《证据科学》2011年第1期。
彭兆荣：《格物致知：一种方法论的知识》,《思想战线》2013年第5期。
彭兆荣：《民族志视野中"真实性"的多种样态》,《中国社会科学》2006年第2期。
彭兆荣：《实践于历史与想象之间——客家族群性认同与宁化石壁公祭仪式》,《思想战线》2001年第1期。
彭兆荣：《首届中国文学人类学研讨会综述》,《文艺研究》1998年第2期。
彭兆荣：《文学人类学从"破"到"立"》,《中国社会科学报》2011年4月26日（第182期）。
彭兆荣：《再寻"金枝"——文学人类学精神考古》,《文艺研究》1997年第5期。
覃慧宁：《葛兰言〈古代中国的节庆与歌谣〉的学术意义》,《西北民族研究》2006年第4期。
谭佳：《如何整体观和世界性——近现代人文学术转型中的证据法嬗变》,《社会科学战线》2010年第6期。
唐启翠：《"玉石之路"研究回顾与展望》,《上海交通大学学报（哲学社会科学版）》2013年第6期。
唐启翠：《认知、证成与呈现——论人类学"四重证据法"》,《社会科学战线》2010年第6期。
唐启翠：《文化"大传统"之述与见——田家沟"玉蛇耳坠"出土意义再探》,《百色学院学报》2014年第1期。
唐蓉：《N级编码理论的逻辑梳理》,《百色学院学报》2013年第1期。
童庆炳：《文化诗学的学术空间》,《东南学术》1999年第5期。
童庆炳：《文化诗学是可能的》,《江海学刊》1999年第5期。
童庆炳：《新理性精神与文化诗学》,《东南学术》2002年第2期。
苏永前：《西王母神格探原——比较神话学的视角》,《民族文学研究》2014年第6期。
王峰：《"文学"的重构与文学史的重释——兼论20世纪早期"中国文学史"书写的意义》,《华东师范大学学报》2008年第2期。
王明珂：《历史事实、历史记忆与历史心性》,《历史研究》2001年第5期。
王明珂：《"文本"与"情境"对应下的文化表述》,《社会科学家》2013年第2期。
王铭铭：《葛兰言何故少有追随者》,《民族学刊》2010年第1期。
王倩：《人类学的文学转向——民族志书写的另一种思考》,《世界民族》2011年第5期。
王孝廉等：《关于叶舒宪等"中国文化的人类学破译"丛书的笔谈》,《海南大学学报（社会科学版）》1995年第4期。

乌热尔图：《不可剥夺的自我阐释权》，《读书》1997年第2期。

乌日古木勒：《中国蒙古史诗研究对人类学田野调查方法的借鉴》，《民族艺术》2002年第3期。

萧兵：《良渚玉器"神人兽面纹"新解》，《东南文化》1992年第Z1期。

萧兵：《"人学"的复归：文学人类学实验报告》，《淮阴师专学报》1997年第1期。

萧兵：《世界村的新来客——"走向人类、回归文学"的文学人类学》，《江苏社会科学》2000年第2期。

萧楼：《城市、乡村和流动社区中的灰色青年研究》，《中国青年研究》2009年第8期。

徐斌：《格萨尔史诗说唱仪式的文化背景分析》，《西南民族大学学报（人文社科版）》2006年第8期。

徐新建：《"侗歌研究"五十年——从文学到音乐到民俗》，《民族艺术》2001年第2—3期。

徐新建：《人类学写作：科学与文学的并置、兼容》，《重庆文理学院学报（社会科学版）》2011年第2期。

徐新建：《文学人类学的中国历程》，《西南民族大学学报（人文社科版）》2012年第12期。

徐新建：《回向整体人类学》，《思想战线》2008年第2期。

徐新建：《文学人类学：中西交流中的兼容与发展》，《思想战线》2001年第4期。

严文明：《中国史前文化的统一性与多样性》，《文物》1987年第3期。

杨伯达：《中国古代玉器面面观》，《故宫博物院院刊》1989年第1期。

杨骊：《表述"中国文化"：多元族群与多重视角——中国文学人类学研究会第五届年会侧记》，《百色学院学报》2010年第5期。

杨骊：《重估大传统：文学与历史如何对话——中国文学人类学研究会第六届年会学术观察与述评》，《社会科学家》2012年第7期。

杨清媚：《指向心灵的阅读——读格尔兹〈论著与生活〉》，《西北民族研究》2008年第4期。

杨圣敏：《民族学是什么》，《新疆师范大学学报（哲学社会科学版）》2012年第1期。

杨义：《重绘中国文学地图与中国文学的民族学、地理学问题》，《文学评论》2005年第3期。

叶舒宪：《"神话历史"：当代人文学科的人类学转向》，《社会科学家》2013年第12期。

叶舒宪：《"丝绸之路"前身为"玉石之路"》，《中国社会科学报》2013年3月8日。

叶舒宪：《〈山海经〉与白玉崇拜的起源——黄帝食玉与西王母献白环神话发微》，《民族艺术》2014年第6期。

叶舒宪：《〈亚鲁王·砍马经〉与马祭仪式的比较神话学研究》，《民族艺术》2013年第2期。
叶舒宪：《白玉崇拜及其神话历史初探》，《安徽大学学报（哲学社会科学版）》2015年第2期。
叶舒宪：《从"玉教"说到"玉教新教革命"说——华夏文明起源的神话动力学解释理论》，《民族艺术》2016年第1期。
叶舒宪：《从玉教神话观看儒道思想的巫术根源》，《哲学与文化》2012年第39卷第6期。
叶舒宪：《从玉教神话看"天人合一"——中国思想的大传统原型》，《民族艺术》2015年第1期。
叶舒宪：《第四重证据：比较图像学的视觉说服力——以猫头鹰象征的跨文化解读为例》，《文学评论》2006年第5期。
叶舒宪：《孔子〈论语〉与口传文化传统》，《兰州大学学报（社会科学版）》2006年第2期。
叶舒宪：《人类学"三重证据法"与考据学的更新》，《书城》1994年第1期。
叶舒宪：《人类学的文学转向及"写"文化的多种叙事》，《百色学院学报》2009年第5期。
徐杰舜问，叶舒宪答：《人类学与文学的互动——人类学学者访谈录之十二》，《广西民族学院学报（哲学社会科学版）》2001年第23卷第5期。
叶舒宪：《神话作为中国文化的原型编码——走出文学本位的神话观》，《中国社会科学报》2010年8月12日。
叶舒宪：《文化文本的N级编码论——从"大传统"到"小传统"的整体解读方略》，《百色学院学报》2013年第1期。
叶舒宪：《文学人类学的学术伦理》，《百色学院学报》2010年第4期。
叶舒宪：《西玉东输与华夏文明的形成》，《光明日报（理论版）》2013年7月25日。
叶舒宪：《戏剧文学的救灾解难功能：〈俄狄浦斯王〉与〈窦娥冤〉对读》，《百色学院学报》2010年第1期。
叶舒宪：《玄鸟原型的图像学探源——六论"四重证据法"的知识考古范式》，《民族艺术》2009年第3期。
叶舒宪：《玉教与儒道思想的神话根源——探索中国文明发生期的"国教"》，《民族艺术》2010年第3期。
叶舒宪：《玉石神话与中华认同的形成——文化大传统视角的探索发现》，《文学评论》2013年第2期。
叶舒宪：《玉文化先统一中国说：石峁玉器新发现及其文明史意义》，《民族艺术》2013年第4期。
叶舒宪：《怎样从大传统重解小传统——玉石之路、祖灵牌位和车马升天意象》，《思想战线》2013年第5期。

叶舒宪：《知识全球化时代的"古典文学"及其研究》，《社会科学战线》2001年第6期。

叶舒宪：《中国的神话历史——从"中国神话"到"神话中国"》，《百色学院学报》2009年第1期。

叶舒宪：《中国圣人神话原型新考——兼论作为国教的玉宗教》，《武汉大学学报（人文科学版）》2010年第3期。

叶舒宪：《中国文化的大传统与小传统》，《光明日报》2012年8月30日。

叶舒宪：《中华文明探源的比较神话学视角》，《江西社会科学》2009年第6期。

叶舒宪等：《"人类学写作"的多重含义：三种"转向"与四个议题》，《重庆文理学院学报（社会科学版）》2011年第2期。

叶舒宪：《从玉石之路到佛像之路——本土信仰与外来信仰的置换研究之二》，《民族艺术》2015年第6期。

叶舒宪：《玉成中国——以往未知的中国故事》，《光明日报》2016年6月16日。

叶舒宪、公维军：《从玉教到佛教——本土信仰与外来信仰的置换研究之一》，《民族艺术》2015年第4期。

于玉蓉：《从"神话与历史"到"神话历史"——以20世纪"神话"与"历史"的关系演变为考察中心》，《民俗研究》2014年第2期。

臧克和：《释"若"》，《殷都学刊》1990年第1期。

章立明：《中国文学人类学研究概述》，《民族文学研究》2010年第3期。

张寿祺：《19世纪末20世纪初"人类学"传入中国考》，《社会科学战线》1992年第3期。

张婷婷：《文学人类学的理论与批评——"二十年"的回顾与反思》，《中国社会科学院研究生院学报》1998年第6期。

赵辉：《以中原为中心的历史趋势的形成》，《文物》2000年第1期。

赵红梅：《诗性与学术的交错——克洛德·列维-斯特劳斯〈忧郁的热带〉述评》，《广西民族研究》2015年第1期。

赵世瑜：《传说·历史·历史记忆——从20世纪的新史学到后现代史学》，《中国社会科学》2003年第2期。

赵周宽：《大传统的思想意义》，《长安大学学报（社会科学版）》2014年第2期。

赵周宽：《中华文明起源"玉教说"及其动力学分析》，《思想战线》2014年第2期。

周宪：《"读图时代"的图文"战争"》，《文学评论》2005年第6期。

周翔：《当代台湾原住民作家的身份认同》，《民族文学研究》2006年第2期。

朱炳祥：《反思与重构：论"主体民族志"》，《民族研究》2011年第3期。

赵宗福：《西王母的神格功能》，《寻根》1999年第5期。

祖晓伟：《文学人类学：探索跨学科研究范式》，《中国社会科学报》2011年2月24日（第166期）。

# 编写说明

本书由上海交通大学文学人类学研究中心的叶舒宪和唐启翠等合作编撰而成，各章的作者所构成的群体，集合了文学人类学研究会成员的集体力量（见本书各章作者名录）。自完稿后又经过主编者多次修订、补充和改写，其中，部分章节的内容曾经作为单篇论文在国内刊物上发表，此次收入书中有或大或小的修改。

文学人类学研究群体目前在国内几个主要城市和高校形成以读书会形式为依托的学术小组，计有北京读书会（以中国社会科学院文学研究所为固定地点）、上海读书会（以上海交通大学人文学院为固定地点）、成都读书会（以四川大学文学与新闻学院为固定地点）、西安读书会（以陕西师范大学文学院为固定地点）、湖北恩施读书会（以湖北民族学院文学与传播学院为固定地点）等。本重大招标项目的完成和本书的理论探讨，都和这几个读书会的学术活动密切相关。特向文学人类学在各地的读书会组织者、支持者和参与者表示感谢。

国际方面在21世纪有一部探讨文学与人类学交叉的英文论文集——《文学与人类学之间：跨学科话语》出版，特将对该书的评述列为本书附录，以资参考。

**本书各章作者名录：**

导　　言　叶舒宪（上海交通大学）
第 一 章　叶舒宪　孙梦迪（上海交通大学）
第 二 章　陈金星（漳州师范学院）
第 三 章　张良苑　叶舒宪（上海交通大学）
第 四 章　王　倩（安徽大学）
第 五 章　巴胜超　马媛媛（昆明理工大学）

第 六 章　刘　珩（首都师范大学）
第 七 章　唐启翠（上海交通大学）
第 八 章　叶舒宪（上海交通大学）
第 九 章　苏永前（西安外国语大学）
第 十 章　章米力（上海交通大学）
第十一章　唐　卉（中国社会科学院）
第十二章　彭兆荣（厦门大学、四川美术学院）
第十三章　杨　骊（四川大学锦城学院）
第十四章　公维军（上海交通大学）
第十五章　安　琪　叶舒宪（上海交通大学）
附　　录　唐启翠等（上海交通大学）

图书在版编目(CIP)数据

文学人类学新论:学科交叉的两大转向/唐启翠,叶舒宪编著.—上海:复旦大学出版社,2019.1
 (中国文学人类学理论与方法研究系列丛书)
 ISBN 978-7-309-13728-6

Ⅰ.①文… Ⅱ.①唐…②叶… Ⅲ.①文化人类学-研究 Ⅳ.①C958

中国版本图书馆 CIP 数据核字(2018)第 107707 号

文学人类学新论:学科交叉的两大转向
唐启翠　叶舒宪　编著

出　品　人　严　峰
责任编辑　宋启立

复旦大学出版社有限公司出版发行
上海市国权路 579 号　邮编:200433
网址:fupnet@fudanpress.com　http://www.fudanpress.com
门市零售:86-21-65642857　团体订购:86-21-65118853
外埠邮购:86-21-65109143　出版部电话:86-21-65642845
上海盛通时代印刷有限公司

开本 787×960　1/16　印张 22.75　字数 342 千
2019 年 1 月第 1 版第 1 次印刷

ISBN 978-7-309-13728-6/C·364
定价:78.00 元

如有印装质量问题,请向复旦大学出版社有限公司出版部调换。
版权所有　侵权必究